儒释道与中国传统文化

什刹海书院2018年年刊

乐黛云 怡学 主编

中国大百科全书出版社

图书在版编目（CIP）数据

儒释道与中国传统文化．什刹海书院2018年年刊／乐黛云，怡学主编．—北京：中国大百科全书出版社，2020．6

ISBN 978-7-5202-0757-7

Ⅰ．①儒…　Ⅱ．①乐…　②怡…　Ⅲ．①中华文化—文集　Ⅳ．①K203-53

中国版本图书馆CIP数据核字（2020）第082036号

出 版 人　刘国辉
策 划 人　曾　辉
责任编辑　鞠慧卿
封面设计　程　然
责任印制　常晓迪
出版发行　中国大百科全书出版社
地　　址　北京市阜成门北大街17号　　　**邮政编码**　100037
电　　话　010-88390636
网　　址　http://www.ecph.com.cn
印　　刷　北京君升印刷有限公司
开　　本　787毫米×1092毫米　1/16
印　　张　27.75
字　　数　467千字
印　　次　2020年6月第1版　2020年6月第1次印刷
书　　号　ISBN 978-7-5202-0757-7
定　　价　88.00元

儒释道与中国传统文化

（什刹海书院2018年年刊）

编委会

宗 旨

秉承五千年中华人文传统之大道

弘扬儒释道三教圆融益世之精神

包容诸子与百家探索求新之学说

肩负新时代人类济世和谐之使命

培育重道德自信自觉自强之英才

院 训

崇德尚智

至正中和

序

汤一介[1]

大约在十年前，荷兰皇家科学院院士K.施舟人（Kristofer Schipper）教授曾向我提出一个问题：为什么在中国历史上几乎没有因宗教思想的原因发生过战争，而其他国家、民族、地区在历史和现实中常有因宗教思想的原因发生过这种或那种的宗教战争？对这个问题，我从来没有研究过。当时，我只能靠所知的历史知识回答，也许因为在中国儒、道两家的排他性较少，而包容性较大；自秦汉以来，政府（皇权）对社会具有较强的控制力，政府可以用政策和制度来调节三教关系。这样的回答当然太笼统，也无深意。2010年，北京大学儒学研究院成立时，学校要求上报研究院的研究课题，我就想到施舟人教授提出的问题。特别是我注意到在海外历史上曾发生过多次宗教战争，例如历史上的“十字军东征”，打了近两百年，毫无结果，今日在中东、北非仍然有着犹太教、基督教和伊斯兰教的对立和战争；甚至同一国家内的不同宗教间也常诉诸武力，在印度就常有印度教与锡克教、伊斯兰教的冲突和战争；在中东、北非地区伊斯兰教的不同教派也时有对抗性的暴力。我国历史上虽有因政治和经济原因灭佛的“三武一宗之祸”[2]，但几乎没有因宗教思想文化的不同而发生战争。儒、释、道之间虽有矛盾、冲突，但能共存共荣，而不发生宗教战争，并提出“三教归一”“万善同归”等思想以协调三教关系。我们如果能根据史料总结出有意义的理论观点，它或许对治理今日世界的因宗教思想文化不同而引起种种战争的乱象有所贡献。为此，我们研究院把“儒、道、佛三教关系史”定为研究的重点课题之一。对这个课题，我考虑

① 汤一介（1927—2014），什刹海书院院长、导师，北京大学哲学系资深教授，中国文化书院创院院长，中华孔子学会会长。

② “三武一宗之祸”，指北魏太武帝、北周武帝、唐武宗和后周世宗曾因政治、经济等原因而排佛。

也许有三个方面应为研究所注意：①儒释道“三教归一”观念的理论基础；②儒释道“三教归一”朝廷的政策基础；③儒释道“三教归一”民间的信仰基础。

（一）儒释道“三教归一”观念的理论基础

在中国，儒、道两家在思想观念上虽多有不同，但排他性较少，而包容性、调和性较大，吸收其他思想文化的能力较强。《中庸》中说：“万物并育而不相害，道并行而不相悖。”这两句话体现着儒学的包容性。孔子“述而不作”，以《诗》《书》《礼》《乐》教。这说明孔子恪守传统之经典体系，自觉地传承着夏、商、周三代经典之精神，开创中国上古“六经”的儒家化，并问礼于老子，且大赞管仲之治国方略，奠定了以“仁学”为核心的儒家修身、齐家、治国、平天下的人文精神的世界观。自此以后，儒家无论在春秋战国百家争鸣之时代，还是在以后历史的各朝各代，大都是在与各派学说（学派）的争论、冲突中不断吸收着其他文化以自养。战国晚期儒家的大师荀子在继承孔子学说的基础上吸收了道家、法家、名家的思想；《易传》则有机地吸收了道家、阴阳家等的理论，为儒家开创了哲学本体论和宇宙论的先河。汉武帝时大儒董仲舒更是把阴阳五行学说、道家黄老学说容纳于其体系之中，而汉朝家法实为“王霸杂用”。

先秦道家的老庄以“容乃公”①的理念，统合春秋战国的各流派，以自然而无为的思想开创了另一支对中国有巨大影响的思想体系。老子的“道论”成为中国智慧学之源泉。《庄子·天下篇》首次提出“内圣外王之道”的中国社会思想文化之理想，虽对先秦各家思想有褒有贬，评论长短，并以道家思想为最高，但未排斥其他学说，由此也充分体现了道家之包容性。杂家之《吕氏春秋》《淮南子》实以道家思想为主，统合先秦各家，体现着有容乃大之精神，此或与秦汉之黄老道家颇有关系。魏晋玄学实以在道家思想基础上融合儒道讨论“本末有无”“自然名教”问题，并吸收“形名”家言以成体系，而把中国哲学思想推向一新阶段。

佛教自汉传入中国，初依附于汉之道术，后依附于玄学，至南北朝佛儒、儒道之间的相互批评与问难颇为激烈（见《弘明集》），但中国之士大夫多有信奉佛教或赞同佛教者，甚至有梁武帝欲舍身入佛门，但仍设五经博士，并说：“朕思阐治纲，每敦儒术。”（《梁书·武帝纪》）可见儒、佛并非不能相容。两晋南北朝时期道教渐兴，佛道之争渐起。刘宋时有顾欢作《夷夏论》辨二教，

① 宋·林希逸《庄子口义》中讲道：“溪谷在下，而能容物，为溪为谷，有容乃大之意也。”

执夷夏之界，崇道而抑佛，以印土俗恶、华风本善立论，但仍以孔老释同为圣人，“（佛、道）二经所说，如合符契，道则佛也，佛则道也”。[①]综观六朝两三百年间，儒、释、道三教相互辩难、攻击、诋毁虽甚激烈，但多以三教“均善”，孔、老、释均为圣人之三教调和论为开端。如明僧绍《正二教论》谓：“经世之深，孔老之极”，“神功之正，佛教之弘。”南朝梁刘勰《灭惑论》：“至道宗极，理归乎一。妙法真境，本固无二。”南朝齐张融《门论》：“道也与佛，逗极无二。寂然不动，致本则同。”这类调和之分工论实在东汉牟子《理惑论》中已有，如说：“尧舜周孔，修世事也；佛与老子，无为志也”，“金玉不相伤，精魄不相妨。”他甚至说儒佛之道同，谓：“道之为物，居家可以事亲，宰国可以治民，独立可以治身。履而行之，充乎天地，废而不用，消而不离。子不解之，何异之有乎？”此说谓佛教在“治国”“事亲”和“治身”上与儒家并无不同。而慧远在《沙门不敬王者论》中则论证佛教与儒学在“出世”和“入世”上虽有功能上的不同，但在为社会所需要上终归是相同的，“道法之与名教，如来之与尧孔，发致虽殊，潜相影响，出处诚异，终期则同”。隋慧远弟子南朝宋宗炳《明佛论》中说：“孔、老、如来，虽三训殊路，而习善共辙也。”这说明，佛教进入中国，为适应华夏文化之需要，不得不以此种调和论来寻得一立足点。同时，由于佛教在南北朝时因其宗教信仰之理论日渐深入社会各阶层，特别对当时之士大夫影响颇大，儒家学者也颇多持三教调和之论者，如北齐大儒颜之推在《颜氏家训·归心》中说：“内典初门，设五种之禁，与外书仁义五常符同。仁者，不杀之禁也；义者，不盗之禁也；礼者，不邪之禁也；智者，不酒之禁也；信者，不妄之禁也。”此种比附实有利于佛教之传播。至隋，三教调和论更进一步，而有“万善同归”之说，隋文帝崇佛甚深，开皇元年闰三月诏书中说：“法无内外，万善同归；教有浅深，殊途共致。”依此观之，盖三教可以“同归”则均在“导民向善”，故唐高祖李渊谓“三教虽异，善归一揆”。这就说明，在中国历史上的帝王多注意到宗教有益于“治化”。

儒家主张“道并行而不相悖”，道家主张“有容乃大”，中国化的佛教同样主张不同宗教思想之间有着包容性，如唐宗密《华严原人论序》中说：“孔、老、释迦皆是至圣，随时应物，设教殊途，内外相资，共利群庶，策勤万行……惩恶劝善，同归于治，则三教皆可遵行。”为何中国佛教主张三教同归，这和当

① 南朝梁·萧子显：《南齐书》卷五十四。

时中国佛教宗派流行的“判教”有关。自隋唐以来，中国佛教如天台、华严、禅宗等均有判教之说，即把佛教中各派或各种学说按高下排列，以分高低，这本是佛教宗派内部之问题，但宗密扩而大之，将儒、道两家也排入其“判教”系列，以示其教义的博大包容。此或为使在中国儒、道、释各派之间虽可争高下，可讨论功能之异同，甚至诋毁中伤，但终能以“文”相交，而可不诉诸暴力，不致发动宗教战争。

总之，中国的儒、道、释三家在中国文化的大传统中，在思想理论上都具有不同程度的包容性、调和性，这是我国历史上几乎没有发生过“宗教战争”的思想观念上的基础。

（二）儒释道“三教归一”朝廷的政策基础

秦汉以降，中国社会已成帝王专制的大一统社会，如何对待各种思想和宗教派别则是关乎社会稳定之大事。秦之速亡，汉贾谊在《新书》总结为因法家之高压暴力，而不知“仁义不施，攻守之势异也”。汉初文帝以黄老之“清静无为”治，实此时之黄老道家已吸收儒家某些思想。[①]汉武帝虽主张“罢黜百家，独尊儒术”，但此时儒家已多吸收黄老、阴阳、法家诸家思想，且宣帝则以“王霸杂用”为治，又据杨树达统计，两汉治《老子》者有60余家，可见两汉统治者在政策上对各种学说派别还是宽松的。

西汉末，佛教已开始传入中国，如何对待外来思想文化，这对汉朝当政者是一新问题。其时，朝廷对佛教只视其为诸道术之一种，而佛教又极力用中国思想文化解释佛理[②]。佛教初传，朝廷、官府并无限制，有“楚王英为浮屠斋戒祭祀”“桓帝于宫中佛道二氏并祭”等事可证。佛教入华夏，先依附于道术，后依附于玄学，得以流行。晋时以老庄思想为骨架的玄学本体论大为流行，玄学讨论的中心为“本末有无”问题，而佛教般若学所论“空有”与玄学有相近处，因此当时僧人多用玄理来解释佛法，以“格义”“连类”的方法相比附。[③]因此，

① 参见汤一介为陈静《自由与秩序的困惑——〈淮南子〉研究》所作序文，昆明：云南大学出版社，2004年。

② 如吴·陈慧《阴持入经注》释“五阴种”谓：“五阴种，身也……又犹元气。”《四十二章经》：“凡事天地鬼神，不如孝其二亲，二亲最上之神也。”北凉·昙无谶等译《大集经》：“世若无佛，善事父母，事父母即是事佛也。”吴·康僧会《六度集经》卷八《察微王经》中说：“魂灵与元气相合，终而复始，轮转无际，信有生死殃福所趣。”

③ 参见汤用彤：《论格义》，《汤用彤全集》第三卷，石家庄：河北人民出版社，2000年。

当时之帝王、名士常以逍遥放达、超世离尘相标榜。西晋有支孝龙与名士阮瞻、庾敳等结为知交，世呼为“八达”；东晋孙绰作《道贤论》，以七名僧与竹林七贤相比拟。许多名僧都精通老庄之学。[①]正如晋朝道安于《鼻奈耶序》中所说：“于十二部，毗曰罗部最多，以斯邦人庄老教行，与方等经兼忘相似，故因风易行耳。”两晋诸帝亦有崇奉释教者，如东晋明帝、哀帝、简文、孝武、恭帝等。刘宋时，诸帝及名士亦多崇佛法。但与此同时，由于佛典译出渐多，已可见佛法与儒、道两家思想颇多不同处，因而发生儒佛、道佛之间的争论，有关争论的文献具载《弘明集》中，不赘述。终两晋南北朝期间，儒佛、道佛之间虽有相互攻击、诋毁、批评、辩难，但并无因思想文化之原因而暴力相向。据史书记载，在佛教传入中国后，千余年间只发生灭佛的“三武一宗之祸”。然而，这几次“灭佛”主要是由于政治、经济的原因。以北魏太武帝为例，当时“灭佛”虽或与宠信儒学大家崔浩、道教天师寇谦之有关，但主要因佛教发展太快，致出家过多，兵卒来源奇缺；寺庙占地过多，税收大为减少；国库空虚，危及朝廷，故有灭佛事。但用政治力量打击、消灭宗教往往是不成功的。当文成帝即位后，不得不改太武帝政策，而佛教又复发展起来，可见帝王朝廷政策对宗教之兴衰的影响至关重大。

据《隋书·经籍志》，隋朝“民间佛经多于六经数十百倍”。这是由于隋文帝杨坚、隋炀帝杨广二帝奖挹佛法之故。开皇年间，即普诏天下，任听出家，并在50余州立舍利塔，度僧尼23万余人，并举办三教论衡大会。自此，三教论衡之事一直盛行于隋唐。但是，隋文帝也知道要巩固皇权统治，仍须同样重视儒家思想，故于开皇元年下诏谓：“法无内外，万善同归；教有浅深，殊途共致。”

据唐道宣《集古今佛道论衡》记载，隋唐两代“论衡”多在佛道二教中进行，但实为三教论衡，辩论结果，道先或佛先皆由崇道或崇佛之君主以定先后，然而君主无论崇道或崇佛，其所行之制度是离不开政治化的儒学思想所指导，故“佛道论衡”实即“三教论衡”。这样宗教既得到政府的一定程度的礼遇和承认，又加强了对政权的依赖性，并使政权的权威性得以树立。这种以朝廷主持并调节的“三教论衡”的统治权，无疑可以有助于消除宗教之间的暴力冲突。有唐一代，“三教论衡”或佛先或道先，但都在政治制度下进行。太宗虽给以玄奘特殊之礼遇，但玄奘要求有僧众不依俗法者，请给以教内处罚权，对此太宗断

① 参见汤用彤：《汉魏两晋南北朝佛教史》，《汤用彤全集》第一卷，石家庄：河北人民出版社，2000年。

然拒绝。[①]这是由于太宗深知要维持政权的长治久安仍必以儒家之礼教为基础。贞观二年，太宗尝对群臣说："朕今所好者，惟在尧、舜之道，周、孔之教。以为如鸟有翼，如鱼依水，失之必死，不可暂无耳。"（《贞观政要》卷六）故贞观五年，诏僧道致拜父母，则仍以礼教为先。[②]正如《旧唐书・儒学传》所说："（儒学）可以正君臣，明贵贱，美教化，移风俗，莫若于此焉。故前古哲王，咸用儒术之士。"在唐朝尚有"度牒"之制度，出家为僧、为道，当申之于有司。从这些方面看，朝廷对佛、道的制度政策，为消除"宗教战争"奠定了基础。唐以后，宋、元、明、清各代大体也是如此。

（三）儒释道"三教归一"民间的信仰基础

对中国古代宗教信仰，西方众多思想家称之为"自然神灵崇拜的宗教"，如莱布尼兹等。但我认为中国古代不仅存在着"自然神论"的宗教神灵崇拜，而且同时也存在着人格神或祖先神灵的崇拜。夏、商、周三代一直有祭天、祭地、祭社稷、祭祖先的仪式，所以有"天坛""地坛""社稷坛"；还有祭祀华夏民族共同的祖先轩辕黄帝的黄帝庙以及祭祀各姓氏祖宗的祠堂等。据殷墟甲骨，尚有对风雨等神灵的祭祀。这说明两个问题：一是中国上古不是一神教；二是中国多种神灵信仰可以同时存在，没有强烈的排他性。

中华民族是多民族共处的大家庭，正如费孝通先生所说，中国是"多元一体"的国家。由于各民族的地理环境、历史文化传统不同，因此风俗、习惯和信仰不可能完全相同。但从中国历史文化上看，自上古起，当时的帝王所追求的是"协和万邦"[③]。至春秋战国时，诸子百家出，儒家主张"天下大同"，墨家主张"兼爱尚同"，道家主张"自然无为"[④]，名家主张"合同异"或"离坚白"，只有法家重用"法、术、势"来"统一思想"[⑤]。这时的各家虽然主张不

---

① 汤一介等编：《中国儒学文化大观》，北京：北京大学出版社，2001年，第601页。

② 汤用彤：《隋唐佛教史稿》，《汤用彤全集》第二卷，石家庄：河北人民出版社，2000年，第19页。

③ 《尚书・尧典》："昔在帝尧，聪明文思，光宅天下，将逊于位，让于虞舜，作《尧典》。《尧典》曰若稽古，帝尧，曰放勋，钦明文思安安，允恭克让，光被四表，格于上下。克明俊德，以亲九族。九族既睦，平章百姓。百姓昭明，协和万邦。黎民于变时雍。"

④ 《老子・五十七章》："故圣人云：我无为而民自化，我好静而民自正，我无事而民自富，我无欲而民自朴。"

⑤ 但法家的开山者管仲则或不同。

同，但对连年战乱的局面则多有不满，希望有安定的“大一统”社会出现。秦汉从政治上说实现了大一统，但从朝廷到民间对“自然神灵”的崇拜和对“祖先人格神灵”的祭祀仍然广为流行。《汉书·郊祀志》中说：“《洪范》八政，三曰祀。祀者，昭孝事祖，通神明也。旁及四夷，莫不修之；下至禽兽，豺獭有祭。”意谓，自皇帝至庶民（包括四夷）都要对祖先祭祀；而且于春、秋两季用杀死豺獭来作为祀物。该志还记载着秦始皇“祠名山川及八神”[①]，由是“诸此祠皆太祝常主，以岁时奉祠之至。……郡县远方祠者，民各自奉祠……”可见，当时民间祀奉之“自然神灵”及“祖先人格神灵”名目繁多。[②]汉武帝“尤敬鬼神之祀”。当时，并有“祀灶”“祀东方太一”“祀北斗”等的神灵崇拜。《后汉书·方术列传》：“汉自武帝颇好方术，天下怀协道艺之士，莫不负策抵掌，顺风而届焉。后王莽矫用符命，及光武尤信谶言，士之赴趣时宜者，皆骋驰穿凿，争谈之也。”由于帝王、朝廷所好，民间方术竞相争起。“幽赞于神明”“探抽冥赜”，“其流又有风角、遁甲、七政、元气、六日、七分、逢占、日者、挺专、须臾、孤虚之术，及望云省气、推处祥妖”等等民间方术。[③]所有这些方术都或直接或间接带有神灵崇拜的因素。它们的影响往往受地域限制，规模不大，信奉的人数也很有限。

自西汉末，佛教传入中国，其后有道教之创立，使我国民间宗教神灵信仰发生了巨大变化。民间方术虽仍多有流传，但由于佛、道二教渐成有组织、有经典、有统一的仪规、有最高信奉之教主，特别是各有一套善恶、生死、祸福等理论、习俗，因而对民间信仰的影响越来越大，而与儒家思想合而成为中华影响日常生活信仰之主流。由于自古以来，华夏民间处于一多神灵并存而相容的状况，“不同而和”或已成为思维定式。故魏晋以降，佛、道由于成为正规的宗教团体，广大民众竞相归依之。

根据唐宋以来历史记载的数据，我们可以看到：我国的民间家庭一般说来都对儒家的“礼教”严格恪守，如祀祖、忠恕、孝道等；对佛教的因果、轮回、慈悲等观念深有信仰；对道教的养生、斋醮、调息等道术普遍遵行。甚至，有些

---

① 八神：一曰天主，祠天齐；二曰地主，祠泰山梁父；三曰兵主，祠蚩尤；四曰阴主，祠三山；五曰阳主，祠之罘山；六曰月主，祠之莱山；七曰日主，祠盛山，八曰四时主，祠琅邪。（见《汉书·郊祀志》）

② 可参见《汉书·郊祀志》下，谓汉元帝二年，罢自汉以来诸多祠祀，其中甚多当先起于民间所崇拜之神灵。汤用彤《汉魏两晋南北朝佛教史》中《鬼神方术》一节亦可参考。

③ 参见《后汉书·方术列传》。

士大夫虽为人处事依“礼教”，而个人信仰却是佛教，如唐朝的王维、白居易、柳宗元，宋朝的“三苏”。宋朝理学兴起，以“出入佛老，反诸六经”为指针，一些大儒理论上排斥佛道，但个人仍与道、佛交往，并尊重或爱好佛道的修心、养生。如周敦颐曾受寿涯禅师“有物先天地”之偈，尝称其妙心得之于黄龙慧南禅师。理学大师朱熹与僧人、道士多有交往，据陈荣捷《朱子新探索》中说，朱熹年轻时受学于大慧宗杲，赴考时其箧中唯《大慧宗杲禅师语录》，尝与大慧讨论“理义之义，便是仁义之义”，颇有同见。朱熹一生又向往道教内丹术，曾化名“空同道士邹䜣”撰道教丹书《周易参同契考异》。[①]朱熹一生与僧人、道士的交往、唱和是宋明理学大家最多者之一。王阳明与道教也颇有关系，在《传习录》中有讲道教“精、气、神”之养生术。阳明之深受禅宗影响，为学者所共知，其攻击禅宗最烈，盖因他一生坚持孔孟儒家立场。但观《传习录》全书，又多用禅语、禅门故事，又用禅家方术。[②]这种现象，可以看出：由于朱熹、王阳明都站在正统儒家立场，但因儒学有较强之吸收和包容性，而可较好利用佛道之某些资源，这对三教共存甚为有利。

宋元以后，在中国社会多元祭祀、崇拜民间神灵日盛，对灶王爷、财神爷、土地爷甚至关公武圣等的崇拜非常普遍[③]，但儒释道“三教共存分工”说比“三教归一”（“三教合一”）说能更好地为民间社会所接受。对“三教共存分工”说。虽儒、释、道三家说法不尽相同，但作为一种不同宗教文化的模式则对“三教归一”颇为有利。南宋孝宗皇帝说：“以佛修心，以道养生，以儒治世。”[④]这种说法在宋元以来或有典型意义。晚唐士大夫张彦远撰《三祖大师碑阴记》中说：“夫禀儒道以理身理人，奉释氏以修心修性，其揆一也。”北宋僧人智圆说：“儒者，饰身之教，故谓之外典也；释者，修心之教，故谓之内典也。”“故吾修身以儒，治心以释。”清沙门祖源超溟《万法归心录》谓：“释教见性，道教养性，儒门尽性。入门虽殊，归源无二。”道教于宋元明清期间宣

① 陈荣捷：《朱子新探索》，台北：台湾学生书局，1988年，第38、641、647页。

② 陈荣捷：《王阳明与禅》，台北：台湾学生书局，1984年，第73—75页。

③ 《三界伏魔关圣帝君忠孝忠义真经》谓关羽君临三界，“掌儒释道之权，管天地人之柄”。按：这类“宝卷”在明末、清初甚多。

④ 元·刘谧：《三教平心论》卷上。宋·李心传：《建炎以来朝野杂记》乙集卷三《原道辨易名三教论》中说“寿皇尝作《原道辨》，大略谓三教本不相远……以佛修心，以道养生，以儒治世”。元朝宰相耶律楚材说：“若夫吾夫子之道治天下，老氏之道养性，释氏之道修心，此古今之通议也，舍此以往，皆异端耳。”（元·耶律楚材：《湛然居士集·文集》卷八《寄赵元帅书》）

扬“三教分工共存”说有益于世道，较儒、释更为突出。盖因道教在社会上的势力总体上不如儒、释，故须更加要显示其民间社会之功能。如北宋金丹派南宗道士张伯端从心性方面调和三教，他说：“释氏以空寂为宗……老氏以炼养为真……仲尼极臻乎性命之奥也。……教虽分三，道乃归一。”[①]元代全真派道士陈致虚说：“三教之道，一者也。圣人无两心，佛则云明心见性，儒则云正心诚意，道则曰澄其心而神自清，语殊而心同。是三教之道，惟一心而已。”[②]元代全真派道士牧常晁说：“或问：儒曰正心，佛曰明心，老曰虚心，此三者有同异否？答云：思无邪曰正，反照自己曰明，私欲不蔽曰虚，设曰三心，实一理也。”[③]由于“三教归一”观念之盛行，在明代有林兆恩建立起以儒为主体的三教合一的“三一教”，并“立庙塑三教之像，释迦居中，老子居左，以吾夫子为儒童菩萨塑西像，而处其末座。缙绅名家亦安然信之奉之”。[④]时至今天，我们仍可看到有些庙宇大殿供奉三教之像，如武汉之长春观等。甚至，在办丧事时，依儒家之礼仪，而请僧道念经超度。可见民间各界视三教可以并存，这种状况是行政命令难以完全禁止的。

中国宇宙人生哲学，早在先秦孔孟即讨论“心性”问题，秦汉则多讨论“元气”问题，而魏晋则转而讨论“本末有无”之本体问题，佛教入华后于南北朝则由般若空宗而进入“涅槃佛性”问题之讨论。隋唐以降，佛教天台之“一心三观”、华严之“佛性”即人之“真心”，禅宗之“明心见性”，道教成玄英之“真常之心”乃“众生之正性”，宋朝李翱的《复性论》谓“以理其心”则“复其性”。至宋明无论“性即理”（理学）还是“心即理”（心学）皆心性之学，而佛、道二教同样大讲“心性”，而“心性之学”为三教共同之理论基础，故“三教归一”之说实依于此“心性本体论”。《性命圭旨》中说：“儒曰存心养性，道曰修心炼性，释曰明心见性，心性者本体也。”由此，可见“三教归一”（“三教合一”）从三教发展之理路实为“水到渠成”。“三教归一”对中国社会之稳定，不同宗教分工共存、相互吸收、调和融通，致使儒、释、道得以虽有“文斗”（通过辩难，强调自身道理之高于他教），而无“武斗”（不同宗教虽思想文化之信仰不同，而无兵戈相见之“宗教战争”），其意义和理论价值值得

① 北宋・张伯端：《悟真篇・序》。

② 元・陈致虚：《金丹大要》卷十四。

③ 元・牧常晁：《玄宗直指万法同归》。

④ 清・陆世仪：《思辨录辑要》卷三十一。

我们重视，也应为今日世界因宗教信仰之不同而发生种种形式战争引为借鉴。清朝雍正九年上谕中说："域中有三教，曰儒，曰释，曰道，儒教本乎圣人，为生民立命，乃治世之大经大法，而释氏之明心见性，道家之炼气凝神，亦于吾儒存心养气之旨不悖，且其教皆主于劝人为善，戒人为恶，亦有补于治化。"①由此可见，中国历史上在汉以后，历代帝王、朝廷均重视三教关系，这无疑对其以儒学治天下之根本方针至关重要。

以上所述是否能较为圆满解答施舟人教授之问题，未敢自信，望专家、学者批评指正。但我认为，中国儒、释、道三家思想理论上的内在包容性、调和性确实较之某些其他宗教之强烈"排他性"或更有利于避免宗教战争之发生。而帝王、朝廷的制度及宗教政策，"三教论衡"之形式，政权"礼教""法规"之约束对不同宗教思想文化之信仰起着一种外在的约束力，或也可以从中总结有益之经验。中国社会自古以来神灵崇拜多元化之传统以及各阶层之情理思维模式似也是可以做合理的解释。人生在世，总是希望得到幸福的生活，有美好的信仰将支持人获得幸福，因而信仰是人类社会生活中不可或缺的一部分，或信仰某种宗教，或信仰某种学说、主义，或信仰科学技术之力量，这往往取决于所处社会环境、生活经验、个人性格以及历史文化传统之影响等诸多方面，关于宗教之间的关系无疑是我们应该认真研究的课题。总之，中华民族长期存在的"三教归一"思想传统对世界"和平共处"，对"人类普遍和谐"应该会有所贡献。

什刹海书院以"秉承五千年中华人文传统之大道，弘扬儒释道三教圆融益世之精神，包容诸子与百家探索求新之学说，肩负新时代人类济世和谐之使命，培育重道德自信自觉自强之英才"为宗旨，以"崇德尚智、至正中和"为院训，以人文关怀、课程特色和学研、学思、学行结合为特点，努力在传承传统文化、振奋民族精神、汇集学术英才、进行高端研究、推进健康、建设和谐社会等方面，充分发挥作用、探索新路，积极参加学习型社会和文化创意产业的建设。为了贯彻书院办学宗旨，弘扬以儒、释、道为主体的中国传统文化，我们每年编辑出版一辑"儒释道与中国传统文化"年刊，分设《儒学与中国传统文化》《佛学与中国传统文化》《道学与中国传统文化》《易学与中国传统文化》《中医与中国传统文化》等专栏，试图从各个不同侧面全面展现中国传统文化的丰富内涵。我们希望这一期书院年刊的出版能为中国传统文化的全面复兴略尽绵薄之力，这也是书院全体同仁的心愿。

---

① 清·刘锦藻：《清续文献通考》卷八十九。

目录

易学与中国传统文化

中医与中国传统文化

中国传统文化简论

儒学与中国传统文化

理学与人生[①]

朱汉民[②]

导言

非常高兴来到这里，和大家讨论国学问题，今天我讲的题目有关理学。我从事的专业是中国思想文化史，思想史学科主要是研究中国历史上不同阶段、不同形态的思想，如研究先秦诸子的思想、汉代经学的思想、魏晋玄学的思想、宋明理学的思想、清代朴学的思想。今天我主要讲宋明时期的理学思想。理学是一门有一定难度的传统学术科目，思想内容非常丰富，思考的问题也非常深入。我重点谈谈理学与人生，希望能从理学中找到一些对现代人生有指导意义的思想。

我首先简单地说一下什么是国学，以及国学包括一些什么内容。学术界对国学有很多不同的看法、不同的定义，我在这里引述一位国学大师钱穆先生关于国学的看法，他曾经在20世纪20年代编了一本国学教科书，叫作《国学概论》，在这本书中，他认为国学包括七个历史阶段。

（1）第一个阶段是“孔子与六经”。我们讲“经史子集”，“经”排在最前面，这与孔子的整理和研究有关系。“六经”的经文大多是在孔子之前就有，但是这一历史文献在经过孔子整理后才被称为“六经”，所以孔子和六经是代表国学的最基本的阶段。

（2）第二个阶段是“先秦诸子”。俗称诸子百家，包括儒家、墨家、道家、法家、阴阳家、纵横家、兵家、农家、杂家，名家等，叫“百家”是形容学

---

① 本文根据作者在“什刹海论坛·2018儒学季”的讲座录音整理，并经作者本人审定。

② 朱汉民，什刹海书院特聘教授，湖南大学岳麓书院国学院院长，教授，历史学、哲学专业博士生导师。

派很多的意思。

（3）第三个阶段是“两汉经学”。西汉“罢黜百家，独尊儒术”，强化儒家经典的统治地位，促使儒家经学成为一统天下的学问。

（4）第四个阶段是“魏晋玄学”。玄学是把道家和儒家结合起来的一种玄而又玄的学问，玄学家喜欢阅读、注释《周易》《老子》《庄子》这三部书，称之“三玄”，故而叫作“玄学”。

（5）第五个阶段是“隋唐佛学”。佛教是在汉代传入中国，隋唐时期大盛，形成各种各样的佛学流派，产生了许多著名高僧。

（6）第六个阶段是“宋明理学”。它是将儒家伦理与佛老思辨哲学相结合，形成的精密庞杂的新儒学体系。由宋、元、明延续到清代，这几个朝代基本上是理学的时代。

（7）第七个阶段是“清代考据学”。也称为“乾嘉汉学”，又称朴学。

钱穆先生把国学大致分成七个阶段，这是一个历史的纵向的划分方式。当然还有横向的划分方式，比如我们经常说的将国学分为经、史、子、集四个组成部分。另外还有一个划分方式，就是将国学分为儒、释、道，但我认为儒释道还不能囊括国学的主要内容。应该说钱穆先生这个划分方式是一个能得到很多人认同的方式。

我今天跟大家谈的理学，应该说既是国学发展的一个阶段，也是国学的一种形态。国学经历了一个从先秦一直发展到清代的漫长的历史过程，在这个过程中有不同的历史阶段，每个阶段形成不同的学术形态，那么理学是其中的一个阶段、一种形态。2017年我们和凤凰网联合做了一个“国学大典”活动，有很多朋友问我，中国传统的武术、绘画、音乐、医药是不是国学？这就涉及“国学”的“学”和“术”的区别。中国有很多传统的技艺，比如茶道、武术、中医、艺术等，这些都是中国传统文化的一个方面，但是主要属于技艺、操作类，我们通常称之为国艺。如果将这些技艺提升到理论化、系统化层面，并且载入典籍，才称之为“国学”。所以，一般来讲，国学的“学”是中国传统文化中知识化、典籍化的文化，主要体现在经、史、子、集的“四部”典籍之中。

一、理学概说

要了解事物的全貌，不能只看局部特征，应该多角度去观察。这里，我想从三个角度来表述什么是理学。

（一）从历史的角度：理学是原始儒学发展到宋明时期的产物，是中国传统思想综合性发展的学术形态

理学是什么呢？从概念的外延来说，理学是儒学。我们经常讲儒、释、道，儒家为什么摆在最前面？因为它是中华文明的主干，这是学界普遍认同的看法。大家几乎都认为中华文明是儒教文明。为什么会这样？为什么把孔子和六经摆在最前面，而且“经史子集”首先是“经”，这个经不包括《道德经》，不包括《六祖坛经》，而纯粹是儒家的“四书五经”①或“十三经”②？因为孔子的经典与学说奠定了中华民族的基本价值观念，也奠定了中华文明的基本形态。中国人重视家庭、重视国家，家国组织、伦理道德的建构，整个价值观念的形成都跟儒家有关系。但是儒学也有不足，而道家、佛教为其不足之处做了非常有力的补充，所以后来才有了理学的发生。所以理学首先是一种儒学。

儒学从在春秋战国形成之后，经历早期儒学、中期儒学到近代儒学几个漫长的发展阶段。按历史上的称呼，理学也可以被叫作宋明儒学。全世界任何一种文化、宗教都有一个演变的过程。比如佛教，从早期传出来之后，经过藏传佛教、汉传佛教，再到东南亚佛教……单说汉传佛教这一支本身也经历过漫长的演变过程，而且每一个过程都有不同的形态。基督教也是一样的，早期基督教是耶稣和弟子所建构的宗教；到了罗马时代，基督教变成国教，中世纪时，基督教发生了很大的变化；近代资本主义兴起之后，基督教面临宗教改革运动，后来形成近代的新教，即基督新教……还有当代的基督教，等等。

儒学史是一个不断综合发展的过程。通常来说，儒学在清代以前至少经历了三个阶段。

（1）第一个阶段：先秦儒学。孔子创立并由他的弟子，如曾子、孟子、荀子等不断拓展的儒家学说，也就是春秋到战国时代的儒学，又称原始儒学。这一阶段奠定了儒学的原始形态。

---

① 四书五经：“四书”指的是《大学》《中庸》《论语》《孟子》，“五经”指《诗经》《尚书》《仪礼》《周易》《春秋》。《春秋》通常与解释《春秋》的《左传》《公羊传》《谷梁传》分别合刊。四书之名始于宋朝，五经之名始于汉武帝。

② 十三经：儒家的十三部经书，即《易》《书》《诗》《周礼》《仪礼》《礼记》《春秋左传》《春秋公羊传》《春秋谷梁传》《论语》《孝经》《尔雅》《孟子》。

（2）第二个阶段：汉唐儒学。汉代以后，儒学发生了很大变化，这与基督教很相似。当时秦代用的是法家学说，强调事功、君主集权，掌握军队、强国强兵，这在战争动乱的时代是很有效的。所以秦始皇看了韩非子的书非常激动，他用法家学说把秦国强大起来之后就统一了六国，并用法家的严刑峻法来治国，但同时给社会带来很多问题。到了汉代帝王就开始采用道家的“黄老之学”，主张“无为而治”，董仲舒意识到管理一个大帝国，必须要有强有力的意识形态，汉武帝按照他的建议，采纳了儒学，所以就有了中华文明历史上一个重大的事件——“罢黜百家，独尊儒术”。这一政策，对以后两千多年的国家制度和意识形态，都起了关键性的作用，汉唐儒学奠定了佛教文明的基础。魏晋南北朝到隋唐期间，有玄学与佛学，但是作为国家的意识形态，还是以儒家学说为主。这就是儒学的第二个阶段。

（3）第三个阶段：宋明儒学。宋明儒学和早期儒学、汉唐儒学的区别在哪里？早期儒学主要是讲伦理，即怎么做人，比如孔子讲“克己复礼”“仁者，爱人”等一些做人做事的道理和管理国家的伦理原则，其核心以道德伦理为主体，所以儒家修身最重要的部分就是做人做事。汉代儒学是一种政治儒学，它融合了法家、道家、阴阳家的学说。汉代要建立一个国家意识形态，大家过去经常讲孔孟之道、三纲五常，“三纲”其实是法家提出来的，法家非常强调君权，强调权威，下级必须要服从上级，而且是绝对地服从，而儒家则主张君臣之间是相互的权利和义务的关系，这种伦理关系到了汉代被看作政治的关系，那就是必须要绝对地服从。

汉唐儒学的关注点在国家政治层面，这个学说的缺陷就在于不能解决人生的问题，魏晋为什么玄学发达？隋唐为什么佛教发达？因为当时思考的是生命的问题、人生的问题。我们生活在这个世界上，除了作为一个社会成员，思考国家大事、世界大事之外，还要应对生老病死、生命的忧患问题。所以玄学和佛教成为很重要的学说。其实人人都有生命忧患，我们会忧自己能活多久、会忧自己的人生是不是快乐，我们希望有快乐健康的人生。对这些问题的忧虑就激发宗教的产生，宗教就是一种对生命的终极关怀。

所谓终极问题就是个人应该如何安顿自己生命的问题。我们必然会面临像佛教所说的人生八苦：生、老、病、死、爱别离、怨憎会、求不得、放不下等，我们如何化解这些痛苦？佛教、道教探讨的都是终极问题，所以魏晋隋唐的道教、佛教很发达，而儒学的宗教信仰功能则非常淡薄。宋孝宗说：“以佛修心，以道养生，以儒治世。”[①]儒释道各有各的功能，儒家是治世，治理国家；道家是治身；而佛教是治心。人生有很多的烦恼、痛苦，这些烦恼的根源就是人心里的情感和欲望，要化解烦恼就要制欲，就是限制自己的七情六欲，佛教就是通过这样的方式来解决烦恼。

从唐代到宋代，很多儒家士大夫，一方面读儒家的书，一方面非常信仰佛教。比如柳宗元，他流放湖南十年，湖南永州还专门为他建立了一个柳子庙。他是一个纯粹的儒家士大夫，但是他非常欣赏佛教，而且用佛教指导自己的人生，他的诗里面就表达出他对佛教的向往，他认为佛教可以解决人生的烦恼。他原来在政治中心主张改革，失败之后被贬到湖南，心里肯定很痛苦。如何化解这种痛苦？儒家不能解决这个问题，但是佛教可以。佛教用一套严密细致的理论，来论证为什么我们的七情六欲没有价值，因为世界都是空的，你所追求的那些东西，如美女、美食、财富、荣誉、地位……到最后都是一场空，何必为了一场空去产生这么多的烦恼。儒学有它的缺陷，这种缺陷要通过理学来解决。理学就希望把玄学、佛学，包括道教的一些理论以及修行方法融合起来解决问题。

理学是把佛教、玄学和道家的理论吸收到儒家的学说里来，而形成的宋明儒学。所以无论是张载、二程，还是朱熹、王阳明，几乎所有的真正宋明儒学大师都有“出入释老”的经历，也就是说他们都读儒家经典，然后又出入释老，去读佛教和道教的书，但是最后认为还是儒家好，就又回来信仰儒学。这些儒者虽然回归儒学，但他们说儒学好的时候会带有许多新的思想和观念，这就是他们创立理学的因缘关系，所以宋明理学就是儒者所创立的新儒学。国外研究宋明理学的时候，把理学翻译成New Confucianism，就是新儒学。后来有人批评新儒学不纯粹，比如清代的学者批评理学是外儒内佛。胡适也批评新儒学是挂着儒学的羊头而卖的是佛、道的狗肉。我认为这种批评是一种偏见，甚至是一种短视，任何学说要发展，要有生命力，都必须不断地改变自己的形态，特别是要敢于吸收别家的长处。

反过来，我讲佛教的例子，佛教在中国扎根的过程，就是一个不断地从中国文化，从道家、从儒家中吸收其所需要的营养的思想发展过程。佛教在印度原来是小乘、大乘佛教，有自己的一套教理，但是到了中国之后，佛教发生了巨大的变化，和原来的印度佛教的形态的差别非常大，甚至更接近中国文化。所以国

① 宋·李心传：《建炎以来朝野杂记》乙集卷三。

际上真正的禅学大师，比如日本的铃木大拙一直有一个基本的观点，认为所谓的禅学就是中国的佛学。再比如现在所谓的人间佛教，星云大师在台湾讲人间佛学，他谈的佛教的人间性，就是我们在现实社会该怎么做人做事的道理，这些道理事实上就来源于儒家。所以，唐宋以来的儒释道都是相互学习。所以，儒释道到了宋代以后都是相互兼容、相辅相成的三教交融的发展过程。理学就是吸收了佛学、道家的宋代新儒学。

（二）从哲学的角度：理学又是一种哲学化的儒学，它将汉代的政治儒学发展为哲学化儒学

哲学是研究宇宙和人生最根本的问题。中国原来没有西方意义的哲学，但中国讲道学。司马迁写《史记》就讲“究天人之际”，探讨天和人的关系，其实这就是哲学。人生和宇宙最根本的问题在先秦是道家喜欢讨论的，老子讲“道生一，一生二，二生三，三生万物”。这个道是宇宙之初，按照庄子的说法，我们所面临的所有东西都有道，道无所不在，这些谈的都是哲学问题。

儒家早期是不太谈哲学问题的，而是谈人伦。孔子学说核心就是“仁”，他的学生问：“什么是仁？”他说：“仁者爱人。”“仁”就是发自内心地爱身边的人。仁者“爱人”是孔子对“仁”的基本看法，这些都是做人的道理，探讨人如何处理在伦理范畴内的与父母的关系、与邻里的关系，师生的关系，以及国家与国君的关系，等等，拓展开来就是要遵循一系列的礼仪制度与伦理规范，实现“非礼勿视，非礼勿听，非礼勿言，非礼勿动”。

宋代儒学思考的问题不太一样，同样是讲“仁”，孔子说“仁者爱人”，但是朱熹说“仁者，天地生物之心也”。本来“仁心”是强调要出自内心的伦理道德之心，但朱熹说的是“天地之心”，将伦理道德之心上升为宇宙本体之心，实际上思考的是哲学问题。所以，理学复兴先秦儒学的伦理思想，是将其提升为太极、天理、天地之性、道心等哲学范畴的高度。讲人性也是如此。孔子谈“性相近也，习相远也”。孟子讲人心有四端，“孟子道性善”，强调人具有的天赋道德本性。但朱熹讲天地之性，讲心是天地之心。理学家对儒学哲学层面理论的发展跟佛老哲学十分相关。佛教喜欢探讨人生、宇宙根本的问题，道教、道家特别是老子、庄子也把这些根本问题讲得很细致、很深入。他们有一套体认天道、天理的方法，我们经常说打坐，打坐不只是佛教、西方才有，中国的道家里面就有静坐、打坐，是一种修炼自己的心灵，使自己的心灵和宇宙互通的方式。庄子称这种修炼方法为“坐忘”[①]，“坐”就是坐在这里，“忘”就是忘记，“坐忘”就是要通过打坐的方式实现物我两忘，达成人与天地相通的境界。这种学说以及修炼方式后来也被理学吸收。

理学汲取了佛道的哲学思辨、精神境界、心性修养，重新确立了儒学的主体地位，儒家经典得以被重新诠释，儒家伦理成为本体化的“天理”。理学成为一种思辨的、精致的、庞大的哲学体系。

（三）从文化的角度：理学也是一种意识形态、价值信仰、社会制度、生活方式

理学不仅是一种儒学形态、哲学形态，还是一种文化文明的形态。文明无所不包，中华文明包括我们中国人的衣食住行的方方面面，比如说我们拿筷子吃饭，而西方人拿刀叉吃饭；我们做饭喜欢炒，西方人做饭喜欢烘烤煮。这仅仅是外在的形态，其实还有许多社会观念、社会制度、伦理道德、做人做事的方式。西方经常讨论文明冲突的话题，不同文化背景的人经常发生矛盾和争吵，原因就在于文明的隔阂。

理学实质上代表中国的文化形态，甚至可以说代表儒教的成熟。有的人说儒学就是儒学，怎么会是儒教？称佛道为教没有问题，他们有宗教崇拜的中心，有专门的神职人员，有宗教组织。儒家也讲信仰，信天道、天理。佛教崇佛和儒家崇圣有相似的地方。中国古代就有儒教的说法，这是和佛道宗教对应产生出来的。现在整个东亚，比如韩国和日本普遍把儒学称为儒教。在中国大陆通常都叫儒学，但是近几年发生了很大的变化，大陆有一些人也称要研究和恢复儒教。儒教的倡导是近代康有为看到西方基督教的挑战后提出来的，当代儒家或者学者有部分人也主张重新恢复、倡导儒教。

理学是儒教的一种形态。理学不仅是一套理论体系，而且是一种意识形态、精神信仰、生活方式，更是东亚“儒教文化圈”的思想主体与内核。

① 唐·司马承祯的《坐忘论》是一部修道明理、入室炼养的道书。其书卷首说：“人之所贵者，生也；生之所贵者，道也。人之有道，如鱼之有水。”这就是说世间第一件可贵的事，就是生存在世间，最可贵的是明道修真。人在道中，如鱼在水中一样。人离不开道，人以呼吸寄生，吐故纳新，无时不在道中。本论“坐忘”之旨：“离形去智，同于大通，是谓坐忘。夫坐忘者，何所不忘哉，内不觉其一身，外不知乎宇宙，与道冥一，万虑皆遣。”

二、理学核心：天理与人性

理学思想体系庞杂，作为哲学化的儒学，其思想核心就是两个最重要的概念：一个是天理，一个是人性。岳麓书院的讲堂里有一块匾是康熙写的，叫作“学达性天”，其实这几个字就是理学的核心。“性天”就是人性和天理，“学”和“达”是指修养功夫，要通过学习而提升我们的精神境界。中国传统文化包括的儒家、道家、佛家都在思考天和人的关系、人活着的意义和价值、人生的目的，以及如何化解人生困境等问题。这一系列问题的思考必然上溯至天道、天理，即通过宇宙本体的终极意义来化解人生的紧张，实现个体的生命安顿。光从人生来寻找意义的话不能解决人生终极的意义，我们一定要提升到从本性中寻找天道、天理，这就是天性。“性”和“天”相通，这就是先秦儒学所谓的性与天道，即人性和天道的问题。

先秦诸子百家都思考过这个关键性的问题——人性问题，几乎每一个真正有思想、有作为的思想家也一定会思考和解释这个问题。它实质上就是思考人是什么，人类的轴心文明也从未脱离过这个话题。

人类面临许多重大的问题没有解决，特别是有两个永恒之谜：一个是宏观的宇宙，另一个是我们内在的心性。这两个谜，一般的科学、知识不能解决，就成为哲学思考的对象。哲学专门思考那些一般学科、知识解决不了的问题。在朱熹的时代，他通过朴素的哲学思辨来建构自己的宇宙观，有些观点在当今看来很超前。他说：“天地初间只是阴阳之气。这一个气运行，磨来磨去，磨得急了，拶出许多渣滓；里面无处出，便结成个地在中央。气之清者便为天，为日月，为星辰，只在外，常周环过转。地便只在中央不动，不是在下。”（《朱子语类》卷一）他认为天地初间是一团气，阴阳二气磨合，磨出渣滓，就变成大地，然后浮动出去的阳气变成太阳、星星、月亮。他看到鱼的化石，就解释这个地方原来一定是海底，鱼死了就附着在这个地方，这块大地是从海底升上来的。过了几百年之后，西方的地质学家才这么解释。而朱熹在800多年前靠理性思考、哲学思辨就想了出来，在当时已经达到了相当的高度。就宇宙运行的动力而言，理学家都认为有一个无形的理支配着世界的运行，比如张载说：“太和所谓道，中涵浮沉、升降、动静、相感之性，是生絪缊、相荡、胜负、屈伸之始。”他认为太和之道蕴含浮沉、升降、动静之性，是万物运行的根本动力。其实太和、道、天理、太极等都是宇宙生成的根本动力，又可称为天道。

理学认为天道是天地之理，而人顺从的是人伦道德，要想论证人伦的必然，就要寻找人伦之理的内在依据即人性，并且将人性的依据与天道结合起来，提出人性就是天道。那么，如何论证天道与人性的内在关系？人性和天道这两个根本的问题只能靠哲学来思辨。但是，孔子非常关注现实的一些问题，这也是儒家文化的一个很大的特点，就是如何解决人生、社会中间的忧患问题，基本上很少讲性与天道，所以孔子的弟子子贡说：“夫子之言性与天道，不可得而闻也。”（《论语·公冶长》）。虽然孔子没有讲，孔子的后世弟子在讲，比如说孟子就有一句很有名的话：“尽其心者，知其性也。知其性，则知天矣。”（《孟子·尽心上》），就是说我们有内在良知的心，如果把心灵呈现出来，可以进一步呈现天道。这个话很深刻，但是很难理解，我们的心怎么和天道相通？凭什么说我们的内心和天道相通？这种说法如果不通过哲学思辨的系统论证，是没有办法使人信服的。董仲舒论证了性与天道的问题，但是理论比较粗陋，使用的阴阳五行的方式比较简单原始，没能解决问题。

理学试图用一套天理论来解决性与天道之间内在关联的问题。

（一）天理

理学产生之后，“天理”这个概念就成为中国人、中华文化普遍信仰的最高主宰。古代的衙门，墙上贴着“人情、国法、天理”，人情是我们每个人都有的情感，你犯了罪，我们不能容忍，这是人情；国家法律制度跟人情密切相关，比如说你偷东西、杀人放火，既不符人情，也不符国法。我们经常讲伤天害理、天理难容，这个“理”就是理学家所讲的“天理”。“天理”这个概念出自程颢、程颐两兄弟，程颢强调他的学说虽有所受授，但是“天理二字却是自家体贴出来”。（《二程外书》卷十二）“天理”是二程自己发明的，后来成为中华文化，包括中国文明、儒教文明一个最核心的概念。

1. 天

中国人都信仰天，称“天地君亲师”，可见“天”是摆在首位的。但中国人讲“天”非常复杂，也很含糊，有时候讲天是指日月星辰在运行，有时候则不一定指苍苍之天、自然之天，而是主宰之天。中国人相信天是一个最高的主宰，我们碰到困难，就喊“天哪”，欧美的洋人就会喊“Oh my god”。西方人信仰基督教，讲“Oh my god”的时候是讲上帝，因为他们相信整个宇宙就是上帝创造的，上帝不但创造了世界，还创造了世界的法则。当我们讲主宰之天的时候，“我的天哪”，这个“天”又和上帝不一样。中国人的观念里面，天一定是伟大、公正，而且客观的。所以中国的“天”是很深刻、很理性化的信仰。

2. 理

在理学产生以前，就普遍有“理”的概念，儒家、道家、法家及玄学的著作中，均有“理”的概念。“理”原来是一个动词，“治理”，最早不是治理天下，是“治玉”，玉矿打成玉器时要精雕细琢，要顺着玉的纹路，称“理”。引申为治理国家、治理天下，后来就演变成了一个普遍的、客观的法则，就是理。人们认为万物各有理，就是每个事物都有它客观的道理。“理”有下列不同的含义：

（1）物理。理首先指万事万物内在的规律，即物理。韩非说：“凡物之短长、大小、方圆、坚脆、轻重、白黑，谓之理。”（《韩非子·解老》）酷暑严寒都是自然的现象，都有它的道理。天气变凉了，要加衣服，否则散热太多，体温不能保持体内平衡。天气太热了，又会出汗，这是什么原因呢？因为有一个理在那里。春夏秋冬，太阳早上出来、晚上落下，这都是一个理，万物各有理。讲理的时候，道家和法家讲得更多，因为法家强调客观社会法则的时候很讲法理，道家强调自然法则时讲自然之理。朱熹认为“事事物物各有其理”（《朱子语类》卷十四），这个理首先属于物理的理。

（2）事理。我们做事也有一个道理，就是事理，也就是人的行为规范的“理”。“礼之者，理之不可易者也。”（《乐记》）“义，理也，故行。”（《荀子·大略》）。事理要通过社会制度化的行为规范体现出来，所以又叫“礼”。中国古代讲礼，仁义礼智信的“礼”，懂礼貌，这个礼是社会行为的规则。为什么要制定这个礼，因为有一个道理在那里，“礼者，理也”（《朱子语类》卷四十一）。孔子的学生宰我的母亲去世了，根据古礼，必须待在家里三年不能出去，要守礼，守孝三年不能出去。宰我是喜欢到处跑的人，还想做事，他说三年太长了，问孔子能不能改一下。过去礼不能改，如果你乱改这个礼，就会触犯鬼神，这是宗教性的解释。孔子则说：“予之不仁也！子生三年，然后免于父母之怀。夫三年之丧，天下之通丧也。予也有三年之爱于其父母乎？”（《论语·阳货》）孔子认为你能够成人，至少有三年不能离开你的父母，现在你父母去世了，守孝三年是回报你父母的三年，这是讲情理。所以这个理的制造是来源于情理，情理也就是事理，所以这个理有情理、有事理、有义理。

（3）天理。上面讲到两个“理”：一个是大自然的规律，是物理；还有一个是做人做事必须要讲规则，是事理。理学家认为不管是事理也好，物理也好，都是我们必须要遵循的理。我们具体面对的每一个理，叫作分理，具体的事理和物理都是分理，人每天都会面对很多的理，天气热没有开空调，很热，睡不着，这是理。理学家说这些理还是一个统一的理，称之为天理。所以理学家发明了天理，实际上是把具体的社会中间的理和大自然的规律的理合起来，叫作天理，即将“物理”“事理”与统一万理的“天理”统一起来。

程颐说：“有物必有则。”（《伊川易传》卷四）一物须有一理。我们经常讲事和物，“物”就是客观的物，桌子、电脑是物，“事”是指我们做事，我在这里讲课就是事。物理和事理有区别，按照理学的说法都是理，既然都是理，我们必须要服从，这些具体的理均体现了一个最高主宰的理，就是信仰层面的理，我们把它叫作天理。理学的特点就是将人伦日常的理和天理结合起来，这是理学的一个核心问题。

（二）人性即天理

理学的“理”，首先是事理、物理，然后有一个天理。那么这个天理和人性是什么关系？理学家是怎么解答的？二程讲“性即理也”，我们讲人性只是用另外一个表述方式，基本的概念就是性就是理，人性就是天理。要理解这个说法不是很容易，因为关于什么是人性有许多不同的说法。

荀子说“饥而欲食，寒而欲暖，劳而欲息，好利而恶害，是人之所生而有也”。这就是人性，你生下来就有的欲望、本能；“食色，性也”，人的生命要靠食和色才有可能维持和延续，这两个是人的本性就有的，所以就是人性。后来孟子也认为这是人性，但是光讲这个性还不够，因为人还有社会性。你的同伴碰到困难、遇到危险，你一定会发自内心地同情他，孟子称这种同情心为“恻隐之心”。一个小孩掉到井里，你救他，就是恻隐之心。这种恻隐之心是你的本性，我们每个人内心本身都有仁爱的本性，我们讲仁爱并不是说是你被迫去关心其他人，而是发自内心地同情他。恻隐之心又叫同情之心。除此之外，人还有羞恶、辞让、是非之心，合称“四心”。王阳明讲良知之学，有人问道，一个小偷天天偷东西，他良知在哪里？王阳明说他还是有良知的，人家说不信。不信就脱那个人的衣服，脱到后面只有短裤的时候，小偷拼命抓住脱衣人的手不肯放，这就是他的羞恶之心，羞恶之心就是良知之心。这是王阳明的论证方式，这是一个真实的故事。还有辞让之心，看到人家年长，我让你。人对是非的判断天生就有，这叫作是非之心，一个人去偷人家的东西，你不要教育就知道这个不对，这个东西是人家的，这就是是非之心。

孟子认为这些都是人生而有之的，并不需要教育，这是他跟荀子最大的区别。荀子认为人性是恶的，必须要教育；而孟子认为人性是善良的，不需要教育，只要让他内在的恻隐之心、羞恶之心、辞让之心、是非之心自然地呈现出来，这叫作尽心，是指把你内在的道德之心表达出来，并不是强制性的教育、训导，而是内在的呈现。对这两种学说，每个人的看法都不太一样。后来孟子的学说占主导。为什么宋代理学非常崇拜孟子呢？因为他把仁心看成是发自内心的，他认为“仁义礼智信”等伦理道德规范是你内心本来就有的东西，只是你没有发现，没有发掘出来。王阳明有句名言“满街都是圣人”，就是每个人都可以做圣人，因为每个人都有良知之性，而你内在的良知使得你可以成为圣人，这跟佛教“人人皆能成佛”有一定的关联性。

先秦儒家讨论的人性问题到了理学家这里：人性就是天理，性就是理。也就是说理学家把性与天道这个先秦儒者没有讲透的问题整理成了一套理论。所以理学理论看起来很复杂，但是讲到最后，实质上就是告诉你宇宙本身就是由天理来创造的，每个人的人性就是天理，天理并不是在我们之外，外物有天理，我们的内心也都有天理。我们要认识内在的善良本性，在日常之中躬行践履我们的道德。

当然理学内部有两大派，程朱理学和陆王心学，区别是修炼方法的不同，但在将天理和人性相结合这点上，他们的观点基本是一致的。

三、理学的人格理想

每一种学说、每一种宗教都有一个修炼的目标。比如说佛教的修炼目标是成佛，你讲多少教理，做多少艰苦修行都是为了成佛。道教也要进行修炼，目标是修道成仙。儒家理学也讲了很多道理和修炼方法，目标是成为圣贤。

（一）从“君子”到“圣贤”

孔子主要讲成士、成君子，特别强调成君子。在孔子之前，君子和小人是指社会政治地位的划分。贵族就是君子，贫民就是小人，是一种严格的社会等级制度的划分。到了孔子时代，发生了根本性的变化：君子是通过学习、修炼，其中主要是道德的修炼，而可以形成的理想人格；小人则是没能很好地修炼而形成的人格。这里的“君子”与“小人”，不再是社会等级的区分，而是一种人格的称谓，“小人”是坏人格，“君子”是好人格。

宋代理学家不仅讲要成君子，而且要成圣成贤，这也是受到佛教的挑战和影响。佛教讲求成佛，而儒家最高的理想呢？是成圣。所以从理学开始，儒家的价值观念、人格理想发生了一个重大变化，就是提出要成为圣贤。

圣贤是什么样子？怎样才能成为圣贤？我们可以把理学看成一个成圣的运动，因为你修炼了之后就知道怎么成圣，成了圣之后就跟普通人的表现不太一样了。那么圣贤与普通人的差别在哪里？宋明理学认为，圣贤与普通人的差别在于圣贤往往有一种气象，一定能够通过外在表现出来，这种气象叫作“圣贤气象”。

（二）圣贤气象的个体层面——孔颜乐处

圣贤气象是一种精神上非常洒落、自得的样子。周敦颐是湖南道县人，他是道学宗主，很多人赞誉他是圣贤，评价他“人品甚高”。他胸中洒落如光风霁月，有着禅宗里面“心中无一物，何处惹尘埃”的境界，非常大气、坦荡、自由。像晴朗的天空中的风，在流动；像明朗的月亮，通体明朗、透亮。这种气象叫“孔颜乐处”，就是内心非常和乐，而且呈现达观自信的状态。其实这个境界，禅宗也经常讲，他们叫“身心自在”。我们的身体、心灵都很洒然、很自在、很愉悦，处在一种非常快乐的状态，所以是孔颜“乐”处。

“孔颜乐处”，“孔”指孔子，“颜”指孔子最欣赏的学生颜回。大家到孔庙去，会看到孔子像在中间，边上有他四个弟子的塑像，其中一个就是颜回。孔子和颜回经历过非常多的艰难困苦，他们追求“天下有道”的政治和社会理想，但由于时代的局限没能实现。孔子一辈子颠沛流离、栖栖惶惶，甚至有人说他是丧家之犬，他的人生处境非常艰难，颜回也是这样。颜回是孔子的学生，他“一箪食，一瓢饮，居陋巷”，生活在这样的环境中，却能“不改其乐”。孔子最欣赏他在这么艰难的环境下还能保持快乐的心境，因此赞扬他“贤哉”！

那么，孔子和颜回处在这么困难的情况下，为什么还会快乐？宋代儒者就在思考这个关于“乐”的问题。范仲淹和周敦颐教学生的时候，大家来听课，他们就说："你们去好好想一下，孔子和颜回到底为什么快乐？"范仲淹其实是宋学的开山祖，在理学上，他走在周敦颐前面，对理学的影响很大。张载向范仲淹请教，范仲淹说："儒者自有名教可乐，何事于兵？"佛教、道家、兵家都有各自的快乐，那么，儒者要如何找到"名教"——儒家倡扬之伦理道德的"可乐"之处？

岳麓书院有一副对联："吾道南来，原是濂溪一脉；大江东去，无非湘水余波。"对联很有气势，充分表达了湖南人心气高的特点。为什么湖南人心气高？因为发明天理论的二程（程颢、程颐）是湖南人周敦颐的学生。湖南道县有一条河叫作濂溪，所以周敦颐又叫作周濂溪，大家都知道他写过《爱莲说》。但是，周敦颐最高的成就是《太极图说》和《通书》，这两部著作奠定了他在理学上的地位。二程向周敦颐请教的时候，周敦颐叫他们"寻颜子、仲尼乐处，所乐何事"，颜回生活得这么困难，他为什么还很快乐？如果把这个学会了，你就可以成为圣贤，如果每天都那么忧伤、痛苦、烦恼，证明你的思想境界不高，这样的精神境界怎么可能做圣贤？

佛道也讲求"乐"。追求快乐本为道家所倡导，庄子非常强调如何寻求快乐，他对艺术产生了深刻影响。佛教讲的"自在"，其实也是一种内心平和、快乐的精神状态，所以释迦牟尼圆寂后，好多弟子在痛哭，但是有一个弟子在笑，因为他知道释迦牟尼已经达到了涅槃的境界，已经真正从人生解脱了、成佛了，进入了极乐世界，因此他为他的师祖表示高兴。所以说，只有这个笑的弟子，才真正体悟到佛教的真谛和奥妙，才能够真正理解释迦牟尼圆寂的意义和价值——"乐"。

（三）圣贤气象的社会层面——忧患意识

从比较宗教的角度来看，不同的宗教对现实人生的基本价值判断不一样。佛教对人生价值判断是"苦"，佛教的产生就是因为人生在世要面临很多的艰难困苦，这是佛教的基本判断。基督教对人生价值判断是"罪"，亚当和夏娃原本被上帝安排在伊甸乐园，生活得非常快乐，但是后来他们偷吃禁果，生了一堆孩子，人类都是亚当和夏娃的后代，所有的人类都带着这种原罪来到这个世界，所以人们来到世界上必须要赎罪，这也是一种价值判断。那么儒家看到的世界是什么样呢？"天下无道"，所以，儒学对"天下无道"的士人群体充满忧患意识。

儒家讲的"立德、立功、立言"三不朽，就是希望建立一个"有道"的社会。所以，儒者并不向往来世的幸福，而是要在这一个世界上建立“有道”的社会理想和文化理想。儒家希望帮助家人、邻里、国人、天下，建立一个和谐生活的社会共同体，让他们能够有和谐的关系，都能够同他人和谐相处。

所以，在理学家的精神追求中，圣贤气象就必须包含两个方面，除了“孔颜乐处”以外，还要关怀社会、心忧天下。圣贤并不是说不要快乐，而是要在天下人快乐之后才快乐。张载也说“民吾同胞，物吾与也”（《西铭》），天下老百姓都是自己的同胞，所以自己的喜乐和天下百姓密切相关，只要世界上还有痛苦，自己就要和他们相感同。所以，有圣贤气象的人，要以社会和谐、国家富强、天下安泰为己任，积极参加到治国平天下的经世济民的活动中来，这就是理学所追求的圣贤气象的另一个方面。

圣贤气象是两者的结合，既要承担社会责任，也要考虑个人的身心自在。佛教说人要身心自在，要保有闲适的心态，该放下时就放下；道家追求精神自由，希望有洒落的胸襟。理学吸收了佛教和道教的学说，又更加强调要有社会责任、忧患意识、道义情怀，这是儒者一直特别强调的价值观念。理学说一个有圣贤气象的人，一定是一个能够承担社会责任的人，同时，并不感到忧戚，而是担得起也放得下。所谓担得起就是敢于承担社会责任，有忧患意识。假如你是一个企业老板，你的员工都与你息息相关。不管是100人的企业，还是1000人的企业，既然你在这个重要岗位上，就要承担相应的社会责任，但是也不能让责任把自己压垮，该放下时就要放下。放得下就是在承担责任的同时，又能够身心自在；有忧患意识的同时，也不放弃自己的闲适心态；坚守道义的同时，还具有洒脱的胸襟，如光风霁月一般。这才是圣贤气象。

四、人生境界

中国哲学强调境界。《庄子》里有个庖丁解牛的故事，庄子很欣赏庖丁，别人拿到一头整牛，用刀子一顿乱砍，砍得很辛苦，成效却不大，庖丁却三五下，就把一头整牛分割成碎块了，大家感到很惊奇。庖丁说，他最早分割牛的时候也跟大家一样，看到的是一块整肉，切的时候感觉很辛苦，而且切不好，后来才慢慢地摸出门道。随着他的功夫越深，一头完整的牛在他眼里，肉之间都是有缝隙的，他看到那个缝隙，刀子一去，牛肉就随着本身的纹理分解开了。这是一个很高的境界。

天人合一的境界，是指主观意志和客观规律合为一体，这是一个更高的境界，你达到的境界越高，你越自如，最终状态就是孔子讲的“从心所欲不逾矩”（《论语·为政》）。我们从心所欲可能会出问题，因为所想所欲可能不合规矩。你很懒散，把腿搭在桌子上，这不是从心所欲，而是破坏规矩；你在这里听课，突然想笑就笑，想喊就喊，你从心所欲了，但是已经逾矩。如果你从心所欲不逾矩，像庖丁解牛，刀子进入牛的身体，就和牛的筋脉达到完全一致，既切好了牛肉，又不破坏牛肉的组织，这才是真正的从心所欲，是一个很高的境界。

（一）冯友兰：人生四境界

哲学家冯友兰先生把人生分成四个境界。

（1）自然境界。就是人顺着自己的本能和风俗习惯做事，是不自觉的。像一个小孩，肚子饿了就哇哇哭，吃饱了就笑，困了就想睡，这些都是人的本能，这就是自然境界。

（2）功利境界。就是人知道怎么来归结自己的目的，这个目的是个人的、利己的，我需要什么，就拼命去做、去争取。我想要钱，就拼命赚钱；我想吃，就设法获得食物，为了达到目的，你会精心算计。功利境界中，你的行动全都是根据功利来决定的。商品经济的法则就是社会人都是功利境界的人，人都是想用最小的代价获得最高报酬的理性算计的动物。

（3）道德境界。西方很多哲学家意识到，人并不是时刻理性的，并不会时刻都想用最小的报酬，获得最大的利益，而是会做出很多不图报酬的利他行为。正所谓“正其谊不谋其利，明其道不计其功”（《汉书·董仲舒传》），这是非常普遍的现象。我认为这是我应该做的，有益于他人、有益于社会，我愿意去做，而不是因为功利算计，这个境界叫作道德境界。

（4）天地境界。我们生活在这个宇宙中，不仅是为了功利，还要有群体道德。群体道德是相对的。庄子说“盗亦有道”（《庄子·胠箧》），强盗也有他的道德，也讲规则；黑社会也有它的社会规则，所以是“盗亦有道”。那么，还有一种超越群体之上的规则，那就是天地境界。我们所做的一切，并不是只为了满足我们所在的社会群体，而是要把个人的作为和天地融为一体。天地境界有人性的依据，这么多人信仰宗教，并不是为了延长寿命，而是为了追求天地境界。

（二）马斯洛：需求六层次

很多宗教鼓励大家追求最高的人生境界，这种境界也有心理学的依据。美国著名心理学家马斯洛的代表理论就是人本主义心理学，说到这个人，大家马上想到他的需求五层次理论，就是人有生理需求、安全需求、社会需求、精神需求、自我实现的需求。

人首先要满足生理需求，肚子饿了要吃饭，困了要睡觉，这是生理需求。生理需求满足之后，马上想到第二个需求——安全，我要保证我的安全。这两个需求满足了，才是社会需求，把你关在一个屋子里面，虽然有吃有喝，生理需求可以满足，也有安全，但是你还是感觉到不满足，因为人有一种社会需求，那就是要跟别人交流，很多人到国外不适应，就因为没有办法进行交流。有了社会需求外，人还有精神需求，尽管大家非常忙，还是愿意到这里来学国学，这就是精神需求，知识、审美、道德的需求，都是属于精神需求。精神需求之外，还有一个自我实现的需求。

后来马斯洛修改了他的学说，他说人有六个需求，第六个需求就是精神超越的需求，也就是对天地境界追求的需求。我们的精神要超越，不仅要把自己奉献给家庭、国家，还要能够与最高的存在者——天地宇宙合为一体。按照理学家的说法，这个最高的存在者，就是天理、天道。这是超越性心理需求的最高境界。

（三）理学的境界

理学也是充分考虑人的心理需求的学问。理学承认人有功利境界，我们有感官，追求“口目耳鼻四肢之欲”（《朱子语类》卷六十一）。我们有眼睛，喜欢看到美好的颜色、鲜活的生命，看到天和日丽，心情就非常舒畅；外面的汽车跑来跑去，有噪声，我们不喜欢听，我们想听到优美的音乐；我们希望闻到好闻的味道。每个人都有追求，这是人的本性。这种本性决定了人是有功利性的。

但是理学家强调人要有道德境界。人除了追求功利之外，还要有仁义礼智信。我们希望成为一个有道德、有教养、有文化的人，这样的人才会得到大家的尊敬，因为他达到了道德的境界。

除了道德境界之外，还有天地境界。理学一直讲圣贤，圣贤之所以快乐是因为他们达到了天地境界，能“从心所欲不逾矩”。佛教有一个很大的特点，人们问禅师什么是禅，禅师往往不说，因为这个东西太高妙了，是不能说的，但是你可以自己体悟。禅的境界是一种很高的境界，六祖慧能的《六祖坛经》里有很多这样的故事，禅师们在其中很自然、很快乐。凡是拥有发自内心的、自然的快乐，一定是得道的人，因为他达到了最高的境界。

程颢也讲过什么是天地境界，他说："天地之常，以其心普万物而无心。圣人之常，以其情顺万事而无情。"如果我们心中装着各种各样的事物，精神压力会很大，心灵会很沉重。我经常说我的心没有多大，只装着岳麓书院，岳麓书院哪里有问题，我就感到很担心。如果能够达到天地境界，"以其心普万物而无心"，虽心里装着天下，但你对天下具体事务的忧虑也不足以撼动你的心，你不会因为一点小事喜怒无常，就是说，胸怀非常广大的人就能够"无心"，这是一个有天地境界的人才能做到的。我们是普通人，有喜怒哀乐之情，圣人也和普通人一样，也有喜怒哀乐。我们看到好吃的东西就想吃，听到好听的话心里就高兴，我们不能绝情，我们有欲望、情感，有各种各样的物质需求、心理需求，但是，如果能够既持有情感又"情顺万物而无情"，就能达到天地境界。这个"无情"不是真正的无情，是"心中无一物，何处惹尘埃"，心里好像没有事，又包含着所有的事。我们的感情能够破除个人的执着，根据万物的变化而自然地变化，达到一种"无情"的境界，这就是所谓的天地境界。天地境界有一点玄妙，所以很难讲透。你不是有所作为，但是你能够无所不为，这就是一种天地境界。这个境界并非不可达到，而是可以追求的目标，至少我们心灵向往，至少我们会在某个时刻、某个时期，在某一个具体的问题上，会像庖丁解牛一样，达到天地境界。

理学的特点，在于追求天地境界的时候，不是否定、放弃功利境界和道德境界，而是把这两种境界结合起来。追求道德的人，不一定完全没有功利之心。理学家追求成为圣贤时，也不完全是一个没有情感欲望、无知无欲的人。追求最高的境界，仍然包含着对前面的功利追求和道德追求，这就是理学的境界。湖湘学派的宗师胡宏说"凡天命所有而众人有之者，圣人皆有之"，圣人跟普通人一样，有才术、有情感、有欲望、有忧喜，但是他们在拥有这些的同时能够化解欲望、提升自己。

这就是理学讲的人生境界，在当今仍然很有价值。我们追求功利，每天都要面临很多烦恼和痛苦。如何面对，相应地提升自己的精神境界？这是我们需要思考的问题。

五、理学与命运

大家现在非常关注命运，尤其是进入到现代社会以后。比如，以前我们有一个大家很看不起的同学，突然一下发达了，大家很惊奇，因为他以前什么也不会，现在却做得这么好，然而没多久，又听说他破产，几乎要沦落街头。越是社会在急剧转型时，人生命运的变化就越快。大家感到命运不可捉摸，总说一个人的最后结局不同是因为他的命不同。一个家庭的兄弟姐妹也是这样，本来是一家人，都是同样的父母所生，但是后来的人生道路却各不相同，社会处境、人生经历和个人成败都相差很大。大家就会感叹：这是命！既然是命的话，我们能不能早一点知道命？知道命不好，就没有必要那么努力奋斗；知道命好的话，也没有必要努力奋斗，顺着命去就行。因此，算命成为很热门的事。很多老师讲《周易》，并总是被一堆人围着，希望请他们帮忙算命。每一个人似乎都希望知道自己的命，这样就可以决定下一步要采取什么行动。

儒学里有一套对命运的看法。“五经”中有一部《易经》，就跟算命有关系。命是儒学和理学思考的一个重大的问题，大思想家几乎都要讲命。孔子说“不知命，无以为君子”，一个不懂命的人成不了君子；他“十有五而志于学”，15岁就开始立志学习；“五十而知天命”，一直到50岁才知道什么是天命。

那么在理学，命运到底是什么？理学提出的命运学说，对于我们有什么意义和价值？我认为理学对于命运的思考，是非常有哲理性的一种思考，也是理学一个很高的成就。

命运由两个字组成，“命”和“运”。我们通常认为“命”是一种不可改变的客观的命定。比如，我们经常说人的命运跟他的父母是谁有关系，生在高官家庭、生在普通市民家庭和生活在街上流浪乞讨的人家，他们的命是不相同的。我们经常看到文艺作品里，因为父母抱错了孩子，孩子的命运就发生了根本性的变化。有个孩子被养在百万富翁的家庭，过上了非常优越的生活；另一个孩子却流落街头，饥不饱餐。我们生活在什么家庭，生活在哪个国家，命都有所不同。除了“命”以外，还有一个“运”，运具有多样性，是人生的轨迹、运程。人生的运程，是在命定了之后的运程，命并不决定人生的一切。比如生活在同一个家庭，同一个环境下的两兄弟，他们的命似乎是相同的，但运却有根本性的不同，一个人子承父业，种了一辈子田；另外一个人走了出去，到外面做出惊天动地的大事来。这两兄弟不同的人生轨迹，就是运程变化的结果。

把所有的事情都归结于命的人，是放弃对自己的责任感。一个对自己有责任感的人，一定会在天命已定的条件下，做出最大的努力，改变自己的运程。这才是对待命运的正确态度，也是理学家所讲的态度。

我刚才说过，《易经》是一本算命的书。宋代研究易学的人画了一个图，代表六十四卦。六十四卦是根据阴爻和阳爻排列组合形成的六十四个卦象，它们代表人会面临的六十四种处境。国王的儿子与乞丐的儿子，有可能在六十四卦里面的处境一样。但在同一个处境里，不管卦象是吉是凶、是福是祸，我们通过主观的努力，是可以改变这个卦的结果的，就是说我们的生命运程会发生变化。理学家程颐的著作《伊川易传》，根据《易经》把六十四卦的每一卦，都做了哲学性的分析。其中有两个重要的概念，一个叫“卦时”，一个叫“卦才”。卦时就是六十四卦每一卦里面的“时”，我们所处的时势决定了我们的命，但是“卦才”代表了我们在这个处境中能采取的、以顺应卦时的变化的策略和应对的方案。卦时代表命，卦才代表运。实际上命运就是这么回事。

程颐以天理作为卦爻之义的最终依据，突显了人在面对命运、面对天地法则时所具有的主体能动性。程颐重视六十四卦的“时义”，并且也把时义看作是时势与义理的统一。程颐把“识其时势”视为学《易经》的重要方法，但是，程颐所说“时势”的内涵，是以“理”为主导的“理势”合一。程颐强调在“识其时势”的同时更应该知其天理。程颐强调人应该在审时度势中决策是否可行，而这个“势”又是由“理”决定的，“理”是可以决定“势”的必然力量。程颐的重势并不是像王弼那样把人引向对时势的屈服和顺应，而是强调在对理的认识和实践中实现对时势的把握。故而可以说，是否顺应卦时而导致吉凶的不同后果，完全是是否顺理的结果，“顺理”也就是“度势”，它可以决定行为后果的否泰吉凶。

程颐对“时义”的创新性理解，导致他对客观时势中人的主体能动性重视，突出表现就是在他的《周易程氏传》中，提出了一个十分重要的概念：卦才。程颐的“卦才”究竟应如何理解？程颐在论述“卦才”时，总是将其看作是在吉凶祸福变动的客观时势下的主体能动性。在现实的人文世界中，时势与义理的分离是一种经常的状态。对个体人生而言，儒家士大夫常常会面临时势与义理的分离，困穷、艰险往往是那些怀有很高社会理想的士大夫的生活常态，“道之将废”势必成为他们最为严重的心灵震撼。所以，尽管程颐在谈到“卦才”时强调守道济世而扭转时势，他自己心里也非常清楚，做转势之事业谈何容易！那么，士大夫人生哲学的首要问题，就是如何在一个理与势相分离的人文世界中安身立命，具体来说，就是如何在种种磨难、困穷、艰险的生活境遇中立身处世的问题。程颐对这个问题表现出特别的关注和重视。在理、势合一的时遇中，程颐也主张顺应客观的时势，其原因是理在势中，顺应势也就是顺应理，循理始终是“卦才”的根本追求。但是，在理、势分离的时遇中，程颐则反对“枉己屈道、顺承于上”的处困之道。

六、理学的身心修炼

任何人如果希望进入更高的精神境界，化解命运带来的人生凶险、精神困境，那么就必须强调精神修炼。理学的主要内容均是谈身心修炼的工夫论。

理学家认为，“四书”就是儒家工夫论的记载。《大学》的“格物”“致知”“正心”“诚意”，《论语》的“恭敬”“操存”“涵养”，《孟子》的“尽心”“存性”“养气”“扩充”，《中庸》的“学、问、思、辨、行”以及“尊德性”“道问学”“极高明”“道中庸”，等等，这些修炼工夫是先圣先贤在身心修炼中的经验总结。

根据理学家“身心一致”的原则，“修身”与“养心”是相通的。但是，两者的表现形式又确有很大区别：“修身”所涉及的是人的外在活动，重点在外部行为活动的程式；“养心”所涉及的是人的内在精神，重点在内部心理调控。例如“主敬”，朱熹说：“敬字工夫，乃圣门第一义。”（《朱子语类》卷十二）主敬作为一个包括身、心的修养工夫，二者是互动的，即心的恭敬会导致身的收敛，而身的收敛也会导致心的恭敬。在操作过程中，“持敬”又包括内与外、身与心两个方面，朱熹针对学生问到“敬何以用工”的问题，他回答道：“只是内无妄想，外无妄动。”（《朱子语类》）

（一）修身

看看身体的修炼。朱熹说：“坐如尸，立如斋，头容直，目容端，足容重，手容恭，口容止，气容肃，皆敬之目也。”（《朱子语类》卷十二）这是指对人的神态、动作等外部的要求，这些有关坐立行止的行为程式是直接与人的本心相通的，它们也是天理的体现。方孝孺作《幼仪杂箴》有坐、立、行、寝、揖、拜、食、饮、言、动、笑、喜、怒、忧、好、恶、取、予、诵、书等动作、神态规定，其中“坐”的规定是：“维坐容，背欲直，貌端庄，手拱臆，仰为骄，俯为戚。勿箕以踞，欹以侧。坚静若山，乃恒德。”“立”的规定则是：“足之比也如植，手之恭也如翼，其中也敬，其外也直。不为物迁，进退可式，将有立乎圣贤之域。”

（二）养心

“养心”“治心”属于精神方面的修炼，主要是借助于一系列内部心理行为的程式与方法。这些程式与方法分为两大类：一类是“格物致知”，即“道问学”；一类是“正心诚意”，即“尊德性”。

1. 道问学

“格物致知”来源于《大学》，《大学》中的“八目”以格物致知为始，可见它是个人修己治人的前提。理学将“格物”解释为“穷理”，将格物作为“适道之始”。因此，格物就成为理学中体悟天道的最初步骤，成为一种修道的工夫。朱熹所言格物穷理的途径是多方位的，包括书本知识和应接事物的知识，他解释说：“如读书以讲明道义，则是理存于书；如论古今人物以别其是非邪正，则是理存于古今人物；如应接事物而审处其当否，则是理存于应接事物。”（《朱子语类》卷十八）穷理、进学、致知、格物等求知的工夫，其目的不是成就知识渊博的学者、哲人，而是为了成就德性高尚的贤者、圣人，故而这一类进学、穷理的工夫是治心、养心的方法和途径。从修养工夫论来看，格物是一种养心的步骤。一方面，格物穷理的目的是“明善”，程颐说：“明善在乎格物穷理。”（《二程遗书》卷十五）“明善”最终是为了达到崇高的精神境界。另一方面，要达到识道的整体了悟，他说：“须是今日格一件，明日又格一件，积习既多，然后脱然自有贯通处。”（《二程遗书》卷十八）

2. 尊德性

理学家“尊德性”的修心，包括动中体悟与静中体悟两种不同之术。静的工夫指主体保持内心平静的养心工夫，静坐是静的工夫中的一种最主要形态，还有静卧、静立、静观等不同形态。静坐的工夫在道家、道教、佛教中十分流行，宋明理学家也以静坐作为自己的养心工夫，王阳明弟子王畿认为调息是静坐的入门技术。他说：“欲习静坐，以调息为入门，使心有所寄，神气相守，亦权法也。调息与数息不同，数为有意，调为无意，委心虚无，不沉不乱，息调则心定，心定则息愈调。真息往来，而呼吸之机自能夺天地之造化。”（《明儒学案》卷十二）他认为调息可以收摄精神，是达到体悟本体的重要途径。动的工夫是指人的情绪、念虑发动之后，主体如何通过一系列心理活动的调控而克制情欲、体察天理。“察识”是一种动的工夫，人的心与外部事物相接后，马上会激发出许多纷纭复杂的情感欲望，他应该在“已发”之后仔细体察自己的各种情感、欲望等心理活动，哪些是要克制人欲，哪些是要加以培植良心。

无论是格物致知的知识化程式，还是心性觉悟的体验化程式，其目的都是一个，即是对天理的体认，达到“天人合一”的精神境界。朱熹说：“尊德性，所以存心而极乎道体之大也；道问学，所以致知而尽乎道体之细也，二者修德凝道之大端也。”（《四书章句集注》）

理学的身心修炼强调知行统一。朱熹常常讲“知行常相须”“致知力行，用功不可偏。偏过一边，则一边受病”。（《朱子语类》卷九）王阳明讲“知行合一”“知之真切笃实处即是行，行之明觉精察处即是知。知行工夫本不可离。……此区区心理合一之体、知行并进之功，所以异于后世之说者，正在于是”。（《传习录》）

理学修养包括“明心”“定性”“察识”“涵养”“主敬”“穷理”等多种，或者是调节情感，或者是心灵体察，或者是意志凝聚，或者是知识积累。这些工夫所要实现的目的是要消除个人的主观限制、私我情绪，打破人、天的界限和主、客的隔阂，进入到“理一”的道德境界和天地境界。

理学是宋明时期出现的一种哲学化的、作为东亚儒教思想核心的儒学形态。作为一种成熟度高、体系完整的思想理论形态，宋明理学主要探讨了天理与人性这一核心问题，追求既承担社会责任又有个人的身心自在、既有忧患意识又不放弃闲适心态、既坚守道义情怀又具有洒落胸襟的“圣贤气象”的人格理想，其中关于人生境遇、价值追求、人格理想、生命境界等问题的探讨，对于当代人都有启发意义。

儒家学说本来就注重人们的日常生活，强调生活中各项礼仪规范和道德实践。当代的儒学研究同样是立足于生活，服务于当下的生活需求。我们如今的社会正处在一个转型时期，面临着和唐宋时期社会转型相似的境遇，在某些领域存在着制度与信仰的双重缺失，所以，探讨宋明理学的形成和发展，对于我们当下社会的建构，尤其是启迪我们的人生有重要的意义。

士大夫精神与中国文化[①]

朱汉民[②]

在中国正在逐步形成一个对社会起主导作用的精英阶层，这个精英阶层在当代中国社会的政治领域、经济领域、文化领域，都起了非常重要的作用。但是，中国当代精英却往往不能够得到社会民众的尊敬。在这一背景下，有人提出当代中国精英应学习西方的贵族精神，认为当代中国精英之所以得不到社会尊敬，关键是这批精英缺乏西方的贵族精神。当代中国精英要像西方贵族一样，有文化道德教养和社会担当意识，能够克己自律。

其实，当代中国精英阶层特别需要学习的，应该是体现中华文化特点的“士大夫精神”。当然，士大夫精神的内涵非常丰富，值得当代精英阶层学习、继承的内容也非常多，比如经史子集的丰富知识、琴棋书画的高雅情趣、待人接物的彬彬有礼，等等。但是，这里重点讲士大夫精神，因为这是支撑士大夫文化的核心价值。

士大夫精神在不同历史时期，体现士大夫精神的不同追求。但是，士大夫精神是一个历史的建构过程，前代的士大夫特质对后来都有影响。

一、士大夫是什么社会阶层

士大夫阶层是中国所特有的阶层。“士大夫”这个复合词，包含两个词：士、大夫。在西周，士、大夫均是指贵族阶层。我们经常讲欧洲中世纪是封建制，有一个贵族阶层。其实中国古代早在夏商周的时候，就是典型的封建制，也

① 本文根据作者在“什刹海论坛·2018儒学季”的讲座录音整理，并经作者本人审定。

② 朱汉民，什刹海书院特聘教授，湖南大学岳麓书院国学院院长，教授，历史学、哲学专业博士生导师。

形成一个贵族阶层。这个封建制不是后来的从秦到清的社会形态，“封建”只是一种政治制度，即封侯建国。西周社会贵族由五部分构成，即天子、诸侯、卿、大夫、士，贵族身份是由他们的血缘关系决定的。“士”是西周贵族社会中最低的等级，到了战国时期，士无政治特权而成为社会中的平民阶层，但他们拥有西周贵族才有的文化知识，后来泛称民间的读书人为士。而战国时期“大夫”演变为官僚体系的官职，从战国时期一直延续下来。

西周封建制解体以后，管理国家的官员是怎么来的？既然不再靠血缘，就出现了其他途径。战国时代的诸侯形成养士的风气，到战国时候“士”已经演变为平民了，但战国时候的“士”是拥有文化知识的读书人，这些读书人通过他们的知识、才能，被选入到官僚体系，就变成了所谓“士大夫”。所以在春秋战国的文献典籍中，往往有两个说法，传统的说法是“大夫士”，另外一个说法是“士大夫”，反映了这个社会阶层的一个重大变化。“大夫士”强调的是血缘关系，一讲大夫、士，就知道其贵族身份和血缘关系，作为“大夫士”的贵族，不是靠自己奋斗，而完全是靠先天的血缘亲疏关系来决定其在这个社会结构中的地位，决定其政治特权、经济特权，这就是贵族制度。战国时发生了变化，出现了所谓“士大夫”，战国时期的诸子百家的社会身份大多都是士。士的理想是希望把他们拜为卿相，这样他们就成为国家官僚，具有比较高的社会地位。所以，“士”到后来成为一个读书人的泛称，而“大夫”成为官员的泛称，“士大夫”合起来就是书生加官员，“士大夫”翻译成英文就是“学者-官僚”的意思。除了这两重身份之外，士大夫还有一些特点：传统社会是农业经济，士大夫往往也都是占有农业经济资源的一个群体；同时，士大夫往往兼有社会教化的职责，他们在社会基层从事道德教化，相当于西方社会的僧侣。可见，士大夫作为社会阶层，要承担很多社会职能，仅仅是“官僚”或“学者”，还远远没有揭示出士大夫的内涵和所承担的社会职责。

可见，中国的士大夫和西方的贵族有着非常重要的区别。我不主张讲贵族精神，因为中国的士大夫在以后的两千多年的历史中，成为中国思想文化、精神理念的创造者与主导者。应当说，士大夫是经历由士到大夫的平民，通过后天努力奋斗而上升为社会精英。两千多年来，所有的读书人都可以通过读书、科举考试进入官僚队伍，是一个后天奋斗的过程。士大夫没有任何先天的经济、政治特权，他们只有靠知识来改变命运，所以他们往往都有一种崇文精神。西方贵族精神与中国士大夫精神也有许多相通的地方，士大夫也是一个追求精神修养、道德自律性很强的社会群体。士大夫精神作为中国本有的文化传统，值得我们深入挖掘。中国古代丰富的人生哲学和政治哲学，其实都是士大夫精神的表达和追求。

二、“士志于道”的士大夫精神

春秋战国时代是士大夫形成时期，这段时期也是士大夫精神的发展奠定阶段。

士大夫精神来源十分丰富，包括儒家、道家、法家等不同的学术流派。但是，在这些不同思想来源中，儒家奠定了士大夫精神的基础，一直居于其中的核心地位，具体就是孔子“士志于道”的精神。士大夫的志向、使命是什么？孔子讲得非常明确，“士志于道”。士大夫来到这个世界，其人生目标就是道，所以孔子说“朝闻道，夕死可矣”。为什么要把道作为士大夫精神的核心、基础？这与春秋战国时代士人的社会焦虑与文化焦虑有关系。士大夫作为精英阶层，天生对这个社会有责。孔子对纷乱的世界有非常强的社会焦虑，他说：“天下有道，丘不与易也。”他认为天下无道，社会秩序混乱，在这样的情况下，士大夫必须站起来承担社会责任，重建一种良好的社会秩序。

如何建立一个良好的社会秩序？孔子认为必须要恢复西周所创立的礼乐文明。到了春秋战国时期，礼崩乐坏，礼乐文化没有了，大家都不愿意遵循礼乐文化，先圣先贤们所创造出来的礼乐文化面临危机，所以孔子同时感到一种文化焦虑。礼乐文明就是“天下有道”，孔子希望士大夫重建“天下有道”的文化理想。他提出“以道事君，不可则止”，作为一个士大夫，必须以“道”为原则去参与社会。他提出：“君子谋道不谋食”，“君子忧道不忧贫”“君子无终食之间违仁，造次必与是，颠沛必与是。”他认为士大夫必须坚持一种文化理想的道，以“道”作为自己的神圣目标。

孔子的一些弟子也都提出了一些相应的思想，曾子说：“士不可不弘毅，任重而道远，仁以为己任，不亦重乎？死而后已，不亦远乎？”他知道“道”实行起来非常难，所以叫任重而道远，必须坚持下去，死而后已。孟子说：“富贵不能淫，贫贱不能移，威武不能屈，此之谓大丈夫。”士大夫总是要面临很多问题，但是孟子认为作为一个士大夫应该是一个大丈夫，有浩然之气，这个浩然之气就是一种士大夫精神。西汉陆贾也说：“夫君子直道而行，知必屈辱而不避也。故行不敢苟合，言不为苟容，虽无功于世，而名足称也；虽言不用于国家，而举措之言可法也。故殊于世俗，则身孤于士众。”陆贾认为，作为君子、作为士大夫，就应该直道而行，尽管坚守道而有屈辱，也不能回避它；他认为如果坚持道的人可能会身孤于世众，但是仍然不会改变自己的信念。这就是由儒者所创立的“士志于道”的士大夫精神。

那么这个“道”究竟是什么？这个道是包括文化理想和社会理想的一套价值体系，道能够化解士大夫的社会焦虑和文化焦虑。士大夫必须把这套价值承担下来，因为他是整个社会的精英阶层。对于士大夫来说，能够构成对他的信仰的最大挑战是什么？是现实君主的政治权力。士大夫不仅是追求知识的学者、追求信仰的圣徒，同时还是庙堂的官僚。作为朝廷的官员，他必须遵守政治秩序，必须服从皇帝至高无上的权威。那么，士大夫作为一个身兼学者与官僚为一体者，他必然面对两个权威。一个是精神权威的“道统”，就是作为一个士君子，必须坚守孔子的社会理想、价值理想，必须要坚持道的信仰。但是作为一个官僚的士大夫，他必须面对政治权威的“治统”。士大夫作为既从事社会管理又从事文化创造的“学者-官僚”，首先必须面对精神权威的“道”与政治权威的“君”的关系。士大夫的一个最好的理想，就是道统和治统合一。一位士大夫，即明末清初思想家王船山说：“天下所极重而不可窃者二：天子之位也，是谓治统；圣人之教也，是谓道统。”在士大夫的文化理想与政治理想中，“道统”与“治统”必须合一。但是在历史现实中，“道统”和“治统”总是分离的。道统如果没有治统，士大夫的理想就不会成为现实，这个道是空想，只是学者观念或者书本里的东西；但是，这个治统如果没有道统的话，天下也会乱，出现君不君、臣不臣、父不父、子不子的局面。道统与治统的分离会导致治统无序、道统孤悬的状况，对两者均是严重的伤害。一旦道与君相冲突，士大夫该如何？他应该是道的坚定维护者，还是君的忠实服从者？士大夫的回答：“从道不从君。”这是荀子在战国时期讲的，他认为士大夫在面临道和君的冲突时，应该是从道不从君。所以历史上有很多士大夫，就是为了这种理想的道，而和君权发生冲突，导致种种悲剧发生。

实质上，道统与治统的分离而导致治统无序的情况，就发生在东汉。作为一个重要的士大夫群体出现在历史上，也应该是在东汉。西汉采用“独尊儒术”、察举制度，使那些读书人能够通过儒家经典的学习而被选拔为朝廷官员，就开始形成士大夫群体，官僚队伍中的儒家士大夫比例越来越高，在国家政治中的作用越来越重要。在东汉时期，士大夫群体已经形成为一个非常重要的政治势力。东汉王朝中后期，皇帝即位年龄较小，不得不依仗后戚掌权，导致后戚势力膨胀；而皇帝长大成人欲夺回皇权，更多只能依靠身边的宦官集团。从而形成历史上后戚与宦官此消彼长、轮流掌权的现象。在东汉的时候，就发生了士大夫群体和宦官势力的政治斗争。宦官以“党人”的罪名禁锢和诛杀士大夫，故而历史上称之为“党锢之祸”。当时的士大夫在和宦官的斗争中，受到宦官的严厉打击，被流放，甚至杀头。其中出现了一些有名的士大夫，被叫作名士。这些名士因坚持和维护圣人之道，不惜牺牲自己的生命，被称为风节名士。东汉时期出现的士大夫群体和其他的政治势力对抗，很好地表现了“士志于道”的精神。这种精神在东汉党锢之祸中体现得尤为突出。他们真正践行了孟子“天下无道、以身殉道”的追求，用自己的生命来殉道。尤其在昏君支持宦官的时候，士大夫作为一批真正的有文化、有理想的人，反而受到打击。然而他们表现出一种对道德的坚守，敢于和黑暗政治势力抗争的精神，这就是从战国时代，由儒家奠定的“士志于道”“天下无道、以身殉道”的士大夫精神。

三、“率性自由”的士大夫精神

到魏晋时期，整个社会发生重大变化，曹魏代汉、司马氏代曹，原来所谓的天人感应、君权神授、三纲五常等道德体系、价值体系面临崩溃。这个时期出现了一种新的士大夫精神，即“率性自由”的士大夫精神。这是一个与东汉及先秦孔子、孟子所讲的“士志于道”不太一样的另外一种士大夫精神。这种精神的最大特点是什么？就是他们不再追求节义、追求道德节操。虽然他们也叫名士，但是他们不是靠以死抗争护道来获得声望和名誉。东汉的名士的态度和价值观念发生了非常大的变化，源于他们的另一种精神焦虑，一种对个体生命的焦虑。前一个阶段是代表士大夫作为一个群体的精神崛起，而到了魏晋的时候士大夫则是作为个体的精神崛起。这种个体的崛起与其生命意识、生命焦虑有关。

东汉到魏晋，佛教也逐步传进来，为什么这段时期佛教传得很盛，其实也是跟生命关怀有关系。佛教就是为了化解人的生命焦虑，以彼岸世界的终极追求来实现人生的心灵安顿。放眼浩瀚宇宙，人的生命显得非常短暂，而且短暂的生命中命运无常。所以我们可以看魏晋很多士大夫留下来的文章、诗歌，往往饱含对生命短促、命运无常的人生感叹。那么如何从生命焦虑中走出来？如何化解这种生命焦虑？士大夫开始了作为一个个体存在的思考。在两汉的时候，士大夫总是让自己承担社会结构中的君臣父子中的社会身份，更多地考虑到这种社会身份应该承担的社会责任。魏晋士大夫更多的是发现、寻找作为独立个体的价值。当然有人质疑这种发现自我的价值的精神，是不是还是一种“士大夫精神”，因为这可能跟我们经常讨论的士大夫精神不太一样。

但是我不是这么看。因为士大夫既是社会群体存在，同时也是一个个体存在。士大夫的精神追求，既表现为他作为一个社会群体的精神追求，同样也表现为一个个体的精神追求。而魏晋士大夫精神的最大特点，就是他们在定义人生价值、确立人生目标的时候，回到了个体生命的原点，这个生命的原点就是“自我”。他们在对万事万物做价值判断的时候，突出了自我在评价、选择价值的主体地位。

魏晋士大夫思考的所谓的“自我”无非是两个方面：我的身体和我的心灵，也就是魏晋哲学里面经常讨论的两个概念，“形”与“神”。魏晋思想有一个突出特点，就是不再把节义作为名士的标志，他们推崇的价值总是与个体的心灵和身形有关，包括健康、长寿、性爱、美貌、聪明、智识等，他们特别喜欢哲学、艺术，还喜欢吃药、喝酒以及山林的自在生活，总之，魏晋士大夫追求生命和心灵享受的双重快乐。在他们对诗歌和哲学的探讨中，他们经常说人生就几十年，人是气化而成，人死就气散。人在这几十年如何获得幸福和快乐，就成为魏晋士大夫探究的问题。他们一方面表现出对身体快乐的强烈追求。他们喜欢喝酒，而且经常喝得大醉；喜欢吃药，那种药容易使人进入亢奋状态，以此他们获得身体的快乐。另外一方面，魏晋士大夫也追求精神的快乐，因为身体的快乐非常有限，所以他们还追求艺术、哲学，他们写诗、绘画、啸歌，以及谈论哲学，山林漫游，这些都是追求精神快乐。所以，他们总是在人的身体和心灵两者之间寻求人生的意义和生命的价值。

身体和精神到底哪一个重要？这也是他们经常讨论的。他们不讨论三纲五常，而是讨论如何“形神相亲，表里俱济”，也就是如何使身体快乐，精神也快乐。如何才能达到身体与精神的双重快乐？他们认为应该有一个依据，这就涉及人的本性是什么。人都有人性，孟子讲的人性是“恻隐之心”“辞让之心”等社会道德的人性依据，但是魏晋士大夫讲的人性，则是作为个体存在而获得身体快乐和精神愉悦的人性依据。所以在魏晋士大夫看来，人性首先是人的身体快乐的一个必然性依据。之所以要把魏晋士大夫精神称为“率性自由”，因为他们的“率性”，是自由地发自于个体自我内在的自然之性。大家知道身体的快乐过度，会带来很多负面因素：譬如你喝酒喝一点点很快乐，喝多了会头疼，甚至肝脏等器官会产生毛病。如何节制？应该是依据于你的身体之“性”。其实，人的各种各样的情感欲望来自你先天的本性，来自你对本性的自然需求应该满足到的程度。一个方面你不能压抑它，如果压抑它，人的先天情感欲望没有得到释放，人的身体会有病。魏晋名士嵇康就提出“六经以抑引为主，人性以纵欲为欢”。但是另一个方面，人的情感欲望也不能太多，纵欲也违背人的本性，会使人的身体生病。所以，“率性”才是你获得身体快乐的依据。同时，你的精神快乐也是来自你的本性，你唱歌的快乐、你写诗的快乐、你欣赏音乐的快乐，都与你内在的“性”有关系。你要达到逍遥之境，这个逍遥境界就是最高的精神快乐，你根据自身的本性达到逍遥之境，叫作循性、率性、因性。西晋时哲学家郭象认为每个人的性是不一样的，没有一个统一的标准，可能这个人爱听音乐，他能在音乐中感到极度的满足，但是另一个人觉得没什么意思，他更喜欢在大自然中游玩得到快乐。每个人根据自己的本性得到自己的快乐，这就是所谓的“率行自由”。魏晋士大夫认为，我们追求快乐、追求幸福、追求愉悦，应该顺着我们的性，率性而为。所以郭象讲了一段很有名的话：“夫率自然之性，游无迹之途者，放形骸于天地之间，寄精神于八方之表。”而这个率性是实现形骸和精神的双重依据，但是由于每个人有个体差异，所以每个人要各安其所安，实现自己固有的本性，没有一个统一的本性。

这些话实质上体现出非常重要的精神特质，我认为就是士大夫精神。过去认为天作为精神的最高权威，我们要绝对服从它。而魏晋士大夫从自己的本性中寻找天，如此就否认了外在的精神权威，也否认了君主权威，这是士大夫精神的另外一个面向。我认为这个面向同样非常重要，因为这个面向表达了士大夫的一种非常洒脱、活泼、自在的精神自由，即充分表达了士大夫作为一个个体存在的本性，以及士大夫个性精神的展开与张扬。人不能完全被当作一种社会的工具，不能把人看作是巨大机器中的螺丝钉。换句话说，一个有丰富精神的士大夫，应该有个性精神的展开与张扬。因而魏晋士大夫的个性精神，确实是中国士大夫精神的一个重要方面。魏晋士大夫精神，有一种自尊、高贵、洒脱的内在气质，应该说，魏晋时期实质上是士大夫精神获得了全面性、丰富性发展的时期。如果没有魏晋，也就没有后来的宋明，以及圣贤气象的面向。魏晋士大夫作为个体自我的重新发现，确实是一种精神解放，完成了个性化的、精神自由的士大夫精神。这个面向值得我们注意，实质上对士大夫这个阶层——作为“学者-官僚”，特别是作为文人学者的身份——特别需要这种洒脱、活泼、自在的精神自由和个性表达。这个面向特别有利于文学、艺术、学术、思想的发展，因为无论学术思想还是文学艺术，都恰好需要从内在的、个性化的精神感情出发，充分调动作为个体的内在精神需求和个性化情感表达。所以魏晋时期的哲学、经学、宗教、诗歌、绘画、书法等文化、艺术、学术都非常发达。魏晋时期看起来好像是个乱世，文人学者们的生活经历也很艰难，但是正是士大夫群体，创造了中国历史上非常丰厚的精神文化财产，其成就达到了非常高的境界。我们今天依然在读魏晋时期的学术著作，品味士大夫们的文学作品，欣赏他们的书法和绘画，这是与汉代完全不同的精神文化。看起来汉代是强盛的帝国，而魏晋是混战的政局，但是恰好是在魏晋时期发展出了一个非常发达的文化、思想、艺术高峰，创造了一批丰硕的文化成果。这种文化成果的核心，正是这种率性自由的士大夫精神的表达，我们必须要看到这一点。

四、“圣贤气象”的士大夫精神

如果仅仅具有“率性自由”的精神，士大夫作为社会精英是有严重缺陷的。郭象讲的“身在庙堂之上，其心在山林之间”，其实是一种有严重缺陷的人格分裂。为了弥补这种缺陷，士大夫精神到两宋时发生了一个很大的变化，形成“圣贤气象”的士大夫精神。

唐宋时期，中国社会政治发生了巨大变化。科举制对士大夫阶层的形成和发展，产生了重要的推动作用。科举制完全不根据考生身份，而是一考定终身，非常平等。科举制通过一套非常严密的考试制度，来选拔读书人进入官僚队伍。另外，唐宋时期经济上、政治上和文化教育上也发生了很大变化。譬如，唐宋时期形成的书院制度是一种民间办学制度。谁愿意读书并且读得好，就可以来书院学习，完全没有门第观念。而且，宋代的政治环境很好，皇帝与士大夫非常合作。宋代朝廷反思唐末五代藩镇之弊端，采取重文轻武的政治策略，君主希望与士大夫共治天下，天下不是皇帝一个人的，也是全体士大夫的。所以宋代士大夫的社会责任感也非常强，这种背景下出现了一种新的士大夫精神，叫作“圣贤气象”。

什么叫“圣贤气象”？北宋思想家张载有句名言：“为天地立心，为生民立命，为往圣继绝学，为万世开太平。”宋代士大夫特别推崇圣贤气象，一方面，他们提出要回到先秦孔孟的“士志于道”，提出“先天下之忧而忧”。宋代士大夫重新呼唤的是深切的文化忧患、社会忧患。他们既有很强的忧患意识，又有博大的社会胸襟。张载提出“民吾同胞，物吾与也”，认为天下老百姓都是我们的同胞，我们和天地万物都是同类。所以，他们有一种很迫切的经世治国的强烈愿望，希望社会和谐、国家富强、天下安泰，使儒家文化、圣贤之道得以传播。所以，两宋时期的士大夫群体就出现了一种心忧天下、名节相高的风气，这与东汉的名士非常相像。二程在教授弟子的时候，解释圣贤气象为“老者安之，朋友信之，少者怀之”。这样的士大夫精神显然是追求以天下为己任。

宋代士大夫精神不仅仅是回到先秦儒家，他们除了推崇儒家传统和东汉节义名士的济时行道、名节相高之外，还追求一种洒落、自得、闲适、安乐的精神境界，这些特征有点类似魏晋名士追求的率性洒脱，也有些像道家崇尚自然，还类似禅宗追求心灵超脱。所谓的洒落、自得、闲适、安乐，其实就是一种超脱的精神，一种出世的情怀。儒家追求修齐治平，强调“先天下之忧而忧”，需要背负重大的社会责任。如此，士大夫承受着巨大的精神压力，他们如何在坚持社会的道义与责任的同时，能够化解那些因强烈的忧患意识所带来的心灵的痛苦和精神负担？这就需要魏晋士大夫那种超脱的精神。所以宋明士大夫既追求“先天下之忧而忧”，有“士志于道”的情怀，同时又追求精神逍遥的超脱境界。周敦颐是理学的开山鼻祖，程颢是理学代表人物。周、程皆喜欢探讨“孔颜乐处，所乐何事”。宋代士大夫经常讨论的一个问题，叫作“寻孔颜乐处”，就是孔颜生活在困境中，为什么还会快乐？所以这个孔颜乐处就成为宋明士大夫普遍的追求。宋明士大夫所探寻“孔颜乐处”的实质，就是圣贤气象中个人追求的“自得”现象。宋明士大夫尽管承担很大的社会责任与文化责任，但是他们希望并懂得在世俗中参悟得失、毁誉、生死，实现对得失、毁誉、生死的了然与超脱，达成心灵的自由和澄明之境。他们为这种境界寻求历史的根据，祖述孔颜精神，称之为“孔颜乐处”。程颢常常是“吟风弄月以归”，邵雍追求“安乐窝中事事无”，到了明代，陈献章追求所谓“放浪形骸之外，俯仰宇宙之间”，王阳明提出“乐是心之本体”，强调心灵的本体是快乐的，提出“点也虽狂得我情”。这些均和魏晋名士所追求的任性逍遥十分相似。这反映了宋明时期的士大夫同样追求超脱的心灵境界，即一种内心深处自觉的快乐、平和、超然、淡泊、洒然的态度和心境。

圣贤气象的士大夫精神，其实就是希望能够既解决社会的忧患，又解决个体生命的忧患。宋明士大夫既要承担社会责任，在面临“天下无道”时，能够积极参与到治国平天下的经世大业；又要能够超脱因社会忧患而带来的精神痛苦，达到一个快乐的境界。故而他们需要懂得如何超脱外物所累，而实现一个心灵自由的自得境界。宋儒对孔颜乐处非常认同，强调安贫乐道的精神超越。宋儒胡瑗曾经以“颜子所好何学论”为题考学生程颐，周敦颐要二程找一找孔子和颜回为什么那么快乐，范仲淹告诫张载：“儒者自有名教可乐，何事于兵？”这些典型事例表明，宋代士大夫普遍关注化解忧患去获得内在愉悦。

宋明士大夫也有社会与文化的双重忧患。宋明士大夫作为社会责任的承担者，因天下职责所在，肩负忧患，饱受痛苦，他们需要使自己超脱因社会责任所带来的沉重心理压力。一方面，宋明理学家也有很强的文化忧患，他们担心“道”之不行，希望重建道统以弘道。但是另一方面，宋明士大夫又特别具有对生命的忧患，包括对生死的忧患。他们总是批判佛教、道教生死观，认为生死乃是常事，佛老自私自利以求超脱生死，故而对生死说不停。

宋代士大夫的圣贤气象、孔颜乐处实质上包括两个面向，若只片面强调任何一个面向，都称不上宋明士大夫的圣贤气象。一方面，如果你只有以天下为己任、先天下之忧而忧的情怀，这只是一个面向，还不是完整的圣贤气象。另一方面，如果你过于强调自己的自在、闲适、舒泰，过于追求自己的自在超越，那同样也不是完整的圣贤气象。宋儒认为，以孔子为代表的儒家圣人之道包括两个方面：社会责任与个人自在、忧患意识与闲适心态、道义情怀与洒落胸襟。宋代士大夫既要承担社会责任，同样还要有心灵的自在；既要有忧患意识，同时还追求闲适的心态；既能够坚持道义的情怀，同时也不能放弃洒落胸襟。

五、“圣贤未有不豪杰”的士大夫精神

宋明时期把个人的心灵自得和社会责任结合起来，但这仅仅是一种圣贤境界。圣贤境界特别强调个体内在的道德修养与精神境界，这种追求更多的是停留在“志”的层面。在先秦儒学以周孔并称，强调宪章文武，其本质是要求将人的德治与功业相结合，追求一种内圣外王的理想。周文王、周武王既有很高尚的道德修养，又有很强的经世能力，故而得到后世推崇。伴随理学思潮的演变，一些儒者往往片面强调个体道德修身而脱离现实，他们往往没有管理社会的能力，不能创造社会功业，在社会出现危难的时候不能解决社会实际问题，即所谓“平时袖手谈心性，临危以死报君王”。这种风尚造就了一批脱离实际而空谈心性的文

人学者，他们空有圣贤之志，既不能带兵打仗，又不能解决社会现实问题。

所以到了明清之际，一些思想敏锐而深刻的思想家对士大夫精神提出新的要求，就是追求圣贤气象者必须首先具有豪杰精神。这种提法是过去没有过的。明清之际的士大夫反省明朝灭亡的经验教训，他们认为只讲圣贤气象是不够的，必须要有豪杰精神，才不会出现亡国、亡天下的惨痛历史。所以豪杰精神就成为明清之际士大夫奔走呼喊的时代心声。明清之际士大夫的著名代表人物有王船山、黄宗羲、顾炎武等。我以王船山为例，来探讨这一时代转变与士大夫精神的重构。

王船山反省了明代灭亡的教训，认为士大夫必须要具备一种智勇双全、创造功业的豪杰精神。他说："有豪杰而不圣贤者矣，未有圣贤而不豪杰者也。"他的这段话反映出两个重要理念：其一，豪杰是成就圣贤的必要条件，所有要做圣贤的士大夫，首先考虑一下自己是不是豪杰，有没有经世的能力，有没有坚强的意志，有没有卓越的事功；其二，圣贤人格比豪杰内涵更加丰富，圣贤包括豪杰。同样讲圣贤气象，王船山认为士大夫必须要有经世能力，要有开拓世界的气魄，特别要能够创造社会功业。这是对理学流弊的批判，反映了士大夫精神价值的转型。他们强烈反思和批判过于注重心性修养而脱离实际社会问题解决，提倡经世致用思想，体现为此后的儒林特别强调圣贤兼豪杰的士大夫精神。

这种士大夫精神一直影响到清代中晚期，乃至于影响到近代。如晚清倡今文经学的魏源，就是受了王船山的影响。魏源是近代主张经世致用的代表人物，认为"豪杰而不圣贤者有之，未有圣贤而不豪杰者也"，体现着他对王船山圣贤兼豪杰的士大夫精神的继承和弘扬。

圣贤兼豪杰的士大夫精神在曾国藩、左宗棠、胡林翼这一批湘军将领身上得到集中的体现。湘军将领本身就是一个士大夫集团，虽然其士兵都是在湘中地区招募的农民，但是其将领都是士大夫。湘军的主要将领基本上是读书人，大部分都是岳麓书院的学生，他们受过良好的儒家教育，拥有秀才、举人、进士的身份，故而执着地追求圣贤之学。他们不仅仅励志圣贤人格，也受到经世学风的影响，亦兼有豪杰精神，有坚定的毅力和卓越的办事能力。曾国藩就是一个典型，他也说过"豪侠之质，可入于圣人之道"，这与宋明时期的理学家的说法不一样，跟事功学派的说法也不一样。曾国藩立志做"圣贤-豪杰"，为了突出圣贤与豪杰的统一性，他往往把儒家的一些道德理念，即儒家圣贤之道的仁、义、礼、智、信，作为治军的办法，努力把圣贤的道德理念与豪杰的经世事业结合起来。曾国藩的军事思想，是一个非常值得思考和深入研究的课题。

除了曾国藩，其他湘军将领也是如此。湘军的另一个重要将领郭嵩焘，既推崇圣贤的道德理念，同时又强调要有坚强的气质。他认为："圣贤豪杰长处，尤坐一赖字。险阻忧虞，艰苦挫折，都赖得下去。"因为一个士大夫要开拓事业，建功立业，必然面临各种困难和险阻，要能够坚持下去，就要能够"赖"得下去。湘军后来成为晚清的一个很重要的军事集团、政治集团，其实它也是一个文化集团，是一个士大夫集团。许多人认为湘军是中国近代军阀的源头，其实湘军和近代军阀很不一样，主要在于湘军将领的士大夫身份，圣贤兼豪杰是他们的共同理想追求。

这种追求圣贤兼豪杰的士大夫精神，到了近代的民族革命、民主革命时期，继续发挥作用。在西方中世纪后期，贵族仍然有很多政治特权、军事特权，而那些城市市民阶层为了追求自己的权利，大力倡导平等、自由，从而推动了欧洲的近代化进程。但是，中国的近代化是一批儒家士大夫来推动的，他们的思想动机、奋斗目标不是为了获得自己的经济权利、政治权利，而是以一种"圣贤-豪杰"的救世情怀和士大夫精神为动力，从事推动中国近代化的政治变革，以拯救中华民族的命运。他们以这种"圣贤-豪杰"的士大夫精神和救世情怀为动力，积极参加戊戌变法、辛亥革命、五四新文化等近代化运动。这些运动的主要代表人物，往往均是"圣贤-豪杰"精神的倡导者。例如，不仅戊戌变法是士大夫群体领导的政治改良运动，就是清末新政以后的辛亥革命也是这样。像孙中山、黄兴、蔡锷这样一批近代著名政治人物，他们都有很强的士大夫精神力量，其本质就是中国传统士大夫精神的体现。辛亥革命的领袖宋教仁称："须极力提倡道德，凡古昔圣贤治学、英雄豪杰之行事，皆当取法之。"中国近代史上那些推动政治变革、推翻专制君主统治的恰好是这一批具士大夫气质的知识分子，他们特别具有士大夫精神传统。他们的价值理想、道德操守，都能够体现出圣贤人格的追求特点，甚至他们提出的自由、平等、共和这些政治理念，也是作为他们追求"圣贤-豪杰"的外在目标、实现人格理想的手段。中国近代的政治理念同西方的资产阶级政治理念有很大区别，与他们的士大夫身份有关。近代出现的各种社会思潮、政治思潮，如戊戌变法、辛亥革命、五四新文化运动中的领袖们，均表现出对经济均平、政治平等的大同理想，这种相同的思想推崇，和他们身上具有的士大夫传统有关。另外，近代中国出现那么多的科学救国、军事救国、实业救国等救国理念，其实也都是士大夫精神的体现。这和西方的近代思想有着非常明显的差别。

士大夫群体的制度基础，就是科举制。平民中的读书人，可以通过科举取士，然后成为士大夫。一百多年前，随着科举制度的废除，作为社会阶层的士大夫也已不复存在。但是，士大夫精神作为一种文化现象依然存在。

六、士大夫精神的现代意义

我们已经谈到，中国当代精英阶层在精神方面出现了一些严重的问题，当代的许多问题均与精英阶层的精神缺失有很大的关系。一方面，精英阶层往往是社会精神文化的创造者、表达者，他们对社会思潮、社会风尚有引导性的作用；另一方面，由于精英阶层往往享受更多的政治资源、文化资源、经济资源，所以他们应该相应地承担更大的责任。但是，当代中国出现精英阶层的普遍性精神迷失的现象，他们不能通过人格精神力量、道德表率作用而受到人们的普遍尊敬，故而不能引导良好的社会风气。许多所谓的政治精英，不是用公共权力来服务人民，而是利用公共权力来满足个人的无穷利欲；许多文化精英，也不是把自己作为精神文化的承担者，而是利用精神文化来达到其他的目的；许多经济精英更是无精神追求，往往要靠炫耀性消费，来体现其自身价值和身份。如此种种情况，强化了精英阶层与社会大众的矛盾和对立。

但是，中国精英阶层不应该靠西方的贵族精神来挽救，而应该去寻找、复兴具有中华文化特点的士大夫精神。为什么我们更需要复兴和强调士大夫精神？

第一，是基于我们深厚的中国文化传统。我们有两千多年士大夫精神传统，士大夫精神传统一直贯穿中国两千多年的历史过程，对整个中华文明的创造、延续和发展，对当时社会秩序的建设，均起到非常重要的作用。虽然这种精神传统在近现代历史上受到冲击，但仍然体现在许多优秀的现代社会精英身上。文化传统总是具有强大生命力的，作为中国当代的精英阶层，理所应当继承这一中华优秀文化传统。

第二，是社会基础的原因。士大夫和贵族有一个非常不一样的地方，就是贵族是靠自己的家族血缘关系来获得社会特权，包括经济特权、政治特权、文化教育特权，而士大夫则是靠自己奋斗而成为社会精英，士大夫必须通过自己的努力而完成从平民到精英的转变。中国存在有一些新的权贵，也是靠家族血缘关系来获得经济特权、政治特权，这就是新权贵。但是我们讲的社会精英不是指这一个群体。事实上，士大夫作为一个社会群体，其形成过程和社会基础，与我们今天讲的社会精英是非常接近的。

第三，从现实的需求来看。当代中国社会正在发生重大转型，迫切需要社会精英能够发挥更加重要的积极作用，而士大夫精神确实能够为当代中国精英提供思想力量、文化资源。所以我们倡导士大夫精神，也就是因为当代中国精英阶层的普遍性精神缺失，人格精神力量、道德表率作用稀缺，故而难以受到人们的普遍尊敬，也不能引导良好的社会风气。

这种士大夫精神的现代意义包括下面几个方面。

（1）承担文化使命与社会责任的精神。士大夫立志于道，就是主动承担社会责任、文化使命。士大夫是由普通的平民奋斗而来的，他们的精神动力离不开对社会的承担。他们提出的"身无半亩，心忧天下"的士大夫精神，仍然值得中国当代精英敬仰和学习。当代中国实际上面临很多问题，中国在很短的时间内纳入全球化的体系，已经由过去相对封闭的国家，变成当代全球化的一个大国。与此同时，许多不同时期、不同地域的矛盾和问题均同时出现在当代中国。在这种急剧变革的时代，中国集聚了很多重大的矛盾和问题，急需当代中国的社会精英来解决，故而需要重建主动承担社会责任、文化使命的士大夫精神。当代中国的社会精英，无论是在政治领域、经济领域，还是在文化领域，都对社会的影响很大，拥有很多的自然资源、社会资源、文化资源，他们就要承担更大的社会责任。显然，中国当代精英不是贵族，他们与传统士大夫一样，均通过奋斗而获得对社会资源的掌握，因此，他们应该为社会、国家、人类承担更大的责任。

（2）追求人格自由和自尊的精神。魏晋士大夫率性自由，拥有追求人格自由和自尊的精神，坚持自己的独特个性、自由思想，并且表达出个体人格的独立，决不盲从外在权威，故而可以做出有创造性的学术思想、文学艺术成就。其实这一点，对当代的知识界、文化界及其各个领域的知识文化精英都是非常重要的。因为魏晋士大夫的率性自由的士大夫精神，他们坚持从真实的、主体性的自我出发，才能创造出有独创性的文化成果。当代中国的知识界和文学艺术界的文化精英，尤其值得学习魏晋士大夫这种人格自由和自尊的精神。

（3）既执着又超脱的精神。宋明士大夫追求一种既执着又超脱的精神，士大夫的落脚点是在现实社会关怀，而他们向往以出世的情怀做入世的事业，最终目标是在入世的事业。他们在承担救国救民的责任的同时，又追求超脱的精神。这是值得当代精英学习的。当代精英要承担很多社会责任，要有很强的忧患意识、道义情怀。但是，如果只有社会责任，只有忧患意识，只有道义情怀，就会常常处于痛苦、烦恼的境地，他们需要化解这些痛苦、烦恼的不良情绪。如何化解？他们需要有一种超脱的精神，一种出世的情怀。所以，中国当代精英需要通过自我修炼，能够在保持很强的社会责任意识和忧患意识的同时，也能够保持自我个体的身心自在、平和。

（4）既追求理想又关怀现实的精神。明清士大夫精神希望将圣贤与豪杰结合起来，“圣贤”代表士大夫对社会理想、文化理想的追求，“豪杰”代表士大夫对社会功业、经世能力的追求。士大夫似乎应该是这样一个群体：作为一个文人学者，应该说是有一种超脱现实的文化理想；但是作为一个官僚或社会管理者，他又必须要面对现实，要有务实的事功追求。可见，中国传统士大夫精神，其实也是追求一种将理想和现实结合起来的精神。这一点，特别值得当代中国社会精英的学习，他们特别需要追求一种把理想和现实结合起来的精神。我们常常讲的中华人民共和国成立后的前30年和后30年，它们似乎具有这样的特点：前30年往往追求很高的理想，不务实，把国家搞得非常贫穷；但是改革开放以来的后30年非常务实，追求功利、财富的成功，但是显然又过于现实、过于功利，下一个30年应该追求一种把理想和现实结合起来的精神。所以，把理想与现实两者结合起来的士大夫精神，应该为当代中国精英所迫切需要。这种既务实又有理想的精神追求，是中国传统文化非常宝贵的精神财产。

上面讲的四个方面，无论是处于哪个阶段，它们遗留的精神文化都可以成为当代中国社会精英的宝贵精神资源，是值得我们借鉴和学习的。今天我们倡导士大夫精神，实质上也是认为中国当代社会精英需要继承和弘扬传统的士大夫精神。我们相信，中国的崛起，首先应该是中华文明的崛起，而中华文明的崛起首先需要这种士大夫精神的复兴。

格物与天理

——朱熹如何认识这个世界[①]

赵金刚[②]

朱熹在中国哲学史上非常重要，著名学者蔡尚思说过一句话：“东周出孔丘，南宋有朱熹；中国古文化，泰山与武夷。”就是说，在儒家思想史上，能够用山峰、巅峰这样来称呼的，前面是孔子，后面就是朱熹。所以，我们有必要了解朱熹这个人和他的哲学思想。

我从一个角度来切入：朱熹到底是怎么看待我们生活的这个世界的？我举两个主要的词，一个是“格物”，一个是“天理”，这两个词基本上能够概括出朱熹思想的核心精神和核心追求。

一、“物”

1. 什么是“物”

现代社会是一个基于“物”的时代，我们每天都不得不面对着各种各样的“物”，而且是各种各样爆炸出来的层出不穷的“物”，你活在“物”当中，每时每刻可能都会被“物”牵引走。那到底什么是物？我们中学政治课，有一个著名的公理：世界是物质的，物质是运动的，运动是有规律的，规律是可以认识的。政治课本上对“物”独特的理解，称其为客观物质，客观物质特别强调的就是客观性，不以人的意志为转移。但是我们再回过来去看，古人仿佛不这么去理

① 本文根据作者在“什刹海论坛·2018儒学季”的讲座录音整理，并经作者本人审定。

② 赵金刚，北京大学哲学博士，中国社会科学院哲学研究所博士后，中国社会科学院研究员。

解“物”。佛教禅宗中有一个关于心动和幡动的故事。“时有风吹幡动。一僧曰风动，一僧曰幡动。议论不已。慧能进曰：非风动，非幡动，仁者心动。”这是常被拿来批判主观唯心主义的例子，同样被批判的还有王阳明的“南镇观花”，都是中国古人典型的主观唯心主义的体现。

面对这样一个客观的物，面对这样一个心动，我想提出两个问题，第一，不以你的意志为转移的物跟你有什么关系，客观的物对你来说有什么意义和价值？第二，你能否找到一个跟你的想法没有一点关系的物，你能否找到一个你不去看就在那里的物？对我们来说，很难找到一个不在你意识当中的东西。你去认识客观规律的时候，是发挥主观能动性去看这个物，去看那个所谓不以你意志为转移的那个东西。

2. “意之所在便是物”

大多数的东西都是你眼中的物，尤其是对于非科学家、非哲学家，对生活在这个社会当中普普通通的人来说，我们所认识的物都是我们眼中的事、我们意识当中的事，真正跟你有关系的东西，都是你去看它，它才有意义的东西，你去观赏它，它才跟你一起明亮起来。有人说你在讲阳明学，可是我想说的是，阳明学跟朱子学在一个概念上是共同分享的，王阳明是通过反朱子学建立的自己的心学，可是却在关于物的解释这个根源性的概念上跟朱熹是一模一样的。阳明在讲“意之所在便是物”的时候，用的是朱熹的话，是朱熹先这么定义“物”。“意之所在”的“意”，我们可以把它理解成你的意念、你的想法，可以把他理解成你的眼光、你的观看，所有的东西都跟你的这双眼睛有关，这是你眼中这个世界向你呈现的那个物，这样一种对物的理解建立在“生活世界”的基础上。

我这里特别想说的是，你所看到的一切的物都包含了你的意向性，没有一个现实存在的东西是脱离了你的意向性存在的，尤其是在生活当中。可能这个物会有多种多样的意向性，我看它的感觉跟你看它的感觉是不一样的。而且我更想强调的是，物的存在样态也反映了你的意向性，尤其是前工业时代。我们今天特别讲一个词叫“工匠精神”，所有工匠精神之下的那个物，跟机械生产的物不一样的地方，就在于匠人对这个物的投入，那就是他独特的匠心。

你的价值观不同，你认识世界的底色不同，你看到的物是不太一样的，因为你有自己独特的意识在，当然我特别想提醒的是，每个物都有你的意向在其中，但我没有说你的意向在其中就是真的，或者就是对的，或者就是真实的。这种真实，我想说它也是真实的，但这种真实是对你来说你看到的那个，是相对你真的东西，这个就是物。

3. “物”与时代精神

物，又没有那么简单，我一直认为物是一种象征，它可以是个人的象征，也可以是时代的象征，还可以是这个世界的象征。每个人独特的审美癖好可以反映你个人的某种倾向，中国古代每一个时代所出现的那些物件，多多少少跟那个时代的精神有一致之处，每个时代产生的那些独特的文学作品，那些独特的形态，也都是反映那个时代的时代精神。比如，汉代的汉像画砖陶器等，充满了质朴与朴素的情感；唐朝的唐三彩能够把唐人的外向性精神反映出来；宋代的瓷器雅致到了极限，那种洁净精微，那种精细纯洁，我觉得是与士大夫的趣味遥相呼应的；明清的青花瓷，是世俗性的、民间的东西的一种展现。

我对宋代有一个独特的定位，不管是从哲学上还是从物质生活上，宋朝在我来说，叫格物兴起的时代，这是一种哲学上“格物”的概念，在宋朝变得重要起来，是跟这个时代出现的种种新生的东西密切联系在一起的。宋代产生了多种多样的科学性的著作，比如沈括的《梦溪笔谈》，四大发明有很多都是在宋代才逐渐地成熟的，还有当时丝绸之路传到中国的一些东西也是到了宋代才变得普及起来，宋代人面对了很多之前时代的人都没有看到的东西，也出现了很多新的发明，而这些发明跟我们今天人面对发明的时候心态是不一样的，我们今天特别鼓励发明创造，希望有各种各样的专利，各种各样新的东西出现，我们好像对新是有一种迫切的渴望的，可是古人不一样，当古人面临某些新的东西出现的时候，他们内心是充满了焦虑的。

宋代的人为什么要去格物？格物这个词为什么在宋代兴起？一个重要的原因就是产生了很多的物。对于宋代之前的人来讲，每一个物件，每一个东西，在人们生活的世界当中都有价值定位，尤其是在中国古代这样一个充满了礼的世界中，每一个物背后有礼的身份，可是恰恰在宋代出现了如此多的、新的东西，超越了人们对它们意义的安排和赋予。所以，在这个意义上，宋代的人在某种程度上是不得不格物的。

二、“天理”的发现

1. 二程的“天理”

“天理”这两个字不是朱熹发明的，“天理”最早出自《礼记·乐记》。《乐记》当中讲了很多理和天理，朱熹的先辈二程，程颐和程颢，说过一句话，“吾学虽有所授受，天理二字却是自家体贴出来”，为什么《礼记》有“天理”这二字，而二程还要说是他们兄弟的独创和发明呢？一个重要的原因就是，到了宋明理学这里，到了二程这里，“天理”被赋予了完全新的地位和新的意义。

宋明理学之前的中国古代典籍，所有的理都是分理，就是具体的理，条理意义上的道理，都是某一件东西具体的理，而在谈统一规律、宇宙统一法则的时候，之前的经典更多用“道”。到了二程，到了朱熹，则有一个新的转化，原来被单独认为是一个个简单的分理的东西，被上升到了“天理”的高度，也就是那个“道”就是理，“天理”这个理就是统一的规律、宇宙的总法则，包含了每一件东西具体的法则。北京大学哲学系教授杨立华认为，二程说天理二字是自家体贴出来的一个重要的原因是，二程最先把“天理”和“人欲”作为一个对举，这个我也承认，但我更想强调从思想史的意义上来说，到了二程这里，“天理”成了一个统一性的规则性的概念。而且最为重要的是，无论是二程还是朱熹，都强调一点，你若想认识到那些统一的规律，那个“天理”，那个道，你就要从一个一个具体的理入手，这就是我们要讲到的“格物”的概念。

2. 理学的三个概念

清华大学哲学系教授陈来认为，宋明理学之所以成为宋明理学，关键就在于三个概念。第一个概念叫“天即理”，天是宇宙的主宰，是世界的整体，是整个人世总的法则，在宋明理学看来，天就是理，这个主宰性的东西我们就用理去认识它。第二个概念叫“性即理”，你的本性跟天的那个规律、天的那个道理是一样的，或者说天的那个道理就是你的本性，你的人性就是这个理。第一个是讲天，讲宇宙的总法则，第二个是讲人，讲人性。第三个概念叫“格物穷理”，“穷”就是穷尽，穷究，我们要认识这个理，认识“天即理”和“性即理”的道理，那你要格物、穷理。不仅朱熹讲格物，王阳明也讲格物。理学跟心学的一个分歧，就在于理学认为“性即理”，“性”跟“心”不一样，而阳明心学是“心即理”。

3. 朱熹的“天理”

朱熹对“理”有一个总括性的解释：“至于天下之物，则必各有所以然之故与其所当然之则，所谓理也。”“所以然之故”，一个物能够被用，所以成为一个物，必有其背后的道理和依据，是它所以成为物的理。“所当然之则”，指你应当做什么，你生活的法则或者你日常生活的伦理性的要求，具有不同身份的人的行为规则。我们今天更多强调社会生活和伦理生活的各种法则。

今天在理解宋明理学的“所以然”和“所当然”的时候，产生了一个分歧，所谓的自然规律跟社会伦理之间能否统一的问题，对宋明理学的一个批判就是宋明理学没有细致地区分自然规律和人类社会规律，认为它把这二者机械地混淆到了“天理”这一概念当中。

理学家谈论的具有“所以然之故”的这个“物”，不是今天科学上理解的客观物质，是“意之所在”的“物”，之所以称其为“物”，是因为这个“物”跟我的“意”有关系，跟人类的意识和实践活动有联系，我才能够去把握它背后被我们人所赋予的意义和概念，以及那个理，而不是我们今天理解的科学规律性的东西。

三、朱熹哲学的出发点

朱熹哲学两个最重要的哲学基点，一个是理，另一个是气。理在朱熹那里就是主宰，是价值的源头和源泉。气是这个世界动力性和质料性的构成，世界一切物质性、事实性的东西，都是气所凝结而成的。比如，椅子是气，我也是气，杯子也是气，笔也是气，鼠标也是气，所有的东西都是由于气处于不同的性状才产生了差异。朱熹是用气的差异性去解释世界的差异性，比如，有的人聪明，有的人愚笨；有的人长命，有的人短命；有的人富贵，有的人贫穷，在朱熹的概念中就跟气的状态有关，气有清、浊、厚、薄、长、短、偏、正。一个人气清就比较聪明，气浊就没那么灵光；一个人气长会比较长命，气短命就短；一个人气厚比较富裕，气薄比较贫穷。理学家提出一个概念叫变化气质，你虽然出生的时候气是如此的，但是可以通过后天的修养来变化你的气质，让浊的气变清，短的气变长，薄的气变厚。所以张载讲“为学大益，在自能变化气质”。

要变化气质，就需要格物穷理。朱熹讲："天地之间有理有气。理也者，形而上之道也，生物之本也。气也者，形而下之器也，生物之具也。是以人物之生，必禀此理然后有性，必禀此气然后有形。"（《文集》卷五十八，《答黄道夫一》）"天地之间有理有气"，天地之间的所有都是由理气二者构成的。"理也者，形而上之道也"，理是那个形而上的道，形而上就是没有形，超越形体。"生物之本也"，就是创造万物的根本和根据。"气也者，形而下之器也"，就是有形有相的具体的东西，具体的器具。"生物之具也"，创造万物具体的材料。"是以人物之生"，人和万物的产生和创生。"必禀此理然后有性"，你的本性是这个理。"必禀此气然后有形"，你的形体形态都是气构成的。

这是朱熹哲学的两个基本的出发点，所有的物都是理和气合而有的。当然这个理和气合而有，背后还有很多问题，比如说怎么合，合出的是什么状态，合为什么有差异。当然在朱熹那里，理是可以代表他思想中那些价值性的因素，不管是作为物的理还是作为人的理，其最后的那个内容都是什么呢？我觉得这个是儒家最根本的东西，也是宋明理学为什么是儒家学说的核心所在——理的最根本的内容是仁义礼智信，是纯粹至善的。理不是以别的东西为内容，是以仁义礼智信为内容的，包括杯子的这个理，杯子的所以然之故的这个理，杯子成为杯子，它的这个理背后也是有仁义礼智信在的。而气质是这个世界主要的质料性的构成，也是实存的动力系统，我这里为什么特别强调是动力系统呢？因为今天如果大家理解这个物的话，容易把它理解成静的东西。

其实古人所讲的这个物本身就都是充满动力的，如何去理解这个气？我个人有一个特别直接的观感，如果大家想体会什么叫古人所说的气的感觉，你去看什么呢？一缕阳光中的游动的灰尘。特别能够感受到那个气的动，那种游动感，而这个只是作为一个比喻。张载的《正蒙》对气做了一系列的动态化的描述，朱熹也是接受这种动态化对气的感觉，我们今天称阳动阴静。其实在我的理解是动阳静阴，通天下一气，天底下都是这一个气，动的是阳，静的是阴，而阴中有阳，阳中有阴，为什么能成立呢？动力的消失，它就会成为静，而这个静就是阴，而重新动起来它又会成为阳。所以这个可以成为阴阳的一个转化，而气恰恰是这样的一个具有动态性的一个系统，它有一系列的属性，就是我刚才讲的轻、浊、厚、薄、长、短、偏、正，当然还有别的种种的朱熹对它的描述。

四、理的分类

理不是简单的一个理，哲学上理是多种多样的。

第一个是性理，也就是作为人本性的理，这是研究人性论，研究人的性善、性恶或者本性如何的时候讨论的问题。

第二个是心理，心理是心学当中重点讲的，理学也会讲，心跟理的关系是“心即理”，这决定了思想家是心学家还是理学家。

第三个是伦理，是人与人之间交往的理，即伦常。

第四个是物理，物的道理。即我们怎么去看待物本身的理。

所以，我们看宋明理学家所讲的理的时候，要从这四个层次去入手，去理解。

五、“格物”

所有的物都有理，我们要如何认识理？理学家从《大学》中特别拎出一个概念，叫作“格物”。从中国哲学史的角度，“格物”这个词有成百上千种的解释，可是在宋代之前，关于“格物”的解释相对较少，“格物”也没有被重视。“格物”这个概念之所以变得重要和被重视起来，与宋明理学有密切关系。宋明理学的成立与理学家对一些经典的重新阐释有关系，第一部被重新阐释的经典就是《大学》。《大学》本来是《礼记》的一篇，韩愈首先强调了《大学》的重要性，宋明理学家把《大学》单独提出来，认为其与理学有密切关系，朱熹写了一篇文章叫《大学章句》，彻底奠定了《大学》在中国传统经典中的定位。《大学》在宋明理学家这里变得这么重要，跟《大学》所讲的八条目有关：格物、致知、诚意、正心、修身、齐家、治国、平天下。在理学家看来，它讲了内圣外王之道。而《大学》八条目的起点就是“格物”，是先有格物然后才有后边一系列的过程，我们看一下朱熹之前和朱熹之后一些人物对“格物”的解释。

1. “格物”的解释

首先是东汉学者郑玄，他说：“格，来也；物，犹事也。其知于善深，则来善物；其知于恶深，则来恶物。言事缘人所好来也。”在郑玄看来，你对善的东西认识得比较清楚，那么到你这儿来的就是善物；你天天跟恶物打交道，充满了不好的想法，认识的都是坏的道理，到你这儿来的就都是恶物。郑玄其实是赋予格物单独的哲学意义和地位，“言事缘人所好来也”，你的好物不同，到你身边来的或者围绕你的东西也就不同。郑玄强调人对自己好恶的认识和对自己好恶的警醒。在郑玄这里，格物是没有独立的意义的。

二程对格物的解释：“格犹穷也，物犹理也，犹曰穷其理而已也。若日穷其理云尔。穷理然后足以致知，不穷则不能致也。”“穷”是穷尽，穷究，穷追不舍。“物犹理也”，仿佛是那个理。“犹曰穷其理而已也”，格物就是穷究它背后的那个道理。“若日穷其理云尔”，而且你不仅仅要穷一下，你要每天都去穷这个理。“穷理然后足以致知，不穷则不能致也”，你只有去穷究这个理，才能让你心里的这个知变得致，到了一种极致的状态。这个是二程的解释，当然朱熹后面也认同这种解释。

清代思想家颜元，将“格物”之“格”当作“手格猛兽”之“格”“手格杀之”之“格”，“乃犯手捶打搓弄之义”（《习斋记余》卷六）。颜元特别强调“手格猛兽”，你得自己去格，自己去跟猛兽斗，你得去捶打、去敲打、去搓弄这个东西，要实下手、真动手，这才叫“格物”。格物不是坐着看物，而是要去把玩这个物，去碰触这个物，跟它有各种各样的交往。颜元的解释更强调人跟物的实践性。

朱熹在《格物致知补传》中对“格物”解释时讲道：“所谓致知在格物者，言欲致吾之知，在即物而穷其理也。盖人心之灵莫不有知，而天下之物莫不有理，惟于理有未穷，故其知有不尽也。是以大学始教，必使学者即凡天下之物，莫不因其已知之理而益穷之，以求至乎其极。至于用力之久，而一旦豁然贯通焉，则众物之表里精粗无不到，而吾心之全体大用无不明矣。此谓物格，此谓知之至也。”

你要把你心里的知达到一种极致，达到一种穷尽，要“即物而穷其理也”，“即物”就是接触物，跟物发生直接的关系，把握它背后的那个道理。“盖人心之灵莫不有知”，我们每一个人的心都是“明”的，虚明灵觉，这是包括朱熹在内的理学家对心的一个基本的定义。在理学家看来“性即理”，每个人的本性当中就有了那个理，就有了知的可能和知的根据，“而天下之物莫不有理”，你是合理与气而成的，物也是合理与气而成的，你心中有知，物上有理。“惟于理有未穷”，只是你对事物的理没有穷尽，“故其知有不尽也”，所以你心里的这个知，认识状态和现成状态才不是那么完满、完整。“是以大学始教”，因此大学的开始，“必使学者即凡天下之物”，在朱熹看来，要接触凡天下之物，碰不了世界所有的物，但是碰到新的物、碰到不知道的物，要能够根据已格的理做推类，能够马上把它搞明白，“莫不因其已知之理而益穷之”，去穷未知的理的基础是心里本来知道和本有的现成的知识，依靠现成的知识去掌握未知的知识，要努力地“至乎其极”，努力地让理达到一种极致，然后“至于用力之久”，格物要用心力、用功夫，“而一旦豁然贯通焉”，会有一个豁然贯通的状态或者境界，“则众物之表里精粗无不到”，看一个事物不仅仅能看到它的表面，而且能够透过现象看本质，看到它的内在，能够看到它的大致的粗的地方，也能看到它很多细节性的东西，你就会对这个物有一个全面的了解，最后，“吾心之全体大用无不明矣”，你那颗虚明灵觉的心到了格物的极致，才会变得真正地明白和朗润起来。“此谓格物，此谓知之至也”，这叫物被格了，这叫知被穷尽。最后你要通过格物达到“吾心之全体大用无不明矣”的状态。这是朱熹对格物的一个理论性的最浓缩的一段诠释。朱熹不仅仅告诉你理论，还告诉你具体怎样格物，并一步一步详细地讲到底。

2. 如何“格物”

二程“格物”，叫“观鸡雏，可以观仁”，理学史上说“明道喜观鸡雏，子厚喜闻驴鸣”，意为程明道喜欢看小鸡，张载喜欢听驴叫。我觉得观鸡雏会感受到初生生命的那种生机，听驴鸣就是要感受驴的生命力，体现的都是一个“生”字。处处可以“格物”，处处可以感受到理学家要讲的那个理。程颢《秋日偶成》有一句话“观天地生物气象”，无时无刻不可以格物，事事物物都有理在。“上而无极、太极，下而至于一草一木一昆虫之微，亦各有理。一书不读，则阙了一书道理；一事不穷，则阙了一事道理；一物不格，则阙了一物道理。须着逐一件与他理会过。”往上看最抽象的那个哲学的道理，无极、太极，下而至于一草、一木、一昆虫之微，亦各有理，事事物物皆有这个理，草木也有我们值得格的地方。要多读书，格物最重要的就是阅读，你少读一本书就少明白一本书的道理。你用什么样的态度面对人生当中的每一件事，从理学家的角度来讲，你是以格物的精神去生活，以格物的精神去做事，你做每一件事的时候不是应付交差，不是为了别人而做事，你要能够发现每一件事是对你的一种磨炼，对你的一种打磨，是对你提升道理的一个训练，在事上你要投入进去，以格物的精神看待做事的道理，所以我们要一件一件逐一地理会它。

朱熹关于格物最重要的一段出自《大学或问》："若其用力之方，则或考之事为之著，或察之念虑之微，或求之文字之中，或索之讲论之际，使于身心性情之德，人伦日用之常，以至天地鬼神之变，鸟兽草木之宜，自其一物之中，莫不有以见其所当然而不容已，与其所以然而不可易者。"朱熹讲格物的"用力之方，则或考之事为之著"，你去观察事物，自己去做事，观察别人做事，体贴每个人做事的分寸，每个人做事的道理，做事的根据，做这件事时的心态，我做这件事，我面临这件事的时候我自己的心态如何。"或察之念虑之微"，我们的心也是我们要格要体贴的，每有一个念头，随便这么一想，念头出来之后，我有没有认真地去对待，去格。"或求之文字之中"，要读书，要从圣贤书当中去求这个理，"或索之讲论之际"，要在朋友和诗友之间的讲问、问答之中去体会这个理，然后要"始于身心性情之德，人伦日用之常"，你格完这个物之后还要把自己，把这个理，把这个物，放到自己的身心性情之德当中去体贴，在自己的日常生活当中去观照这个理。"以至天地鬼神之变，鸟兽草木之宜，自其一物之中，莫不有以见其所当然而不容已，与其所以然而不可易者。"你要从事和物中去求那个所以然和所当然。这是朱熹讲的格物之方，也就是用力的地方，当然我觉得最重要的是格物的精神。

宋明理学家讲的"格物"，对于我们今天来说，最重要的一点，是以格物的精神去生活，而不是以一种轻易放过浑浑噩噩的态度对待这个世界，做一事则明一事之理，投入自己的身心于其中，这才叫作"格物"。

用四个字总结"格物"的方法："事上磨炼。"当然这四个字并不是朱熹讲的，但朱熹讲的"格物"的方法依旧可以这么概括。首先你要做事，不要逃事，你要正确地面对这个世界、面对你的人生，只有这样才能够体会其中的道理，才能够对自己有所磨炼，才能够知道什么叫"艰难困苦，玉汝于成"。

3. 读书：如何做学问？

对于我们来说，最重要的格物手段和最容易入手的方法就是读书。怎么去读书？如何做学问？朱熹给我们提供了一些方法，首先是四字诀："宁烦毋略，宁下毋高，宁浅毋深，宁拙毋巧。"读书的时候，宁肯下烦功夫，宁肯读得慢，也不要略，不要一目十行大略看过；不要故作高明，而要下狠功夫；不要担心自己开始不懂而一味求那个深的道理；宁肯下死功夫也不要一味地求巧。还有"朱子读书法"六条，即循序渐进、熟读精思、虚心涵泳、切己体察、着紧用力、居敬持志。

这些都是对我们读书或者学习的提点性的方法，大家也可以看到朱熹的用力到底在何处。我觉得朱熹虽然都是拙的功夫、笨的功夫，可是恰恰最后他的深切的理都是从这些方法达到了巧。如果你去看朱熹写的文章，会发现朱熹对自己的文字是精益求精的，很多写给别人的书信都是反复修改，先写草稿然后再修改其中的道理，道理要讲通，文字要精美，对每一封信的道理和文字都是仔细打磨的，他临死之前还在修改《大学》的注释，是一个下实功夫的人。

今天对于我们来说，读书之外也要有一些趣味的生活，我们在读书当中可以体这个理，在其他方方面面也可以体这个理，各位可能都喜欢一场说走就走的旅行，朱熹也喜欢旅行，但是其实朱熹在旅行和游玩当中也是在体察理的。理学有一句话叫“物理最好玩”，不是我们今天这个物理课好玩，是说事和物的道理是最值得你去玩味，最值得你去体贴的。

4. 玩物理的朱子

朱熹知识广博，什么东西都要讲讲道理。朱熹的书中提到过极夜和极昼，朱熹还观察星星的运转，预言有南极星，那时候他已经注意到地球在月亮上的投影，还观察到先看到闪电再听到打雷。他想到了地壳运动，沧海桑田，很早发现了武夷山脉中有化石，并据此判断武夷山脉在很早之前可能是大海，这在当时都是很罕见的。朱熹一定要穷究这个理，虽然在他那个时代有知识上的局限。

讲这么一个玩物理的朱熹，我想大家可以从多面去感觉这么一个理学家格物的过程，他格物的面向，他对他所处的那个世界，他所看待世界的方方面面的体察。朱熹对事情不轻易放过，对道理不轻易放过，这是朱熹特别值得当代人去学习的精神。

六、“格物”与西学

朱熹对理有一个探究，所以西方的学问，包括物理、化学，最早进入到中国的时候就被翻译成了格物之学、格致之学。在清末民初，认为西学与格物可能会有一个连接，会有一个对应关系，可是在把“格物”跟西学连接起来的时候，也发生了一种现象，叫作“天理的沦落”。进入到近代以来，中国人都不太讲天理了，学术界就已经不再讲朱熹所强调的“所以然之故，所当然之则”，包括仁义礼智信在内的天理。而另外一个词替代了天理，叫公理。对公理有各种各样的解释，有流俗的一些解释，比如像强权即公理、西方的这些东西就是公理、西方讲的国际秩序是公理、西方讲的游戏规则是公理。我们自己已经不再回到那个天理系统去看这个世界，我们愿意用一些西方性的规则或者现代性的规则去看这些物。

我觉得不讲天理对于中国人来说有一个危险，因为你放弃了对这个世界普遍性的认识，放弃了对这个世界普遍性道理的一种言说。我认为，今天我们可能需要找寻天理，今天中国人可能需要重新恢复我们对天理的这样一种体贴和认识。怎样找寻这个天理？我觉得我们需要“再格物”，尤其是生活在当下这个物质大爆炸、生活大爆炸时代的人，我们迫切需要通过重新格物再去认识天理。

今天我们去看待自己所处的世界时，需要意义和价值的再发现，中国人不一定是没有对这个世界的意义和道理进行一种全新的发现的阐释的能力，我们可能回到我们的话语和生活的理解当中，去看待这个世界的种种。当然不一定是复古的，我欣赏古代，但我觉得我没有必要复古，我们可能在我们这个时代做一些新的哲学性的尝试，赋予格物新的意涵，赋予天理新的内容。二程、朱熹对天理有自己的理解，对格物有自己的理解，今天也可以有我们自己对天理的再诠释和对格物的全新理解。

今天我们到底应以怎样的一种哲学态度去重新思考天理跟格物的关系，是我们急需面对的。当然，在这个过程当中，面对天理和格物的时候，需要全面地理解儒学，儒学有尊德性的一面，也有道问学的一面。在面对儒学的时候，是否仅仅把儒学看成心性修养？儒学是否只是在我们一般的修身养性的过程当中发挥作用？儒学在别的地方是否就一定要失声？传统是否在别的领域就要把阵地都让出去，或者主动地让位？我们完全放弃了自己积极的道问学的一面。当然，到底如何在新的世界当中去平衡和处理这二者，很值得我们去思考。

对于我们每一个普通人来讲，最重要的是从朱熹出发，或者从格物和天理出发，要有一种格物的精神，要随处体认天理，在我们生命的每一分每一秒，在所有接触的事和物当中，去下发现天理、格物的功夫。

佛学与中国传统文化

中国禅宗的迅速兴起及其主要特色①

杨曾文②

引言

中国的宗教有什么特色？好像我们并非完全了解。如果你走到欧美国家，说我来自中国，或说我信奉佛教，或说我研究佛教，别人可能会问佛教有什么特点呢？你如果说我是研究天台宗的，我们要重兴天台宗，他可能不一定听得懂；你说我是信奉净土宗的，他也不一定明白；然而如果你说我是信奉或研究禅宗的，大概他们很多人立刻就会想到“禅”。因为以往中国在国外弘法是滞后的，最早是日本学者铃木大拙向西方介绍“禅”“禅宗”。甚至“禅”字用的竟是日语发音，所以很多外国人不了解中国的禅宗。

近代推动佛教适应社会改革的太虚大师（1890—1947），1928年在访问法国期间曾受邀在巴黎东方博物院演讲，他非常自豪地指出“中国佛教的特色是禅宗”，强调“禅宗是中国佛教的骨髓，代表中国佛教乃至民族文化思想”，甚至说“释迦以来真正之佛学，现今唯在于中国”。

在欧美学术界，研究南传佛教曾成风气。巴利文的《三藏》是在英国出版的，研究梵文最早做出成绩的国家是德国、英国。中国的汉字，特别是古文对欧美学者来说是一道关，所以他们对包括禅宗在内的中国佛教了解较少。我们现在到国内各大寺院参观或考察，能看出各个寺院信奉和修持的佛法有什么大的区别吗？你问各位法师是哪个宗的?他们一时未必能够回答出来。现在各大寺院的佛

---

① 本文根据作者在“什刹海论坛·2018佛学季”的讲座录音整理，并经本人审定。

② 杨曾文，什刹海书院导师，1964年毕业于北京大学历史系中国古代史专业，现为中国社会科学院荣誉学部委员、世界宗教研究所教授、博士生导师。

法大同小异。但是如果问方丈，您是哪个宗的?他会说，他的法卷写的是传承临济宗的，或说他得到的法卷是曹洞宗的。但这不代表他的寺院是属于临济宗或是曹洞宗的。那个法卷是他从师父嗣法的证明，可以追溯往昔若干代祖师，是临济或曹洞多少代等。

实际上，中国在进入明代以后，因为受社会、文化传统和思维模式的影响，已经形成以禅宗为主体、诸宗协同传播的融合性佛教。寺院组织和管理方法基本根据的是禅宗的清规，寺僧日常修行和生活仪规等也多是依据禅宗清规。

我讲这些的目的，是要引起大家注意，今天讲的是中国禅宗的兴起和迅速传播。

禅宗在唐初正式形成，至唐末五代已经形成鲜明的特色。禅宗作为中国佛教的主体与各宗融合，后来发生很大变化。因为中国自古思维方法是善于和合、统合和融摄，善于把不同的思想加以会通融为一个兼容并包的整体；再加上中国的佛教没有专传一宗的寺院，寺院也没有世代相传的不动产，所谓“十方僧伽”都由官府控制，任命方丈不看信奉的宗派，佛教界、地方士绅虽可推荐方丈，但决定权在官府，须由地方官报朝廷，最后由朝廷任命。方丈升座的时候地方官也要到场，新任方丈在升座仪式上要上三炷香：第一炷香祝皇帝万寿无疆；第二炷香祝地方官员“资延福寿”，风调雨顺；第三炷香要自报家门，师父是谁，报法乳之恩。到现在各大寺院升座仪式与此相似，当然改第一炷香为祝国家安定、和谐、富强，等等。

佛教自公元前后传入中国，此后经过东汉、魏晋的初传，东晋十六国时期的普及，南北朝的深入传播和佛教研究的兴盛，进一步与中国传统思想文化和宗教习俗结合，到隋唐时期形成许多带有鲜明民族特色的宗派，标志着佛教民族化阶段的基本结束，此后进入中国民族的佛教持续发展时期，也是佛教进一步中国化和自我充实完善的时期。

一、佛教中国化的历程

佛教进入中国后经过三四百年传播，已经深入到大江南北的各个地方，受到上至帝王下至平民百姓的普遍信仰。从佛教传入中国开始，来自印度和西域的学僧在中国僧俗信徒的协助之下，借用中国传统的儒、道等思想观念、术语将大量的佛经译为汉文，并且代代相传，对佛经进行讲解和注释，将佛教的佛菩萨信仰、因果报应说教和深浅不同的教义理论向社会各个阶层民众宣传，不断扩大佛教的社会影响。

南北朝时期是中华民族大家庭进一步扩充和发展的时期，也是伴随民族大融合的文化大发展时期。

炎黄两大部落结盟后，经夏商周三代，可以说是统一的华夏民族或中华民族初步形成。经过春秋战国时期的百家争鸣，最后形成所谓“同归而殊途，一致而百虑”的阴阳、儒、墨、名、法、道六家。在这六家中，最有影响的是儒家、墨家、法家、道家，中国传统文化初步形成。此后，秦代选择以法治国，汉初选择黄老道家，汉武帝以后选择了儒家，经过历代统治阶级的选择，逐渐形成以儒家为支配，以其他学派思想为辅助的多元一统的文化局面。正在这个时候佛教开始传入中国。据文字记载，公元前2年佛教已经传入中国，直至西晋结束，主要在少数上层人士当中传播。到东晋十六国时期佛教得到迅速普及，传播到大江南北。

进入南北朝时期（420—589），在佛教广泛普及的基础上形成研究佛教经论的风尚，士人围绕着一部经典或几部论著，携手细密考究阐释，并且世代相传。在佛教经论中，有主张人人可以成佛的《法华经》，所谓“会三归一”；宣称一切众生皆有佛性、跟佛一样的本性的《大涅槃经》；论证诸法性空和中道的《般若经》和《中论》等三论；论述“三界唯心”的《十地经论》；讲心性转变的《楞伽经》等大乘经典；以及讲述早期佛教解脱理论和系统的名相分析的阿毗昙，即阿毗达摩（小乘论书）等。这些经论都被普遍研究、注释和讲解，形成以讲一部或多部佛教经论为主的众多学派。

这个时期民众的参与面很大，包括帝王，最突出的莫过于梁武帝。梁武帝在位48年，占南朝宋、齐、梁、陈四代170年的近1/3时间。他“舍道”皈依佛教，受戒持律，以“皇帝菩萨”自居。很多大臣跟着他信奉佛教，著名高僧在他的敕命和指导下编撰了两部注释大乘经典的著作，一部是《摩诃波罗蜜子注经》，一部是《大般涅槃经集解》。他既提倡般若三论，又倡导佛性学说，对当时和后世的影响极为深远。现《摩诃波罗蜜子注经》已佚，仅留其著《注解大品序》；《大般涅槃经集解》还保存，其中对什么叫佛性，怎么达到解脱等皆有解释。

中国人有一个习惯，喜欢寻根究底，比如说怎样才能成为圣贤？成为圣贤有什么内在依据？据儒家学说，孔孟讲性善，循性修养就能成为圣贤。有的人主张性恶，据说是因为人生来“好逸恶劳”，所以性是恶的；那么性恶怎么成为圣贤？那要通过强制的礼制教育和法制制约才能成为圣贤。有的人说，性善恶相俱，人既有善性又有恶性，那么就要发扬善性，遏制恶性才能成为圣贤。

《大涅槃经》是大乘佛教的重要经典，主张人人皆有佛性，皆有与佛一样的清净本性，皆可成佛。哪怕做了很多恶、“善性灭绝”的人（一阐提），只要清净了三业（身、语、意），也可通过修证而成佛。最早东晋法显翻译的六卷《泥洹经》（即《涅槃经》），没有讲恶人（一阐提）有佛性，可以成佛。但是北凉昙无谶在其翻译的三十卷本《大涅槃经》中明确说恶人也有佛性，也能修证成佛。这就是说在理论上，在修证成佛的问题上，人人是平等的。这意味着对一切生命的存在价值，特别是人在宇宙中的崇高地位的尊重；是对一切生命的主体性、尊严性和发展权的尊重。这是禅宗得到民众支持，迅速兴起的重要原因之一。原来印度的婆罗门教是主张四种姓（婆罗门、刹帝利、吠舍、首陀罗）天生不平等，低种姓的人连听圣书“四吠陀”（《梨俱吠陀》《娑摩吠陀》《夜柔吠陀》《阿闼婆吠陀》）的权利都没有。佛教却主张人人可以成佛，皆可具备宇宙中至高至善的人格。经南朝宋文帝到梁武帝和历代高僧的提倡，佛性思想在朝野上下影响极为深远。

这种对佛教经论的研究，不仅南朝兴盛，北朝也蔚然成风。僧俗学者在南北朝朝廷的支持下对佛教经论的深入研究，极大地促进了佛教对儒、道思想和民间信仰的吸收，将佛教的中国化进程向前推动一大步。那么，研究的结果如何让百姓易于接受呢?主要有三个渠道：集众讲经、向民众弘法、撰写著作。应当指出，以皇帝为首的朝廷在推动佛教研究中起了重大作用，例如梁武帝下诏举行过论议神灭论问题，派十僧入栖霞山学习三论、发起注释《般若经》《涅槃经》等、撰写文章提倡和会通般若、佛性思想等；其子昭明太子萧统发起论议二谛论、法身义问题等，这些事件皆产生很大的社会影响。

南北朝期间，佛教经论的研究和倡导，导致佛教界出现以下三种主要结果：

（一）通过对佛教各类经典、教义的研究比较，确定以大乘佛教作为中国佛教的主体

从南北朝开始，中国佛教确定以大乘佛教作为中国佛教的主体，与后来以小乘佛教（南传上座部）为主体的南传佛教划清界限。当然，南传佛教直至隋唐时期还是大小乘并行，后来才选择了以小乘佛教为主体。这是民族的历史的选

择。这个选择不是由个人决定，而是通过“判教”决定的，即在通过比较研究大小乘经典以后，对佛典做出深浅、高低的判断和分类，即所谓“判释佛教”，简称“判教”。

南北朝时期，南朝出现了“南三（南方三家）北七（北方七家）”的十家判教学说，对一切佛典教义做出分类并排列出浅深次第，虽然内容有别，但它们共同的地方是都把大乘佛经（称为顿、圆及“渐教”中的无相教、褒贬抑扬教、同归教、常住教等）置于优先地位，将小乘佛经（称为人天教、假名宗、有相教等）放置最后，同时认为一切佛典都是佛教统一整体的组成部分。

这种判教的做法，应当说是受到中国传统的整体综合思维和“天下同归而殊途，一致而百虑”（《周易・系辞》）思维模式的影响。诸子百家目的是一样的，即为了治理国家，但是主张的方法不一样。至于判大乘为优的思想，可能是认为大乘佛教的理论和以“普度众生”为宗旨的“菩萨道”更接近儒家以仁义和以“正心诚意，齐家治国平天下”为核心的伦理政治理念和学说的缘故。这个选择受中国传统文化的影响，所以中国佛教徒往往说，小乘只利己不利人；大乘自利还要利他，还要功德圆满，是菩萨之道。

（二）般若空论和中道、不二思想成为中国佛教重要的理论基础

这与各阶层民众的选择有直接关系。因为大乘佛教在中国开始兴起的时候，出现了儒家和道家思想的进一步融合，产生了玄学。玄学的思辨方法跟大乘般若思想和中道思想很相似。在士大夫重清谈、重玄学的文化背景下，像南朝高僧支道林等，不仅懂“三玄”（《老子》《庄子》和《周易》），而且善于将佛教的般若、中道思想与玄学结合起来加以发挥。当时支道林要离开建康（今南京）回到东山，临行之时，士大夫们纷纷为他送行，他们将城外的一个亭子坐得满满的，坐在后面的人想挤到前面都不可能。这说明在那个时代，接近高僧显得文雅，能跟他交朋友非常有荣誉感，重玄学是一种社会风尚。因为玄学的流行，不仅促进了《般若经》的流行，还促进了《维摩诘经》的流行。《维摩诘经》也讲般若空义、中道思想。般若讲“诸法性空”，但是一切皆空的同时，也就意味着空就是一切。现在流行的玄奘所译《般若心经》，就是反映般若经典的精要，所谓“色不异空，空不异色，色即是空，空即是色”。如把天下万物皆用“空”等同起来，在逻辑上“空”就是世界万有的普遍性基础，在哲学上为建立大乘佛教本体论提供逻辑前提。

两晋之际有般若学派“六家七宗”，因对《般若经》“诸法性空”的“空”的解释不同而形成七家。大小品《般若经》和中观学派的论书《中论》推动了般若中观思想的进一步传播。僧肇的《肇论》取法玄学思辨和格调来诠释般若空义和中道，其文字漂亮，四六句，风靡一时。此后，般若三论学派的兴起，使般若中观思想成为佛教学者用来观察世界、人生和讲述佛法、构建理论体系的重要世界观和方法论。

（三）受儒家人性论的启发，以大乘佛教的佛性论作为众生超凡入圣、觉悟解脱的理论依据

儒家或讲性善，或讲性恶，或讲性具善恶，都是为了探求人能否和怎样成为贤圣的问题，其中以性善论影响最大。受此影响，南北朝时期的佛教学者也重视探究众生成佛的内在依据问题。《大涅槃经》等经典主张一切众生皆有佛性，皆可成佛，受到僧俗信徒的普遍欢迎。涅槃佛性学说曾经流行一时，其主要思想被普遍吸收到各种佛教著述之中。这些思想被隋唐时期形成的各个佛教宗派继承，并有所发展。

隋唐时期成立的佛教宗派有天台宗、三论宗、法相宗、律宗、净土宗、华严宗、禅宗、密宗。这些佛教宗派虽各有自己的教义体系，但相比而言，除禅宗以外，各宗的传承世系相当松散，世代相承的传法也很少。

二、禅宗之外诸宗的共同特点

我讲禅宗的兴起和主要特色之前，先讲讲禅宗以外的诸宗的共同特点。

①各宗按照自己的判教学说，皆以一部佛经或几部佛经、论书作为本宗依据的基本经典，如天台宗、华严宗各以《法华经》《华严经》为基本经典，法相宗奉所谓“六经十一论”为基本经典等。

②各宗创始人皆撰有卷帙浩繁的论述本宗教义理论的著作，如天台宗有隋智顗的《法华文句》二十卷、《法华玄义》二十卷、《摩诃止观》二十卷等；华严宗有唐法藏的《华严经探玄记》二十卷、《华严五教章》四卷，等等。

法相宗所依经论多，有所谓“六经十一论”，实际上有的并没有传入到中国，解释著作也不少，仅唐窥基的《成唯识论述记》就有二十卷，要细分有四十卷，《成唯识论掌中枢要》四卷，还有唐慧沼《成唯识论了义灯》七卷、唐智周《成唯识论演秘》七卷（或十四卷）等，而且各宗论释教义的著述逐代都有增加。

③按照各宗教义，虽然修行方法不同，但皆提出一套比较严格的修行程序。

天台宗提出“一心三观”的禅观理论。观悟空、假、中三谛，灭见思、尘沙、无明三惑，证一切智、道种智、一切种智三智，从而达到最高智慧。最后的解脱就是要领悟世界万有非空非假，亦空亦假；亦空亦假亦中，一切皆中。如果只是按照前后阶次一步一步地观空、观假、观中地走下去，那属于菩萨智。既然“三观、三智并在一中”，那么，从观“中谛”入手就可同时破三惑，得三智，认识“一空一切空，无假中而不空，总空观也；一假一切假，无空中而不假，总假观也；一中一切中，无空假而不中”，体悟三谛无碍、三谛圆融，得到佛智——“一切种智”。

华严宗提倡观想以真如法性（真心、一真法界）为宇宙万物本体的法界缘起法门。后来为了修行，细分成四法界：理法界、事法界、理事无碍法界、事事无碍法界，最高的境界是体悟事事无碍法界。

法相宗主张通过体悟“一切唯识”而“转识成智”，经过不可计算的时间（“三阿僧祇劫”）才有可能达到最高解脱。

…………

这些宗派虽对可能达到成佛解脱所用的时间说法不一，但因为对修行阶次做出繁杂细密的规定，使人感到真正达到解脱是遥遥无期的。这与禅宗形成鲜明对照。

④强调写经、读经、讲经和坐禅，做各种善事、积累功德等。各宗坐禅皆有规定，需要特定场所、一定的程序，什么叫禅？禅就是思维。人心能够定下来思维要禅定。然而禅宗对禅做了新的解释，主张禅修可以不打坐；打坐可以坐禅，不打坐也可以坐禅。

三、中国禅宗的形成及其鲜明个性

（一）禅宗的形成

禅宗大体经历了酝酿期、初创期、南北宗并立期和南宗独盛期几个阶段。

从被禅宗奉为初祖的菩提达摩，到二祖惠可、三祖僧璨的时期，可作为禅宗酝酿期。禅宗的发祥地在今河南嵩洛一带，寺院有少林寺等。北周武帝灭佛时候，二祖惠可避地南下，到了今安徽司空山、皖公山一带传法，收有弟子僧璨（三祖）；僧璨有弟子道信（四祖）。道信从安徽辗转到了今湖北黄梅双峰山传法，有后嗣弟子弘忍（五祖）在冯茂山建寺传法。道信、弘忍创“东山法门”，标志着中国禅宗正式成立。六祖慧能从弘忍受法南归，在韶州曹溪弘传“顿教”禅法；神秀从弘忍受法与弟子普寂在以东西二京为中心的北方弘传“渐教”禅法，形成了南北二宗对峙局面。

这里简单地讲讲菩提达摩为什么被奉为禅宗初祖。达摩时并未创立禅宗，看到佛教界盛行讲经，讲经又讲究排场，有点地位的请十僧、二十僧，再高地位的请的僧人更多，帝王乃至请上万僧。此外还盛行办斋会供养僧人、修建寺院等，并认为这是积累功德的行为。相对于悟道修心，这些自然都属于外在的。但是解脱是要靠思想，靠修心，如果心不觉悟，还处在痴迷状态，依靠外在的任何功德都不能达到解脱。达摩针对这种情况，认为有违佛的本怀，于是致力于教弟子“舍伪归真，凝住壁观”，特别提倡坐禅观心。他要求修持“理入”，即通过坐禅来观想自己心性，觉悟清净自性。同时，还要修持“行入”，有四行，即遵循菩萨“六度”之道，从四个方面来规范制约自己的身、口、意三业，做到“三轮”清净。因为讲禅修，通过领悟自性达到觉悟，奠定了以后禅宗修行解脱论的基础，所以被尊奉为禅宗初祖。

六祖慧能的顿教禅法，开始传播范围不大，而北宗靠着朝廷的支持传播迅速，影响范围比较大。慧能去世以后，弟子神会到了北方，在今河南南阳、洛阳一带传法，因为思维敏捷，能够抓住慧能顿教禅法要点，看准北宗禅法的弱点，又擅长于辩论，经常找机会与北宗僧人辩论，以扩大南宗影响。他在辩论中突出两点：第一，北宗没有达摩所传“祖传袈裟”，不是正统；第二，北宗是渐教禅法，南宗是顿教禅法。神会善于交往，得到了朝廷中很多士大夫的支持，迅速扩大了南宗的影响。在“安史之乱”以后，唐从盛到衰，依靠朝廷的北宗很快衰落下去。在唐末借助朝廷的裁定，禅宗定慧能为嗣法五祖弘忍的六祖，南宗于是取得正统地位，逐渐形成南宗独盛的局面。慧能的弟子、再传弟子走山林佛教的道路，促使禅宗迅速兴起。

无论是标榜“顿教”的南宗，还是被称为“渐教”的北宗，都称自己的禅法源自达摩，南宗还把达摩禅法称为“最上乘禅”“如来清净禅”“祖师禅”等。“乘”就是法，原指车、路、船，这里是比喻的说法。小乘指小道，大乘是大道，自称能度世上无量众生从现实的此岸到解脱的彼岸。至于“最上乘”，自然比大乘更进一步，是禅宗称自己更为优越。

以神秀、普寂为代表的北宗，既上承菩提达摩，又直接传承道信、弘忍“东山法门”禅法。所以，慧能应当说既继承了“东山法门”的禅法，又发展了“东山法门”的禅法，并且也改革了以往作为“三学”（戒、定、慧）之一的传统禅法。

到唐末五代，南宗形成五个流派，即慧能—南岳怀让的法系形成义玄创立的临济宗、灵祐和慧寂创立的沩仰宗；慧能—青原行思的法系形成良价和本寂创立的曹洞宗、文偃创立的云门宗、文益创立的法眼宗。这就是禅门五宗，或称禅门五家。从此中国禅宗进入五宗相继盛行的时期。

在传承当中，云门宗曾盛极一时。在北宋文坛上，佛教界最有学问、最有活动能力的高僧很多出自云门宗，但可惜云门宗在北宋后期就衰落了，以致失传。至于沩仰宗，早在唐代末年已经失传。法眼宗也是比较早地湮没无闻。现在有人说他的师父是法眼宗的，或是云门宗的、沩仰宗的，是怎么一回事呢？原来近代秉承曹洞、临济法脉的虚云和尚有个想法，想把久已失传三宗加以复兴，便致力于象征性地“五宗兼传”。从历史上考究，比如云门宗是从哪一代失传的，便接着从哪一代往下排辈。然而这不是真正的一代一代传承下来的，只能说是象征性的。

在隋唐产生的佛教宗派中，禅宗富有鲜明的个性，具有易于适应社会现实、贴近儒教士大夫和普通民众、简单易行的性格，蕴藏着强大的生命力，使它得以在唐末五代迅速兴起。

（二）中国禅宗的鲜明个性

1. 自称教外别传，以心传心

禅宗虽没有系统的“判教”（判释佛教）理论，但在南宗兴起后自称是与禅宗以外诸宗相对立的“宗”“宗乘”，不仅称各种大小乘经论为“教”，也称依据这些经论建立教义的诸宗为“教”；并且标榜自己上承佛祖，唯传“佛心”。

近代翻译的西方的物理、化学等概念都受到日本的影响。因为日文大量使用汉字，日本在“锁国”时期通过翻译荷兰著作学习西方，翻译中自然要利用汉文词语，而我们早期的翻译往往借助日本已经使用的译语。日本用“宗教”两个字翻译西方所说的宗教。按照原意，“宗”指禅宗，“教”指禅宗以外的教，便将二字并用翻译“宗教”。

神会说“六代祖师（达摩、惠可、僧粲、道信、弘忍、慧能）以心传心，离文字故”，认为心法（禅法）在言教之外；黄檗希运说：“祖师西来，直指人心，见性成佛，不在言说。”义玄，临济宗的创立者，原来精究戒律，博学经论，后来认为“此济世之医方也，非教外别传之旨”，于是改奉禅宗。云门文偃，云门宗的创立者，说禅宗“教外别传”。法眼宗的创立者文益说“祖师西来”（达摩西来），“非有法可传……但直指人心，见性成佛”，“此门奇特，乃是教外别传”。他们皆强调“传心”“不立文字”和“教外别传”，不提倡读经和著书立说，这样便与诸宗划清界限。但请注意，不提倡读经，并不是不读经。

进入宋代以后，有人将禅宗宗旨概括为四句话：“不立文字，教外别传，直指人心，见性成佛。”

禅宗传法的目的，是借助语言文字启示弟子、信众认识自有清净佛性、本心。如果真正领悟这一点，那就是见性，那就达到觉悟了。有人说，这样成佛岂不是太容易了？也不容易，什么叫见性?还有很多规定的。而且禅宗所说佛与普通众生的差别，只在一念之间，“前念迷即凡，后念悟即佛”；“故知不悟，即佛是众生；一念若悟，即众生是佛”。

2. 强调自修自悟，自成佛道

禅宗主张人人皆有佛性，皆可成佛，引导信徒自修自悟，“识心见性”，“顿见真如本性”，不主张到处求法求佛。慧能说：“佛是自性作，莫向身外求。自性迷，佛即是众生；自性悟，众生即是佛。”

“即心是佛”不等于自身成佛、肉身成佛。密教讲即身成佛，禅宗讲即心是佛。密教讲“父母所生身，即证大觉位”，那是讲自身可成佛，“大觉”就是成佛。禅宗不提倡这个，讲“即心是佛”，倡导通过自修自悟达到成佛。禅宗的要义可用六个字表示：自信、自修、自悟。那要不要师父？当然要，如果你不知道自己本有佛性，可以自修自悟，须“善知识”加以开示，所谓“示性见道”。什么是“善知识”？是“师友”，既可能是老师，也可能是朋友。师友“示性见道”，然后要靠自修自悟。这个道理，其实也可以用到我们的学习、生活和工作当中，外因总是通过内因发生作用。

记载慧能禅语的《六祖坛经》说：

“佛者，觉也。”

“法者，正也。”

“僧者，净也。自身归依觉，邪迷不生，少欲知足，能离财色，名两足尊。”

“自心归依正，念念无邪故，即无爱著，以无爱著，名离欲尊。”

“自心归依净，一切尘劳妄念虽在自性，自性不染着，名众中尊。”

上面所说的觉、正、净，就是心中的佛、法、僧，即后世所说的“自性三宝”。现在讲常住三宝，是指寺院里的佛、法、僧。慧能认为自性三宝每个人都有，人人心中都有觉的部分、正的部分、净的部分。说自性三宝，也可以说是向你“示道见性”，启发你了解自己也有三宝，确立自信。

3. 主张定慧不二，佛道不离生活日用

禅宗初创时期的禅师和以神秀、普寂为代表的北宗，针对当时佛教界热衷读经、讲经和著述的风气曾提倡坐禅观心，“息灭妄念”。

到慧能的南宗，则进而提出“定慧不二”，认为禅修没有特定程序和仪规，只要体悟自性，“慧”本身就是“定”；又提倡“无念为宗”，“于念而不念”。这相当于《金刚经》里讲的“无所住”。所谓“虽即见闻觉知，不染万境，而常自在”，是说虽不离开现实生活，不闭目塞听，也做到不执着于外境，不受外界影响，心常保持自在的状态。这实际是指已达到解脱的境界。

东晋时高僧支道林讲《庄子·逍遥篇》，称佛为“至人”，把“逍遥”解释为解脱、涅槃，很受欢迎。“逍遥”的本意就是高度自由。把涅槃解释为逍遥，就意味着“得大自在”。《大涅槃经》解释，那就是成佛，大自在就是大的自由、最高的解脱境界。不离开现实，不离开当前的一切，而不受外界的影响，没有贪嗔痴，这种境界不就是解脱吗？

慧能对“禅定”做出创新解释，“外离相即禅，内不乱即定”。外离相，见相而不执着于相，这就是禅；内不乱，心不乱，不产生欲望，没有摄取或舍弃的意向，没有好恶的念头，这就是定。于是，“坐”已不是原来意义上的“坐”，打坐，不管是半结跏趺坐，还是双结跏趺坐，都“念不起”，亦即不起杂念、妄念；“禅”不是原来意义上的“禅”，而是“见本性不乱”，意即坚守清净自性，不受外界干扰。意为在任何情况下皆要相信自己本具佛性，即心是

佛，而不受周围环境和任何事物的影响。这跟《金刚经》讲的“无所住”而“生清净心”是一致的。这种境界也就是“平常心”。后世马祖道一禅师所说的“平常心是道”就是这个意思。平常心就是不计较，不考虑是非、好恶、取舍，这种境界就是“无所住”。

禅宗把禅的范围扩大了，拓展到日常生活当中。于是，担水、搬柴无非般若，无非“妙用”，无非是禅。禅在日用，道在日用，是很有道理的。禅的原意是“修思维”，难道只有打坐才能修思维吗?慧能这种说法有没有受到中国传统思想的影响？也可以说有。《庄子》里有句话叫“道无所不在”。禅的目的何在？简单地讲就是为了悟道。人们也许在一念之间便领悟道理，难道这一念不是禅？传授禅法要尊重传统，要有根据才行。禅宗的根据主要是《六祖坛经》，那是禅门五宗都遵守的。当然，对于佛教的传统禅法也应尊重，禅宗虽拓宽禅的范围，然而并未废除传统禅法。

4. 因机施教，所谓“门庭施设”

禅宗重视因材施教，除正面传法外，还借助手势、动作，乃至棒打、吆喝等做法启示弟子。唐末五代形成禅门五宗，各宗在禅法上并没有重大差别，但在教诲指导弟子的方法上有所不同，这就是“门庭施设”。

从道信、弘忍至慧能，常面向僧俗大众公开说法。禅师登座带领众人发心、忏悔、传授佛法等，是一种最常见的传法方式。这种传法方式，后来被称为“开法”“普说”。除此之外，禅师还对弟子分别进行教导，根据每人的不同情况予以启发开导，如《六祖坛经》所载慧能对志诚、法达、智常、神会等人分别教诲。这就是禅宗史书上所说的“机缘问答”。

南宗从慧能到其弟子神会、怀让、行思、慧忠等二代，主要是用正面的说法来引导传授禅法，而到马祖、石头等三代，采取暗示、反诘语句、动作乃至棒喝的方式传授禅法和接引弟子的现象逐渐增多。这些方法最早都来自生活。例如，马祖除有上堂示众的普说之外，对众多弟子采取如下灵活多样的教诲引导方式。

暗示。“（庞蕴居士）参问马祖：不与万法为侣者是什么人？祖云：待汝一口吸尽西江水，即向汝道。居士言下顿领玄要。”（《景德传灯录》卷八《庞居士传》）马祖门下有很多弟子，其中有的是儒者。庞蕴就是儒者，曾经准备到京城赶考，后来听说马祖的名声，放弃赶考，回到南昌，参问马祖。他懂点佛法，向马祖发问，不与万法为侣者是什么人？如果马祖说那就是真如佛性，没有一点供问者思虑的余地，那就失去禅意，属于后世禅宗所谓的“死句”。因此马祖便说：“你把门口流过的赣江水一口喝光了，我再告诉你。”这样的回答暗示庞蕴，他问的这个问题是不能用语言表达清楚的，要自己去想。庞蕴经此点拨，立即开悟。这是一种暗示。我们生活中有很多道理也不用语言表达，暗示一下就可以了。

隐喻。“百丈问：如何是佛法旨趣？师云：正是汝放身命处。”（《景德传灯录》卷六《马祖传》）百丈怀海禅师问什么是佛法大意，马祖回答说，佛法对出家人来说，对信奉佛法来说，安身立命之处就是佛教。借用安身立命之处比喻佛法深旨，启示百丈怀海自己体会。

反诘语。“僧问：如何是西来意？师云：即今是什么意？”（《景德传灯录》卷六《马祖传》）“西来意”即达摩祖师来华的用意、目的。僧问当初达摩为什么到中国来？马祖用反诘语表示，对此无法用语言确切回答，让他自己省悟。

动作。水老和尚参问马祖：“如何是西来意？”什么是佛祖西来真正的意？被马祖一脚“当胸踹倒”。当下“大悟，起来拊掌，呵呵大笑。云：也大奇！百千三昧，无量妙义，只向一毛头上，便识得根原去”。在《华严经》里，讲一个毛孔放下三千大千世界绰绰有余。这就是小能容大，大能入小，亦即其大无外，其小无内，是华严的圆融思想。水老和尚从马祖的动作体会到这个道理，后来年老了，一再感恩马祖的启示。

此外，在参禅过程中打手势、走动、礼拜、竖起或放下拂子、画图形、摆弄对象等，都可以用来传递信息，表示禅旨、悟境。比如，有人问马祖：什么是佛？他喊对方的名字：张三，这是启示你张三不就是佛吗？

门庭施设。禅师以禅法思想接引、教诲弟子和来自各地的参禅者，在传法过程中有一套独特的方式、方法，禅宗史书称之为“门庭施设”。例如临济宗有所谓“四料简”“三句”“四宾主”和“三玄三要”等；曹洞宗有“偏正五位”和“五位君臣”等；云门宗有“云门三句”等。这些都围绕所谓“常见”“断见”等问题，认为一切皆有，不变，这是常见；如果一切皆空，是断见，皆为佛法所不许。针对“人空”“法空”的问题，认识到自己是色受想行识五蕴组成的，是空的，这是人空；而进而认识到色受想行识五蕴本身也是空的，是法空，属于大乘的见解。此外，围绕理、事关系，真如佛性被认为是理，万世万物叫作事。理通过事来显现，事体现理。按华严宗的说法，应认识理事无碍、事事无碍。在曹洞宗讲的五位君臣、偏正五位的门庭施设中，君就是理，即真如佛性；臣就是事，即万事万物。最好的认识境界是“君臣道合”，那就是理事圆融无碍，是最高境界。后来在传承当中，这些门庭施设逐渐失去原来的含义了。

5. 玄学化的思维模式

禅宗一方面吸收并极大地发挥了构成各个宗派重要理论基础的大乘佛性论和般若中观思想，另一方面又将中国士大夫熟悉并喜闻乐见的崇尚简易和玄学思辨模式（有无、本末、体用、动静之辩、言意之辩等）运用到自己的传法之中。

佛教在推进中国的思想发展当中起了很重要的作用，过去玄学有有与无、本与末，也有相当“体与用”的说法，但是没有“体用”这个概念，称“体”为本。梁武帝在所著《立神明成佛义记》中，用“神明”（原意为神灵、精神）解释佛性。梁武帝很通俗地讲，佛性就是你的灵魂、你的心。但是，心有体有用，说“用有兴废，体无生灭”，所谓“用”有体用生灭，然而“体”——佛性永无变化。心之“用”（感情、心情、思想）可以有污染，但心之“体”是永远清净的。因此，他说神明是佛性，实际是指心之体是佛性。在真谛翻译的《大乘起信论》中提出了心的体、相、用的概念。这大大促进了中国的思想进一步发展。

因为禅宗拥有相似于玄学的思维方式，禅僧常把禅法要旨称为“玄旨”“玄机”，把领悟心性之理称为“玄悟”“契玄关”。

6. 现实主义风格和传统——佛法在世间，成佛先修德

禅宗讲的修行方法既简单又灵活。实际上，禅宗对修行有自己特有的规定，并非可以随便胡来。后世丛林出现过所谓“野狐禅”“狂禅”，是禅宗所忌讳的，受到批评。近代有人怪罪禅宗，甚至把中国佛教之所以衰落归罪于禅宗。中国文化的衰落跟中国国势的衰落有关，西方侵略来了，西方文化迅速涌进中国社会各个角落。我们的国家处在封建社会后期，又未及时加以改革，导致各种文化形态处于衰落状态，因此把中国佛教衰落原因归于禅宗是不公平的。在改革开放的新时期，在中国佛教的恢复振兴中禅宗发挥了重要作用。因为禅宗没有任何框框来吸收其他诸宗的思想，也没有框框来吸收其他形态的文化思想和现代最新思想。

禅宗主张修行不离生活日用，敦煌本《六祖坛经》说“佛法在世间，不离世间觉，离世觅菩提，恰如求兔角”。如同兔子不长角，离世也找不到菩提、觉悟；说“烦恼即菩提，前念迷即凡夫，后念悟即佛”，意为现实是彼岸，现实和彼岸不一不二。然而不能说这是“人间佛教”。因为人间佛教是个历史概念，是近代以后才提出来的。但是人间佛教继承了中国佛教的优秀传统，包括禅宗的“佛法在世间”的思想。比如说“迷即佛众生，悟即众生佛”。佛不是远离众生，高高在上的。佛迷是众生，众生悟就是佛，认为佛与众生之间没有不可逾越的鸿沟。即使对净土宗倡导的念佛往生西方净土的说法，也认为归根到底是不离自性的。

慧能说：“西方去此不远，心起不净之心，念佛往生难到。”如果心不净就不能往生净土。“除十恶即行十万，无八邪即过八千，但行直心，到如弹指”，这是要求修心。“但行十善，何须更愿往生？不断十恶之心，何佛即来迎请？若悟无生顿法，见西方只在刹那。”为此，要求信众修“十善”：不杀生、不偷盗、不邪淫、不妄言、不绮语、不两舌、不恶口、不悭贪、不嗔恚、不邪见，不做相反的“十恶”。三业清净，也叫“三论清净”，就是倡导成佛必先做善人、做好人。星云法师有句话，“说好话，做好事，存好心，做好人”，实际上就说的三业清净。宋代以后禅宗虽提倡净土念佛法门，但最高理念仍是“唯心净土，自性弥陀”。这在禅宗的逻辑上是说得通的。既然“即心是佛”，阿弥陀佛岂非在自心?心性为万法之本、世界之本，西方极乐世界岂非在自性?禅宗并不要求信众懂得多少深奥道理，掌握多少禅修方法，认为“八万四千法门”皆可成为修行方法，只要适合自己，皆可依照修行。禅宗主张，人人皆可“识心见性，自成佛道”，皆能践行大慈大悲的菩萨之道。

四、禅宗的强大生命力之所在

（一）禅宗与儒者士大夫

禅宗在形成与发展过程中，在唐宋特别得到儒者士大夫，包括各地节度使（藩镇）、中央委派的流动性的观察使、州刺史为首的地方军政官员的参与和支持。在五代时，他们还得到某些割据王国的优待。

他们为什么对禅宗产生那样的热情？比如宋代的三苏——苏洵与其子苏

轼、苏辙，都接近佛教，特别是苏轼（号东坡）表现尤为突出。王安石，宋神宗朝的宰相，主持维新变法者，竟对佛教那样虔诚地信奉，与高僧密切交往，而且写有著作。还有黄庭坚等人，数不胜数。为什么呢？概括地说，禅宗强调的世与出世不二、“即心是佛”和佛在众生之中的思想；说法中贯彻的理事、体用圆融的玄学思维和富有机辩的论禅方式；寄修行于日常生活的简易要求；丛林运营井然有序，崇尚自然的情趣等；都对他们具有极大的吸引力，容易在他们心中引起共鸣。禅宗的心性思想，深刻地影响了儒家的心性学说。宋代理学家在孟子性善论基础上吸收佛教的心性思想，特别吸收禅宗的心性论、华严宗的理事圆融思想，又吸收道家的本体论思想，构建了富有哲学思辨的理学思想体系。

禅宗寺院具有的地方文化中心功能、很多禅僧具有的较高文化素养、禅僧行脚游方在各地文化交流中所扮演的角色、禅僧在说法中标榜的“无念”“无求”和淡泊名利的理念，都可以在具有不同身份和阅历的士大夫中引发兴趣。

在儒者士大夫中，有的人与禅僧密切交游，听他们谈禅说法；有的人礼禅僧为师，亲自参禅问道；甚至也有人，比如唐代庞蕴、丹霞天然两个儒者，干脆放弃仕进道路，不求“选官”而去“选佛”，效仿禅僧出家过丛林生活。后世有的禅寺院将禅修的禅堂称为“选佛场”。

（二）禅宗与普通民众

禅宗以大乘的佛性论作为修行解脱论的重要基础。为使一般人容易接受，禅师在传法中经常将佛性称为自性、本性、本心、心等，主张一切众生皆有与佛一样的本性，“即心是佛”。这也就意味着包括普通民众在内的任何人皆可接受最高佛法，最后皆能成佛。

在这种思想的深处，蕴含着对一切生命的存在价值，特别是人在宇宙中的崇高地位的重视；是对一切生命的主体性、尊严性和发展权的尊重。这是禅宗得到民众支持，迅速兴起的重要原因之一。

在《法华经·常不轻菩萨品》中，常不轻菩萨到哪里都被别人打骂，他却从不还手，说你们都是未来的佛，就甘受打骂。这贯彻什么思想呢？贯彻人人皆有佛性，皆能成佛这种思想。禅宗也贯彻这种思想：众生平等，皆能成佛。

慧能明确表示：“若欲修行，在家亦得，不由在寺。在寺不修，如西方心恶之人。在家若修行，如东方人修善，但愿自家修清净，即是西方。”他认为在家也能修行，出家、在家都应当受到尊重，并且还提出佛法在人间的主张。这些蕴含着世与出世不二、僧俗平等理念在内的思想，很容易得到普通民众的接受，也是禅宗得以迅速传播的重要原因。

禅宗的石头法系、马祖法系的很多禅僧坚持走山林佛教的道路，在所在的山林垦荒种植，作为寺院生活的重要来源。而自从马祖弟子百丈怀海制定《禅门规式》之后，禅寺实行农禅并重，“一日不作，一日不食”。这不仅可以密切禅僧与周围农民的关系，自然也可减轻周围民众的供养负担。

禅宗虽不反对造寺、布施、供养等活动，但认为这只是福业，不特别提倡，而强调确立自信，“识心见性，自成佛道”。修行方法简便，不要求特别的时间、场所和程序、方式。对于为一般人容易接受的净土念佛信仰，并不绝对反对，而是以“唯心净土，己性弥陀”的思想加以融摄。

禅宗由于能够与儒者士大夫和普通民众的利益、情趣相适应，得到他们的信奉和支持，才具有在社会上迅速传播和发展的强大的生命力，在唐末五代迅速兴起，相继成立禅门五宗，至宋代，禅宗成为中国佛教中的主流教派，并且在明代以后形成的融合型的中国佛教中占据主体地位。

五、禅宗在中国佛教中的地位

禅宗在中国诸宗中具有强烈的民族特色和开放包容、贴近生活的现实主义风格。禅宗在宋代以后占据中国佛教的主流地位，进入明代形成以禅宗为主体诸宗协同传播的融合型佛教。在改革开放以后直至进入中国特色社会主义新时代，中国佛教顺应时代潮流已经走上恢复振兴的道路，选择了走与社会主义社会相适应的人间佛教的道路，持续坚持中国化方向，将社会主义核心价值观融入佛教体系之中，对传统教理和伦理做出适宜当代民众接受的现代诠释，努力将修行与现实生活结合起来，积极参加“五位一体”的社会主义建设并不断做出贡献，受到党、政府和广大民众的认可和称赞。在这当中，可以说融摄诸宗的禅宗发挥了重要作用。

禅宗对中国其他文化形态也有很大影响。近代太虚大师在综合考察诸宗之后一再表示“中华佛法之特质在乎禅宗”“晚唐来禅、讲、律、净中华佛法，实以禅宗为骨子”。这与中国佛教形成以禅宗为主体的融合型佛教是一致的。太虚大师还说：“中国自晚唐、五代以来之佛教，可谓完全是禅宗之佛教；禅风之所播，不惟遍及佛教之各宗，且儒家宋、明理学，道家之性命双修，亦无不受禅宗之酝酿而成者。故禅宗者，中国唐、宋以来道德文化之根源也。”应当说是大体反映了中国佛教的真实情况。

太虚大师有一次在广州演讲，说广东出了两个重要的人物：第一个是孙中山，第二个是六祖慧能大师。他说中国佛教从慧能以后才真正地从民众“不能体贴消化”的翻译经典中摆脱出来，“从此，佛法与中国人底心理不发生丝毫的障隔，深深地契合和相应，流演于后世，没有文字语言上的障碍，也没有心理思想上的隔膜。故由六祖才把佛教的真髓深深地打入中国人的心坎中”。今天，这个论断仍值得我们深思。

云门文偃禅师的禅学思想[①]

明向大和尚[②]

文偃禅师是禅宗一花五叶中云门宗的开山祖师，云门宗是禅宗五大宗派之一，在传承和弘扬禅宗文化方面起到非常重要的作用。云门宗的祖庭在广东韶关乳源瑶族自治县云门山大觉禅寺，有1096年的历史，是千年古刹，云门宗开山祖师文偃禅师的肉身在云门寺达千年之久，虚云老和尚在1943—1952年主持云门寺时，文偃禅师的肉身还在云门寺，但是非常地可惜，祖师的肉身在“文革”期间遗失。

一、文偃禅师的生平

（一）文偃禅师出生的时代背景

禅师出生和生活的时代，主要为唐末、五代时期。当时社会处于战乱、不安定的状态。就在这么一个艰难的不安定的时代，中国禅宗涌现出了很多高僧大德住持，文偃禅师就是其中的一位。禅宗从六祖以后，有两位大弟了，一个是南岳怀让，一个是青原行思，这两大弟子座下分别传承。南岳怀让禅师传下来是马祖道一禅师，这一系传承已分出并创立了沩仰宗和临济宗；青原行思禅师传下来是石头希迁禅师，这一系传承已分出并创立了曹洞宗，后又创立云门宗和法眼宗。所以，云门宗创立的时代，当时禅宗五大宗派已经有了沩仰宗、临济宗和曹洞宗。云门宗是五大禅宗宗派中第四个成立的宗派。

① 本文根据作者在“什刹海论坛·2018佛学季”的讲座录音整理。

② 明向大和尚，中国佛教协会理事、广东省佛协副会长、云门寺方丈。

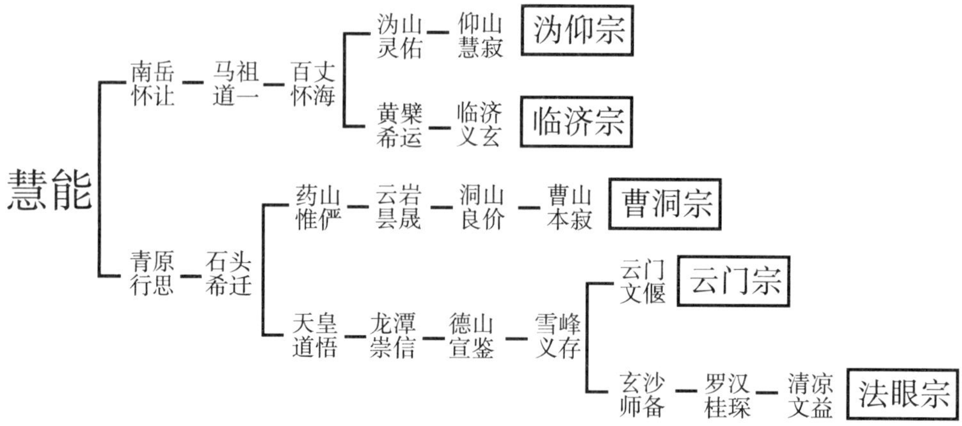

禅宗传承帮派

南岳怀让禅师主要是在湖南，青原行思禅师主要是在江西，马祖道一禅师是在江西，石头希迁禅师是在湖南。两代禅师在江西、湖南一带非常有影响力。

南岳怀让禅师座下分出来了马祖道一禅师、百丈怀海禅师。其中百丈怀海禅师座下又分出两友。一支是沩山灵佑禅师、仰山慧寂禅师，就形成了沩仰宗，它是第一个成立的禅宗宗派。沩仰宗主要是在江西、湖南一带。另一支是黄檗希运禅师、临济义玄禅师，义玄禅师成立了临济宗，主要是在河北正定一带。

青原行思禅师座下到石头希迁禅师，传到药山惟俨禅师、云岩昙晟禅师、洞山良价禅师、曹山本寂禅师，洞山良价禅师和曹山本寂禅师成立了曹洞宗。石头希迁禅师又传天皇道悟禅师、龙潭崇信禅师、德山宣鉴禅师、雪峰义存禅师，雪峰义存禅师分出两支，一支是云门文偃禅师形成了云门宗；一支后面一直传到清凉文益禅师，形成了法眼宗。法眼宗主要的道场是在江苏南京一带。

（二）文偃禅师出家、悟道、参学的历程

1. 文偃禅师出家、受戒

禅师俗姓张，浙江嘉兴人，出生于唐懿宗咸通五年（864）。15岁，礼嘉兴空王寺志澄律师，做童侍，后来做小沙弥。20岁，于毗陵（今江苏常州）受具足戒，因为佛教规定，20岁才能够受比丘戒，所以他虽然很早出家，但是这几年都是以小沙弥的身份在师父身边学习。受完戒以后，回到空王寺侍奉志澄律师，学习《四分律》和大小乘经论5年。到了26岁，他感到自己虽然学了很多经论，也

懂得了一些规矩，但出家人出家的目的中最重要的是求解脱，要超越轮回，这个大问题没有解决，所以他辞别师父，外出游方参学。在他参学、成长、开悟、弘法的过程中，他参了很多的老师，遇到了三位主要的大善知识。

2. 参睦州陈尊宿并开悟

> 师初参睦州。州才见师来，便闭却门。师乃叩门。州云："谁？"师云："某甲。"州云："作什么？"师云："己事未明，乞师指示。"州开门，一见便闭却。师如是连三日去叩门。至第三日，州始开门，师乃拶入，州便擒住，云："道！道！"师拟议，州托开，云："秦时轘轹钻。"遂掩门，损师一足。师从此悟入。（《雪峰语录》）

他离开师父后没有多久，就去参睦州和尚。睦州和尚在禅宗里叫陈尊宿，是黄檗希运禅师座下的首座，他接引了临济义玄禅师开悟，是一位非常了不起的大善知识。当时睦州和尚90余岁，他的母亲在家里没人照顾，就辞别了黄檗希运禅师，回到家里照顾老母，回家后他没有换掉僧服，还是保持僧人的身份，以编草鞋为生，过着苦行的生活。但是他的机锋非常犀利，大家也非常仰望他的禅风。

文偃禅师听说睦州和尚非常有名气，非常敬仰他的品德。文偃禅师第一次去参睦州和尚的时候，睦州和尚远远地看到他来，就把门关上了。文偃禅师上前叩门，睦州和尚就在门后面问是谁，文偃禅师说我是文偃，睦州和尚就问做什么，文偃禅师说"己事未明，乞师指示"，睦州和尚打开一线门，看了一下又关上了，也不搭话也不理他。这次文偃吃了闭门羹。

第二天，文偃禅师又去拜访敲门，睦州和尚仍然闭门不出。到了第三天，睦州和尚把门只开了一条缝，文偃禅师一脚跨进去，硬挤进去了。睦州和尚抓住他的衣领，叫他"道！道！"，这时候文偃禅师没有开悟，脑袋里蒙了，就想他到底要我道什么，还在想的时候，睦州和尚把他往外推，同时说道"秦时轘轹钻"[①]，睦州和尚说完便猛地关上门，将文偃禅师的一只脚给挤伤了。这时文偃禅师大彻大悟，豁然有省。

---

① 秦朝时候，一种用车拉着转、使之钻物的大锥，用后便弃之不顾，后用它来比喻无用之物或无用之人。

文偃禅师就在这样的情况下，在猛烈地被棒喝之下，大彻大悟。禅宗用凌厉的手段让你没有办法反应，没有办法思考，让你明白自己的本分事。所以，禅宗讲“援引道，心性处”，要离名字相，离言说相，离心缘相。我们执着在名字相、言说相和心缘相的时候，已经是在相上打转了，不是在体上，不是在我们的心性里面体会了，所以就在当下明白这回事。

疼，到底疼的是谁？我们每个人可以想象一下，大门关闭腿咔嚓断掉的时候，是钻心地疼，疼的时候能不能明白这个事，到底疼的是谁？我们如果还想东想西，已经错过机会了。禅就是要你当下明白过来，你不在当下，想前想后，瞻前顾后，患得患失，已经错过了。

> 云门参睦州和尚得旨后，造陈操侍郎宅。经三载，续回，礼谒睦州。州云：“南方有雪峰和尚，汝何不去彼中受旨？”（同前）

文偃禅师悟道后，继续在睦州和尚身边参学三年。他有时候住在睦州和尚的大护法陈操侍郎那里，方便就去参自己的师父，悟后体修。除自己的习气，还要向师父请教精微处，继续磨炼等。睦州和尚当时年纪已经非常大了，他建议文偃禅师去南方福建雪峰义存禅师那里接法。

3. 参雪峰义存禅师并受法

894年，文偃禅师30岁，辞别了睦州和尚，前往福建雪峰，此时雪峰义存禅师70多岁。文偃禅师见雪峰义存禅师也有一段因缘。

> 师到雪峰庄，见一僧。师问：“上座今日上山去哪？”僧云：“是。”师云：“寄一则因缘问堂头和尚，只是不得道是别人语。”僧云：“得。”师云：“上座到山中，见和尚上堂，众才集，便出，握腕立地，云：‘这老汉项上铁枷，何不脱却？’”其僧一依师教。雪峰见这僧与么道，便下座，拦胸把住其僧云：“速道！速道！”僧无对。雪峰托开，云：“不是汝语。”僧云：“是某甲语。”雪峰云：“侍者，将绳棒来！”僧云：“不是某语。是庄上一浙中上座教某甲来道。”雪峰云：“大众！去庄上迎取五百人善知识来。”师次日上山。雪峰才见便云：“因甚得到与么地？”师乃低头。从兹契合。（同前）

文偃禅师到了福建雪峰，那天到山脚下天色已晚。为了方便参学的人，寺庙在山脚下建了山庄可供留宿。文偃禅师住在山脚下的山庄，看到其中有一个僧人，文偃禅师就问：“你明天是不是要上山呢？你是不是山上的和尚？”僧人答：“我是，我到山下来办事，今天太晚了，要留在山庄里。”文偃禅师就说：“你帮我带话给雪峰禅师，但是不能说是我说的，只能说你自己说的。”第二天，僧人临走的时候，文偃禅师就叫他，说：“你到了山上，等到雪峰和尚把大家都召集起来上堂说法的时候，你就出来，一只手挽着另一手的手腕站着，说你这个老汉脖子上的枷锁为什么不脱下？还要跟人家说，本来本分事，本来我们的真心本心是用语言可以表达的，如果用语言可以表达，就像多余的东西，就像枷锁一样，给人家带来麻烦。”

僧人就按照文偃禅师的交代，在雪峰禅师上堂说法的时候，站出去用自己的手握着手腕，说：“这老汉项上的铁枷何不放下来？”雪峰禅师看这个僧人说奇异话，抓住他的衣领，说：“速道！速道！”快说快说！这个僧人没有开悟，哑口无言。雪峰禅师把他推开，说：“这肯定不是你讲的。”僧人说：“肯定是我讲的。”雪峰禅师看他不承认，说：“侍者，拿绳子来，拿棒子来”，僧人就承认了，说：“不是我说的，是下面山庄来了一个江浙来的上座比丘，一位高僧教我向你这么道的。”雪峰禅师一听很高兴，说：“我们大家到山下去迎请将来是五百人的大善知识。”果然后来文偃禅师座下就是五百座。把文偃禅师请上山来了，雪峰禅师问：“到底是什么原因使你到这个境地？”文偃禅师把头低下来就已经表明了，雪峰禅师认可他已经开悟了。

后来，文偃禅师在雪峰处又继续参学了一年多的时间，便“温研积稔”，雪峰遂“密以宗印付师”。文偃禅师便继承了雪峰的法脉传承。文偃禅师是在睦州和尚那里开悟，但是从雪峰义存那里接道的。

4. 游历诸方，参学磨炼

文偃禅师在雪峰禅师那里密受心印之后，并不急于住寺开法，而是走南闯北，参访天下名宿，历时17年之久。《遗表》中记载禅师当年参学之艰苦：“其或忘餐待问，立雪求知，困风霜于十七年间，涉南北于数千里外，始见心猿罢跳、意马休驰……”这17年间，禅师参访了临济、曹洞门下众多尊宿，与雪峰门下道友切磋，如灌溪志闲、曹山本寂、疏山匡仁、越州乾峰、天童咸启、洞岩可休、鹅湖智孚等诸大师。通过参学，文偃充实了见地，增长了见识，并在与诸尊宿的交流中，逐渐形成了自己独有的禅法，为成立云门宗打下坚实的基础。

文偃祖师参学，经常废寝忘食，没地方投宿了，就在路边搭个棚子，有的可能棚子都没有，就露天打坐，“忘餐待问，立雪求知，困风霜于十七年间”，风风雨雨，非常艰苦，“涉南北于数千里外”。前面已经开悟了，这17年他就是磨炼习气。“始见心猿罢跳”，因为心不安，也还有很多的习气毛病要磨炼，一点点磨炼，还有一段艰难的历程，艰苦的修行的过程，“心猿罢跳”就是说自己不安的心慢慢平静、宁静，淡然心静，“意马休驰”，我们的心总是在攀缘，妄相纷飞不断，文偃祖师花费17年功夫就做这个，经受住磨炼，经受住考验。

除了磨炼自己，文偃祖师同时也在参学，在与诸尊宿的交流中，学习了很多各有特色的善知识的修行经验、传法经验、参法传法，在饱参饱学的过程中，逐渐形成自己独有的禅法，为将来云门宗的成立打下了坚实的基础。

弘法还要有弘法利生的平台。亲近灵树如敏禅师，文偃祖师获得了弘法的平台。平台也是因缘，你有福报，确确实实要有善知识、有护法来护持你，你才有这个因缘，有这个条件去做弘法利生的事。

5. 亲近灵树如敏禅师

灵树如敏禅师是长庆大安禅师座下的弟子，大安禅师帮助师兄沩山灵佑一同开山建立道场，是沩仰宗的沩山祖师。当时南汉王对灵树如敏禅师非常器重，礼敬其为“知圣大师”。灵树如敏禅师主持灵树20年，没有请过首座和尚，他经常跟人家讲“我首座生也”“我首座牧牛也”。牧牛就是说修行，用功。牛喜欢吃路边的草，要把牛鼻子拉住，不能让它乱来，意思是我们调服自己的心性，调服自己的妄相、烦恼。心就像野牛一样，喜欢到处乱跑到处乱吃草，要拉住它、管好它，牧牛就是参学修行的过程。他还讲“我首座和尚行脚也”，即他的首座和尚在各个地方参学行脚。终于有一天，他击鼓把大家召集起来，带领大家到山门口迎请首座和尚，大家到门口，看到文偃禅师从很远的地方走过来，灵树如敏禅师说这就是首座和尚。

文偃禅师在灵树如敏禅师处做了7年首座和尚，除了帮助灵树如敏禅师弘法之外，退藏若密，继续涵养磨炼。有一次，南汉王要兴兵打仗，想请灵树如敏禅师占卦打仗能不能胜利，南汉王到灵树寺时，灵树禅师怡然坐化，留函曰：“人天眼目，堂中上座。”就是说，我走以后，首座和尚可以接替我的位置。南汉王明白灵树禅师的意思，不去打仗了，把禅师的后事处理好，请第一座文偃禅师出来开堂说法，接任方丈。

获得一个弘法的平台，在文偃禅师的人生历史中是非常重要的。就像六祖，虽然在五祖那里得了法，后来到处去躲，在猎人队伍里隐修了15年，15年以后，觉得因缘成熟了要出来，他那时候还是居士身份，首先第一站到的广州法兴寺，当时印宗禅师在那里讲经说法，讲的《涅槃经》。六祖听到两个小和尚争论“风动”还是“幡动”，六祖说“不是风动，不是幡动，仁者心动”，印宗禅师知道他是当年在五祖那里接法的居士后，给他剃度、受戒，请他登台说法，还拜他为师。所以，讲经说法、弘法利生要具备很多条件。文偃禅师得到了灵树如敏禅师的器重，获得了平台，接任灵树寺的方丈。

（三）建立云门道场，创立云门宗

文偃禅师于919年在灵树禅院开堂说法。第五年，即后唐庄宗同光元年（923），文偃禅师才率弟子在乳源县云门山麓开辟新的道场，兴建寺院。通过五年的努力，道场建立起来了，当时南汉王刘龑赐额“光泰禅院”，后名“大觉禅寺”。当时常住五百众，道场兴盛，法化十方。据《五灯会元》记载，从文偃禅师座下得法开悟的弟子有76人。

文偃禅师于后汉隐帝乾祐二年（949），于云门丈室坐化，当时他高寿86岁，僧腊66载。弟子依教，安置肉身入塔，就像六祖一样。文偃禅师肉身入塔15年后，托梦给南汉朝廷的一位官员雄武节度推官阮绍庄，跟他讲：“我在塔中多年，你跟皇帝进言，我想出来，请皇上为我开塔。”此事轰动了南汉王朝，南汉王刘晟命韶州官员开塔，把文偃禅师从塔中请出来，有记载说：“法身如故，眼半合而珠光欲转，口微启而珂雪密排。髭发复生，手足犹软。放神光于方丈，晃耀移时；兴瑞雾于周回，氤氲永日。”当时开塔的时候，文偃禅师的肉身跟活着的时候是一样的，眼睛半开，眼神放光彩，口稍稍地开一点，牙齿很白，长着头发，比入塔的时候还长，手脚是软的。后来南汉王刘晟把文偃禅师的肉身请到宫廷里供养一个多月，才送归云门。禅师的真身在云门寺存在了1000多年，直至“文革”期间不知下落。

二、文偃禅师的禅学思想

在禅宗传法、弘法的历史过程中，形成了各个宗派的传法的思想。从六祖、马祖和石头禅师以来的百余年间，在传法的过程中，禅师们的思想，对经论的研究，在修行各方面，都有进一步探讨、发展，特别是在语言、文字、动作、情志、生活、劳作等多方面做了全方位的推敲，形成了机锋、转语、棒喝等种种实践方法。禅宗讲农禅并重。在劳动的过程中，各个方面形成了全方位的推敲，就如何在日常生活里面将禅法传承下去，发扬光大，逐步找到了一些传法的规律，也在修行、开悟、弘法等各方面形成了一定的经验。我们经常看到禅师当头棒喝，这些特殊的方法，一般世间的人很难理解，但是它确确实实能够帮助求法的人、禅修的僧人得到开悟的机缘。因为长期在这方面有总结、实践，形成了特殊的方法，随着禅宗五大宗派形成，总结了各个门派的特殊的传法的经验、传法的方法，这部分就称为五宗的纲宗。

云门宗的纲宗主要有：云门三句、顾鉴咦、一字禅（一字关）、格外玄机、向上全提等。

（一）云门三句：涵盖乾坤、截断众流、随波逐浪

（1）涵盖乾坤——大乘佛教的主要思想，讲“一切唯心所现，一切唯识所变”。包括了全部思想的意蕴和法界的实相。此句显示自受用法身境界。

（2）截断众流——转凡成圣的关键、开悟的重要方法。使一切思维分别、卜度拟议在此被突然截断。代表破除我执、法执。

（3）随波逐浪——开悟得大自在、度众生的境界。不坏假名而说实相。根据学人的水平，随机引导。此句显示他受用。

乾坤就是天地，无边无际，茫茫宇宙，浩瀚天际，我们就是一颗尘。宇宙包括时间和空间，空间叫十方世界，东、南、西、北，再加上东南、东北、西北、西南，上、下，不断伸延，没有边际，没有尽头；时间就是过去、现在、未来。在时间和空间里面，万事万物无穷无尽，都属于宇宙的内容，乾坤就是宇宙。宇宙的万事万物无法用语言、文字来形容，或者我们心里想象不出来。什么东西能够涵盖包容整个宇宙，什么最大？我们的心最大。宇宙万事万物不离我们真心本性，每个人都有真心本性。“竖穷三际，横遍十方”，比喻我们的真心本性，过去、现在、未来没有边际，在空间上也无边无际。一切宇宙世界唯心显现，都是你的心显现出来的。离开你的身体，心外无物。在我们的心之外，没有一法存在。心外无法，心外无有境界可得，一切万事万物万法万境都是我们的真心本性，真心本性一定是没有形象的，无形的才能够涵容有形，有形的都是有量

的，生灭的。所以《金刚经》讲，凡是有相都是虚妄。所有的相，所有的万法，都是唯心所现，都是你的心显现的。除了心，一切法没有识。这是大乘佛教的根本要义。一切的相、一切的法、一切的境界都是相，所有的相都是我们的心显现出来的，这个相是没有实体的。《金刚经》讲“一切有为法，皆如梦幻泡影，如露亦如电，应作如是观”，有相的都是有生灭的，因缘和合，是有为法，有造作，有相的，有生就有灭，生注意念，生老病死，是讲有情众生，生诸亦灭，无情众生都是这样，有生就有灭。有相的就是无常的，有相的没有实体，无有之性。

世界会形成千差万别的境界，千差万别的有形有相，是因为“一切随识所变”。识就是你的生灭和不生灭的和合，形成的阿赖耶识。不生灭的是我们的真心，生灭的是我们的妄相。在大乘体系里面讲，一切宇宙万法，都是我们真如变现的，都是我们的真心。五祖给六祖讲《金刚经》，讲道“应无所住而生其心”的时候，《六祖坛经》讲得很清楚，六祖言下大悟，“一切万法不离自性”。一切万法，物质的也好，精神的也好，不离自性，不离我们的真心本性。我们的真心本性是空、不空。空是清静的，无有形象，离象是空；但是也不空，不空是一种无量功德，光明智慧。禅宗里面“寂而照，照而寂”，照的就是我们的心性，它不是虚空什么都没有，它是灵灵不昧。灵灵不昧但又淡然清静，淡然清静又是灵灵不昧。寂而照，照而寂，空而不空，真空妙有，妙有真空。一切宇宙万法都是真心本性。

无名就是产生的开始，万事万物万法从无名而生，境界都是从无名而生。无名就是不知，真如法依故。不知道整个宇宙万法都是我们真如，都是我们的真心本性。因为心外有法，因为心外有境界，本来它已经涵盖乾坤了，本来一切都是它，我们觉得还有东西在我们的灵灵不昧的心性之外，要去追求，要去得到。你有所得，在你的心性之外还有心外之法，你就是无名。无名就是你不知道，一切宇宙万法都是同一真如，同一心性。在心性之外还有一法存在，还有相存在，还有境界可得，这就是无名。

《大乘起信论》讲“无名不觉生三细，境界为缘长六粗”。你不知道宇宙万法的真相都是我们整个心性显现，你以为心性之外还有东西存在，这就是无名。无名一产生，就是“无名不觉生三细”。三细是业相、转相、见相。业相就是心动了，求，想得，想看，起动意，动了以后就想见，就启动了转相。本来不可见的自己想见，本来不可得的自己想得，变现出种种的相，妄相变现了山河大地，妄相变现了星空世界。“境界为缘长六粗”，六粗是智相、续相、执取相、计名字相、起业相、业系苦相。我们不知道这些影像、幻想是虚妄的，所以产生了种种的分别、好坏，就是智相。智相产生就念念执着，相续相分。然后执体少分的四大为我，自己的五蕴身心为我，这个就是执取相。执取相就是分别我执。接着上升为计名字相，因为你要分别，取了很多名字，就很容易造业，即使我们没看到真人，我们一听到这个声音，听到这个名字心里面起欢喜心，心里面起烦恼心，这就是从名字上的执着起造业，就更方便造业了，就是计名字相，以名字可以去造业。起业相是由身口意造种种的业，因为你以为这是真实的，以我执为中心，人的贪嗔痴等烦恼，推动了身口意造种种的业。起业相以后，业形成了，后面就是业系苦相，生死轮回果报，我们造了业以后，在我们的阿赖耶识会储存种子。造业的业种，在我们的思想里形成名言种子，种子在阿赖耶识成熟以后，会变现根身器界，我们这一生一世结束了，投生。阿赖耶识变现五蕴，我们的身体、周围的环境、周围的人，这是根身器界。我们同时因为有前面的名言种子，我们以前是怎么造的，我们还是按照那样的名言种子的力量去推动。以前爱杀生的，转了世还有杀生的习气；以前喜欢放生的、慈悲的，看到弱势群体不由自主会生起慈悲心，这就是名言种子。业力种子、名言种子，显现。同时在受果报的时候，我们同时又会启动身口意去造业，造了业以后又继续将这些种子储存在我们的阿赖耶识，阿赖耶识有一部分种子熟了变现，所以我们说五蕴身心。

《心经》讲“照见五蕴皆空，度一切苦厄”。五蕴是色、受、想、行、识。色就是我们的物质、我们的肉体、我们周围的环境。受就是我们内在的精神感受，这是我们的果报，你内在的感受是由你的业力变现的。色蕴、受蕴都是感人的果法。受想是我们开始起由造业，我们在感受果报的时候，没有好好学佛，又带着原来的习气、毛病去考虑问题，带着这样的惯性思维去想象。行又开始启动，想是第六识，行是第七识，推动了造业。八识，在色蕴和受蕴里面，前五识比较强。在想蕴里面，第六识想，就是分别，行蕴里面第七识的执着、贪嗔痴推动造业，所有的种子，我们的业力又出生在我们识蕴，识蕴的第八是阿赖耶识，储存种子到一定的时间成熟，又变现宇宙世界，根身器界，就是这样的一个过程。

实际上，所有的这些过程，所有变现的境界，都是我们的心造作的，我们会造作是因为我们无名，一切都是我们唯心所现，在我们的心外并没有实体、实体的法、实体的东西，这些相都是我们的心性所现，这些相也没有实体。所以

《金刚经》讲“凡所有相都是虚妄”，这就是我们整个宇宙。

人生宇宙的真理真相是凡所有相皆是虚妄，实际上都是同一个真心变现出来的幻象，所以我们明白了原来我们所有的错误都是迷了这个真相，我们在这个相上起贪嗔痴，然后产生种种的烦恼，造种种的业，在这里执着，在这里执取，在那里杀暴淫氓，造这些罪业，所以我们会遭到生死轮回的痛苦的折磨。我们唯有跟菩萨学习，菩萨觉悟了，“同体大悲，无缘大慈”，看到众生苦就是我的苦，看到众生需要救治，这是我应该做的，同一个心性，没有你我他。我们生起慈悲心，向佛菩萨学习，放下我们的分别，放下我们的执着。放下我们的分别，我们的分别就变成妙观察智，放下我们的执着，就第七识转为平等性智。所以《六祖坛经》讲“六七因向转，五八果上圆”，先从第六意识转为妙观察智，观察人生宇宙的真理真相，第七识才能转为平等性智。

我们明白了第一句“涵盖乾坤”，就容易理解第二句“截断众流”。你放下了分别，放下了执着，后面你开悟了，你除掉了习气，得到了大自在的境界，度众生，产生种种的方便，随着众生的根基而说法，就是第三句“随波逐浪”，众生需要什么我就给他什么，但不是他想犯罪想造恶业我也随他，不是随性他的习气，目的是引导他觉悟，引导他成佛。这就是云门三句的主要内涵。

这三句其实是一体的。明白了“涵盖乾坤”就知道一切万法没有实体，犹如梦幻，就可以“截断众流”，放下执着而明心见性。故可随波逐浪，自在受用，广度众生。

云门三句，是从云门文偃禅师的一段开示，后经其弟子德山缘密禅师梳理而来。师示众云：“涵盖乾坤，目机铢两，不涉万缘，作么生承当？”众无对。师云：“一簇破三关。”

“目机铢两”是明察秋毫，观察看清万事万物的本质的意思。都是我们心性引起的，了无实体，都是缘起，不可得而放下执着。“不涉万缘”是我们放下执着以后，不被一切虚妄的相所束缚的一种自在的境界。

云门三句，第一句是讲真理、真相、知见。第二句是讲开悟的方法，讲要怎么样才能跟真理相应，就是要截断众流，放下烦恼，放下分别，放下执着。怎么样才能放下分别、放下执着？要明白涵盖乾坤，明白真理，这个就是观智。明白道理，思就是观，观了以后才去实践，最后是正，文思修，文就是文慧，思就是思慧，修是修慧，文就是明白道理，明白我们知见，来源要正确。思就是转化，改变自己的执念，要自己改变自己的执念，落实在我们观照之中，得到智慧，也是观慧，修就是我们去实践，放下执着去实践，最后所真悟的境界，所以文思修慧，不同的境界。

“一簇破三关”也是我们对“体、相、用”三者的主要体会。文偃禅师应对机语，常有“一句含三句”之奥秘。例如：

问：“如何是佛法大意？”师云：“面南看北斗。”

面南看北斗跟佛法大意有什么联系？面南看北斗，整个星空世界都是你，哪有南哪有北？都是你的心性显现的。所以，一方面有涵盖乾坤之意，另一方面有截断众流之意。当然，截断众流后你就会体会到随波逐浪的境界。

（二）顾鉴咦

据《人天眼目》记载：文偃禅师每每上堂，多是先顾视大众，良久不语。然后突然说“鉴”，一旦有人出来对答，他就长叹一声“咦”。门人录为“顾鉴咦”。

后来，德山缘密禅师抽去“顾”字，但曰“鉴咦”，故丛林目之曰“抽顾”。

云门第三代传人智门光祚禅师对此做偈云：“云门顾鉴笑嘻嘻，拟议遭渠顾鉴咦。任是张良多智巧，到头于此也难施。”

文偃禅师在引导众生，引导弟子开悟的时候，用了“顾鉴咦”的方法，比如有人参学，文偃禅师不开口，先顾视，看你懂不懂。不懂还想开口问，文偃禅师就“鉴”，只能说一句话或说一个字，鉴，回光返照，看自己，那个东西你本有的你去问，跟人家讨论来讨论去，那个心性是你自己的。文偃禅师再来一句“咦”，把你的嘴巴堵上，不要说了。就在你那里，你还说，还东问西问，已经错了，所以“顾鉴咦”是这样子的。

（三）一字禅或一字关

文偃禅师接引众生修行的时候，常常用非常简洁明白的语言手法，截断众流。例如：

僧问：“如何是云门剑？”师云：“祖。”

问：“如何是正法眼？”师云：“普。”

问：“三身中哪身说法？”师云：“要。”

问：“如何是啐啄之机？”师云：“响。”

问：“杀父杀母，佛前忏悔。杀佛杀祖，什么处忏悔？”师云：“露。”

云门文偃禅师的一字禅或一字关完全具有涵盖乾坤、截断众流和随波逐浪的内涵和力量。

比如以“普”来回答“正法眼”之问：既是“正法眼”，自然“普”照一切，既能照问处，又能照答处。问话之僧在问“正法眼”之时，知道“正法眼”的落处吗？在问处吗？在答处吗？所以，云门文偃禅师的答语，既可截断众流、涵盖乾坤，自然能令人随波逐浪。

（四）格外玄机

问：“如何是佛？”师云：“干屎橛（干竹片）。”古时候拿干竹片擦屁股，佛那么受尊敬，那么清净，你说是干屎橛。但是文偃禅师说，你的恭敬心，凡圣之见，哪个是高哪个是低的，凡就是差的，圣就是高的，擦屁股的东西格外简洁。

佛的法生便宜之处，你如果明白涵盖乾坤那一句，你就可以接受，原来是这么回事。这是祖师为了打破你的凡圣之见，佛就是心、心就是佛。真正的佛就是佛的法身，佛变现的化身就是有相的，都是随众生的因缘而显现的幻象。真正的佛的身是法身，佛的法身就是我们众生的真心本性，众生的真心本性便有出处。

问：“如何是超佛越祖之谈？”师云：“糊饼（胡饼）。”云门的胡饼闻名天下。对方开悟了，如是超脱业主的最高的禅、至高无上的禅。文偃禅师说“胡饼”，可能当时在吃饼也说不清楚，有没有啊？有没有味道？胡饼有没有味道？有。

举：“世尊初生下，一手指天，一手指地，周行七步，目顾四方，云：‘天上天下，唯我独尊。’”师云：“我当时若见，一棒打杀与狗子吃却，贵图天下太平。”

云门祖师这一句（看似）对佛大不敬之语，后来的不少禅师加以引用和赞叹。为什么？因为这就是“格外玄机”。在禅宗的“杀活纵夺”中属于“杀”和“夺”的手法。那些对佛的无上智慧和人格不去学习，对禅宗无上心法不去体会，反而天天谈神说异、追求神通，或者只知有佛不知有己、不知自心是佛的人来说，云门祖师的这种作为极其伟大！许多祖师说：“老僧不惜性命，也要点明这一著子。”所指与云门祖师相同。

（五）向上全提

向上全提主要是说，我们开悟了，还沉浸在空这些境界里面，但是空的境界你还要等持，定慧要等持，空有不二，妙有真空，你不能漏在文字上，不能够漏在语言上。例如：

师有时云："大用现前，不存轨则。"我们的佛性流通，变现处，没有轨则是时时处处都存在的。

时有僧便问："如何是大用现前？"师拈起拄杖，高声云："释迦老子来也。"有没有在？你看得懂吗？不要只是文字上大用现前。大用现前在我们生活中，在我们的时时处处里面都可以表现，我不拿拐杖行不行？我敲敲也可以的，你懂不懂？你不懂不行的。你不懂，人家说你敲什么。你懂的话，那个是什么？你自己问你自己了。所以，我们不能停留在语言上，不能停留在空的境界里面，要在我们的生活里面。

三、云门宗的传承

云门文偃禅师座下嗣法弟子，据考证88人，其中以香林澄远、白云子祥、德山缘密、双泉师宽、洞山守初、巴陵颢鉴为杰出代表。后一直传承至第十一代，经历了五代、北宋、南宋三朝的三百年，终因种种因缘而断传。民国时期，禅宗泰斗虚云老和尚一肩挑五宗，再续法脉，成为第十二代传人。佛源、净慧、朗耀、法云等老和尚为第十三代传人。特别是佛源老和尚于1951年接续云门宗法脉，主持云门寺五十余年，含辛茹苦，勇猛精进，呕心沥血，将云门宗禅法发扬光大，使云门禅风远播海内外，德泽普被，功德巍巍！

《心经》的禅观[1]

济群法师[2]

今天我要分享的内容，是《心经》的禅观。《心经》是国人最为熟悉的佛经之一，也是很多佛教徒的日常定课。但我们平时对《心经》的学习，多半停留在念诵，或是对其理论的了解，很少想到它和禅修有什么关系。我们知道，学佛的核心目标是解脱，其关键在于体认空性，而《心经》的禅观正是引导我们直接契入空性的手段。在讲述相关内容前，先介绍一下《心经》及相关的思想背景。

一、《心经》和《金刚经》

《心经》属于般若系经典。般若系经典在汉传佛教的地位极高，它的出现基本伴随着佛经翻译的过程。早在东汉时期，相关经典就已传入中国，至魏晋南北朝，鸠摩罗什陆续翻译了《大品般若经》《金刚经》和《中论》《百论》《十二门论》等经论，使般若思想得到系统弘扬。其时正值玄学盛行，般若思想谈空说无，恰与这一文化背景相契，备受推崇。其后，玄奘三藏又译出六百卷《大般若经》，为汉传经典中分量最大的皇皇巨著。我们今天所说的《心经》，虽然只有260多字，却代表着般若思想的精髓。

和《心经》同样广泛流传的般若系经典，还有《金刚经》。从修行上说，两者有不同侧重。《心经》是通过般若正见，通过对五蕴、十二处、十八界、十二因缘、四谛的禅观，引导我们直接体认空性。而《金刚经》阐述的空性修行，则贯穿于整个菩萨道，包括菩萨应该如何修习布施、忍辱，如何庄严国土、利益众生，是在做事过程中通达空性。

① 本文根据作者在“什刹海论坛·2018佛学季”的讲座录音整理，并经本人审定。

② 济群法师，什刹海书院特聘教授，戒幢佛学研究所所长、菩提书院院长及导师。

所以《金刚经》特别强调两个问题。其一，是无我相、无人相、无众生相、无寿者相。凡夫之所以是凡夫，正是因为我执。这就使人在做事时会导向两种结果，除了积集资粮，还可能成就我执，成就自我的重要感、优越感、主宰欲。如果用心有偏差，往往做的事越多，贡献越大，最后我执越重。不仅世人如此，修行者也容易出现这种情况。基于此，经中不断提醒我们，如果进入我相、人相、众生相、寿者相，就是凡夫，反之才是菩萨。这种理念贯穿全经，每做一件事，佛陀都给我们这样的教诲，担心我们落入我执，落入凡夫心的系统。

其二，是"所谓……是名……即非……"的三句式。执着有二，除了我执，还有法执，就是对所做事情以及修行结果的执着。佛陀为了避免我们落入法执，每说一个问题，都会以这个公式作为总结，如"所谓布施，即非布施，是名布施"等。如果在行菩萨道过程中，对所做事情产生执着，对修行结果产生执着，就会造成对立，带来焦虑、患得患失等负面心行，与修行背道而驰。

那么，如何放下执着，避免陷入凡夫心的系统？《金刚经》给我们的指导，就是学会用三句式观察。比如世界——"所谓世界，即非世界，是名世界"，告诉我们，世界只是因缘关系的假相，并非真实不变的存在。如果我们这样观察，就能在缘起的当下，认识到世界的无自性，进而通达空性，做到《金刚经》所说的无住生心。无住不是一句话，而是一种境界，一种能力。当我们通过中道正观，通过无我无相，真正做到无住生心，就能日理万机而不为所累，就能"处世界，如虚空，如莲花，不著水"。

而《心经》是引导我们通过对五蕴乃至四谛的观照体认空性，更为直接，但偏于智慧一边。如果结合《金刚经》，知道如何将般若正见落实到具体行持中，以见导行，悲智双运，可以深化对《心经》的修学。

二、生命的迷与悟

学习经典，首先要了解经题，因为它往往对经文有着画龙点睛式的归纳。比如《地藏菩萨本愿经》是讲述地藏菩萨因地修行所发的宏愿，《佛说阿弥陀经》是介绍阿弥陀佛成就的极乐净土。我们现在所学的《心经》，完整名称是《般若波罗蜜多心经》。佛经从印度翻译到中国，有意译和音译之分。意译是根据内容翻译，音译则是根据梵语发音翻译。后者主要用于一些特殊情况，如汉字中找不到对应概念等。"般若波罗蜜多"为梵语音译，如果勉强把它翻译过来，般若为智慧，波罗蜜为到彼岸，就是以大智慧到彼岸。

智慧是佛法修行的核心内容，依智慧才能成就解脱。释迦牟尼在菩提树下悟道时发现，每个众生都有如来智慧德相，都有自我拯救的能力。这是佛陀对人类最大的贡献。从西方宗教来说，只有上帝才能拯救世人，而人类必须通过对上帝的信仰和祈祷才能获救。但佛陀告诉我们，世上并没有什么救世主，佛陀同样不是。佛陀义为觉者，当他通过修行彻底觉悟后，发现每个众生都有这样的潜质，只是被无明遮蔽，隐没不现，所以要通过修行把它开发出来。

佛陀所说的法，为我们指出了从迷惑走向觉醒的道路。从这个意义上说，佛教就是觉醒的教育，而佛陀则是引导我们开启智慧的老师。一旦开启智慧，就能破迷开悟，明心见性。正如本经经题所说——以智慧到彼岸。

如何开启智慧？佛教有八万四千法，每个法门都是一条修行道路。其中，《心经》和禅宗为我们指出了最直接的道路。我们知道，六祖慧能是听《金刚经》悟道的，所以般若经典也是禅宗的依据典籍。

《六祖坛经》第二品为“般若品”，就是对《金刚经》的解释。开头有句话非常重要——“菩提般若之智，世人本自有之，只缘心迷，不能自悟。”世人本来就有般若智慧，只是因为把它迷失了，才不能觉悟。

生命的差别到底在哪里？比如佛和众生，在生命品质上有着天壤之别，但如果去探求这个差别最初的分歧点，其实就是——迷和悟。那么，迷和悟又相距多远？可能是天地悬隔，也可能是一念之间。《六祖坛经》的总结是：“前念迷即众生，后念悟即佛；前念著境即烦恼，后念离境即菩提。”前一念在迷的状态，你是众生；后一念破迷开悟，当下就是佛。可见，佛和众生的差距并不遥远。因为每个人都有觉性，都有成佛潜质，区别只是在于悟了没有，看到实相没有。

由迷和悟，又会发展出两条不同的生命道路。以迷为基础，发展出贪嗔痴，发展出六道轮回；以悟为基础，发展出觉正净，发展出佛菩萨的品质。那么，迷是什么，悟又是什么？

在佛教中，迷的另一个表述就是无明。在我们的生命中，明就是智慧光明。这不是一般的智慧，而是我们内心本具的无漏智慧，是成佛的根本。当这盏心灯没点亮时，生命将在暗夜之中，看不清自己，也看不清世界真相，看不清命运遵循什么规律，甚至看不清活着的意义是什么。这些问题，我称之为生命永恒的困惑。

每个生命都有永恒的困惑，所以世间才会有哲学，有宗教，来追问并解决这些问题。我们知道哲学叫“爱智慧”，那么，智慧和知识有什么不同？知识能使我们了解事物的现象，而智慧可以引导我们超越现象，直达本质。如果不能正确认识自我和世界，就意味着，我们会对自己产生错误认识，对世界产生错误认识，从而制造烦恼。同时，我们又会带着这些烦恼看待自我和世界，进一步强化错误认识，制造更多烦恼。

所以，佛陀用“惑业苦”三个字，概括凡夫的生命。惑就是迷惑，因为迷惑，引发贪嗔痴种种烦恼，造作杀盗淫妄种种不善业。因为这些不善业，又会招感轮回的痛苦。在解除迷惑前，生命将在“惑业苦”的延续中，不断地造业感果，一生又一生，没有止境。更可怕的是，这种轮回已经形成强大的惯性，裹挟着我们，让人身不由己。

三、般若智慧，本自具足

以惑业苦为基础，造就了凡夫现有的生命状态。对于这种现状，我们满意吗？很多人虽然想要改变，却看不到出路，充满无奈，甚至无望。出路何在？如果我们学习佛法，会发现生命中还有另一种力量，那就是觉醒的潜质，是内心本自具足的般若智慧。这是改变命运的根本所在。

什么是般若智慧？它有哪些特点？《六祖坛经·般若品》告诉我们：“心量广大，犹如虚空。无有边畔，亦无方圆大小，亦非青黄赤白，亦无上下长短，亦无嗔无喜，无是无非，无善无恶，无有头尾。诸佛刹土，尽同虚空。世人妙性本空，无有一法可得。自性真空，亦复如是。”虚空是无限、无相的存在，我们内心本具的般若智慧也像虚空一样，是无限、无相的存在。

其次，心有明的特点，就像镜子一样，可以朗照无住，了了明知。在佛陀的十大名号中，有一种叫作正遍知。这种遍知和我们当下的心有什么不同？我们的心是以念头的方式存在，每个念头都有相应对象，或是某事，或是某人，永远是有限的。而人就活在这样的念头中，从这个念头跳到那个念头，或是将一个念头反复加工，不断炒作，最后被这个念头所控。事实上，这些混乱的念头背后，还有虚空一样的心。修行，就是让我们跳出念头，认识念头背后的心。这个心是无限的，就像无边无际的明镜，宇宙有多大，镜子就有多大。禅宗祖师说，尽大地是沙门一只眼。这只眼就是遍知的作用，可以朗照万物而无所住。

无住就是没有黏着。凡夫心是黏着的，有相应的对象为依托。它的黏性有多大，黏到什么程度，主要取决于我们的在乎程度。你对这个东西越在乎，就会越黏着，反之亦然。我们学习般若经典，认识到“五蕴皆空”，认识到“凡所有相皆是虚妄”，认识到“一切有为法，如梦幻泡影，如露亦如电，应作如是观”，并以这样的见地看世界，就能逐步摆脱黏着。那么，心本具的明性才会显现。

此外，心还能够出生万物，含藏万物。了解心的特征，开发般若智慧，才有能力断除迷惑，从迷的此岸，抵达觉悟彼岸。

四、凡圣只在迷悟间

当我们说到彼岸此岸，会想到时空的距离。比如西方极乐世界，就在“从是西方，过十万亿佛土”处。我们修净土法门，发愿从此处，未来修到彼处。这是凡夫的习惯，必须有一个实实在在的地方，否则内心会不踏实。

但佛法告诉我们，此岸就在内心，彼岸也在内心。当内心充满迷惑烦恼时，生命就被卡在此岸，不能自主。一旦摆脱迷惑烦恼，消除制造的障碍和痛苦的力量，当下就在彼岸，自在自主，如来如去。这样的生命，相信每个人都很向往。怎样才能抵达彼岸？关键在于开启智慧，所以叫“般若波罗蜜”。

佛法中，对《金刚经》的解读有两个视角，一是般若中观的视角，一是禅宗的视角。中观主要立足于对二元世界的认识，这是我们现有的世界，有能所、美丑、善恶、男女、虚空大地的分别。其实，这些本身只是缘起的显现，并不对立，但因为凡夫有我法二执，就形成了二元对立。

中观的见地是让我们看清，一切现象都是条件关系的假相，其中是没有自性的。当我们认识到无自性，也就能进一步从每个现象的当下体认空性，而不是进入我法二执，进入贪嗔痴。知道无自性的道理后，是不是就证悟空性了？没那么简单。你有无自性的知识，不等于体认无自性的境界。这个过程需要建立正见，更需要通过禅修训练，培养观照般若，才能证悟实相般若。

从禅宗的见地，就是“直指人心，见性成佛”。《六祖坛经》开篇就提出：“菩提自性，本来清净，但用此心，直了成佛。”每个人都具有圆满的觉性，只要认识到这个觉性，就能成佛。前面讲到，《六祖坛经》是让我们直接认识般若智慧，所以开宗明义，告诉我们般若智慧是什么。接下来的每一品，不管修什么，打坐也好，忏悔也好，皈依也好，处处都立足于菩提自性的高度，立足于最高的见地，引导我们直接体认本心。

可见，中观和禅宗对般若思想有不同的解读角度。我们今天讲《心经》，主要是从般若中观的视角来诠释。

五、《心经》的宗旨

通过解释经题，我们已经了解到，《心经》究竟要解决什么问题。接着再看经文，开头第一句，进一步说明了本经的宗旨——通过什么方式解决问题。

> 观自在菩萨，行深般若波罗蜜多时，照见五蕴皆空，度一切苦厄。

观自在菩萨，是观世音菩萨的异译。前者为玄奘三藏所译，后者为鸠摩罗什所译。从中可以看出，菩萨名号也蕴含着重要的修行意义。“观自在”三个字，就是《心经》的修行要领。寺院大殿中经常悬挂着“得大自在”的匾额，因为成佛就是要得大自在。

现代人追求自由。这种自由往往是指外在环境，比如财务自由、信仰自由等。而佛法所说的自由是内在的，就是生命不再有迷惑烦恼，不再被外界变化左右，在任何情况下都能“不取于相，如如不动”。《华严经》讲到十种自在，分别是命自在、心自在、财自在、业自在、生自在、愿自在、信解自在、如意自在、智自在、法自在，就是大自在人生的真实写照。

怎么获得自在？《心经》用了一个字——观，要通过智慧观照。般若智慧有三种，即文字般若、观照般若、实相般若。首先是文字般若，凡能引导我们开启般若智慧的经典和教言，都可称为文字般若。

其次是观照般若，闻思经教是为了把佛法智慧转变为自身认识，如轮回是苦、因缘因果、无常、无我等法义，都是重要的人生正见。学佛就是要学会用这些正见指导言行，待人处事。进一步，还要用这种正见指导禅修，培养观智。如果内心的观智没有生起，仅仅依靠观念，想要抵挡有史以来的串习，是没有力量的。这就必须修习观照般若，包括止禅和观禅。首先要修止，否则是观不起来的。佛教各宗对止禅的要求有深浅不同，有些宗派对止的要求很高，要达到四禅八定才能修观；也有的宗派不要求有太深的定力，只要令心安住，就能以各种善巧引发观慧。但不论深浅，总是要有止的基础。

止禅的训练并不复杂，最常见的是通过专注呼吸，知息长短粗细；或是通过经行，专注于抬脚、迈步的每个动作；或是选择一个所缘对象，如忆念佛像、佛号，忆念佛法僧三宝的功德等。通过修习止禅，系心一念，让纷飞的念头平息下来。就像一潭浑浊的水，如果让它静止不动，渐渐地，水中的杂质就会沉淀，使水变得清澈，从而看清水中到底有些什么。

心本来像镜子一样，具有明知的作用。但凡夫总是被无明、妄念所扰，失去明的力量。通过止禅降伏妄念后，内在的观智才会生起，使我们看清念头的生灭，不随所动。而不是像现在这样，面对每一个念头和串习，一方面不知不觉，一方面身不由己。想要放下时，放不下；不想生气时，做不到。每天被各种事务和情绪左右，身心疲惫，却没有休息的能力。即使有一点闲暇，也没法安安静静地和自己在一起，所谓树欲静而风不止。

通过禅修训练，当内在观智逐步强大，我们就可以在念头中自主，进而运用观智，平息种种情绪和烦恼。这是生命走向自在的过程。当内心越来越清净，你会发现，起不起观照，心本身所具有的观照力永远都在那里。这就是正遍知的力量，由此，就能开启实相般若。安住于这种观智，即使串习偶尔出现，或有情绪生起，对我们也不会有什么影响，所谓长空不碍白云飞。

所以“观自在”既是菩萨的名号，也是令人向往的境界，不仅自己自在，还以大慈大悲引导众生走向自在。

“行深般若波罗蜜多时。”深般若波罗蜜多，即实相般若。因为他是观自在菩萨，所以不需要通过文字般若和观照般若，直接安住于实相般若。

“照见五蕴皆空。”五蕴为色、受、想、行、识，代表我们现有的生命体。其中，色是物质，受是情感，想是思想，行是意志造作的作用，识是眼等诸识。当观自在菩萨以甚深般若智慧观照五蕴时，照见五蕴皆空。

空有两个层面，一是看到一切现象都是条件、关系的假相。不像凡夫会在五蕴产生我执，进而执着自己的身材、相貌、健康等，产生法执。这是凡夫对五蕴的认识，但菩萨以空性智慧看到，生命体就是一堆物质和精神的组合，其中并没有固定不变的实体。这个空的重点是帮助我们了解，五蕴假合的生命体没有自性的存在。更重要的是，直接体认到五蕴现象的本质就是空性。认识到现象的空只是初步的，只要学学教理，我们多少也能认识到这个道理，但这只是停留在知识上的空。具备禅观的智慧，我们才能透过现象的空，直接体认空性。这种能观照的智慧和所通达的空性是一体的。

“度一切苦厄。”当我们真正照见五蕴皆空，就有能力摆脱世间的一切痛苦和灾难，成就解脱自在的人生。

这是《心经》的修行纲领，对经题中的“以智慧到彼岸”做进一步解读。

六、中观正见

那么，我们又该如何获得空性智慧，完成空性禅修？经中接着告诉我们：

> 舍利子！色不异空，空不异色。色即是空，空即是色。受想行识，亦复如是。

我们看到的宇宙万有，山河大地，一切都是实实在在的，怎么会是空呢？那我们眼前的桌子、房子又算什么？之所以有这样的疑惑，是因为我们觉得，空和有是二元对立的——有就是有，空就是没有。而《心经》告诉我们，有和空是一体的，看到有就是看到空。如果不具备这样的智慧，就会在有的现象上产生自性见，产生贪著，产生永恒的期待。事实上，所有烦恼都和我们的认识有关。

我们盘点一下自己的烦恼就会发现，每一种烦恼都有其各自的依托点和产生基础，或是来自孩子，或是来自家庭，或是来自事业，或是来自人际关系。为什么这件事能让你烦恼？并不是在于事情本身，而是因为你对它有一种执着和期待。当事情和你的设定不符时，烦恼随之而生。

凡夫对每件事都会产生我执和法执。我执，是对五蕴色身产生自我的设定和执著；法执，是对一切事物产生错误的设定和执着。这两种执着是一切烦恼的根源，唯识宗称为遍计所执。就像有人在月光下看到一条绳子，因为看不清，把它误以为蛇，饱受惊吓。杯弓蛇影也是类似的典故。有人到朋友家喝酒，偶然看到杯中有条蛇，以为自己喝了下去，越想越觉得蛇在肚子里作怪，结果吓出病来。朋友得知后，再次把他请到家中。原来朋友家墙上挂了一张弓，举杯时，弓影正好照到杯中，看着就像是蛇。当他了解真相后，病马上好了。我们的烦恼也是同样，它并不是实实在在的，而是来自对世界的错误设定、想象和期待，就像杯中那条不存在的蛇。

学佛，就是要对世界建立智慧和进行如实的认识。究竟应该怎么看世界？

如果问基督教徒，他们认为世界是上帝创造的。如果问唯物论者，他们认为世界是进化而来，有极大的偶然性。佛法既不认可神造论，也不认可偶然论，而是提出“因缘因果”，所谓“诸法因缘生，诸法因缘灭”。从内在的五蕴身心到外在的大千世界，都不例外。

《心经》所说的“色不异空，空不异色，色即是空，空即是色”，就是从缘起来观察色法。我们平时所说的色，主要指颜色或美色等。佛法所说的色，包括一切物质现象。我们对物质的认识有两方面，一是颜色，为显色；一是形状和体积，为形色。显色和形色，构成了物质的存在。“色不异空，空不异色”说明，存在的现象（有）和空不是两个东西。后两句更进一步，直接说明“色即是空，空即是色”。

在《心经》短短的两百多字中，三个字出现的次数特别多，那就是“空、无、不”。“色不异空，空不异色，色即是空，空即是色”，用的是“空”；“不生不灭，不垢不净，不增不减”，用的是“不”；“无受想行识，无眼耳鼻舌身意，无色声香味触法，无眼界乃至无意识界”，则是一“无”到底。

这三个字都是表示否定。到底否定什么？佛法讲空，并不是否定现实的存在，而是否定我们对世界的错误认识。我们在认识事物的过程中，会添加各种设定。比如把绳子当作蛇，蛇在客观上是没有的，是我们附加的；因为蛇而产生的惊吓，本来也不该有，属于无妄之灾。佛法并不否定绳子的存在，而是否定我们在绳子上附加的蛇的错觉。

唯识宗对世界的认识有三分法，也叫三性，即遍计所执性、依他起性、圆成实性。其中，圆成实代表空性和实相，依他起代表缘起的现象，遍计所执代表凡夫的认识。在般若中观体系中，则以世俗谛和胜义谛来概括对世界的认识。世俗谛代表凡夫看到的现象世界，胜义谛代表世界的真相、实相。

我们面对依他起的现象时，会产生两种认识，导向两条截然不同的生命道路。如果因无明产生错误认识，就会进入遍计所执，产生迷惑、烦恼、生死轮回。如果能以缘起的智慧观察，看到一切都是条件关系的假相，是没有自性的，就能在认识现象的当下通达空性，成就解脱。《心经》所指出的，正是对缘起现象的如实认识，告诉我们，有和空是不异的，是一体的。

关于这个问题，《金刚经》用的是三段式。比如杯子：所谓杯子，即非杯子，是名杯子。杯子是缘起的存在，由很多非杯子的条件构成。离开这些条件关系的假相，根本不存在自性的杯子。但也不能说没有杯子，这个由众多条件组成的缘起现象是存在的，我们将它假名安立为“杯子”。学会这样的观察，我们在认识杯子的当下，就能体认它的空性，而不是陷入对杯子的贪著、情绪和自性见。

对于世界的观察，《中论》还以“不生亦不灭，不常亦不断，不一亦不异，不来亦不出”的“八不”来总结。一切现象既不是永恒的，也不是败坏后就什么都没有了，而会以另一种方式存在。比如这个杯子，我们觉得它是一，是常，就会产生永恒的期待，失去时就会感到难过，进而引发烦恼。而从缘起的眼光看，杯子是由各种条件构成的存在，并没有客观、独立、不依赖条件的杯子。所以不应该对杯子产生自性见，更不应该由此产生贪著。因为它的存在只是缘起假相，本质上是不常不断的，也是不生不灭、不一不异、不来不去的。

如果没有一的话，有没有多？比如这个房间里有很多人，很多东西，是不是代表多的存在呢？但中观智慧告诉我们，没有一，也没有多。因为多是由一构成的，如果不存在自性的一，自然也不存在自性的多。我们可以用这样的智慧来观照一切事物，看清它就是各种条件的组合，无自性空，这样就不会陷入一或多的执着。

《中论》还告诉我们：“诸法不自生，亦不从它生，不共不无因，是故知无生。”一切现象是怎么存在的？首先离不开它的产生。就像我们每个人，因为父母生了我们，所以才有我们的存在。桌子、房子也是如此，通过木材、人工等因缘的和合，就会产生桌子和房子。包括生活中的每个事物，因为它的产生，才有它的存在。我们会觉得，这是一些独立的、实实在在的存在，从而对这个存在产生自性见。

但中观祖师让我们观察：到底有没有独立、真实不变的存在？诸法是指一切法。一切现象的产生，通常有4种方式：或是自己产生，或是靠相对于自的他产生，或是自与他和合产生，或是没有因缘就产生了。对于这四种方式，中观祖师一一加以否定。

首先是自生，以佛法智慧观察，任何东西都没有自性，都是条件关系的存在。桌子不是由桌子自己产生的，房子也不是由房子自己产生的，所以它一定不是自生的。那是不是他生的呢？事实上，自和他是相对的。如果没有自生，也就没有他生；既然没有自生，没有他生，有没有共生呢？没有自，没有他，也就不存在所谓的共。同时，更不可能是没有因缘产生的。

中观在这里要否定的是什么？不是否定这些因缘关系的存在，而是否定我们在现象上产生的自性见。当我们认识到现象只是条件关系的假相，不对此产生自性见，通过做无自性的观修，内在的观智就会生起，就能在观察现象的当下，通达空性。所以说，中观智慧就是帮助我们扫荡轮回的支撑。如龙树菩萨的《中论》《七十空性论》和提婆菩萨的《百论》，都是层层扫荡。不论对生活现象还是修行结果，都不能产生执着，否则就会成为轮回的支点。而法界是没有支点的，没有中心也没有边界。当然在修行过程中，这些支点并不是一下子扫掉，而是循序渐进的。有时会先给你一个支点，但最后都要扫除。

《心经》给我们提供的也是这样的中道正见，一方面要认识到缘起假相，一方面要认识到无自性空，这种智慧贯穿我们对每个现象的认识。“色不异空，空不异色；色即是空，空即是色”，正是中观认识世界的公式。

“受想行识，亦复如是”则是简明的表达方式，如果完整演绎，应该是“受不异空，空不异受；受即是空，空即是受。想不异空，空不异想；想即是空，空即是想……”因为原理相同，故以“亦复如是”来概括。

声闻解脱道的修行，最基础的就是三十七道品中的四念处，即“观身不净，观受是苦，观心无常，观法无我”。我们对五蕴中的受想行识，也要这样观察。很多人会执着禅修时的感受，有一些体验就各种在乎，患得患失。感觉好就欢喜，感觉差就沮丧。其实所有的感受，不论是痛苦还是美妙的，只要一执着，就会被它抓住，干扰禅修的进展，更阻碍我们体认空性。对想、行、识，同样要做这样的观察，看到其中的无常无我。由此，在受想行识的当下体会空性。

当这些感受和念头被照破，你会发现，它们是了不可得的。其实禅修主要是找到正确方法，然后就要持续、稳定地精进。至于暂时感觉好一点，差一点，不必过分在乎。因为心灵世界是缘起的，有各种因素在作用。当然，随着禅修功夫的提升，内心将越来越稳定。

七、空性的特质

舍利子！是诸法空相，不生不灭，不垢不净，不增不减。

我们通过对五蕴的观察之后，要进一步体认空性。空性到底什么样？那就是——不生不灭，不垢不净，不增不减。

这也可以从两个层面来认识。从无自性的层面，一切现象的生灭，都是条件关系的假相，不是自性的生，也不是自性的灭。在二元对立的世界中，生灭、垢净、增减都很真实。但是在缘起的世界中，生灭、垢净、增减只是相对的假相，是根据每个人的不同标准变化的，没有绝对的生灭乃至增减。

当我们以缘起智慧观察生灭、垢净、增减，不再陷入自性见，也就不再产生烦恼，从而保有一份清净心。当你带着清净的心，在生灭、垢净、增减的当下，就能体会到不生不灭、不垢不净、不增不减。再来观察世间的一切，就像在虚空的视角看云彩变幻，你不会觉得，哪片云必须是什么样的，必须是固定不变的。只有陷入自性见的时候才会觉得，这个就是好，那个就是不好，才会对生灭、垢净、增减产生执着。当我们体会到虚空一样的心，就不再对生灭变化产生执着了。这是帮助我们直接认识空性的特征。

每个人的烦恼不同，产生烦恼的因缘也不一样。如果没有智慧，面对任何现象时，都会产生错误的设定和执着，进而引发烦恼。《心经》的禅观，正是帮助我们以智慧观照人生乃至修行的方方面面，从中证悟不生不灭、不垢不净、不增不减的空性。

八、禅观世间和生死

是故空中无色，无受想行识，无眼耳鼻舌身意，无色声香味触法。

佛法对世间的观察通常有三种方式，即五蕴、十二处、十八界。无受想行识，是对五蕴的观察；无色声香味触法，是对十二处的观察；无眼界乃至无意识界，是对十八界的观察。

前面已对五蕴做了分析，那么十二处和十八界分别是什么呢？我们的认识有能所之分，即能认识和所认识的世界。能认识，为眼、耳、鼻、舌、身、意六根；所认识，为色、声、香、味、触、法六尘。六根和六尘，为十二处。当根尘相触，又会产生六种认识，即眼识、耳识、鼻识、舌识、身识、意识。六根、六尘和六识，为十八界。我们有眼睛，才会有眼睛认识的世界，耳鼻舌身意同样如此。所以说，我们拥有什么样的世界，主要取决于自身的认识。

如果这个认识是错误的，就会引起烦恼。有的烦恼来自感情，有的来自家庭，有的来自事业，有的来自人际关系……之所以有这些烦恼，根源就在于执着，在于错误认识。所以我们要学会用《心经》来观察，认识到感情、家庭、事业的真相。比如家庭：家庭不异空，空不异家庭；家庭即是空，空即是家庭。比如感情：感情不异空，空不异感情；感情即是空，空即是感情。比如事业：事业不异空，空不异事业；事业即是空，空即是事业。我们学习般若正观之后，要把它带到自己的生活中，以此观察一切。

当我们能这样去认识，在面对每一个事物时，就不会陷入错误设定，陷入贪著、烦恼、焦虑，而是看到这些现象的如梦如幻，当下就能通达空性，体认实相。所以说，家庭可以成为道场，事业可以成为道场，任何事物都能成为通达空性的渠道。空性是无所不在的，每个有限的当下都蕴含着无限。

无无明，亦无无明尽，乃至无老死，亦无老死尽。

这是对生死的观察。现在很多人有死亡焦虑，为什么会这样？因为我们把生和死看得非常实在，就会在生的现象上产生自性见，在死的现象上也产生自性见，以为死亡就是一切的终结，于是贪著生，恐惧死。

当年佛陀在菩提树下，就是通过对生死轮回的观察而觉悟。生命就像河流，遵循无明、行、识、名色、六入、触、受、爱、取、有、生、老死十二因缘，周而复始。这也是轮回的十二个环节，众生因无明而造业，由业力推动识去投胎，构成名色。六入是我们认识世界的六个窗口，当它们接触外境后，会产生各种感受，导致爱、取、有，导致生死的相续。

在此过程中，我们在每个环节都会产生自性见，产生执着。现在我们要学会用空性智慧观察每一个环节，不论无明也好，行也好，识也好，乃至生死也好，都是无自性的存在，都是条件关系的假相。无明，其实根本没有无明；行，其实根本没有行；识，其实根本没有识。这里所说的没有，是自性意义上的没有。在缘起的层面，无明乃至老死都是有的。

如果我们能了解到，构成生死的每个环节都是条件关系的假相，通过对它们的智慧观照，就能在观照的当下，体会到不生不灭的空性，在生死中超越生死。当我们体会到不生不灭的空性，还会害怕死亡吗？

这是对十二因缘做空性禅修，所以叫“无无明，亦无无明尽，乃至无老死，亦无老死尽”。以无明和老死，概括了整个十二因缘。无明到老死，是凡夫的境界；断除无明到解脱生死，是声闻的境界。而以般若中观的见地来看，无明本来就没有无明，生死本来就没有生死。在实相上，它们都是无自性的，当下就是空性。当我们有了空性智慧，就能看到，既不存在所谓的无明，也不存在断除无明的过程。因为它本来不存在，有什么可断？我们同样会发现，在空性中，根本就没有生死，有什么可畏惧，可焦虑的？

无苦集灭道。

苦集灭道是四谛法门。佛法所有教理揭示的无非是两点：一是轮回的因果，一是解脱的因果。苦和集是轮回的因果。苦代表生命当下的现状，集代表痛苦产生的原因。灭和道是解脱的因果。灭代表涅槃，即修行结果，道则是以八正道为代表的一切修行。

我们现在觉得苦是实实在在的苦，烦恼是实实在在的烦恼，所以焦虑而痛苦。于是会执着修行，向往涅槃。但以空性智慧观照，苦的本质就是空性，集的本质也是空性，就能在照破苦和集的当下体认涅槃。所以从空性的角度，根本就没有苦集灭道。四谛也是缘起的假相，并非自性的、真实不变的存在。

通过这样的观照，我们就会认识到，轮回和解脱在本质上是相同的，不再对轮回和解脱产生对立，不再厌离生死，厌离轮回。当我们照破轮回，当下就能成就解脱。

九、解脱自在的人生

无智亦无得。

通过空性观照可以了解到：世界是无自性的，了不可得，能观察的心也是了不可得的。由此，真正体会到无所得的智慧。这个智慧是超越二元对立的，没有能也没有所。

通过这一系列观察，又回到了开头——我们体认到“无智亦无得”的般若智慧后，生命会呈现出什么样的境界呢？

以无所得故，心无挂碍。无挂碍故，无有恐怖，远离颠倒梦想，究竟涅槃。

这种解脱自在的人生，是每个人都向往的。凡夫因为对自我的贪著，对家庭、感情、身份、名利、人际关系的贪著，处处心有挂碍。有了挂碍，就会引发焦虑、恐惧、没有安全感等负面心行。每天都因为这些事，胡思乱想，患得患失，背上沉重的心理负担。

为什么会有挂碍？因为我们有挂碍的心，就会进一步黏着挂碍的对象。只有具备无所得的空性智慧，才能认识到，挂碍的心和挂碍对象在本质上都是空的。当我们不再挂碍，也就不会有恐惧、担心、焦虑，不会有颠倒梦想，真正体证到究竟涅槃。涅槃并不等于死亡，而是彻底平息了生命的迷惑和烦恼，开显出内在觉性，是自在、空灵、令人向往的生命境界。

三世诸佛依般若波罗蜜多故，得阿耨多罗三藐三菩提。

开显般若智慧，不仅是凡夫的需要。佛陀告诉我们，过去诸佛、现在诸佛、未来诸佛，都是沿着这条道路走向觉醒。阿耨多罗三藐三菩提，即无上正等正觉。无上是没有比这更高的，正等正觉是究竟的觉醒。这是诸佛所成就的最高的觉悟，最高的智慧。

故知般若波罗蜜多，是大神咒，是大明咒，是无上咒，是无等等咒，能除一切苦，真实不虚。

前面已经阐述了般若智慧的殊胜和修行方式，接着告诉我们，这个法门多么重要。大神咒，说明般若智慧威力无比，能彻底断除一切迷惑和烦恼，让每个生命获得拯救，获得自由，同时又能帮助一切众生。大明咒，说明般若法门能引导我们开启智慧光明。无上咒，即最高的法门。无等等咒，即究竟且独一无二的法门。这不是单指《心经》，也包括能引导我们开启智慧、成就觉醒的所有修行。

当我们开启般若智慧，确实能从根本上解决迷惑、烦恼，摆脱生命中的一切痛苦。怎么知道它真实不虚？因为三世诸佛、历代祖师都是这样修行的，都是沿着这条道路，从迷惑走向觉醒。

> 故说般若波罗蜜多咒，即说咒曰：揭谛，揭谛，波罗揭谛，波罗僧揭谛，菩提萨婆诃。

最后以咒语来表达。一般来说，咒语是不翻译的。如果要给它简单翻译，“揭谛，揭谛，波罗揭谛”，是佛陀勉励我们：去啊，去啊，到彼岸去，到那个没有迷惑、烦恼的彼岸。“波罗僧揭谛，菩提萨婆诃”，就是大家一起去，而不是独自前往。这是大乘佛教的发心。我们要发菩提心，利益一切众生，带领他们走向最高的觉醒，走向解脱自在的彼岸。

《心经》虽然篇幅很短，但文约义丰，蕴含的智慧极为丰富，是证悟空性的利器。所以对本经的学习不只是念一念，而要依此获得般若中观的见地，进而以这一见地指导禅修，照见五蕴皆空，照见十二处、十八界、十二因缘、四谛乃至一切法的空性本质。

禅与自在人生[①]

明尧居士[②]

1993年我第一次参加河北赵州柏林禅寺的"生活禅"夏令营，在那次夏令营中成为一名正式的在家佛弟子。第二年，我辞去了湖北大学的教职，来到柏林禅寺追随净慧老和尚学习禅法。二十多年来，我的主要工作就是整理禅宗典籍。在整理禅宗典籍的过程当中，我对先师净慧老和尚提出的"生活禅"理念感受非常深刻，产生了共鸣。因为这个缘故，师父净慧老和尚在世的时候，希望我能完成编《生活禅纲要》的任务，将"生活禅"的理念系统化。2013年4月20日师父圆寂的时候，我开始着手编写《生活禅纲要》这本书。我今天给大家分享的题目是《禅与自在人生》，讲的内容就是《生活禅纲要》当中的一个片段。

"生活禅"理念是净慧老和尚在1993年提出来的，以"觉悟人生，奉献人生"为宗旨，以"在修行中生活，在生活中修行"为特征，强调"将信仰落实于生活，将修行落实于当下，将佛法融化于世间，将个人融化于大众"，这四个点成为"生活禅"修行理念的大纲。"生活禅"的理念完全建立在汉传佛教的三大理论基础之上：第一是"悲智双运"的菩提心思想。"生活禅"是以悲智双运的菩提心思想为根本，"觉悟人生，奉献人生"的理念就是来自菩提心，是对菩提心的一种现代化的阐释。第二是"一心二门"的般若思想。"生活禅"提出"在修行中生活，在生活中修行"，是对"一心二门"的般若思想的阐释。第三是"权实不二"的教化思想，"权"就是方便，"实"就是究竟，佛教在教化众生的过程中所遵行的原则叫作"权实不二"，"生活禅"的圆融性、开放性和普适性就来自"权实不二"的教化思想。

大陆学界对净慧老和尚提出的"生活禅"给予了高度的评价，认为他是对太

① 本文根据作者在"什刹海论坛·2018佛学季"的讲座录音整理，并经本人审定。

② 明尧居士，什刹海书院特聘教授，河北禅学研究所副所长，《禅》编辑部副主任。

虚大师“人间佛教”思想的继承、完善和落实，是当代中国佛教史上的一个亮点。学术界对“生活禅”了解的比较多，但是教育界对“生活禅”的认识并不是很深刻，其中一个很重要的原因，就是我们在弘扬“生活禅”方面做得不够。我今天想从“自在人心”的角度，对“生活禅”的心法给大家一个直观的、亲近的感受。

我们每一个人，不管是普通人，还是佛弟子，都有一个共同的愿望，希望过上幸福的人生、自在的人生，我们都希望能够做命运的主人，能够主宰自己的人生。要完成这点，第一个关键就是我们要对人生的实相有一个全面的理解。

一、人生之实相

（一）什么是人生——人生的因缘相

《现代汉语词典》对“人生”的解释：是人的生存和生活。生活是人或生物为了生存和发展而进行的各种活动。从这个解释当中，我们找不到人生的核心、改造人生的抓手和人生运行的规律，这个解释对我们毫无意义。所以，我在整理《生活禅纲要》的时候，受净慧老和尚的启发，从佛法的角度对人生做了特殊的定义：人生就是心通过推动身口意三业，依因果规律而感现出来的生命的动态过程。

在这个定义中，“心”是人生的根本，是人生的发动机，是人生最关键的东西，心无形无相，我们只能通过“心”的功能来认识它。“心”的功能是“推动身口意三业”，“身口意三业”是人生真正的动力所在。“身口意三业”一产生，必然会产生连锁反应，“依因果规律”，善有善报，恶有恶报，你造的是身口意三恶业就会有苦的果报，你造的是身口意三善业就会有快乐的果报，全都依因果规律而“感现”出来。我们的身体叫作五蕴世间，我们的社会关系叫作人世间，我们所处的自然环境叫作器世间，五蕴世间、人世间和器世间都不是客观存在的，而是我们心的感现。

佛教“人生”定义有七个要点，对我们来说至关重要。

第一，心是人生的本体。你要想自主人生，必须抓住心这个根本。每个人都向往幸福的人生，可是真正得到幸福人生的人那么少，就是由于很多人不理解幸福的人生来自于心，自在的人生也来自心。

第二，心的造作是身口意三业。心是无形无相的，我们只能通过身口意的活动来体会心的状态。如果身口意三业是清净的，就说明你的心是清净的；身口意三业是恶的，就说明你的心是烦恼的。

第三，身口意三业是人生流转的推动力。有的人从痛苦走向痛苦，有的人从光明走向光明，有的人从光明走向痛苦，有的人从痛苦走向光明，这样不同的走向是由每个人造作的身口意三业推动的。

第四，从外在的形态看，人生就是身口意三业的动态过程。儿时有儿时的身口意三业，青年时有青年的身口意三业，人在幸福的时候有幸福时候的身口意三业，人在痛苦的时候身口意三业也会表现出不同形态。整个人生的千姿百态，本质上就是身口意三业流动的过程。

第五，因果是人生运行的内在规律。知道因果规律，自主人生才有方向，才有规律，如果人生都是偶然，一切努力都枉费。

第六，人生有千差万别之形态，不是外在的命运之神安排的，而是我们的心在业力的驱使下幻想出来的。

第七，人生的品质和境界取决于心的染净迷悟和作为心之造作的身口意三业的善恶差别。我们生活在世界上，有的人很幸福，有的人很痛苦，有的人自在，有的人烦恼，有的人很高贵，有的人很贫贱，有的人有权势，有的人非常低微，所以，你所处的环境、你的人际关系、你的身体状态、你的生命境界、你的生命的品质，完全取决于心和身口意的善恶差别。

根据上述对生活的定义，我们得出这样的结论：人生以我们每个人本具的妙真如心为体，此心体依迷悟染净之因缘，驱动身口意三业起善恶之造作，而此造作必然依因果规律，相应地感召来人生苦乐之果报，此苦乐之果报往往又通过五蕴世间、人世间和器世间之染净表现出来。这就是人生的因缘相。

从佛法的角度对人生的定义，囊括了生活的体、相、用以及其内在的运行规律，所以，对于修行人而言，通过这个定义，就可以准确地理解修行的本质，当下就可以找到修行的下手处和着力点。照顾好当下一念，成为活得明白的人，做生活的主人。

（二）心的迷悟与人生的境界相

人生是一种因缘的存在。人生的质量、人生的品位，通过三个方面体现出来：一是通过自己的身心活动，也就是通过身口意三业的流动过程体现出来，通过我们的正报，五阴世间体现出来；二是通过人与人的关系，又称人世间体现出来；三是通过人与自然的关系，又称器世间表现出来。人世间和器世间统一称为依报。

当我们处在一个不好的社会环境当中，当我们所处的自然环境很糟糕的时候，我们不要抱怨别人，要抱怨我们自己。因为这是我心的感现，是我过去的身口意三业推动的一种结果，是因果报应的一种表现。所以，五阴世间、人世间、器世间都不是固定不变的，都不是客观存在的，都是我们众生的心在业力的处置之下而感现出来的结果，是我们每一个人的身口意三业的外化。

由于心有迷悟之分，有染净之分，相应的身口意三业也有染净善恶之分。所以，五阴世间、人世间、器世间也有染净、苦乐、缚脱之不同。它们之间有一种对应关系：

心	迷	执万物为心外独立之实有，落在二边当中，妄想分别执着	不相信因果解脱等	追求五欲之满足	贪嗔痴慢疑等烦恼炽盛	背觉合尘	八识	心被物转	染污之三业	烦恼痛苦轮回的人生	凡夫的生活	染污之五阴世间、人世间、器世间
	悟	万法唯心，缘起性空，法界一相，远离妄想分别执着	相信因果解脱等	追求出世之解脱	戒定慧慈悲喜舍等具足	背尘合觉	四智	心能转物	清净之三业	清净快乐解脱的人生	圣人的生活	清净和谐的五阴世间、人世间、器世间

心有迷和悟两种状态，迷就是不相信人世间、器世间、五阴世间是为心所现，把万物当作心外独立实有，不知道这些都是为心所相，而认为是实有的。落在二边当中分别执着，这是迷的最根本的东西。迷还表现在对人生实相是迷的状态，不相信因果，也不相信解脱，所以在现实生活中必定追求五欲的快乐和满足，那么人就一定处在贪嗔痴慢疑等烦恼的笼罩下，在做事情的时候一定是心被物转的，在日常生活中待人接物，用的是识心，在自私的过程中就背觉合尘，违背了本觉而被外在的尘浸所灌，身口意三业就是污染的，就必然感觉到烦恼、痛苦和轮回的人生。如果你是这样的一种状态，你的生活就是凡夫的生活，你所处的五阴世间、人世间和器世间就是染污的。

相反，如果我们的心处在悟的状态，相信万法唯心所向，相信一起缘起性空，相信一切东西都是互相依存的，你中有我，我中有你，互己互人的，这叫所谓的法界一相，你就能够远离分别执着。其中一个重要的表现就是，相信因果、相信解脱。所以，你的人生追求和普通人不一样，追求出世的解脱，内心戒定慧慈悲喜舍等具足，心能转物，身口意三业清净，所以，必然感召到清净、快乐的、解脱的人生，生活品质是圣人的生活。所以你所处的五阴世间、人世间和器世间是清净的。

心是人生本体，心有迷悟之分，所以，人生可以分成两种，一种是迷失的人生，另一种是觉悟的人生。“迷失”二字表现在四个方面：第一，迷失了本性。不知道心为万法之本，不知道本自足如来智慧德相，不知道自己怀藏着宝珠，而心外求法，流浪诸有，不肯回头。这是迷失本性的表象，说明你没有智慧。第二，迷失了智慧。不知道万法唯心，缘起性空之理，执世间诸法为诸有，为常乐我净。迷失了智慧所以不相信因果，不相信因果就会不遵守道德，就被贪嗔痴慢疑所控制。第三，迷失了规范。因为不相信因果，不遵守纪律，不遵守道德，远离了戒定慧三学，被贪嗔痴慢疑等烦恼所控制。第四，迷失了目标。没有信仰，不知道有解脱涅槃，沉迷于五欲之乐，醉生梦死，不求解脱。

所以，迷失的生活是指没有信仰、没有智慧、没有定力、没有戒律、没有慈悲的生活。真正的觉悟的生活，就是净慧老和尚所说的，能够按照信仰、因果、良心、道德去生活。

没有信仰之导航，生活必然陷入迷茫的状态；没有智慧之引导，必落邪见之稠林；没有定力之扶持，必被五欲六尘所牵转；没有戒律之规范，必然非法贪求，增长罪业；没有慈悲之引领，必落入利己损他之魔道。这就是迷失的生活。

迷的根本，是迷于万法唯心、缘起性空、法界一相之理。法界一相，万法乃一真法界之幻现，体同而相异，性真而相妄，远离二边，一体不二，互即互入。世间人的思维方式就是二元对立。它具有如下几个典型的特征：

第一，以自我为中心。以自我为价值判断的中心，凡是顺乎我意的就是好的，凡是违背了我的心愿的就是恶的。善恶的标准是以自我为中心的。

第二，主客体对立。认为主观的我和客观的世界是相外在的，不相信我和外在的世界是密不可分的，所以，凡是遇到问题的时候，总是想从外部找原因或者找解决问题的办法，很少主动地反省自己和改变自身。

第三，以征服和占有为目的，用二元思维看待问题，当碰到了困难的时候，用征服的态度或者占有的态度处理问题，使之服从于我，为我所用。

第四，认识的结果永远处在二元对立当中，永远处于非此即彼、非友即敌、非生即死、非善即恶之二边对立之中，取一舍一，不能在更高的层次上圆融二边。

第五，不归之路。因为不断追求外在的境缘，不断处于取舍和对立当中，所以，很容易迷失出发点，与最初的目标背道而驰，最后完全被外来的境缘所淹没，这样的思维方式，只会让问题越来越复杂，越来越严重，这是一条没有止境的永远不可能取胜的不归之路。

莲池大师《竹窗随笔》中讲："思有二：一从外而思内，背尘合觉者也；一从内而思外，背觉合尘者也。从内思外，思之思之，又重思之，思无尽而真弥远也；从外思内者，思之思之，又重思之，思尽还源也。""从外而思内，背尘合觉者也"，就是不被外在的尘净所转，回到自己的本觉上面来，叫作"背尘合觉"；"从内而思外，背觉合尘者也"，这是凡夫的思维，离开了自己的本性，离开了自己的本觉，只追求外在的尘净；"从内思外，思之思之，又重思之，思无尽而真弥远也"，老是反复向外持求，离自己的本来面目越来越远，离自己的本性越来越远；"从外思内者，思之思之，又重思之，思尽还源也"，这是修行人的思维方式。

通过对人生的定义，我们得出结论，人生的根本就是我们的心，我们的身口意三业。所以，我们要通过改变自己的心来改变自己的命运，要把握自己当下一念，把握自己的身口意三业，这是我们创造自主人生，把握自己命运的唯一的途径。所谓的觉悟，让我们的心处在觉悟的状态，就是要远离向外持求的、二边的、取舍的、斗争的思维方式，回到向内反省的、超越二边的、平等无分别的思维方式。这是我们把握人生的最根本的要点。

二、自主人生的关键

根据佛教的角度对人生的定义，自主人生的关键就是要把握好当下一念。关于这点我从两个方面分析：

（一）当下一念是我们开启人生的唯一通道

1. 生命的真相

（1）一期生灭与刹那生灭。

佛问沙门："人命在几间？"对曰："数日间。"佛言："子未知道。”复问一沙门：“人命在几间？”对曰：“饭食间。”佛言：“子未知道。”复问一沙门：“人命在几间？”对曰：“呼吸间。”佛言：“善哉！子知道矣。”（《四十二章经》）

有一天佛跟他的弟子在一起，他问人的寿命有多长？一位弟子说，人的寿命很短，只有几天，佛说你并不了解人生的实相。另一位弟子回答说，人的命运很短，只有一顿饭的工夫，佛说你还是不知道人生的实相。接着另外一位弟子回答说，人的寿命很短，只在一呼一吸之间。佛听了之后非常欢喜，“善哉！子知道矣。”这就真正地把握了人生的真相。

人生真正的实相就是念念之间刹那的生命过程。佛教将生命和生死划分为两种，一种是一期生灭，一种是刹那生灭。从母胎出来一直到死亡，从生到死的时间段，叫作一期生死。这是我们大家都能体会到的，这是生死的最初的相。佛认为仅仅这样理解生命、理解人生是不够的，还没有抓住生命的实相，生命的真正实相是刹那生灭。佛认为从生到死稳定的过程只是一种假相，其实我们的生命是念念之间在生，念念之间在灭，我们整个生命的过程就是念头。从这个角度看，轮回不仅仅是发生在我们死后，不仅仅是从一个生命转换为另外一个生命、从一个生命的空间进入另外一个生命的空间，生命的轮回是在我们每个念头之间发生，你起了好的念头马上会产生另外一个好的念头，你起了恶的念头马上会产生烦恼的念头，生命的轮回就是念头的流转过程。从这个角度来看，我们要处理生死轮回，最根本的一点，就要把握好当下一念。

（2）生命的轮回实际上就是念头的流转过程。

《方广大庄严经》卷五中讲：“三界烦恼，犹如猛火，迷惑不离，恒为所烧。犹如浮云，须臾而灭，合已还散，如聚戏场。念念不住，如空中电，迁灭迅速，如水瀑流。由爱无明，轮转五道，循环不已，如陶家轮。”

《华严经》卷九里有一段：“何等名为内身烦恼？有四因缘：一、谓眼根摄受色境，二、由无始取着习气，三、由彼识自性本性，四、于色境作意希望。由此四种因缘力故，藏识转变，识波浪生，譬如瀑流，相续不断。”我们的生命实际上就是这样一个习气种子不断流转的过程。

2. 当下是自主生命的唯一通道

《胜妙独处经》当中有一句：“慎莫念过去，亦勿愿未来。过去事已灭，未来复未至。当下于此际，如实行谛观。行者住于斯，安稳无障碍。”我们不要留恋过去，也不要为未来而焦虑，过去事已灭，未来还没到来，要把握好当下一念，如实观照当下一念。如果能做到这一点，人生就是安稳、无障碍的人生。这句话告诉我们，要把握自己的命运，过自在的人生，唯一的办法就是要从当下这一念开始，善待当下这一念，把握好这一念。人生最重要的是当下这一念。

（二）自主因果要从把握好当下一念开始

1. 因果规律有四句话

（1）善恶有报——善有善报，恶有恶报，因果相应，不相乖乱。

（2）业果不亡——业因既种，纵经千劫，如影随形，相逐不失。你种下了种子，就不要想逃避它，这个种子永远跟你在一起。

（3）因缘会遇——业因感果，必待于缘，因缘际会，果报必现。你过去种下的种子永远不会消失，当它入到相应的外缘的时候，就会产生果报。

（4）自作自受——业因自作，果报自受，无能逃者，无有代者。你干的坏事你一定受报，别人代替不了。你作了福报你享受快乐，别人也抢不走。果报无法逃避也无法代替。

佛教经文中就反复强调因果规律：

> “假使经百劫，所作业不亡。因缘会遇时，果报还自受。”（《大宝积经·入胎藏会》）
>
> “善恶之报，如影随形。三世因果，循环不失，此生空过，后悔莫追。”（《涅槃经·憍陈如品》）
>
> “天地之间，五道分明，善恶报应，祸福相承，身自当之，无谁代者。善人行善，从乐入乐，从明入明；恶人行恶，从苦入苦，从冥入冥。”（《无量寿经》）
>
> “欲知过去因，今生受者是；欲知后世果，今生作者是。”（《净土文》）

大乘佛教在宣讲因果报应的时候，始终没有离开“万法唯心”这个根本。在生命轮回流转过程中，心始终处于核心的枢纽地位：身口意三业的造作是心在后面推动；十二缘起之流转本质上也是心由三细到六粗的不断转动的过程；作为果报的五阴世间、人世间和器世间，也都是心的幻现，而并不是心外的实有。

《法句经》中讲："心为法本，心尊心使。中心念恶，即言即行，罪苦自追，车轹于辙。心为法本，心尊心使。中心念善，即言即行，福乐自追，如影随形。"心是生命的根本，心念恶就会遭到苦的果报，心念善就能得到善的果报。强调因果的根本是心，把握因果要从把握当下一念心开始。《忏悔偈》中讲："罪从心起将心忏，心若灭时罪亦亡。心灭罪亡两俱空，时则名为真忏悔。"这句话讲得非常到位，把自主因果的根本全部揭示出来了。

佛教的因果规律的伟大意义，不仅在于揭示了宇宙人生的真相和运行规律，同时，它还为人类的道德良心提供了真正的坚实的理论基础和有力的保障。从因果规律的角度来看，人类的道德规范不是一种外在的强加，不再是一种被动的接受，而是个体的一种高度自觉和自律，是个体为了获得真正幸福、自由和解脱的内在的需求。佛教的因果规律为社会道德规范所提供的理论依据，超越了团体、阶级、国家、民族和宗教的局限，它为人类社会所提供的诸如五戒十善等基本的行为准则，因为是建立在对因果规律的自觉的基础之上，所以具有真正的普世性。

2. 依因果行事，自主生命

佛教的信仰，要体现在对因果的敬畏上，依因果规律来规范自己的三业。离开了因果，是为不相信佛法或邪信的。依因果行事，要种善因、结善缘、勤忏悔、报冤行、善观心。

按照因果规律行事，做自己命运的主人，必须抓住当下一念。

（1）现在的一念对过去来说，是过去所造的业种的感现，是一种果。比如现在起了嗔的念头对过去来说就是过去的恶业的果报，是一种果的显象。

（2）现在起的一念对过去所造的恶业是过去的恶业成熟所赖以依赖的外在条件。比如，过去造的恶业要成熟需要现在的烦恼的缘，所以当下一念是过去业种成熟的外在条件。换句话说，现在如果起的是烦恼的念头，就意味着为过去的恶业成熟提供了缘，如果现在的念头是清净的话，就意味着为过去的善意提供了缘。

（3）对未来来说，我当下一念就是新生的种子，能感召果报。因犹如种子。种子要成熟，离不开土壤、水分、阳光和人工管理等，这个叫缘。缘包括当下的情绪、心态，以及言行举止等。一般地来讲，当下一念心如果是迷染的，由烦恼做主，三业被烦恼所控制，那么所结的一定是恶缘，在这种情况下，过去的恶种便得到了增长成熟的机会，善种则不能增长成熟；反之，当下一念心如果是觉悟的、清净的，由清净的正念做主，远离了贪嗔痴慢疑等烦恼，三业都处在智慧和慈悲的光照之中，那么所结的一定是善缘，在这种情况下，过去的善种便得到了增长成熟的机会，恶种则不能增长成熟。

从这个角度来讲，无量的过去我们或许造作了各种各样的恶因，虽然我们现在无法改变这一事实，但是，依据因果的规律，我们现在并不是无能为力的，我们完全可以借助觉悟的力量，通过保持清净的心态、清净的三业、结善缘的方式，令过去的恶因不得成熟或者推迟成熟，而令过去的善因能快速成熟。在这个过程中，当下一念心是最为关键的一环。学佛的人明白了这个道理之后，完全可以通过把握当下一念心来把握因果规律，把握自己的命运。

宿世之恶业果报，往往是在当事人心态烦恼的时候降临，比如被贪嗔痴慢疑所转，被财色名食睡所迷，被人我是非、名闻利养等所系。所以，要真正地顺应因果，在心态上必须安住当下，保持一种高度的警觉，照顾好当下的每一个念头，即如六祖所说的：“从前念今念及后念，念念不被愚迷染；从前所有恶业愚迷等罪，悉皆忏悔，愿一时消灭，永不复起。……从前念今念及后念，念念不被憍诳染；从前所有恶业憍诳等罪，悉皆忏悔，愿一时消灭，永不复起。……从前念今念及后念，念念不被嫉妒染；从前所有恶业嫉妒等罪，悉皆忏悔，愿一时消灭，永不复起。”

三、落实自在人生的根本——随顺并安住于“平常心”

“平常心是道”是禅宗的核心观念。日常生活中习以为常的起心动念是我们普通人理解的平常心，佛教里面所谓的平常心，是从妙用的角度对常住真心、如来藏妙真如心、佛性、法界心的描述。

所谓迷，就是逆着大道（平常心）的超越二边之性，不明白万法唯心、缘起性空、法界一相之理，落在主客、自他、内外等二边分别取舍当中。

所谓悟，就是随顺大道（平常心）的超越二边之性，就是能领悟万法唯心、缘起性空、法界一相之理。

获得自在人生的根本，就是要当下一念转识成智，即当下一念随顺平常心的超越二边之性。

（一）马祖讲“平常心是道”

“道不用修，但莫污染。何为污染？但有生死心，造作趋向，皆是污染。若欲直会其道，平常心是道。何谓平常心？无造作、无是非、无取舍、无断常、无凡无圣。经云：非凡夫行，非圣贤行，是菩萨行。”

“道不用修，但莫污染”，意思是我们每个人都有大道，不管你是已经解脱的圣人，还是没有解脱的凡夫，只不过是圣人已经开转，凡夫还没有开显出来。当年释迦牟尼佛在菩提树下夜睹明星而大悟，他说：“奇哉，奇哉，奇哉，一切众生，个个具有如来智慧德相，只因妄想执着，不能证得，若离妄想，则无师智，自然智，一切显现。”每个人都有如来智慧德相，凡夫之所以成为凡夫，就是因为其妄想、分别心太多，把如来智慧德相遮住了；圣人之所以成为圣人，是因为他通过修行把自己的所有的妄想分别打破了，如来智慧德相当下显现。所以，平常心是道的平常心，实际上就是指我们每个人本自驻足的如来智慧德相。

“何为污染？但有生死心，造作趋向，皆是污染。”“生死心”是指分别取舍好恶以及贪嗔痴慢疑等凡夫的污染。“造作心”是指有所求有所得的修行人的有为污染。所以污染有两种，普通凡夫，贪嗔痴慢疑以及善恶好恶是一种污染；修行人没有成道之前有所求有所得，想开悟，想成佛，想禅定，这种有所求有所得的取舍心，也是一种污染。

“若欲直会其道，平常心是道。”如果想当下跟道相应，就要保持平常心，所以平常心是道。“何谓平常心？无造作、无是非、无取舍、无断常、无凡无圣。”这是真正的平常心，讲的是法界心。道即是法界，乃至河沙妙用，不出法界。一切法就是心法，所有的东西，山河大地，都是从平常心当中开启出来的。

从这个角度来看，马祖说的平常心，不是日常生活中习以为常的起心动念，而指的是法界心，如来藏妙真如心、常住真心、佛性、真如。之所以不用真如，不用法界这个词，是为了让我们在当下这一念功夫上面找到真如或法界那样与一念相应的感觉。

1. 平常心的字面意思

平者，平等无分别，无取舍、无好恶、无对立面，广大无碍，包容一切。这叫作平。常者，常住不灭，常现在前，遍一切时，遍一切处，遍一切境界，遍一切心境，须臾不曾离，不动不摇。心者，虚灵不昧，寂寂惺惺，寂照不二，灵动自在，心就是寥寥陈之，但是不被外界的境界所转，心就是清楚明白。

2. 平常心是不生不灭之常住真心

平者，拣择分别识心，要无相无住；常者，拣择生灭心，要在常住不灭；心者，拣择枯寂无记，要在灵明自在。平常心，虚空明镜一般的不生不灭的常住真心。宗门修行之大旨，尽在此三字当中。

平常心首先是要拣择分别心，用平等无分别心用功夫，要做到无相无住；拣择生灭心，告诉我们要用不生不灭的常住真心用功夫。我们说要随顺平常心，安住平常心，意思是说我们要用不生不灭的常住真心去用功夫，要用平等无分别的观照心去用功夫。这是平常心的含义。

3. 平常心是一真法界，法界心，如来藏妙真如心，为万法之根本，能生一切法，能摄一切法

4. 从功夫上看，平常心就是虚空明镜一般的、遍一切时处、须臾不曾离的真如本觉、无为觉

比如我们起了烦恼，怎么对待烦恼呢？如果你把烦恼当作对立面，想急于逃避烦恼，这不是平常心。如果你被烦恼所转，在烦恼当中成熟不定，这也不是平常心。平常心如同虚空明镜一般，虚空最大的特点是平等、包容一切，没有对立面，不需要逃避，没有敌人。如果你做到这一点，你就做到了虚空心。

明镜就是如实的照见一切外物的差别相，但是不被这些相所转，不随着相的差别而起烦恼。这是明镜的心。平常心的意思是我们要用虚空明镜的心来对待自己的念头，来对待自己的角色，来对待我们周围的人。

（二）随顺安住平常心

随顺平常心就是称性起修、随顺清净圆照觉性、称法行、离四相而行一切善法。有四个要点：

1. 要相信平常心就是常住真心，就是道，人人具足，不从他得

修行人首先必须弄清楚“道是什么”，平常心就是道。平常心就是常住真

心，从妙用上看，就是本觉，无为觉，不动觉，平等觉，无住觉，圆通觉。平常心，人人本自具足，非从外得，非从他得，非修而后有。

举几个公案：

> 公案一：京兆府尸利禅师问石头："如何是学人本分事？"头曰："汝何从吾觅？"曰："不从师觅，如何即得？"石头曰："汝还曾失么？"师乃契会厥旨。

京兆府尸利禅师从西安跑到湖南拜访石头希迁禅师，问"如何是学人本分事？"，即请你告诉我我的本分事是什么？换句话说我的本来面目是什么，我的佛性是什么，我的常住真心是什么，或者说我的平常心是什么，在哪里？

石头希迁禅师说："你的本分事是你的事，你的常住真心是你的常住真心，你找我干什么？"这句话给他点拨就是：你要回头。但是尸利禅师还不明白，马上又问："不向老师来寻找，怎么才能找到常住真心？"石头希迁马上向他反问："你什么时候失去了你的平常心？"就这句话他终于明白了，自己跑来跑去，走南闯北，要找的常住真心不是别人给的，是自己当下本自具足的，所以，他从这里找到了自己的修道，找到了自己，道是本自具足的。

> 公案二：福州芙蓉山灵训禅师，归宗智常禅师之法嗣。初参归宗，问："如何是佛？"宗曰："我向汝道，汝还信否？"芙蓉山灵训禅师说："和尚诚言，安敢不信！"宗曰："即汝便是。"这个师曰："如何保任？"宗曰："一翳在眼，空华乱坠。"

我的佛性在哪里？我的自信佛在哪里？我可以回答你，但我不知道你相信不相信。和尚是一代大宗师，是大修行人，是不打妄语的，我怎能不信你的话。你就是佛。这个时候他明白了，既然我就是佛的话，我怎么能保持住这样一种状态？当你起舍分别心的时候，你当下已经失去了。

这样的公案还有很多。

2. 要相信平常心就在平常日用中，遍一切时处，须臾不曾离

明白了什么是道之后，还必须弄清楚，道在哪里？道在平常日用中，日用

施为皆是大道之妙用。大道遍一切时、一切处、一切心境，须臾不曾离。

道在平常日用中，生活中的举手投足、待人接物、起心动念都是大道的妙用。所以，烦恼现身的时候同时也是平常心现身的时候。

《永嘉大师证道歌》里有一句话："不离当处常湛然，觅即知君不可见。"大道没有离开过我们，时刻在那里。但如果你不相信这一点，起了分别取舍的念头，你当下就已经错过了。

三祖在《信心铭》中也讲到了类似的观点，他说："圆同太虚，无欠无余。良有取舍，所以不如。"大道像太虚空一样，我们当下具足，对我们来说不多一点，也不少一点，无欠无余。既然我们每个人都有，为什么我感觉不到呢？"良有取舍，所以不如"，因为你有取舍心，所以你不自在。换句话说，如果你相信"圆同太虚，无欠无余"，当下保持一种清楚明白，保持一种平等无分别，而内心不被外在的境界所转，不被自己的情绪所转，不被自己的念头所转，你当下就跟平常心相应了，跟道相应了。

我们修道首先要相信大道跟我们在一起，一刻都没有离开过我们。崇真甠头禅师悟道后，说"万年仓里曾饥馑，大海中住尽长渴，当初寻时寻不见，如今避时避不得"，表示了众生的现状，每个人都有大道，每个人都没有离开大道，但是我们不知道，到处去寻找大道，就好比一个人坐在装满了粮食的仓库里天天挨饿，坐在海边上天天找水叫渴。他说自己当时就是这种状态，当他悟了以后，才发现想逃避大道都逃避不了。

傅大士有一首《法身偈》："夜夜抱佛眠，朝朝还共起。起坐镇相随，语默同居止。纤毫不相离，如身影相似。欲识佛去处，只这语声是。"这告诉我们大道遍一切处。

3. 要相信只有平常心才能合道，此处的平常心就是超越二边的自性般若

当下一念如何与道相应呢？平常心才能合道，此处的平常心就是当下一念平等无分别心，即"离心意识""言语道断，心行处灭"。保持平等无分别的旁观的心，用一种虚空明镜的心，烦恼的时候不被烦恼所转，跟恶人打交道心里不产生讨厌的情绪。当你做到这一点的时候，你就跟当下跟道相应了。这是最根本的一点。

所以，道在当下一念，超越二边，无分别处现身。"至道无难，唯嫌拣择。但莫憎爱，洞然明白。"大道并不难，难在我们有分别取舍心，如果我们把

憎爱的心消除，我们当下就明白了。所以“不用求真，唯须息见。二见不住，慎勿追寻。才有是非，纷然失心”。

临济祖师有一段开示，说：“道流！约山僧见处，与释迦不别。今日多般用处，欠少什么？一道神光未曾间歇。若能如是见得，只是一生无事人。……尔要与祖佛不别，但莫外求。尔一念心上清净光是尔屋里法身佛，尔一念心上无分别光是尔屋里报身佛，尔一念心上无差别光是尔屋里化身佛。此三种身是尔即今目前听法底人。只为不向外驰求，有此功用。”我们每个人当下，跟释迦牟尼佛没有什么差别，大道并不缺少什么，大道的光明一刻都没有离开过我们。如果你对这一点相信，并且安置在上面，你就是无心道人。找佛不用在别的地方找，就在自己当下一念无分别处去寻找。当下一念不分别不取舍，这就是你的法身佛、报身佛、化身佛。所以法报化三种身不在别的地方，就在我们当下，面对六尘的境界不分别、不取舍，面对自己的念头不被念头所转，面对自己的情绪能够不被情绪所转，当下这个时刻就是我们的三身佛现身。这是禅宗最为核心的要点。

公案三：襄州白马归喜禅师，大阳警玄禅师之法嗣，初礼大阳和尚，便问：“学人蒙昧，乞指个入路。”大阳和尚道：“得（可以）。”说完便默然不语。过了好一会儿，大阳和尚才召唤归喜禅师的名字。归喜禅师随即应诺。大阳和尚道：“与你个入路。”归喜禅师终于言下有省。

由于大道是在当下一念无心处、离心意识处、无求无得处现行，故宗门之接机，皆通过逼拶之手段，令学人当下离心意识，直透心源。

4. 要相信修道的过程就是直下承当，用平常心过寻常生活

直下承当，就是通过提起禅宗的圆顿信解，并把这种信解变成当下之正念，在生活中触境遇缘，利用这种圆顿的正念，转一切境缘为修道之妙用，视生活为道场，远离取舍、远离逃避，一切恰恰好。

既然大道不在别处，就在我们的日用当中，就在我们的六根门头处，我们的生命活动全体都是道的体现，可见，道是遍一切时、遍一切处、遍一切心态的，它在时间上是不间断的（并不是说你修行的时候道就在，不修行的时候道就不在），在空间上是不间断的（并不是说你在寺院里就有道，离开了寺院就没有

道），在心态上也是不间断的（并不是说你高兴的时候道就在，烦恼的时候道就不在）。正如《中庸》中讲："道也者，不可须臾不可离也，可离非道也。"所以，修道的关键是，提起圆顿的正念，以安住当下、直下承当为日用功夫。

直下承当的本质就是，直面一切内外之境缘，不驰求，也不回避，视生活为道场，视生活为修行，视生活中的一切境缘为修道之增上缘。

一位僧人问赵州和尚："什么是道场？"赵州和尚回答："你从道场来，你从道场去。全体是道场，何处更不是？"这是很透彻的观点。

很多人认为修道是在生活当中某种奇特的事情，其实生活就是修行。有一位僧人问赵州和尚："了事的人如何？"问彻底解脱的人是什么状态？赵州和尚回答"正大修行"。问话的人认为修行和大事了是两回事，赵州和尚回答心里无事就是最好的修行。学生问赵州和尚："未审和尚还修行也无？"即听说你已经是了事的人，请问和尚你还修不修行？赵州和尚回答说："著衣吃饭。"学生说："著衣吃饭寻常事，未审修行也无？"赵州和尚回答说："你且道我每日做什么！"在赵州和尚那里，著衣吃饭就是修行，可是在问话的人那里，认为著衣吃饭之外还有修行。所以，只要我们提起圆顿的见地和信解，直下承当，我们日常生活中处处都可以用功夫。

日常生活中怎么用功夫？这里有几个要点。

第一，我们在生活中碰到任何境缘，都要提起圆顿的正念，大道就在眼前，大道一刻都没有离开过我们，我们只要当下一念无分别心，跟道相应，提起这样的正念，把生活中的所有的境缘都当作是修道的增上缘，没有分别心。

第二，要安住当下，把自己从时间和空间的链条中抽出来，不想过去，不想未来，安住当下，保持心行合一的状态。

第三，要放下、专注、清明、绵密。

第四，体验自觉、自主、自足、自在。

最后总结一下禅的定义，面对日用境缘，通过提起圆顿的信解，并且把这种圆顿的信解变成当下的坚固正念，然后用这种正念来转一切念头、情绪和境缘为修道之妙用，从而于当下一念体验到心灵的自觉、自主、自足和自在，这就是禅。

自觉——在理上，谛信"万法唯心、缘起性空、法界一相"之理。在功夫上表现为：面对一切念头、情绪和境缘，能够了了分明，不昏沉、不散乱、不迷失。

自主——在功夫上就是能够觑破一切念头、情绪和境缘的虚幻性，能够自主，不被它们所转。

自足——在功夫上就是彻底消解了一切建立在二边知见基础上的驰求心、有所得心、将心待悟的心，坚固地安住在“圆同太虚，无欠无余”之正念中，心灵上不依赖于外在境缘的支撑，“不多什么，不少什么，恰恰好”，息想无求。

自在——就是远离有所求，有所得，逼烦恼，不被境缘所转，闲闲自在。

此“四自”是构成禅境的关键要素。缺失了其中的任何一个环节，都不能称之为禅。这四者之间互相成就、互即互入。自觉了才能自主，自主了才能自足，自足了才能自在。

佛法中的和谐智慧[①]

解思忠[②]

按照佛法，即佛教的教义，从来就没有“救世主”，人类只能通过彻悟与修持来提升自身的智慧，从而求得解脱，得到内心的和谐、安宁与快乐。如果做不到这一点，就往往会做出一些伤害自身、他人以及社会的事，导致自身以及与他人、社会之间的不和谐——从这个意义上讲，佛法的智慧也就是和谐的智慧。在我国构建和谐社会，乃至于在全球构建和谐世界，以及人类命运共同体，无疑都应该从佛法的宝库中汲取和谐智慧。

2006年4月，由中国主办的首届世界佛教论坛提出了“和谐世界，从心开始”的主题，以及“心净国土净，心安众生安，心平天下平”的重要理念和“人心和善，家庭和睦，人际和顺，社会和谐，人间和美，世界和平”的美好愿景。所谓“和谐世界，从心开始”，就是号召佛教徒乃至全体世人，都能培植佛法历来所弘扬的平等心、慈悲心和平和心。

一、平等心

佛法主张“一切众生悉皆平等”“众生皆有佛性”。这种平等理念，不是通常所指的政治、经济、教育，以及男女等方面的社会平等，而是从生命的本质和终极价值出发，追求一种全面、彻底，并贯穿生命全过程的平等。佛法的缘起论认为，“此有则彼有，此生则彼生；此无则彼无，此灭则彼灭”。也就是说，一切现象的存在都是由种种条件聚合而成，万事万物都是相互作用、相互依存，

① 本文曾在《惠慈之光》2015年第1期发表，本次发表对内容做了修改。

② 解思忠，什刹海书院导师、第十一届全国政协委员、国务院国资委监事会原主席，曾兼任教育部中国人生科学学会会长，北京大学国民素质研究中心主任、北京大学国学社顾问、博士生导师。

每一个个体都要依赖于他人、他类才能存在并发挥作用；从这个意义上说，世间万事万物都是平等的。

佛法中的众生平等思想，首先是要建立人与人之间的和谐关系。佛法认为，一切事物在本质上没有差别，一切生命也没有高下贵贱之分，都具有成佛的可能性，因此不可歧视任何人，而应当平等待人。佛法还认为，“我见”即以自我为中心，满足一己的欲望，是造成不平等和纷争的罪恶之源。因为一切众生都是由因缘聚合而成，本无“我”的实体存在，只有消除“我见”，才能实现人我平等、自他一体。

佛法中的众生平等思想，不仅是要建立人与人之间的和谐关系，而且还要建立人与自然之间的和谐关系。佛法认为，不仅人与人之间是平等的，而且人与其他动物之间，甚至是人与无生命的东西之间也都是平等的。大乘佛教中的华严、天台诸宗就有“无情有性”之说，即草木、土石、山河这些无生命、无感情的东西都有佛性，也都和其他生灵是平等的；所谓“青青翠竹，尽是法身；郁郁黄花，无非般若”，就是这个意思。

佛法中的这种和谐智慧，用现代的观点来看，就是构成世界的万事万物都有生存的权利，都有它内在的价值，都应该受到尊重；应当摒弃人类中心主义的倾向，放弃对自然贪婪的攫取，尊重自然，关爱自然，保护人类生存的自然环境，使人与自然共处于相依相存、手足一体的共同体之中。

佛法中的平等理念，体现了生命观、自然观和价值观的统一。它不仅强调宇宙间一切生命皆平等，还主张“无情有性”，敬畏自然，并确立了众生以解脱为最终目标。所有这些，都对世界和平与可持续发展具有重要的意义；从某种意义上说，这种平等理念是世界和平与可持续发展的哲学基石。

二、慈悲心

“慈”是慈爱众生并给予快乐，“悲”则是悲悯众生并拔除痛苦；二者合称，就是“予乐拔苦”。如果说，平等是慈悲的理论基础，那么，慈悲则是平等的道德体现。

佛法讲慈悲，主张给人以快乐。佛教是喜悦的宗教，而佛教徒则是世上欢喜的男人和女人。佛法认为，世上并没有一个真正绝对邪恶的人，人之所以会犯罪伤害他人，往往是因为内心的不和谐与不喜悦而造成的；人由于无知和固执才

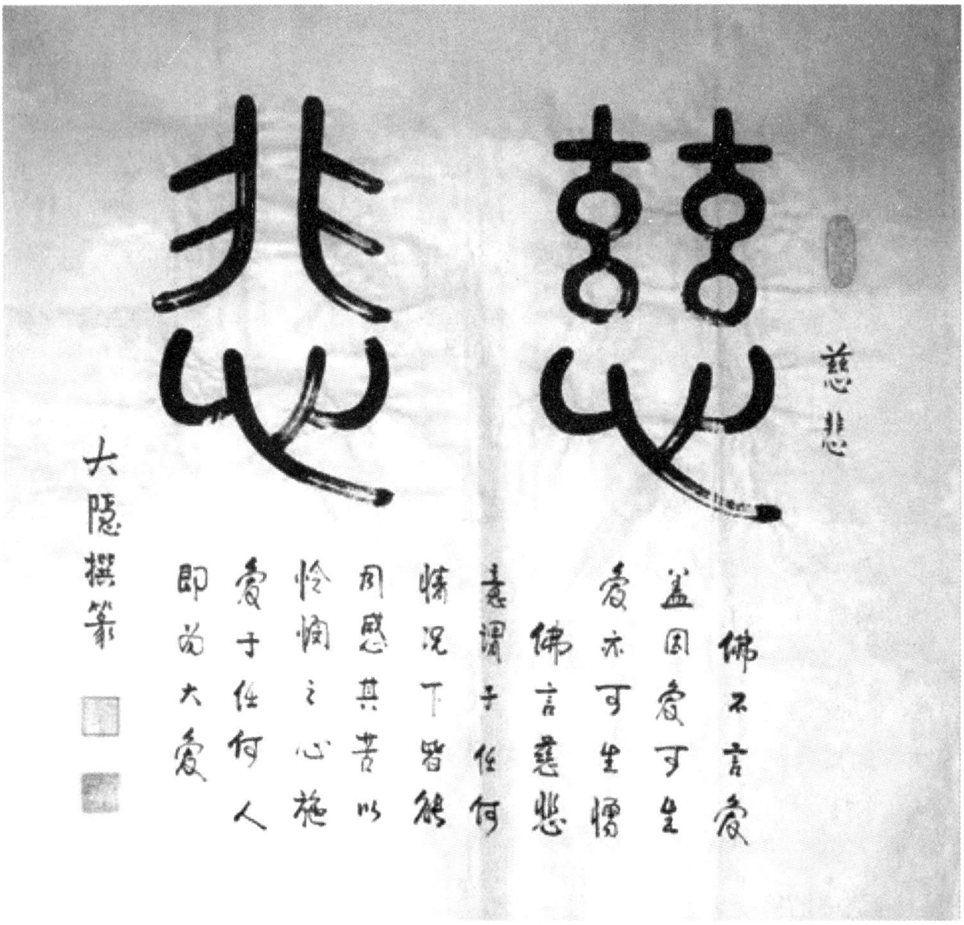

使自己成为没有喜悦的人，也正因为内心没有喜悦，才会产生对他人、他类的冷漠与歧视，并挑起无谓的争斗。佛法的目的就是要使世间的人们都成为喜悦安详的人，只有这样，才会用一颗感恩的心去珍爱自己，关怀他人，服务社会，利益众生，世界也因此才会得以和谐。

佛法讲慈悲，主张普度众生。根据佛法的缘起论，宇宙的生命乃是一个手足相连、圆融一体的大生命；每一个人既然受惠于他人、他类，就应该对他人、他类给予普遍的关爱。这种博爱精神，正是我们构建和谐社会所需要的。事实上，佛教在社会生活中历来都是本着这一宗旨，扶贫济困，度人济世，积极兴办慈善福利事业。现在每当发生天灾人祸时，社会各界都会举办各类慈善募捐活动，倡言“大爱无境”。所谓“大爱”，其实源于佛法？并非仅仅是指爱不分地域、没有界限，而是指超越只限于对自己父母、配偶、子女、宗亲和国民等之类依着“我”和“我的”观念而产生的“自爱”，是佛法所倡导的“慈悲”。

几年前，笔者曾应邀参加一个以“大爱无境”为主题的赈灾募捐笔会。为了弄明白“大爱”的含义，翻遍《汉语大辞典》《辞海》等工具书，居然找不到“大爱”这个条目；最后，终于在20多年前台湾佛光山出版社出版的《佛光大辞典》八卷影印本里才找到了关于“大爱”的解释——“慈悲之极致为‘无缘大悲’，意指吾人于毫无条件、毫无意识下，而能予任何人幸福，此亦称大爱，为佛教待人态度之最高表现。”于是，我便用小篆书写了“慈悲”二字参展（署名大隐），并在旁边题注：“佛不言爱，盖因爱可生爱，亦可生憎。佛言慈悲，意谓于任何情况下皆能同感其苦，以怜悯之心施爱于任何人，即为大爱。”

三、平和心

平和作为一种心态，看似寻常，却很难做到，需要非同寻常的智慧与涵养以维持心理的平衡——只有“心平”，才能“气和”。生活中难免会遇到各种刺激和不愉快，如果想不通、受不了，心理就会失衡。要维持心理平衡，首先应做到宠辱不惊，去留无意，保持一颗平常心；同时还应做到淡定，没有愤愤不平，没有焦躁不安，没有耿耿于怀，永远生活在安详之中。

佛法认为，幸福生活首先来自内心的平衡与和谐，也就是要有一颗平和心。佛教超凡入圣、去染成净的修行过程，就是使内心回归于平衡与和谐的过程。当每一个个体的内心平和了，由无数个个体组合成的社会也就和谐了；从这个意义上说，有一颗平和心，即通过保持内心的平衡与和谐实现人与自身的和谐，是实现人与人之间和谐、人与自然之间和谐，乃至于整个社会和谐的前提。

佛法还认为，人之所以由于内心失衡与躁动而产生烦恼，其主要原因是“执着”，包括感性层面的执着（如感情），以及知性层面的执着，即固执己见。之所以如此，是由于对事物缺乏本质的了解，所以难以看空、放下，弄得自己和别人都很累；而要消除“执着”，得靠智慧，包括洞察力与离执力。洞察力有助于我们看清事物的真相及看清自己，离执力则有助于我们在看清之后，轻松放下。这两种力量的提升，需要通过“闻慧”“思慧”“修慧”三个过程才得以完成。佛法所倡导的一整套自我认知与训练的方法体系，能使修行人对自己及所处的环境有一个透彻的了解认知，即“彻悟”，并在日常生活中提高自觉性与敏锐性，养成一种随时观照自己的身心状态，从而使自己的身心越来越轻松安定，柔软明澈。

许多人也明白很多世俗的道理，如“退一步海阔天空”“每临大事有静气”“提得起放得下”，等等，但当烦恼或逆境来临时，真正能做到的又有几人呢？原因是“心力”不够，明明知道该怎么做却做不到，也就是人们常说的“心有余而力不足”——佛法谓之为“心力怯懦”。许多人知道了善知识，也领悟了善知识，也就是做到了“闻慧”“思慧”，但缺乏“修慧”的“心力”。“心力”的增强，既需要通过生活的阅历与磨难，也需要修持，即持之以恒地修正自己的行为与心性。许多人以为佛法讲的智慧只要知道、领悟就可以了，不需要修持；结果，当烦恼或挫折来临时却又承受不了，这就是缺乏修持的表现。

要实现社会乃至整个世界的和谐，不仅需要按照首届世界佛教论坛提出的“和谐世界，从心开始”，培植佛法历来所弘扬的“平等心”“慈悲心”和“平和心”，而且还要弘扬佛法中的其他基本教义。

例如，佛法中的因果报应。佛法认为，世界上没有造物主，万事万物都是互相依存而生，彼此之间有着直接或间接的联系，处于无始无终、无边无际的因果网络之中。按照因果报应学说，由意志力造成的善恶言行，就像种子一样，遇缘即可结果，而且果报分明——善因得善果，恶因得恶果。这就惊醒世人“诸恶莫做，众善奉行”——做事要顾及后果，不要破坏了和谐的生态环境，给自己带来恶报。

再如，佛法中的“和合众缘”。所谓“和合众缘”，就是宽以待人，广结善缘。佛教僧团主张“六和合”：一是“身和同住”，即身体和平共处；二是“口和无诤”，即言语避免争论；三是“意和同悦”，即心意共同欣悦；四是“戒和同修”，即戒律共同遵守；五是“见和同解”，即见解保持一致；六是“利和同均”，即利益公平共享。这些伦理道德要求虽然是对佛教徒的要求，但与和谐社会所要求的热爱集体、守法自律、尽职尽责、爱心奉献、造福社会等不谋而合，无疑有助于促进社会的安定与和谐。

综上所述，仅就和谐智慧这一点，就可以看出佛法实在是一门堪称博大精深的科学。难怪古今中外一些伟人会对佛法给予如此高的评价——

恩格斯在《自然辩证法》中，曾称赞佛教徒处在人类辩证思维的较高发展阶段。爱因斯坦说过：“未来的宗教将是宇宙的宗教。它应当超越个人化的神，避免教条和神学，涵盖自然和精神两个方面。它的根基应建立在某种宗教意识上。这种宗教意识来源于宇宙万物合二为一的体验。佛教正是以上所描述的那种宗教。若问哪种宗教可以应对现代科学进展的需求，那么这个宗教就是佛教。”

杨振宁说过：“佛教是科学的、理性的，是符合科学精神的。”

孙中山说过：“佛教是造成民族和维持民族的一种最雄大的自然力。”“佛教乃救世之仁，佛教是哲学之母。人民不可无宗教之思想，盖教有辅政之功，政有护教之力，政以治身，教以治心，相得益彰，并行不悖。总之，佛法补法律之不足。”

中国共产党的创始人陈独秀也曾说过：“佛法之广大精深，余所素信不疑者也。”

…………

事实上，佛法在流传过程中，已经有效解决了许多现代人的问题。如何使佛法继续发扬光大，使之在现代人生活中进一步展现生命力，既是每个佛教徒的责任，也是每个公民的心灵需求。蕴含着和谐智慧的佛法，不仅可以缓和因快速发展引起的人与自身、人与人，以及人与自然之间的紧张关系，而且也可以缓和当前愈演愈烈的不同国家、民族、宗教之间的对立与冲突，在促进世界和谐方面发挥独特的作用。

我国目前正在培育和践行的社会主义核心价值观，其中包括和谐、平等和友善；这三者虽然分属国家层面的价值目标、社会层面的价值取向和公民个人层面的价值准则，但彼此之间有着密切的联系——只有社会平等，公民友善，才能使得国家和谐。在培育和践行社会主义核心价值观的过程中，佛法无疑应该而且可以发挥其独特的作用。每个佛教徒乃至每个公民如果都能自觉培植佛法历来所弘扬的平等心、慈悲心和平和心，无疑有助于培育和践行社会主义核心价值观，也有助于和谐国家的构建。

中国被称为佛教的“第二故乡”，佛教在中国也是流传最久、信众最多的宗教。可以预言，随着中国社会经济的快速发展，随着世界的目光日渐向中国聚焦，佛教将因中国而大放异彩，中国也将因佛教而“拈花微笑”。正如习近平总书记所指出的——“在中国文化复兴的征程上，中国佛教可谓天降大任，任重道远。”

道学与中国传统文化

道教之“道”

——关于道教教义核心的阐释[①]

尹志华[②]

我今天跟大家交流的题目是《道教之“道”——关于道教教义核心的阐释》。道教，顾名思义就是尊道立教，或者说以道为教。首先就面临一个问题，什么是道？

现代著名的哲学家金岳霖教授在《论道》中说：“每一文化区都有它的中坚思想，每一中坚思想都有它最崇高的概念、最基本的原动力。”中国文化最核心的概念就是道，诸子百家的最高理想都是行道。不仅老子讲道，孔子也讲道。孔子说“志于道，据于德，依于仁，游于艺”，这个道是政治理想。唐朝大文学家韩愈写了一篇《原道》，他说“仁与义为定名，道与德为虚位”，仁和义是有具体的内涵的，道和德只是虚位，就是象征符号。道作为象征符号，就是一个大筐，大家把自己心目中的东西往里面装。即使是农民起义，也要打出一个旗号，叫“替天行道”。道是大家心目中最高的价值标准、最高的理想。但是人们往往是“各道其所道”，甚至“道不同不相为谋”。我们今天讲的是道教的“道”。

我们知道，中国古代很早就形成了至上神的观念，以其形言，称为“天”；以主宰言，称为“帝”。《诗经》和《尚书》中有“皇天上帝”“昊天上帝”的记载。中国人信仰的一直是老天爷，天是最高的主宰，这是中国几千年一以贯之的信仰。历代帝王称天子，就是天上最高的神在人间的代表，所以，在古代中国，皇帝同时也是神权的代表，可以封神。孔子说“唯天为大，唯尧则

① 本文根据作者在“什刹海论坛·2018道学季”的讲座录音整理，并经本人审定。

② 尹志华，什刹海书院特聘教授，中央民族大学哲学与宗教学学院副教授。

之”，天是最大的，只有人间帝王的最高代表尧才能完全按照天的意志行事。

早期的中国人，一直到孔子，没有考虑过天是不是终极的存在，天地有没有起源的问题。但老子就思考了天地起源的问题，认为天不是终极的存在，一切有形的东西都不是终极的存在，有形的东西一定起于无形。老子就提出来有一个东西是在天地产生之前就存在了，“有物混成，先天地生”，我们不知道如何称呼它，因为它是无形的，是超越于我们的认知之外的。但是我们又必须告诉世人有这样一个东西，老子说我勉强给它起一个名字，“字之曰道”。

道教就是继承老子所开创的“道”的理论而形成的宗教，所以，道教是以“道”名教，树“道”为标帜。道教以道为最高信仰，同时它也崇拜神仙。如果只讲道，那不见得是道教，既讲道又讲神仙才是道教。所以，道教的基本内涵大概有三个方面：第一，以道为最高信仰；第二，以神仙为崇拜对象；第三，以长生成仙为终极理想。最高的是道，其他的一切都是由道所派生出来的。“道”被列为道教徒皈依对象“三宝”之首，为道教之最高信仰、道教教理之最高范畴。不同时代、不同风貌的各种各样的教派，会合于“道”的名义下而统称道教。这一切，说明“求道”是道教的主体精神，“得道”是道教的理想境界。因此，围绕着“道”而展开的论述，可以说是道教教义之基石。

一、说不可说的道

《道德经》开篇即说“道可道，非常道”。既然道不能用语言来表达，那么人们是不是只能对道保持沉默呢？所谓的“言者不如知者默”。但是我们又不能保持沉默，因为从老子、庄子到历代哲人，都对不可说的道做了许多言说。老子一方面说道是“绳绳兮不可名”，另一方面也要“强为之名”；庄子一方面说“道不可言，言而非也”，另一方面又大谈道“先天先地”“神鬼神帝”。

所以，一些学者就提出疑问：“大家都说《老子》是讲‘道’的，而大家又都说老子认为‘永恒的道’是说不出来的。那么，《老子》一书究竟是在讲什么？是在讲‘不永恒的道’，还是在讲‘说不出来的道’？如果是前者，又何必去讲它？如果是后者，《老子》怎么又能把‘说不出来的道’给说出来了呢？”这是一种钻牛角尖式的“直线思维”。其实，古人早就认识到“说不可说之道”自相矛盾，但是他们并不想去消解这一矛盾。因为，在古人看来，“说不可说之道”是人们在认识道的过程中必须面对的一个悖论。北宋学者苏辙写了一本《老子注》，即指出："道非言说，亦不离言说。"

这里我们稍微回顾一下《老子》诠释史。早期最有影响的《老子注》，一是汉代的《老子河上公章句》，主要站在养生的角度来阐述，在道教和民间流传最广；一个是三国曹魏时期王弼写的《老子注》，王弼只活了24岁，但是他写的《老子注》《周易注》都是一流的。到了宋代以后，影响最大的就是苏辙的《老子注》，他的注本契合了宋代以来三教合一的思想潮流。他认为整部《老子》用两个字就可以概括："复性"，即恢复人的本来真性。他说："道之大，复性而足。"

中国哲学的发展历程，大致有这样一个历程，就是从宇宙论到本体论，再到心性论。

第一个阶段是宇宙论。追根溯源，考虑天地、万物从哪里来的，往前追溯，追溯宇宙最初是什么。万物存在都是有，有之前有什么？《庄子》里面就专门有这些思辨的东西。探讨的结果，就是认为有一个终极的根源，就像现在物理学讲，宇宙起源大爆炸，宇宙大爆炸演化到现在大概137亿年，这是一种时间上的溯源。按照这样一种思路，《老子》的"道生一，一生二，二生三，三生万物"，跟大爆炸的理论也是可以契合的。当然，什么叫"一""二""三"，有很多解释，但最好把它理解成宇宙从简单到复杂的发展过程，这才符合老子的原意。把它往气的角度理解，那是从汉代气化宇宙论盛行之后的结果。

第二个阶段是本体论。世界从哪里来，无从论证，只能推测，那我们就换一种角度看这个世界，这个世界存在的根据是什么？每一个具体存在物背后的存在根据是什么？这个根据就是万物的本体，这就是本体论。这个时候的"道"就不光是生成意义上的东西，而是作为万物存在的根据，"有道则生，无道则死"，"道"就变成万物的本质，任何事物背离了自己的本质就不可能存在，就变成另外一个东西。本体论是由王弼开创的，王弼说万物都是有，但是，有要存在，背后必须是无，无才能够是有存在的依据。

第三个阶段就是心性论。儒、释、道三教讲的宇宙论、本体论都不太一样，但归根结底，"善言天者，必有征于人"，最后都要直指人心、直指人性。人的本性是什么？儒家讲"人之初，性本善"，佛家讲"人之初，性本净"，道家讲"人之初，性本朴"。所以，儒家是性善论，佛家、道家是性真论，真实的本性超越于任何后起的价值判断。

中国哲学发展的轨迹，就是从宇宙论到本体论再到心性论。苏辙的《老子注》之所以能够在后世产生很大的影响，就是因为它契合了三教合一的思潮，三教合一就是合到人性上去。

我们回到道与言的问题上来。苏辙指出，道是不可说的，但是你也不能离开言说去理解道。

与苏辙表达的意思相近的北宋学者还有章安。继唐玄宗之后，宋徽宗也对《老子》做了注解，有个叫章安的大臣又对宋徽宗的注解做了疏释，叫《宋徽宗道德真经解义》。章安在这本书中说："道固不可以言传也，道固不可以旨喻也，求夫言迹之间，固非所以得道。然舍夫言迹，则道又不可得而形容。"可见，对于道与言的关系必须做辩证的理解。

一方面，道不是任何具体的存在物，因此任何语言都只是对道的一种有限的陈述，而无法表达道的无限的意义。北宋另外一个学者王雱（王安石的儿子，只活了32岁，但是他注解了《老子》《庄子》，还有《佛书义解》，精通儒释道三教）就指出："虽圣人之言，常在其一曲。"因为道无法言说，即使是圣人所说的话，也只是表达了道的某一方面的含义。这样，语言对道就有遮蔽的作用，即以对道的某一方面的阐述，遮蔽了道的其他方面。为了防止对道的片面理解，必须强调道不可说，"说是一物即不中"。

另一方面，"道非言无以致显"，领悟了道的人，如果想要表达出他所领悟的道，就必须用语言来象征性地对道进行描述。言说虽然不能完全表达道的意义，但终归对道有所指示，听此言说的人，也可能透过此言说，对道有所领悟。

因此，问题不在于要不要言说道，问题在于言说道的人是否对道真有所悟。《庄子》里面就说过："言而足，则终日言而尽道；言而不足，则终日言而尽物。"所谓"有真人，而后有真知"，体道之人才能给人传达关于道的真知。讲道的人如果对道真有所悟，则举手投足无不在道的化境之中。

当然，对道的认知主要还是靠体悟，而不能指望别人来告诉自己。任何人跟你说，哪怕神仙来点化，他也只能起到指引的作用，《庄子·知北游》中早就指出过："有问道而应之者，不知道也。虽问道者，亦未闻道。道无问，问无应。"有人问道你马上就回答，这样的人根本就不知道，即使是问道的人，也没有从你这里听到什么是道，只是听了一些无关紧要的东西，所以道是不能问的，问也不能答应。

二、道为造化之根源

《道德经》中明确提出，道是宇宙创生之源。如第二十五章说："有物混成，先天地生……可以为天地母。吾不知其名，字之曰道。"第四十二章说："道生一，一生二，二生三，三生万物。"这是从宇宙根源的角度来讲的。宇宙从哪里来？从道来。道之前是什么？庄子已经回答了，道是"自本自根，未有天地，自古以固存"的，它是以自己为存在条件的。《度人经》里说是"上无复祖，下无复根"。

我刚才说，中国哲学一方面要讲宇宙是怎么来的，另一方面要讲万物靠什么存在，存在的根据是什么。《道德经》里面就同时表达了这两层意思，道不仅是宇宙创生之源，而且是万物存在和运动变化的根据。《道德经·五十二章》里提道："天下有始，以为天下母。"天下有始，就是有个开端，这个开端作为万物的母亲，也就是万物存在的依据。所以这句话阐述了道作为天地创生之源和万物造化之根的双重性。

从宇宙起源的角度来说，道是天地之始，就万物本身来说，万物都依赖于道产生，所以道是天下万物之母。"天下有始"是指宇宙的起源而言，"天下母"则是指万物的本体而言。万物的产生和发展，都离不开道的作用，正如《清静经》所说："大道无形，生育天地；大道无情，运行日月；大道无名，长养万物。"

从宇宙生存论的角度来说，道在万物之先，但是，宇宙生成之后，道与万物是什么关系？《庄子·知北游》说"物物者与物无际"。"物物者"就是使物成为物的根源，也就是道，"无际"就是没有界限。道与物没有边界限，就是说道与物具有统一性，从根源上说，物由道生，而从存在论意义上说，道生万物之后，道也就存在于万物之中，故道与物是不能截然分开的。

对于"道物同异"问题，初唐道士成玄英在《道德经义疏》中做了明确的阐述，他说："道不离物，物不离道，道外无物，物外无道，用即道物，体即物道。……道物不一不异，而异而一。"这段话表明：道就存在于万物之中，万物都是道的显现，所以道和物是不能截然分开的；道是体，物是用，从体用同源来说，道与物具有同一性；从体与用的区别来说，道与物又有相异性，物有变迁，道无变迁（"独立而不改"）。

三、道生之，德畜之

《道德经·五十一章》说：“道生之，德畜之。物形之，势成之。是以万物莫不尊道而贵德。道之尊，德之贵，夫莫之命而常自然。”

对这一段话的理解，大家有分歧。如有的学者认为，《道德经》中同时提到了道、德、物、势，因而道不是实存的本体。其理由是：如果道是实体，那么创生万物的过程中，为什么还要德、物、势同时起作用呢？道之外还要依赖于其他的东西起作用，那这个道就不是真的实体。其实，这个问题只要换一种思路就可以解决了，即道生、德畜、物形、势成不是同时的，而是有先后的。王弼就说过：“物生而后畜，畜而后形，形而后成。”事物不是一下子就获得了其完全的现实性，“道”创生只是提供了“第一因”，之后用“德”来畜养而获得进一步的现实性，然后成为具体的“某物”，而得以具有自己的“形体”，最后是一定的环境（“势”）来造就它。

《道德经》提出“尊道贵德”，没有说“尊物贵势”，显然物、势与道、德的重要性不可同日而语。“道”是创生之源，“德”有畜养之功。我们今天说道德是伦理学的含义，老子所说的道德是形而上层面，是本体上的意义，不是伦理学上的道和德。

关于道与德的关系，笼统地说，就是道为体，德为用。具体来说，可以分为四个方面：（1）“德者，道之舍。”《管子·心术上》说：“虚无无形谓之道，化育万物谓之德”，道的最大特点是“虚无无形”，“虚无无形”才能具有无限的可能性，它如果是任何一个东西，就没有无限的可能性，就不可能生出万物。然后“化育万物谓之德”，道运化而为德，才能化育万物。“德者，道之舍”，就是说，德是道具体落实的地方，就像“房子”一样。道好比是宇宙中普遍的东西，它具体形成某个物必须有一个落脚点，就是“德”。《庄子·天地》里也说：“故形非道不生，生非德不明。”任何形体都来源于道，但是生长之后，如果没有德来畜养，它也不会长成。所以，探讨万物来自何处与探讨万物如何生长同样重要。（2）“德者，道之分。”“道”是一个普遍的存在，生天生地生万物，每一个具体的事物得以存在的内在本原就是“德”，普遍本原就是“道”。因此，“德”就是每个事物所分有的“道”。（3）“德者，道之见。”“德”兼含生成之普遍潜质和具体事物之现实特性的双重含义。“德”是从无到有这个过程中的一个东西，从“道”下落为“德”，是把普遍潜质具体化为现实特性的动态过程。北宋苏辙说：“道无形也，及其运而为德，则有容矣，故德者道之见也。自是推之，则众有之容，皆道之见于物者也。”北宋陈景元说：“道非德无以显，德非道无以明。”“常道无名，唯德以显之，至德无本，顺道而成之。”这就是说，道是无形无名的，不能自显，必须通过德才能显现；而德之所以成为德的根据则是道。所以“道德相须而不相离，故曰道德也。”

（4）“德者，道之功。”《老子》讲“道生之，德畜之”，意在强调道对万物不仅是“生之”，而且要“成之”。“道”对万物的爱养、关照，在万物出生之后，以一种特殊的面貌和特殊的方式展开，那就是“德”。所以从这个角度来说，“德”又是“道”所体现的功用，正如韩非所说的“德者，道之功”。

对以上几点简单概括一下，可以说“德”是“道”所赋予万物的具有内在规定性的东西。《庄子·天地》中说“物得以生，谓之德”，一个具体的事物得以生存的东西，就是“德”。王弼也是继承庄子这个思想，王弼《老子注》说：“道者，物之所由也；德者，物之所得也。”张岱年先生说：“道是万物由以生成的究竟所以，而德则是一物由以生成之所以。一物之所以为一物者，即德。”张岱年先生又说：“德实即是一物之本性。”北宋王雱就曾把德与性等同起来：“德者，得也。物生乎道而各得于道，故谓之性。得其性而不失，则德之全也。”其实，把“德”完全归为性也还是不太妥当的，“德”应该是比本性更根本的东西，是万物的本性所在的根源，“德”是介于道和本性之间的东西。为什么本性本身不是德？《庄子·天地》说：“性修反德，德至同于初。”你要修复你的本性，要回归到德那里去。只有德，才能与最初的道相吻合。北宋吕惠卿《老子注》也说“德者，性之所自出”，“德”是万物的本性所源出的东西。所以后来道教提出一个概念“道性”，道性就是道所赋予人和万物的“德”。

那么，对于万物的成长而言，道之作用方式是怎样的呢？《道德经》第五十一章在最后一部分明确指出，道“生而不有，为而不恃，长而不宰”，这被称为“玄德”。同样的话语亦见于第十章。所谓“生而不有，为而不恃，长而不宰”，就是说道是发挥创造的功能，为万物营造合适的生存环境，绝不干涉万物的自然生长过程。因此，道虽然是万物的主宰，但是这个主宰不是像上帝那样有意志，“道生一，一生二”是自身的运动必然产生的结果。道生万物并非有意创生，而是道的运动自然产生万物。从这个意义上说，万物也可以说是“自生”的。

四、道法自然

《道德经》第二十五章中“道法自然”一词，给历代的读者带来很大的困惑：道已是终极的存在，怎么还会有效法的对象呢？郭沫若先生就认为“这些地方表现着老子思想的未圆熟”，他说因为让“道”来取法“自然”，“是连‘道’也失掉了它的至上性了”。张纯一先生是个佛学家，也是精通《道德经》的学者，他断言：“道法自然句，未免头上安头，似非《道德经》之旧。”他怀疑此句原作“道本自然”。当然，历代大多数注家是直面这一问题，既不认为《道德经》有自相矛盾的地方，也未怀疑文本有误。为了摆脱“道法自然”一语造成的理论困境，历代注家的诠释取向大概有三种：

一是主张道无所法，道法自然就是道法自己，自然就是自己。道效法自己如此，所以道就没有效法的对象。最早河上公的注本就是这样的，道法自然就是道无所法，到了近代，任继愈等学者认为，道法自然就是道法自己。

二是主张自然在道之上，甚至说自然生道。唐代佛道辩论里面，也经常会把“道法自然”拿出来讨论：究竟是自然最高还是道是最高？如果道是终极的，道为什么还效法自然？如果道以自然为最终的效法对象，那怎么是“域中有四大”而不是有五大？

三是现在有北大王博、王中江两位研究《道德经》的学者所认为的，老老实实承认道要效法万物之自然。

我们认为，前两种主张是不符合《道德经》原意的，对第三种主张，我们也需辨明，只有将“自然”理解为一种原则，而不是任何实体或实体的属性、状态，才能维护道的终极性。如果道要效法“万物之自然”，则会消解道的终极性。

虽然天地万物都根源于“道”，但“道”却不干涉万物的自然发展过程，这就叫“道法自然”。亦即“道”遵循“自然”原则，“无为”于万物，让万物按其本性自然造化，从而万物各得其所。“道法自然”就是要维护宇宙万物的自然状态。自然状态即宇宙万物依其本性天然如此、理应如此、势当如此的状态。因此，自然状态就是理想状态，故圣人也是“辅万物之自然而不敢为”。

老子说道法自然，目的是说圣人要法自然。《道德经》讲“君人南面之术”，是写给最高统治者看的，是在告诫最高统治者应该顺应百姓之自然，无为而治，不干涉老百姓的生活。老子认为最好的统治状态，就是在第17章所说的

“太上，不知有之”，老百姓只知道有这样一个统治者，但感觉不到统治者对自己有什么影响。

《道德经》说圣人应“辅万物之自然而不敢为”。既然道法自然，任物自为，那为什么还需要圣人辅助呢？因为个体利益诉求不同，各自的自为很可能会产生冲突。圣人就是起协调矛盾，维护和谐的作用。所以有时候圣人也很难做。第49章说：“圣人无常心，以百姓之心为心。”说起来容易，具体落实到操作层面有很多困难。老子的学说后来到了战国时期演变成了黄老学说，进一步往政治上发展，就是由道落实到术。司马迁的父亲司马谈在《论六家要旨》里面称“其为术也”，黄老学就是解决如何把老子的思想落实到操作层面。

“道法自然”不是纯任自然。《道德经》说：“化而欲作，吾将镇之以无名之朴。”即使社会风气已经是淳朴的了，也会有“淳浇朴散”的可能，所以圣人还是要采取适当的措施。因此按道家思想治国，并不是什么都不干。按道家观点，政府主要是做好三件事：第一就是管住坏人（“去其害群之马”），以维护社会秩序；第二就是要救济贫乏，做社会福利的再调节；第三还要搞好国防。老子虽然反对战争，但是也强调做好自卫的准备，爱护老百姓就不能让老百姓遭受侵略和奴役，打要打得赢，守要守得住。

除此之外，政府最好是什么都不干。老子主张的是“最小政府论”，不是无政府论，尽量让统治者对老百姓的影响最小，所以叫“无为”。

需要进一步思考的是：既然“道法自然”，“无为”于万物，如何又能够达到“无不为”的理想结果呢？“道常无为而无不为。”无为而不为，哲理上的解释就是，无意志而合规律，没有想要干什么事，但是做出来的事都是合乎规律的。但是还是有疑问，如果道生万物之后，完全不管不顾，宇宙不就成了一艘没有舵手的轮船？

孔子说：“天何言哉？四时行焉，百物生焉，天何言哉！”天地不言，春生夏长，秋收冬藏，四时不忒。同理，大道无为，任物自然，鸢飞鱼跃，生机盎然。自然界的这种和谐是如何达到的呢？大道什么都不干预，“掌舵”的机制在哪里呢？其实就在“自然”中。所以我们不要把“自然”理解偏了，“自然”不等同“自发”。自发的倾向并非全部符合自然。“自然”即事物依其本性应该如此。而自发的倾向，有可能违背本性。比如，自发的欲望受后天形质的影响，违背人的素朴的本性。《庄子》说：“盈嗜欲，长好恶，则性命之情病矣。”

宇宙有自我纠错的机制，这个机制就是“道”所赋予万物的本性在制约着反常的现象。《道德经》里面有一句话："飘风不终朝，骤雨不终日。孰为此者？天地。天地尚不能久，而况于人乎？"早晨刮大风，一整天都下瓢泼大雨，这是自然界不正常的现象。这些不正常的现象是谁干的？天地。即使是天地发生的不正常的现象，也不能长久，何况人为的不正常的事情，它一定会回到正轨上来。所以，违背本性必不能长久持续，这就是道的"掌舵"的方式。当然，这是一个终极原理，并不是说指日可待。什么时候才能"纠偏"？中国文化又发明了一个词："气数"，"气数"就是整个宇宙各种事物互相作用形成的大趋势、大环境。诸葛亮再有才，曹魏气数未尽，他就没有办法消灭司马懿。如果气数未尽，那么"拨乱反正"尚待时日。当然，如果我们只是消极地等待，寄希望于恶人的"恶贯满盈"，那恶人的"气数"可能永远不会尽。大家每个人干好自己的事，人人尽一份力，大环境的"气数"也就慢慢改变了。

五、道显为神

道教既尊道，又敬神，道与神之间是什么关系？

殷周时期，人们信奉的最高神是"皇天上帝"，或称"昊天上帝"。老子则提出，"道"先于"帝"。《道德经》第4章说："道冲而用之，或不盈。渊兮似万物之宗。……吾不知其谁之子，象帝之先。"关于"象帝之先"，有两种解释，一种解释是"好像在上帝之先"，另一种解释把"象帝"作为名词，说道在有形的上帝之先。

《道德经》第39章说："天得一以清，地得一以宁，神得一以灵。"关于"一"，一种解释认为"一"就是指"道"；另一种解释则认为"一"是道所生。不管认同哪一种解释，经文都在强调"道"是神之为神的根源。

《南华经》之《大宗师》篇说："夫道，有情有信，无为无形；……自本自根，未有天地，自古以固存；神鬼神帝，生天生地。"这里同样强调，无论是"鬼"还是"帝"，其"神"都是因"道"而"神"。

张道陵天师（一说张鲁）所作《老子想尔注》认为，"道"是没有形象的："道至尊，微而隐，无状貌形象也。"那种"指形名道，令有服色、名字、相貌、长短"，以之作为"思想"（即存思）对象的做法，是"世间伪伎"。同时，他又指出，道可以显现为神。《老子想尔注》说："一者道也。……一散形为气，聚形为太上老君，常治昆仑，或言虚无，或言自然，或言无名，皆同一耳。”

道教信奉的最高尊神有三位：玉清元始天尊、上清灵宝天尊、太清道德天尊。虽然应现有三，但其本则一，都是道的化身。《洞玄灵宝二十四生图经》说：“大道妙无像，运炁凝高玄。结空自然生，灵化表三神。”《神功妙济真君礼文》说：“天宝、灵宝、神宝，玉清、上清、太清，一气流行，三尊应世。”《正一修真略仪》说：“于理，即天尊、道君、老君一也，以三清应化之阶，即有方品之异矣。”

道教有一个理论，叫“随方设教”。大家看道教有好多神，而且神的数量是在不断的扩大过程中，这就是因为“随方设教”，老百姓有需要，大道就有感应。大家有求财富的愿望，就有财神。各种功能神，都是感应众生的愿望而产生的。民间信仰也有很多神，道教提出的区分正神与邪神的标准就是是否“合道利民”，符合大道，有利于老百姓，才是正神。

由于神源于道，道神一元，因而尊道与敬神具有一致性：道有神性，可以感应众生之心灵；神有道性，依道而赏善罚恶，济世度人。敬神不是一个简单的交易，不是上一个贡品神就保佑你，而是看你要求的事情是不是合理的。

道教强调道“道显为神”，一方面使虚无之道有了对象性，起众生之敬信；另一方面又彰显了神与道通，敬神的根本目的在于明道。《道德经》说“天道无亲，常与善人”，天道是没有亲疏的，谁做好事自然就与天道相应，而不需祈求保佑。神意即体现着天道，所以敬神之人，关键的是要做到“是道则进，非道则退”，以臻于“孔德之容，惟道是从”的境界为目标。

道教关于从无形的道到塑造神像也有一个解释，南宋高道白玉蟾就说：“道本无形，岂因绘形饰像？人须见物，方才随物兴心。”人总是习惯于崇拜具体的对象，这就是造像的由来。

六、道气化生

在《道德经》中，气字出现了三次：“专气致柔，能如婴儿乎？”（第十章）“万物负阴而抱阳，冲气以为和。”（第四十二章）“心使气曰强。”（第五十五章）但书中没有对道与气的关系做出说明。

《南华经》既从宇宙生成的角度提出道“生天生地”，又从万物构成的角度提出“通天下一气耳”。但书中对道与气的关系也没有做出说明。

战国秦汉时期，许多思想家用“精气”或“元气”来说明宇宙的生成或万物的构成。受此哲学思潮影响，汉代河上公在注解《道德经》时，开始将“精气”或“元气”引入道生万物的过程。他解“抱一能无离乎”说：“一者，道始所生，太和之精气也。”解“以阅众甫”说：“万物始生，从道受气。”解“可以为天下母”说：“道育养万物精气，如母之养子。”解“天法道”说：“道清静不言，阴行精气，万物自然生长。”按照河上公的注解，道不是直接生出万物，而是首先生出“气”，然后气在道的作用下化生万物。

后世《道德经》注家也大多认为道在气先，气由道生。如唐代成玄英释《老子》“道生一”说：“一，元气也。……言至道妙本，体绝形名，从本降迹，肇生元气。”唐代李约释“道生一”说：“谓应感而生一气也。”北宋陈景元说：“一者元气也，元气为大道之子。”“道生一气，一气变而有物。”

但也有一些道经，主张道即是元气。如《延陵先生集新旧服气经》说：“道者，气也。”《元气论》说：“夫道者何所谓焉？道即元气也。”元代陈致虚《上阳子金丹大要》也说：“道也，果何谓也？一言以定之曰：气也。”出于明代的内丹学名著《性命圭旨》也持同样观点。

不过，将道等同于气者始终是极少数。推其根由，是人们普遍认为道以虚无为最大特性，而气乃是实有之物，根据《道德经》“有生于无”的论断，道显然比气更为根本。比如陈景元解释“天下万物生于有，有生于无”说：“有，一也。一者，元气也。言天下万物皆生于元气。元气属有，光而无象，虽有光景，出于虚无。虚无者，道之体也。”这就是说，相对虚无的道来说，元气也还是有，“有生于无”，因此元气出于道。

虽然推本溯源，道在气先，但在现实世界中，不可将道与气截然分开。南宋道士董思靖在《道德真经集解》中指出：“夫道炁体用固不可无别，然初非相离而各为一物。惟无是道，则炁无以立；无是炁，则道无以寓。非是体，则用无以行；非是用，则体无以显。道宰乎炁而不宥乎炁，用著乎体而实源乎体。道即体也，炁即用也，体用一源，理物无间。”

为了强调道以气为用，气以道为体，道经中常常使用“道气”一词。如《三天内解经》说：“人皆由道气而生，失道气则死。”唐代杜光庭《广成集》说：“天地万灵，阴阳庶品，资元和而覆育，禀道气以生成。”无名氏《清静经注》说：“道炁为万物之本。”

“道气”概念的提出，突出了根源性与实在性的统一。道体虚无，元气实有；实有之气以道为根源，虚无之道以气显其功用。此气非寻常之气，乃是“元始祖气”，生天生地由此，炼质成仙亦由此。

七、道寓于心

《太上老君内观经》说：“道者，有而无形，无而有情，变化不测，通神群生，在人之身，则为神明，所谓心也。所以教人修道，则修心也；教人修心，则修道也。”

人禀气成形之后，道即寓于人之心。《坐忘论》说：“源其心体，以道为本。但为心神被染，蒙蔽渐深，流浪日久，遂与道隔。”人心从本源上来说，与道是同一的，此即人之“本心”。然而人在成长过程中，“本心”逐渐被蒙蔽，现实之心远离其清静本性，遂不再与道相合了。《太上老君内观经》说：“始生之时，神源清静，湛然无杂。既受纳有形，形染六情，眼则贪色，耳则滞声，口则耽味，鼻则受馨，意怀健羡，身欲轻肥，从此流浪，莫能自悟。”

要使人心回归到与道相合的本来状态，就要“修心”。《灵宝五经提纲》说：“何以修心？曰清静而已矣。何以致清静？曰虚而已矣。人能使方寸之地虚，则一尘不染，一物不留，寂然湛然，常清常静，一神独运，妙应无穷，可以超出生死之外，是谓得道也。”《太上老君内观经》说：“人能常清静其心，则道自来居。道自来居则神明存身，神明存身则生不亡也。”

道经中对心与道的同一性和关联性做了不少阐述。如《太上老君内观经》说：“道以心得，心以道明。心明则道降，道降则心通。”《灵宝五经提纲》说：“非心无以见道之全体，非道无以见心之妙用。道外无心，心外无道。”这都是从体悟道的角度来说的。大道无形，视之不见、听之不闻、搏之不得。然而，“道不远，在身中”（虚靖天师语），反躬即可体悟。道可以被心灵观照，心灵则因契合大道而获得明觉。本心与大道是完全契合的，故曰“道外无心”；离开了心灵的明觉，则大道无从向人显现，故曰“心外无道”。

八、与道合真

《太上老君内观经》说：“道不可见，因生以明之。生不可常，用道以守之。若生亡则道废，道废则生亡。生道合一，则长生不死，羽化神仙。”道无形无象，其见证就是天地间大化流行所体现的永不停息的生命活力。然而，人们从经验世界中发现，个体的生命总是短暂的，不能长存。那么，个体生命有无永恒存在的可能性呢？道教认为，这个答案是肯定的，若能实现“生道合一”，则生命可以永恒。《太上老君内观经》说：“道无生死，而形有生死。……形所以生者，由得其道也。形所以死者，由失其道也。人能存生守道，则长存不亡也。”《坐忘论》说：“山有玉，草木以之不凋；人怀道，形骸以之永固。资薰日久，变质同神，炼形入微，与道冥一。”唐代有人质疑：“道本无象，仙贵有形，以有契无，理难长久。”唐代高道吴筠在《玄纲论》中回答说：“夫道至虚极也，而含神运气，自无而生有。故空洞杳冥者，大道无形之形也。天地日月者，大道有形之形也。以无系有，以有合无，故乾坤永存，而仙圣不灭。”这就是说，无形、有形均是道的表现形式，而且有无之间是可以转换的。因此，能否永存，不在于有形还是无形，而在于合道还是离道。

《坐忘论》说：“虚无之道，力有深浅，深则兼被于形，浅则唯及于心。被形者，神人也；及心者，但得慧觉而身不免谢。”这里所说的“虚无之道，力有深浅”，不是指大道本身之力有深浅之别，而是说人修道的程度所对应的道力有深浅之别。“深则兼被于形”，即是“形神俱妙”；“浅则唯及于心”，即是“真性超升”。

“形神俱妙”是最高境界，要艰苦修炼，福报巨大，才能最终成功。元代牛道淳《文始真经注》卷六说：“人得道之深者，骨肉都融，形神共妙，可分之为亿万不为不足，可合之为一不为有余。永劫不坏，形可延也；冥冥莫测，形可隐也。”《灵宝玉鉴》卷三十八说：“道者神之主，神者气之主，气者形之主。故炼形合炁，炼炁合神，炼神合虚，则唯道为神，形同太虚矣。所谓金液炼形，玉符保神，形神俱妙，与道合真者是也。”形与神能够“俱妙”的关键在于形、气、神具有同质性，即三者都是元气所化。陶真人云：“元气者，人之根本也。”《玄宗直指万法同归》卷二说：“太极混而为炁，炁之一者曰精，精之妙者曰神，神之妙者曰性，炁降于人是为命。在人则气为形主，气足则精足，精足则神明，神明则性极。”故五代彭晓指出，“欲延生命却死期者，须知得身之始末。始末者，元气也。”修炼就是“将无涯之元气，续有限之形躯。无涯之元气者，天地阴阳长生真精，圣父、灵母之气也。有限之形躯者，阴阳短促浊乱，凡父母之气也。故以真父母之气，变化凡父母之身，为纯阳真精之形，则与天地同寿也”。（《周易参同契分章通真义》）

比“形神俱妙”低一等的得道境界是“真性超升”。“真性”即每个人由道所赋予的本性。一部分道书中说，人的身体（“凡躯”）乃四大假合而成，不能把肉体的长生作为修炼目标，而应该追求真性的超升，因为真性才是每个人的生命主体。张继先天师《虚空歌》说：“本来真性同虚空，光明朗耀无昏蒙。偶因一念落形体，为他生死迷西东。”《太上洞玄灵宝业报因缘经》指出，众生“神本清净，无诸滓秽，但受形之后，六贼六尘、六欲六识分别妄作，弊秽生身，外翳内滋，失其真性，流浪生死，动入罪由，报对相缘，便入地狱，受诸苦恼，万劫沉沦”。要超出轮回，就必须保全真性。关键是要澄心遣欲，使心灵不受世间尘垢蒙蔽，进而内修真功，外积真行，仰凭道力成全，待行满丹成归去日，“四假凡躯弃下，真性超升”。（《丹阳神光灿》）

无论“形神俱妙”，还是“真性超升”，其超越境界的获得，都在于“与道合真”。“合真”者，合其本真，即“归根复命”的存在状态。吴筠《玄纲论》说：“炼凡至于仙，炼仙至于真，炼真合乎妙，合妙同乎神，神与道合，即道为我身。”

追求“与道合真”，除了实现个体生命的永恒与自由以外，更大的目标是济世度人。得道成仙的代表人物吕洞宾（道门中尊称吕祖）即曾发下宏大誓愿，以度尽众生为己任。吕祖成仙后，曾传下诗句：“可是洞中无好景，为怜天下有众生。”神仙洞府本是十分美妙的，吕祖为什么觉得没有好景致？因为他心中牵挂着天下受苦的百姓。可见，成仙不是为了一己之逍遥，而是为普度众生创造先决条件。

《道德经》的智慧[①]

章伟文[②]

我今天交流的题目是"《道德经》的智慧"。讲到"智慧"，大家可能比较熟悉，如佛学讲"戒、定、慧"，"戒、定"最后要求"智慧"的解脱。

《道德经》也有对智慧的追求。如何理解《道德经》的智慧，让我们先从哲学的智慧谈起吧。

一、哲学智慧的现代意义

"哲学"一词来自西方，源出希腊语philosophia，义即"爱智慧"。19世纪70年代，日本最早的西方哲学传播者之一西周，借用古汉语，将这种学问译作"哲学"，其本义是对智慧的追求。在此，我们先介绍一下古希腊时期西方对于哲学的理解。

1. 哲学其义为"爱智慧"。在古希腊时期，其内容主要包括

（1）宇宙论：研究"存在"之本体及"真实"之要素，此为本体论（Ontology）；研究世界之发生及其历史、归宿，此为宇宙论（Cosmology）。目的在求"对于世界的道理"（A Theory of World）。

西方文化和中国文化的关注点有所不同。比如，《论语》开篇就讲"学而时习之""有朋自远方来""人不知而不愠"，这表明孔子对于人、人类社会是比较关注的。佛教讲生死事大，故佛祖也是对人、对人生有一个很好的关注。

① 本文根据作者在"什刹海论坛·2018道学季"的讲座录音整理，并经本人审定。

② 章伟文，什刹海书院特聘教授，历史学博士、哲学博士后，北京师范大学哲学学院教授、博士生导师，中国哲学与文化研究所所长。

那么，西方文化的特质是什么呢？西方文化首先探究的是外在世界。因为在古希腊产生的第一种哲学形态，就是自然哲学；西方人首先要睁眼看世界，要了解这个世界是怎么样的，在此基础上，就产生了哲学当中的一个非常重要的分支，叫作宇宙论。宇宙论要研究世界的发生和发展，研究存在的本体和最真实的要素。

据说，西方第一个哲学家泰勒斯总是抬头看天。有一次，他只顾看天，没有注意脚下，结果掉到水沟里面去了。朋友嘲笑他成天看天，连脚下的水沟都看不清楚，泰勒斯为了证明自己看天是有道理的，就做了一件事情：因为他老看天，了解了气候变化的法则，他预测未来橄榄会丰收，橄榄可以榨油，泰勒斯就把榨油的设备全部预先租下来，等到橄榄丰收的时候，他就利用这个机会赚到一笔小钱。以此，泰勒斯向朋友证明，天天看天还是有实际功效的。

古希腊哲学中，第一个重要的分支就是宇宙论。宇宙论又可以分成两部分，一个是研究世界的发生和发展，就是我们通常所说的宇宙发生论，还有一个研究存在的本体和最真实的要素，就是本体论，这两者合起来都叫作宇宙论。宇宙论目的在于求得一个“对于世界的道理”。这里面有没有智慧呢？当然是有的。佛教的缘起性空就是对于存在的一种认识，对于最真实要素的一种探究答案，它带给我们一种解脱的智慧。

（2）人生论：研究人究竟是什么（生理学、心理学）；人究竟应该怎么样（伦理学、政治社会哲学等）。目的在求“对于人生的道理”（A Theory of Life）。

哲学除了宇宙论之外还要研究人生，这个是我们的归宿。我们看宇宙怎么样，实际上还是要落实到如何看待人生上来。哲学要研究人到底是什么。当然，现在这是生理学、心理学等学科研究的范畴，但以前却都归在哲学当中。

哲学还要研究人究竟应该怎么样。这是哲学的一个分支——伦理学的研究范围。一个人上有父母、有爷爷奶奶、有姥姥姥爷，下有自己的孩子；同辈则有兄弟姐妹，有爱人，还有朋友等很多的关系，这个关系叫作人伦；人伦是以人为中心的各种层次、各种级别、各个系统的关系。如何妥善处理这些关系，也会有一个道理：比如我们对于父母的爱就是“孝”，我们对于孩子的爱就是“慈”，我们爱我们的兄弟姐妹，这是“悌”，我们还会爱我们的爱人，这是一种爱情、情感。

处理人与人之间的关系，会有一定的道理产生，故人伦之间也是有理的，这就叫伦理。儒家很关注这方面。对于人的关注，也有一种人生的哲学智慧在其中，这也属于哲学的智慧，其目的在于求得一个“对于人生的道理”。

（3）知识论：研究知识之性质，即所谓知识论（Epistemology）；研究知识之规范，即所谓逻辑学（Logic）。目的在求“对知识的道理”（A Theory of Knowledge）

哲学除了宇宙论、人生论之外，还有知识论，专门研究知识的性质和知识的范畴等问题。

知识论在西方是非常发达的。我们举个例子，比如，太阳晒是一个现象，石头热也是一个现象。但是，我们人总是力图把握这个世界，所以，我们会这样联系：因为太阳晒，所以石头热。我们在纷繁复杂的事物间建构起种种联系，但是英国哲学家休谟说了一个让很多人吃惊的观点，即太阳晒跟石头热没有关系。“因为”太阳晒，“所以”石头热这样的关系，不过是我们力图把握这个世界所主观建构起来的，至于世界是否真的存在此种关系，我们似乎并不能够清楚地知晓，这在哲学上，就叫作不可知论。

休谟的观点直接启发了康德去探讨这个问题。康德认为，“因为”“所以”等关于必然性、偶然性的范畴，应该属于知性的先天法则，这是从我们人的头脑当中生发出来的，至于物自体世界本身存在不存在“因为”“所以”，康德就像休谟一样，说“我不知道”。在康德看来，当我们人观察这个世界的时候，离不开我们的感性；当我们说“因为”“所以”的时候，则是在运用我们的知性；当人们说上帝无所不能的时候，这是运用其理性的功能。感性、知性、理性都是人们头脑当中生发出来的，不是物自体本身所具有的。只有经过知性范畴的加工，人们才会产生普遍性的知识。既然普遍性、必然性的知识皆要通过知性范畴的加工，那么，西方就有专门一种学问去研究知识。

在东方文化中，也有相类似的哲学观点。例如，唐代玄奘法师从印度取经回来之后，创法相唯识学。法相唯识学的性质和康德哲学观点有异曲同工之处，唯识学也把整个宇宙世界看成是由“识”变现出来的，故强调“万法唯识”。“识”有八识，前六识为眼耳鼻舌身意，第七识为末那识，第八识为阿赖耶识。阿赖耶识是藏识，所有的一切皆是由阿赖耶识即藏识变现出来。仅就这点言，其类似于西方的知识论。

2. 人们关于哲学，一般做以下这样的认识

（1）哲学是探究终极存在之学，包括在、思、言、学四个部分。其中，“在”指终极存在；“思”指哲思，是对整个存在（包括人本身生存状态）的思索；“言”指对“哲思”系统和理论的表述；“学”指哲学的教学与研究。

（2）哲学探讨的主要问题，应包括：本体论（存在什么）、认识论（如何认识存在）、价值论（存在的意义为何）、实践论（存在意义的实现），等等。这是我们所说的哲学的智慧。

3. 人类对价值和意义的哲学追问具有普遍性

（1）就单独的个人而言，人也许可能像动物一样，浑浑噩噩地生活，饥来吃饭倦来眠，今朝有酒今朝醉。

（2）就人类作为一个整体而言，其对诸如世界向何处去、社会如何发展、个人如何安身立命、人生的意义何在、终极关怀等问题是必须要予以考虑的。这是关系到人类价值取向和发展目标的重要问题，也是“哲学”与“文化”所应考虑的重要问题。

二、中国哲学的主题与特征

（一）中国传统哲学的主题：天人关系

1. 天道

大化流行的自然理体，是事物的共性、合理性、理念性的存在。

2. 人道

所谓“人事”，指的是人的生存活动方式，即人文化成，包括人性与人事。

中国哲学有一个主题叫作“天人”。当然，“天”不仅仅指的是自然界，这个“天”也是中国人的一种终极关怀，中国人认为宇宙间最高价值的存在就是“天”。

至于所谓“人”，则一般包括两个方面：一个是人性，一个是人事。人性

是指人之成其为人的这样一个本质，人事是指由人组成的人类社会文明的建构。

（二）中国传统哲学天人文化体系的两大支柱：儒、道

中国哲学首先提出一个最理想化的“天”的存在，认为无论是个体的人还是作为整体的人类，都要和最理想的“天”去合一，这个人就包括人性和人事。中国传统哲学围绕着这个主题，有两大文化支柱，即儒与道。

1. 儒：由人之天——以文化引领现实世界符合天地之道

儒家是侧重从人道上升至天道。即先在人道这个层面去发掘其中的闪光点，再把它上升至天道这个层面。

比如，孟子的哲学就是典型。孟子生活的战国时期，社会奉行的是丛林法则，即弱肉强食；生存主要靠强力，谁的拳头硬，谁的牙齿足够锋利，谁就有生存的权利。但孟子认为，这种社会状态是不好的。他要做一件事情，即要让人与动物区别开来，让人能够站立起来。正如《易传》所说：“立天之道曰阴与阳，立地之道曰柔与刚，立人之道曰仁与义。”孟子认为，能够让人与动物相区别，从而站立起来的是仁与义，故人性和动物性是有区别的。

孟子认为，人性就是人的德性。如果每个人都讲德性，社会就会变得很美好。这也是孟子为解决奉行弱肉强食之丛林法则的战国这样的社会的问题，所开出的一济药方。人性之善从何而来，孟子认为来自上天的赋予，如他所说“尽其心者知其性也，知其性则知天矣”，人性之善不仅仅是人所具有的，就其源头说，则是由上天赋予的。

儒学发展史上有一个学派，叫作思孟学派，由孔子的孙子子思、孟子等一脉相承。思孟学派有一部重要著作《中庸》，传说认为《中庸》的作者是子思。《中庸》开篇就说，“天命之谓性，率性之谓道，修道之谓教”，就是说，上天赋予我们每个人以善，这就是人之性；人们把上天所赋予的善性表现出来，这就是道；按照道的原则修行，这就是教。

但是，若从认识论的角度去考察，上天所具之德性内容，实应源自人道。比方说，社会中，有一些人非常孝顺父母；儒家哲学就从这里出发，认为孝顺父母不应该是个体行为，而应具有普遍性。如何论证此普遍性，这就需要推广，即要证明孝这个行为不只存在于人类社会，而是整个宇宙都存在孝之理。这个过程大概可以这样来理解，在大自然当中有羔羊跪乳的现象，因为小羊羔喝羊妈妈的

奶，据说采用跪着的姿势。儒家以此证明，孝之理不仅仅存在于人类社会，而是整个宇宙，乃至动物界，都存在孝之理。

因此，儒家把我们生活当中存在的个别之孝的行为，上升至宇宙天道的法则。然后，再将此天道的法则下贯，以之来指导人世间的社会生活。这就是一种“天人合一”，人道不合于天道，这就违背了上天的旨意，就属于不孝。上天要求人们彼此仁爱，要求孝顺自己的父母，人们要顺从上天的旨意。这是儒家由人之天，再由天道来规范、约束人道的哲学教化方式。

2. 道：由天之人——试图从宇宙大化中推阐出某种理体，将其作为一切文化的最根本原则。它反对文明的异化、人性的扭曲；也就是说，要以自然之理作为文化体系的基础，使人文建构不违背天道自然

前面我们说过，中国传统哲学围绕着“天人”关系，有两大文化支柱，一个是儒家，一个是道家。至于佛教文化，因其是古印度传过来的思想体系，虽然与中国传统儒、道文化有交融、有互摄，但其关心的问题，应该属于另外一个文化系统。

我们说，文化各有其特质，“横看成岭侧成峰，远近高低各不同”，本无可非议，你关心人类生活的这个方面，我则关心人类生活的另外一个方面。故中华文化、儒道文化更多地关心宇宙世界所存在的道、法则，而印度文化、佛教文化则要把整个宇宙世界包括人生看成是缘起性空。所以，当道家讲尊道贵德的时候，佛家就讲缘起性空；当儒家讲天理良知的时候，尤其在讲天理的时候，佛教还是在讲缘起性空。这主要是因为文化有不同的关注点，你用这种方式、从这个方面去关注宇宙和人生，就产生了这种特质的文化；我用我的方式、从另一个方面去关注宇宙和人生，则又产生了另外一种文化。

那么，道家是如何来讨论天人合一这个问题的呢？与儒家不同，道家更为强调天道的至上性，提出“无以人灭天”。道家要从宇宙天道大化中推阐出某种理体，以之作为人道所当遵循的法则，其天人合一的路径与儒家相反，是由天而之人，强调人文建构不能违背天道自然之法则。

（三）中国传统哲学的基本特征

儒、道两家思想，代表了中华本土文化的特质。佛教文化虽出于古印度，然其传入中国后，便与生长于斯的儒、道等文化交融、互摄，从而亦承载有中国

文化的某些基因。

如果我们考察中国传统的儒、释、道文化，就会发现，中国传统文化与哲学有其自己的鲜明特征。中国哲学以“生命”为中心，特别重视人的“主体性”与“内在道德性”之确立。中国哲学关心人的“生命”是从德性方面讲的，从德性方面关心生命不是“知识”问题而是“实践”问题。中国文化首先把握了生命，中国人由如何安顿和调护生命开出了“内圣外王”之学，这一内圣外王之学亦被称为“仁”学。其次中国古代亦存在以知识论与逻辑学为中心的“智学”。与“仁学”首先把握“生命”不同，“智学”主要把握宇宙“自然”之理体，形成知识、科学。

（四）中国传统哲学与文化的现代创新与发展

1. 人的全面发展是衡量经济与科技进步的重要尺度

（1）科技增长是一柄双刃剑，“发展”不意味着单纯的经济增长和科技进步。

（2）科技发展必须为人服务，人的全面发展是衡量经济与科技进步的重要尺度。

（3）人的全面发展，离不开对人生意义和价值的探寻，这就是一个“哲学”与“文化”问题。我们要探究人类作为“类”存在的价值与意义；同时，我们还要考察个体的人的存在意义问题，包括人性修养和人的精神超越、生死问题、价值取向，以及对社会生活所应采取的合适态度等问题。

2. 中国传统哲学与文化的现代创新与发展

（1）经济发展、体制更新，要求哲学与文化的建设与之同步发展。如何建设适应新时代的哲学与文化，是每一个中国人，尤其是中国知识分子所应考虑的重要问题。

（2）传统哲学与文化对现代中国人来说，是财富还是包袱？中国是一个具有五千年灿烂文明的文化古国，有着历史悠久的文化传统。这个文化传统对于今天的中国人来讲，如果处理不好，就是一个迈向现代化过程中的沉重包袱；而如果处理得好，将极大地促进我国现代化的进程。是财富还是包袱，关键在于当代的中国人怎样对它进行创造性地转换。

（3）关于中国传统哲学与文化的现代创新之路的思考。传统哲学在走向现代这个创造性转换的过程中，应该怎样来扬弃自身？应该弘扬什么、汲取什么、消解什么？对此，我们认为，中国传统文化的主流儒、道、释，通过彼此融通、互补、互摄，取其精华、弃其糟粕，将可以在当代中国社会的文化建设中发挥其积极作用。

三、《道德经》的智慧

《道德经》是承载中国传统哲学智慧的一部重要经典。《道德经》究竟有什么样的智慧呢？

中国学问有两个传统，一是汉学的传统，一是宋学的传统。宋学的传统，比如说程朱理学的程颐，他有一个观点，即学习一部经典，如果不能知道此经典之微言大义、根本精神，实际上还是相当于没有真正读懂经典。所以，宋学特别重视阐发经典的微言大义。当然，汉学就不同，汉学特别重视对经典文字的考据和训诂，采取一种对文献学、历史学等的研究方法来解释经典。

西方学术界兴起的汉学研究，也具有这个特点。西方有些汉学家认为，中国学术界发表的论文都只是用经典为自己的观点做注脚，而不在乎经典本身真正说了些什么。例如，不少人说《道德经》《论语》《金刚经》里有什么思想，其实只是借用经典在说自己想说的。

当然，对这一点，我们也要回应一下，中国学问本来就有汉学、宋学的差别。以六经注宋学，客观地说，也有其存在的意义、价值。我们今天来介绍《道德经》的智慧，基本采纳的也是宋学的方式。《道德经》是中国古代智慧的结晶。这么说有根据吗？对此，我们做如下说明。

（一）老子与《道德经》

1. 老子《道德经》主要注本的著录与历史流传情况

《道德经》是中国古代哲学非常重要的一部经典。此书的作者，为先秦时期的老子。西汉著名史学家司马迁在《史记》中，曾为老子列传，其谓：

> 老子者，楚苦县厉乡曲仁里人也，姓李氏，名耳，字聃，周守藏室之

史也……老子修道德，其学以自隐无名为务。居周久之，见周之衰，乃遂去。至关，关令尹喜曰："子将隐矣，强为我著书。"于是老子乃著书上下篇，言道德之意五千余言而去，莫知其所终。"

2. 老子作《道德经》，于史有据。然因时代久远，此书在流传的过程中，因不断传抄、解释、翻印，其形式也发生了较大变化

班固《汉书·艺文志》曾著录有：《老子邻氏经传》四篇（姓李，名耳，邻氏传其学），《老子傅氏经说》三十七篇（述老子学），《老子徐氏经说》六篇（字少季，临淄人，传《老子》），刘向《说老子》四篇，这些书当与老子及其《道德经》有关，也可能是解释《道德经》的，然它们是如何解释的，现在已经不太清楚了。

1973年长沙马王堆汉墓出土了帛书《老子》甲、乙本，用篆书抄写者为甲本，以隶书抄写者为乙本，甲本无避讳，乙本避汉高祖刘邦的"邦"讳，但不避汉惠帝刘盈之"盈"讳，推测其抄于汉初，其所抄之祖本，当更为久远，可能为战国时期。

20世纪90年代，在湖北荆州郭店出土一批战国竹简书，其中有《道德经》残简；北京大学收购一批竹简书，其中有《老子》，与现代通行本《老子》相较，内容与字数基本保持完好。这三种古本，对于我们了解《道德经》的古貌，有重大帮助。

两汉、魏晋有关老子《道德经》之注，《隋书·经籍志》及新旧《唐志》对之有一些记载。

如《隋书·经籍志》谓"老子《道德经》二卷，周柱下史李耳撰。汉文帝时，河上公注。梁有战国时河上丈人注《老子经》二卷"。

关于河上公注，晋葛洪《神仙传》谓河上公居河之滨，授素书、道经予汉文帝，《汉书·艺文志》不载其人、其书，故《隋书·经籍志》此说不知其何所据。唐司马贞《孝经老子注易传议》云："河上公盖凭虚立号，汉史实无其人，然其注以养神为宗，以无为为体。"（《文苑英华》卷766引）有学者认为，东汉章句之学极盛，河上章句可能为此时代之产物，因为葛玄、皇甫谧等均言及本书；也有一些学者如高明就认为，此书晚于王弼注，应出于魏晋后。

该注于明《正统道藏》洞神部玉诀类"知"字号收录，四卷共八十一章。

《道藏提要》指出，其以道为天地本始，道“吐气布化，出于虚无”（卷一），关于治政之方，其以清静无为、道德化民之治为上，以“可道”为经术政教之道，以“常道”为“自然长生之道”，倡导以道立身、立国，所谓：“修道于身，爱气养神，益寿延年，其德如是，乃为真人。修道于家，父慈子孝，兄友弟顺，夫信妻正。修道于国，则君圣臣忠，仁义自生，礼乐自兴。人主修道于天下，不言而化，不教而治。”其修身之法是强调人的呼吸，认为鼻口呼吸当绵绵微妙，若存若亡，此是修行之道；此外，修行还要除嗜欲、去烦乱，怀道抱一，和柔谦让，爱精重施，髓满骨坚，返璞守淳。此注融合儒家三纲、五常思想与黄老清静无为学说，结合修炼方术解说《道德经》之义。

《经典释文·叙录》载“河上公章句四卷”，敦煌本河上公《老子道德经》残卷（伯2639号）亦为四卷，可证《道藏》本四卷篇次未失唐人之旧；然与《隋书·经籍志》著录之二卷比，多出二卷；又窜入章名，故非其本来面目。《隋书·经籍志》还著录《老子指归》十一卷，严遵注。

严遵为西汉人，著名学者扬雄尊之为师。

晋常璩《华阳国志》谓：“严遵，字君平，成都人也。雅性澹泊，学业加妙，专精《大易》，耽于《老》《庄》，著《指归》为道书之宗。”

《经典释文·叙录》载严遵《老子指归》十四卷；新旧《唐志》均载严遵《老子指归》十四卷、冯廓《老子指归》十三卷。

明《正统道藏》洞神部玉诀类“能”字号收录《老子指归》十三卷（原缺卷一至卷六），题严遵撰，谷神子注，谷神子疑即唐代冯廓。《郡斋读书志》曰：“《老子指归》十三卷，右汉严遵君平撰，谷神子注。其章句颇与诸本不同，如以‘曲则全’章末十七字为后章首之类……此本卷数与廓注同，其题谷神子而不显姓名，疑即廓也。”由此可见，晁公武所处时代，《老子指归》全书尚存。

《道藏提要》认为，五代前蜀强思齐《道德真经玄德纂疏》、北宋陈碧虚《道德真经藏室纂微篇》、南宋李霖《道德真经取善集》、元代刘惟永《道德真经集义》并引《老子指归》之《道经》佚文（蒙文通辑《道德指归论佚文》，从强书得百二十余条，从陈书得二十五条，从李书得十二条，从刘书辑出一条），是南宋李霖、元刘惟永等尚见《老子指归》全书。《老子指归》另有六卷本，明胡震亨等《秘册汇函》本、毛晋《津逮秘书》本及清张海鹏《学津讨原》本并题《道德指归论》，仅存《老子指归·德经》部分之七至十二卷，较《道藏》本少

第十三卷。

《老子指归》分《老子》为七十二章，上经四十章，下经三十二章。其旨以自然无为为宗，认为自然即虚无之道，由道德而生神明、太和，从而化生天地万物。以修身正法与道德仁义礼相统一，强调经世治国之道。现代学者王德有整理《老子指归》，有中华书局1994年版。

《隋书·经籍志》还著录《老子道德经》二卷，王弼注。

王弼为三国时魏人，著名的玄学大家。《经典释文》《新唐书·艺文志》《宋史·艺文志》并著录王弼《老子注》二卷。刘歆《七略》曾谓刘向定著《老子》为“二篇八十一章。上经第一，三十七章；下经第二，四十四章”（谢守灏《混元圣纪》卷三引），王弼此注亦上经三十七章，下经四十四章，犹存古式。书后有晁说之、熊克跋。明《正统道藏》洞神部玉诀类“得”字号收录此注。

此注提出著名的“以无为本”“崇本息末”等玄学思想，深刻影响中国哲学之发展。

另外，魏晋六朝之《道德经》注，根据《隋书·经籍志》，还有钟会注、晋尚书郎孙登注、刘仲融注、卢景翼撰等，此皆二卷；又《老子音》一卷，李轨撰；《老子义纲》一卷、《老子义疏》一卷，顾欢撰；《老子指趣》三卷，毋丘望之撰；《老子义疏》五卷，孟智周私记；《老子义疏》四卷，韦处玄撰；《老子讲疏》六卷，梁武帝撰；《老子义疏》九卷，戴诜撰；另有不题撰人的《老子节解》《老子章门》等。

其中，明《正统道藏》洞神部玉诀类“信”字号收录《道德真经注疏》八卷，原题吴郡徵士顾欢述。《道藏提要》认为，此书注用河上公，疏引顾欢之说四十余条，而取成玄英者独多，疏中还引唐玄宗注，又引“陈曰”，均见宋陈象古之《道德真经解》，则此注疏非顾欢之作，乃宋人掇辑而成。

新旧《唐书·经籍志》所提及的魏晋时期重要的《老子》注，还有王肃、何晏注，陶弘景注，葛洪注，羊祜注，蜀才注，鸠摩罗什注等。《宋史·艺文志》则载陆修静《老子道德经杂说》一卷，葛玄《老子道德经节解》二卷等。

唐代《道德经》注，值得关注的首先是唐傅奕校定《古本老子》，其次是唐玄宗李隆基的御注，再次是唐代重玄学大家成玄英、李荣之注，然后是唐后期、五代时期的陆希声、杜光庭注等。

关于唐代之《老子》注，《旧唐书·经籍志》有傅奕注《老子》二卷，张道相《老子集注》四卷，《宋史·艺文志》亦载有傅奕《道德经音义》二卷等。《道藏提要》指出：傅奕所谓“古本”乃北齐后主高纬武平五年（574）彭城人开项羽妾冢所得，宋范应元著《老子道德经古本集注》，元至元二十七年（1290）陕西盐厘县楼观台道德经碑，皆宗此本。

明《正统道藏》洞神部玉诀类“男”字号收录《唐玄宗御注道德真经》四卷，《新唐书·艺文志》《宋史·艺文志》《崇文总目》《郡斋读书志》及易州碑皆作二卷。《正统道藏》本此注据易州幢本，分《道经》为上经，《德经》为下经，上下经又各分为二卷，故成四卷，凡八十一章。此注始创《道德经》异本勘合之学术，依违于河上公、王弼注之间，内阐修身之本，外宣理国之方，其二十章“而贵食母”作“而贵求食于母”，加“求”“于”两字，证之古本与马王堆出土帛书《老子》甲、乙本，当非。

唐开元二十三年（735），唐玄宗用道门威仪司马秀言，曾令天下一些大的道观立石刊勒此注。

当时，成都、荆州、怀州、遂州、易州、邢州、苏州等地的大道观皆刻石存之，流传至今，有易州本（唐开元二十六年，即公元738年，河北《易州龙兴观道德经幢》），刑州本（唐开元二十七年，即公元739年，河北《邢州龙兴观道德经幢》）。《旧唐书·玄宗本纪》于开元二十一年（公元733年）载有关此书之事，可证其当撰于此时间之前。

后来，唐玄宗又为此注作疏，即《唐玄宗御注道德真经疏》，明《正统道藏》洞神部玉诀类“效”字号收录，十卷。然《新唐书·艺文志》载《玄宗道德真经疏》八卷，其中注两卷、疏六卷。《宋史·艺文志》《崇文总目》《郡斋读书志》皆著录此疏，并云六卷。《续修四库全书提要》曰：“今作十卷者，盖后人所妄分也。”

此疏中杂有“又解”，内容与疏义有所不同，而合于王弼、河上公等旧说，可能采诸臣之说；疏之大旨“明道德生畜之源”，谓万物资之而生者谓之道，物得而生者谓之德，故谓“通生曰道”“得生曰德”，道与德乃体与用、全与分、形上与形下之关系，其名虽二而其实则一，故曰“同出而异名”，以体用释道德，为唐玄宗此注疏之特点。

另外，唐代石刻《道德经》，还有景福本（唐景福二年，即公元893年，河北《易州龙兴观道德经碑》）等，也值得注意。

唐代道教重玄学大家成玄英、李荣亦有《道德经》注疏。成玄英注疏《道德经》原本已佚，强思齐编《道德真经玄德纂疏》二十卷，保留有成玄英疏。强思齐本人乃唐末五代学者，前蜀王建赐其号曰玄德大师，故是书名《〈道德真经〉玄德纂疏》。此书卷前有杜光庭序，称撰于前蜀乾德二年（920），此书以唐玄宗注疏为主，而次以河上公、严君平、李荣注和成玄英疏，几乎全部引用，不参己见。唐李荣《老子注》，成玄英疏，皆赖此书得以传世。

又《道藏》中保留有李荣《道德真经注》四卷，此书原题“元天观道士李荣注”，初唐四杰之一的骆宾王有《赠道士李荣诗》，故李荣可能为初唐时人。《新唐书·艺文志》、杜光庭《道德真经广圣义》均著录李荣此注。

《道藏》本李荣注仅存一至三十六章，《道经》末章与《德经》原缺。2004年，中国道教协会、中国社会科学院世界宗教研究所、华夏出版社共同编纂、出版《中华道藏》，取敦煌卷子中发现的其下卷（见日本印《沙州二十六子》）与唐强思齐《道德真经玄德纂疏》中所录李荣注文，参考近人蒙文通所辑《辑校老子李荣注》，将其补全，成一全本。

另外，唐代王真撰《道德经论兵要义疏》四卷，从兵法的角度解释《道德经》，颇有其特色。

关于唐末五代《道德经》注本，除陆希声、杜光庭之注外，还有李约《道德真经新注》四卷。《道藏提要》指出，此注《旧唐书·经籍志》未著录，唯《新唐书·艺文志·乐类》有李约《东杓引谱》一卷，《宋史·艺文志》著录李约《道德经注》四卷，《国史志》录李约《道德经新注》四卷，《通志·艺文略》并误作李纳。

此注前二卷《道经》上、下共三十七章，后二卷《德经》上下共四十一章，凡七十八章，较他本少三章，盖将第四十四章并入第四十三章，第四十八章、四十九章并为一章，第六十八章、六十九章合为一章。

其自序谓：“道者清静自然之道也。德者以法久而失，修而得之，谓之德也。”又谓“王者法地法天法道之三自然妙理而理天下也，天下得之而安，故谓之德”，以为人当法地无私载、天无私覆、道无私生之自然妙理，非另有一自然也。

他家所注“人法地，地法天，天法道，道法自然，即域中五大矣。与经文乖谬而失教之意也。岂王者只得法地而不得法天、法道乎？又况地法天，天法道，道法自然，义理疏远矣！”乃改读为“人法地地，法天天，法道道，法自然”，独标新奇，异于古读。

唐景龙二年（708）河北易州龙兴观《道德经》碑，其本被称为景龙本或谓遂州本。

明《正统道藏》洞神部玉诀类“罔”字号收录有《道德真经次解》二卷，原题无名氏著。

此书自序云：“先者，经过遂州，见龙兴观石碑，上镌《道德》二经，细而览之，与今本有别，字多差错，全无注解，亦无篇题。”此本经文即唐遂州碑本，上、下卷末各附有异同字，上即所谓“今本”，下即此书所据“遂州碑本”。

近人王重民曾以邢州龙兴碑本与易州唐玄宗御注碑本对校，文字全同，而与《次解》互校则文字颇异；而明焦竑《老子考异》所引龙兴碑文则与本书全同，因判定《道藏》中所存《次解》本经文即遂州龙兴碑本。近人蒋锡昌评价说：“《遂州碑》金石家皆未著录，作《次解》者亦不可考，此碑赖《次解》而存，至可珍也。”此书不分章，上下卷只题《道经》《德经》，下有小注略述经旨。

宋代《道德经》注，重要者有王安石、王雱父子之注，司马光注，陈景元注，曹道冲注，苏辙注，宋徽宗赵佶注，吕惠卿注，陈象古注，章安注，李霖集解，程大昌注、邓锜注等。

其中，《宋徽宗御解道德真经》四卷，赵佶注，《宋史・艺文志》《文献通考・经籍考》，晁公武《郡斋读书志》等皆著录《宋徽宗御解道德真经》二卷。明《正统道藏》洞神部玉诀类“才”字号收录，《正统道藏》本道、德各二卷，故共四卷。

《宋史・徽宗本纪》载，政和八年（1118）秋八月辛酉“诏班御注《道德经》”，九月丙戌，“诏太学、辟雍各置《黄帝内经》《道德经》《庄子》《列子》博士二员”。此经当撰成于公元1118年。赵佶解曰：“道者人之所共由，德者心之所自得。道者亘万世而无弊，德者充一性之常存。”（卷一），“仁义礼智，随量而受，因时而施，是德而已，体道者异乎此。”（卷三）对道德之意，做了自己的解释。

司马光注《道德真经论》四卷，一名《道德论述要》《老子道德论述要》，原题司马氏注。

《道藏提要》指出，范应元《道德经古本集注》、彭耜《道德真经集注》及李霖《道德真经取善集》所引司马光说，均与此注相合，当知此司马氏即司马光。《郡斋读书志》《直斋书录解题》均著录此书，并题司马光撰，晁、陈皆言二卷，明《正统道藏》洞神部玉诀类“得”字号收录此书作四卷，实亦二卷。司马光于此注中提出“道德连体，不可偏举”，故其注不分《道经》《德经》，亦不标章名，其经名不曰注而曰论，亦是新意。其注“无，名天地之始；有，名万物之母。常无，欲以观其妙；常有，欲以观其徼”，皆于“无”与“有”下断句，异于古读，出于其己意。

元代《道德经》注，可注意者，一为大儒吴澄之注，一为道门之士中和子李道纯之注，另外，元延祐三年（1316），赵孟頫书《道德经》石刻，今北京白云观有藏，影印出版，名之曰《松雪书道德经》，亦非常重要。

关于《道德经》之篇章，《老子》河上公章句分为八十一章，严遵分为七十二章，吴澄注《道德真经注》四卷，定《道德经》为六十八章，其云：“老氏书，字多误，合数十家校其同异”，“庄君平所传，章七十二；诸家所传，章八十一，然有不当分而分者，定为六十八章云。上篇三十二章，二千三百六十六字。下篇三十六章，二千九百二十六字。总之五千二百九十二字云。”明《正统道藏》洞神部玉诀类“短”字号收录吴澄此注。

李道纯撰《道德会元》二卷，其自序云撰于元世祖至元二十七年（1290），他以《河上丈人章句》白文本为主，将诸本差讹表而出之，名曰《正辞》，凡大同小异者二百余处。其参究诸本解义与老子义理不相合者，表而出之，名曰《究理》，略举异同讹谬十余处。《正辞》《究理》冠之经首，以破经中异同之惑，此注为明《正统道藏》洞神部玉诀类“谈”字号收录。

明代重要的老子注，主要有薛蕙的《老子集解》上下卷，全真龙门派道士王一清《道德经释词》二卷，释德清《老子道德经解》上下卷，道士陆西星《老子道德玄览》二卷，李贽《老子解》上下卷，焦闳《老子翼》三卷，林兆恩《道德经释略》六卷，彭好古《道德经》一卷，归有光《道德经评注》上下卷，危大有《道德真经集义》十卷，王夫之《老子衍》一卷，皆在老学发展上有其重要的地位。

明太祖朱元璋曾为《道德经》作注，明《正统道藏》洞神部玉诀类“男”字号收录《大明太祖高皇帝御注道德真经》二卷，撰于明洪武七年（1374），《明史·艺文志》著录。其注谓《道德经》“乃万物之至根，王者之上师，臣民之极宝，非金丹之术也”，以修齐治平为目的。

中国历史上，曾有四位帝王为《道德经》作注。除前面所介绍的唐玄宗、宋徽宗、明太祖外，还有清朝的顺治帝。

顺治十三年（1656），顺治皇帝作《御注道德经》二卷，《四库提要》谓此注："即寻常日用，亲切阐明，使读者销争竞而还淳朴。"

清代《老子注》，著名者亦不少，如纪昀《老子道德经校订》二卷、卢文绍《老子音义考证》一卷、毕沅《老子道德经考异》二卷、姚鼐《老子章义》二卷、纪大奎《老子约说》四卷、邓暄《道德经辑注》二卷、王念孙《老子杂志》一卷、李涵虚《道德经注释》一卷、徐大椿《道德经注》二卷、魏源《老子本义》二卷、俞樾《老子平议》一卷、吴汝纶《点勘老子读本》二卷、杨文会《道德经发隐》一卷、严复《老子道德经评点》二卷、孙诒让《老子札记》一卷、文廷式《老子枝语》一卷，等等。

近现代以来，不少学者对《道德经》研究亦倾注其热情，如马叙伦有《老子覈（hé）诂》（天马山房丛书本）、高亨《老子正诂》（开明书店排印本与北京古籍出版社重印本）、《老子注释》（河南人民出版社）、胡适《校老子》（稿本，马叙伦《老子覈诂》引）、蒋锡昌《老子校诂》（商务印书馆）、蒙文通辑《成玄英老子义疏》（四川省立图书馆刊本）、于省吾《老子新证》（中华书局）、饶宗颐《老子想尔注校笺》（选堂丛书之二）、朱谦之《老子校释》（龙门联合书局）、任继愈《老子今译》（古籍出版社）、严灵峰《无求备斋老子集成》（台湾艺文印书馆影印本）、陈鼓应《老子注译及评介》（中华书局）、许抗生《帛书老子注译与研究》（浙江人民出版社）、楼宇烈《王弼集校释》、高明《帛书老子校注》（中华书局）、王德有整理《老子指归》（中华书局），等等。

1997年以来，中国道教协会、中国社会科学院世界宗教研究所、华夏出版社联合发起《中华道藏》的整理点校工作。此次整理、点校关于《道德经》部分，是在明《正统道藏》《万历续道藏》的基础上，又新增收入一些《道德经》经文及注，如下：

《老子道德经》（郭店楚简本），廖名春先生整理、释文，此经于1993年冬在湖北省荆门郭店一号楚墓出土，抄写时间大概为战国中后期。

《老子道德经》（马王堆帛书本），此经1973年出土于湖南长沙马王堆3号汉墓，有甲、乙两种抄本，其与通行本不同之处在于《德经》在前、《道经》在后，许抗生先生整理，《中华道藏》收入。

《老子道德经》二卷（敦煌五千文本），尹志华先生整理，此本可能为汉魏六朝至隋唐时期道教徒传授、诵习之文本，其文删定《老子》经文为五千字，故又称《五千文》，或称系师（张鲁）定本；又因经文前有吴道士葛玄所撰《老子道德经序诀》，故称葛本，附于现存敦煌唐人残抄本《五千文》后，收入《中华道藏》时，删去了附于经文前后的《序诀》及道士传经盟誓词、《十戒文》，仅收入经文本身。《老子道德经想尔注》，此注据传为汉天师张道陵所撰，一说系师张鲁撰，原书四卷，现存敦煌残本S. 6825号，《中华道藏》收入，整理时参照了饶宗颐先生《老子想尔注校证》。

《老子道德经序诀》，原题太极左仙公葛玄造，王卡先生认为可能是南朝道士伪托，原来作为序附于敦煌本《五千文》本前，《中华道藏》整理时，将其录出单列。《老子道德经注》（贞松堂藏敦煌唐抄本），此注罗振玉、大渊忍尔认为是梁武帝《老子讲义》残卷，王卡先生则推测可能为曹魏时何晏所作，《中华道藏》整理收入。《玄言新记明老部》，唐初学者颜伷撰，正文残存五卷，现存敦煌P. 2462号抄本，乃解释王弼注本篇章次第含义之书，《中华道藏》整理收入。

《老子道德经开题序诀义疏》，唐成玄英撰，现存敦煌P. 2353，S. 5887，P. 2517号抄本，残缺，《中华道藏》据蒙文通辑校本《老子义疏》补，参校强思齐《道德真经玄德纂疏》。

《道德真经注》，唐元天观道士李荣注，《道藏》只保留了此书序及《道经》三十六章，分作四卷；敦煌残抄本存此书《德经》四十四章及《道经》第三十七章注文，两本合并，仍略有残缺，《中华道藏》在此基础上，据强思齐《道德真经玄德纂疏》参校补缺，合成完本。原书经文未分章，《中华道藏》整理时，据通行本分别章次。

《老子道德经古本集注》，宋范应元撰，《正统道藏》未收，《中华道藏》据《续古逸丛书》影印宋刊本，整理补入。

近年来，在国家宗教局的大力支持下，中国道教协会，华中师范大学道家、道教文化研究中心，香港蓬瀛仙馆等单位协力编成大型丛书《老子集成》，由宗教文化出版社正式出版发行。该丛书在《中华道藏》所收《道德经》各种注疏的基础上，广泛搜集国内外大型图书馆珍藏的各个时期之重要《道德经》注本中之善本，将之点校、整理，按现代版式重新排版，成为目前较齐全的《道德经》丛书集之一。

（二）《道德经》的哲学智慧

老子的《道德经》中，蕴含着丰富的哲理。就道家哲学思想的一般特征而言，它以“道”作为自己哲学的基本范畴。

“道”在汉语中，其原本为道路之义，引申开来，则有本原、规律、理则等义；道家哲学主张“无为”，崇尚“自然”，反对“有为”，这与儒家哲学思想相比，有其不同的特质。

究其原因，我们认为，道家思想在地域上属于楚文化，与代表中原文化的儒家思想有着截然不同的文化特征：儒家思想一般重视对社会礼乐文明制度的建构，具有重制度文明的特点；道家之精神，重天道之自然，认为人类社会文明之建构应该与天道相合，反对文明制度对人性的异化。历史上，儒、道两家哲学构成中国传统哲学的主干。

1. 本体论哲学：尊道贵德、道法自然

关于道，《道德经》在哲学上提出两种观点：

一种观点是道本原论，将道看成是万物生成的源头，如《道德经·四十二章》所说“道生一，一生二，二生三，三生万物，万物负阴而抱阳，冲气以为和”，以道作为万物的本源与本根。

另一种观点是道本体论，即以道为世界万物之依据、本然，如《道德经·一章》所说：“道可道，非常道；名可名，非常名。无名天地之始，有名万物之母。故常无欲以观其妙，常有欲以观其徼。此两者，同出而异名，同谓之玄。玄之又玄，众妙之门。”

道有可道、有常道，可道可名，常道则不可名；正因其不可名，故为常名。道亘古亘今，先天地而有，此为宇宙万物之本体，乃无名之始；物生之后，道即在物之中，而为物之根本，故道又为万物之母，因其生物之功明明白白，此则为有名。道通过无名与有名来展示自己，无名与有名皆不离道的作用，故同出而异名，然形上与形下、无名与有名皆有“道”一以贯之，故同谓之“玄”。人们于道之体能发见其用，于道之用能上溯其体，故道即体即用，此谓玄之又玄。

正因为如此，《道德经》认为，宇宙间一切神妙莫测之变化皆出于道，道乃是众妙之门。于此，《道德经》提出了道为宇宙天地万物之本的本体论观点。

在《道德经》认为，天下万事万物之所以生成，有其原因，这就是道；万物生成之后，各具自己的本性，这就是德，德是道的体现、是道的殊相，“尊道”“贵德”是《道德经》哲学思想的主要内容之一。

《道德经·五十一章》说：“道生之，德畜之，物形之，势成之。是以万物莫不尊道而贵德。道之尊，德之贵，夫莫之命而常自然。”

道是一种形而上的理体，她因万物而成形，因天下大势而成就自己的现实存在，万物都体现着道与德。道之所以为尊，德之所以为贵，不是因为道、德自身对万物有一种权威和命令，而都是出于万物各自的天性，是自然而然的。

道是万物发生的原因，蕴藏着万物生成、收藏的本性；万物生成、发育、成熟，包括其延续和终结，无不有道在其中发生作用。正因为道、德作为人和万物所禀之天性，实质上规定了人和万物的生存、生活之则，故要尊道贵德。

在此基础上，《道德经》强调“道法自然”，其第二十五章说：“人法地，地法天，天法道，道法自然。”

其所谓“道”首先是一个自然的法则，人和宇宙万有皆以“道”为法则，而“道法自然”并不是说在道之上还有一个比道更高的存在，这个“自然”不是今人所谓自然界意义上的自然，不是一个实体词，而是一个状词，即自然而然。

事物各有其天然的本性，人、物天性皆平等，故人“无弃人”，物“无弃物”，万物生成于道，各具有其“德”或性命；万物虽有形有象，迁流不息，但仍在流变中保有其德或性命之“常”。

道之所以玄妙广大而无所不包，即因其能够因任万有之性而随处成就之；人法道之自然，亦应消解其有为之偏弊，不要把人的意志强加于他人、他物，因任自然，而使人、物各自“归根”，自成其性。

《道德经·十章》：“生之，畜之，生而不有，为而不恃，长而不宰，是谓玄德。”

《道德经·十六章》：“致虚极，守静笃。万物并作，吾以观其复。夫物芸芸，各复归其根。归根曰静，是谓复命。”

在《道德经》看来，自然是人类最理想的状态，在这种状态中，人应像初生婴儿那样无识无知，天真质朴；而文明的发展、知识的积累，却可能造成人无以返其性情而复其初的非本真状态。故要用“道”的自然原则来矫治社会伦理的失序和文明对人性的割裂，以实现人的本真存在。

《道德经·十八章》：“大道废，有仁义；智慧出，有大伪；六亲不和，有孝慈；国家昏乱，有忠臣。”

《道德经·十九章》：“绝圣弃智，民利百倍；绝仁弃义，民复孝慈；绝巧弃利，盗贼无有。此三者以为文不足，故令有所属；见素抱朴，少私寡欲。”

不过，道家虽然对仁、义、礼等伦理规范的形式有较多的批评，但社会中的人文和文明的存在方式，实皆据道之自然的条理而设，所以道家并不否认忠信、孝慈、素朴、笃厚、慈俭等价值理念的德性内容。

因为大道化而为器物，万事万物因与道相通而井然有序，圣人依此秩序而制定百官制度，这种制度、秩序博大精深，不需要主观人为地去对它进行裁制，任运其自然，就能达到无为而治。

所以，《道德经》并不反对一切文明制度，而只是反对文明制度对人性的异化。

文明制度是圣人根据人性、物情而制定的，其本性是自然而然的。但如果这种文明制度过度膨胀，就会失却其本来的自然本性，以这种不合于道的、不自然的文明制度来统治人民，人民就觉得与自己的本性、与事物的情性格格不入，就会造成对人自然本性的压抑，会导致人的自然本性的异化。所以，道家认为根据人性、物情去确立文明制度是需要的；但文明制度不能过分，不能越出其适用的范围，不能违反人性、物情主观地去对文明制度予以加强，这样不仅不能达到治理天下的目的，甚至会适得其反。

《道德经·第三十二章》：说："始制有名，名亦既有，夫亦将知止，知止可以不殆。"

《道德经·二十八章》："朴散则为器，圣人用之，则为官长，故大制不割。"

道家并不绝对地排斥名分与制度，只是认为在创立了名分和制度之后，在使用这些名分和制度的过程中，要掌握好限度。因为名分和制度本身并不是政治追求的目的，政治的目的在于无为而治，所以制定名分与制度需要适可而止，力求简政，不能为了名分和制度而制定名分、制度。

《道德经》所谓"尊道""贵德"，要求在人伦或文明中保持住孝慈、忠信、慈俭等德性之本真内容，而消解掉各种人文设定的形式化之蔽，防止内在于人与万物的"德"堕落为异化的形式，这种异化导致人的沦落、蜕变，故要尊其道而贵其德。

《道德经·五十四章》："善建者不拔，善抱者不脱，子孙以祭祀不辍。修之于身，其德乃真。修之于家，其德乃余。修之于乡，其德乃长。修之于邦，其德乃丰。修之于天下，其德乃普。故以身观身，以家观家，以乡观乡，以邦观邦，以天下观天下。吾何以知天下之然哉？以此。"

因此，在《道德经》看来，道与德是不可动摇的，也是任何人、任何事物所不能摆脱的。道通贯于个人及家、国、天下之间，并遍及于万物之中。如果人们遵循道德，以之修身，则道德就能落到实处；以道德来治理国家，则道德就可以丰大而盛；以道德来引导天下民众，则道德就可以普及于众生。

2. 政治哲学：无为而治、小国寡民

《道德经》比较强调天道的价值，天道是自然、无为的，人道应该法天道，也做到自然、无为。人道中价值的基础和根源来自天道，人们尊道贵德、清静无为、抱朴守真、柔弱不争，法水之善利万物而不争，即可达于上善、成就逍遥。

《道德经・二十五章》："人法地，地法天，天法道，道法自然。"

对于理想的价值目标如何在整个人类社会得到实现，《道德经》强调无为而治。其无为而治，不是指无作为，什么都不做，而是指要顺着事物内在发展之规律而行，顺着事物之性情而动，这样才能"无为而无不为"。

《道德经・三章》："是以圣人之治，虚其心，实其腹，弱其志，强其骨。常使民无知无欲，使夫智者不敢为也。为无为，则无不治。"

无为指的是不主观妄为，道无主观之私意，不过是随顺人性、物情而施为，故能无所不为，统治者若能知晓道之无为义，天下民风将同化而归于自然。

《道德经・三十二章》："道常无名，朴虽小，天下莫能臣。侯王若能守之，万物将自宾。天地相合，以降甘露，民莫之令而自均。"

道家对无为而治是持肯定和乐观的态度的，认为统治者要行不言之教化，处无为之事，引导人们法道而行、与道相通，从主观妄为中、从贪欲中解脱出来，就可以达到理想的社会。

《道德经・二章》："是以圣人处无为之事，行不言之教。万物作焉而不辞，生而不有，为而不恃，功成而弗居。夫唯弗居，是以不去。"

在道家看来，治理天下只是顺人之情、顺物之性，无为而治。因为天地生成万物，并不是为了要刻意表示自己的仁爱，只不过是顺物之性而为，在这个过程中，天地并不视自己为万物的主宰；同样，圣人教化百姓，亦不是为了要刻意彰显自己的仁爱，不过是顺应百姓之情而施政，并不自视自己为百姓的主宰。

《道德经・五章》："天地不仁，以万物为刍狗；圣人不仁，以百姓为刍狗。"

治理天下国家，应该法天道自然之规律，不能仅凭统治者自己的主观意志。故具有上德的统治者在进行统治时，并不刻意去造作和经营，而是顺乎人之性和物之理，无为而治。

圣人在治理国家的时候，以百姓的心意为准绳，来衡量政治的好坏。社会风气好的时候，圣人根据此情况努力来治理国家；社会风气不好的时候，圣人也根据此情况努力来治理国家。百姓诚信，圣人固然信赖、依靠之；百姓不诚信，圣人也还努力信赖、依靠之。

《道德经·四十九章》："圣人常无心，以百姓之心为心。善者，吾善之；不善者，吾亦善之，德善。信者，吾信之；不信者，吾亦信之，德信。圣人在天下，歙歙焉为天下浑其心，百姓皆注其耳目，圣人皆孩之。"

把天下国家治理好是统治的目的，但如果不依道、不依规律行事，天下国家不仅得不到治理，反而会大乱。

《道德经·六十章》：提出："治大国，若烹小鲜。"

道家认为治理大国就好比煎一条小鱼，不能经常去翻动它，煎小鱼时如果经常去翻动它，小鱼就碎了。同样，治理天下大国，也不能随意搅扰百姓，不必刻意去经营，否则就容易导致天下大乱。

道家强调政治要法自然而行，这就是其最理想状态。统治者如果不以自己的私智来治理天下，而是顺天下万物之情来治理，则天下万物各得其治，这就是无为而治。

《道德经·五十七章》："以正治国，以奇用兵，以无事取天下。吾何以知其然哉？以此：天下多忌讳，而民弥贫；民多利器，国家滋昏；人多伎巧，奇物滋起；法令滋彰，盗贼多有。故圣人云：我无为，而民自化；我好静，而民自正；我无事，而民自富；我无欲，而民自朴。"

《道德经·十八章》："大道废，有仁义；智慧出，有大伪；六亲不和，有孝慈；国家昏乱，有忠臣。"

在具体的政治活动中，统治者要本着大道去治国。统治者自抑不彰，那么，百姓就会返璞归真；如果统治者通过严苛监督来治理国家，那么百姓就会变得狡猾而难以治理。统治者不法道之自然、无为去治理天下，就有仁、义、礼制等人为制度、规范的出现，这表明在社会中，人与人之间朴素的忠诚、信誉已经趋于消失，这恰是导致社会祸乱的开始。社会历史实践证明了这一点：虽然政府颁布很多的禁令，结果老百姓反而因之更加贫困；民众私藏了许多利刃，国家、社会就更加昏愚；提倡淫巧竞争，则社会上的奇怪之事经常发生；政府颁布很多法令，可是社会上盗贼仍然在横行。所以，统治者无为治国，百姓就风俗淳厚；

统治者不兴事扰民，百姓可以富足安康；统治者恬淡清静，社会就会充满正气；统治者不纵欲败行，则社会风气就会纯朴、正直。

另外，道家也认为，统治者也不要刻意去崇尚贤能，以避免天下人因此都去争夺此虚名；不能偏好稀奇难得之物，以避免诱发偷盗之心；要提防因物欲而勾起贪情，从而避免扰乱民众内心的安宁。圣人治理国家主要采取的手段有：净化百姓的心灵，满足百姓的基本生活需要；不煽动百姓使之冲动，而致力于增强百姓的体质；使民众不知虚名浮利、无意为此而竞争。这样，一些别有用心的人也不敢自恃聪明，胡作非为。统治者遵循道之无为的治政纲领，天下国家自然就能得到太平。

《道德经·三章》："不尚贤，使民不争；不贵难得之货，使民不为盗；不见可欲，使民心不乱。是以圣人之治，虚其心，实其腹；弱其志，强其骨。常使民无知无欲，使夫知者不敢为也。为无为，则无不治。"

如果想要通过夺取天下，并以强权来推行自己的意志，这在道家看来，是不可能做到的。因为天下并不是个人私有的产物，天下国家是神圣的公器，不可能按某一个人的主观意志来加以统治。如果统治者想要以自己的私心执持国家政权，按己意随心所欲地进行统治，这种统治必然遭到失败，所执持的天下、国家政权也必然丧失。

《道德经·二十九章》："将欲取天下而为之，吾见其不得已。天下神器，不可为也。为者败之，执者失之。"

至于理想的价值世界，《道德经》则强调"小国寡民"，为人们描绘了一幅田园式道家自然生活的理想图景。《道德经·八十章》提出："小国寡民，使有什伯之器而不用，使民重死而不远徙。虽有舟舆，无所乘之。虽有甲兵，无所陈之。使民复结绳而用之。至治之极。甘其食，美其服，安其居，乐其俗，邻国相望，鸡犬之声相闻，民至老死不相往来。"

道家理想的国家就是"小国寡民"。所谓"小国"，不是说理想的国家就是规模小的国家，此处之"小"可作动词用，指"小"其国事。但国家大了，国事自然多了，如何才能"小"其国事？道家认为，"小"其国事不是说没有或减少国事，国家通过法道之自然，没有或少有频繁干扰百姓正常生产、生活的妄动，这种妄动越少，则国家的"有为"之政就越少，这就是"小"其国事，能做到这样，就是"小国"。

同样，所谓"寡民"，不是指国家的百姓稀少，而是指百姓寡欲之谓。寡欲则百姓朴实无华，故虽然有复杂的器具，但百姓们无利欲难填之心，精神和乐，在器用方面也因此就没有特别的企求。因为天下太平，国家治理得很好，所以百姓们热爱生命、热爱生活，不用逃亡到远方去谋生，舟船车辆、盔甲枪械等皆用不上，文字也用不上，人们好像回到了结绳而用的古代纯朴社会。

又因为吃得好、穿得好、住得好、享有好的社会环境和风俗，故邻近国家的人们彼此虽然能听到各自鸡犬的叫声，但百姓从生至于老、死，也不会发生相互欺凌、侵伐的现象。道家强调复归于自然，这并非要弃绝文明，回到刀耕火种的生存状态。复归于自然，实质上是要把自然的精神和意义保持在文明中，即所谓“大制不割”，“制”即制度、人文、文明，最理想的制度（“大制”）或最理想的文明状态，即在文明的存在中保持住那个自然生命的整全性（“不割”）；自然是相对人为而言的，“人为”亦即“有为”，道家亦称之为“伪”，与之相对，自然也就是“无为”，《道德经·三十七章》：“道常无为而无不为。侯王若能守之，万物将自化。”圣人法道，其治理天下，养成万物的原则，亦只是“辅万物之自然而不敢为”；生、成、养、长不能说不是“为”，但这个“为”只是辅相人、物以自成、自化，而不加任何的故意和外在的干预，因此，这“为”亦即“无为”，“道常无为而无不为”，说的就是这个道理。人无法摆脱人文和文明的存在和重新拥有自然的本真性，这是老子《道德经》“小国寡民”政治哲学的理想追求。

3. 境界与修养论：上善若水、柔弱谦下

道家认为，有一种上善的境界，这种境界和一般的善有所不同。如果要勉强对之加以解说的话，这种上善的性质就好比是水。

《道德经·八章》说：“上善若水。水善利万物而不争，处众人之所恶，故几于道。居善地，心善渊，与善仁，言善信，政善治，事善能，动善时。夫唯不争，故无尤。”

水对于万物都是必不可少的，它哺育万物、利益万物又从不居功自傲，不与万物争利，只是安然处于卑下低洼之处，这种卑下低洼的地方一般人是不甘愿于居处的。水的这种性质可以用来形容道的上善境界。

《道德经》由此出发进行了引申，认为理想的人格应该做到：在社会上不争名夺利，而应像水一样能就下，随缘适应；其心境就好比水处深渊，波澜不惊、沉静平稳；帮助他人、帮助社会应该像水润万物一样尽心尽仁；言谈应该像

水性长流一样，使人可以确信无疑。治理国家、天下应该像水无常形一样，因势利导；做事应该像水利万物一样，无所不能；行动应该像水流无碍一样，随时而发。因其不争，所以不会招致怨尤。

道家看到当时的天下大乱，就是因为人们的私欲膨胀导致了争夺，由争夺而有战乱，因战乱而天下杀戮不断，灾殃连连。要解决这个问题，《道德经》提出来一种理想人格，这种理想人格具有善利万物、处下不争、因势利导、随时而行、仁爱万物、诚实守信等品性，就好比是水，“天下莫柔弱于水，而攻坚强者莫之能胜”。（《道德经·七十八章》）

道家认为，人的行为原则应该是“弱”或者“柔弱”，明确表示要守柔、居弱，因为“柔弱胜刚强”（《道德经·三十六章》），守柔、居弱，也就是无为、自然。老子曾以水和婴儿为喻，说明为人守柔处下之原则，水之性不争而处下，婴儿性至为柔弱，而处浑然不别之状态。

而守柔、处下、不争，其真正意义正在于排除主观妄为，回归自然，从而泯除人的虚妄价值分别，以达到物我合一的自由境界。

4. 认识论：抱朴守真、静观玄览

（1）道与物。第一，物：指现象、存在的诸事物。物有对待：有与无、美与恶、善与不善、难与易、长与短、高与下、前与后。

《老子·二章》：天下皆知美之为美，斯恶已；皆知善之为善，斯不善已。故有无相生，难易相成，长短相形，高下相倾，音声相和，前后相随，恒也。是以圣人处无为之事，行不言之教。万物作焉而不辞，生而弗有，为而弗恃，功成而弗居。夫唯弗居，是以不去。

第二，道：指一指现象、存在诸事物的根本。

道本原论（生成源头）。《道德经·四十二章》：“道生一，一生二，二生三，三生万物。万物负阴而抱阳，冲气以为和。”

二指道、常无、常有、万物。

道本体论（万物之依据、本然）。《道德经·一章》：“道可道，非常道；名可名，非常名。无名天地之始；有名万物之母。故常无欲，以观其妙；常有欲，以观其徼。此两者，同出而异名，同谓之玄。玄之又玄，众妙之门。”

（2）天与人。第一，天人关系的含义分析。其一，人与现象意义上的天的关系：天、人对待。从生成论言，天比人更接近本原之道，人法天。其二，人与

本体意义上的天的关系：天、人同一。人法天。

《道德经·五章》：“天地不仁，以万物为刍狗；圣人不仁，以百姓为刍狗。天地之间，其犹橐籥乎！虚而不屈，动而愈出。多言数穷，不如守中。”

《道德经·二十五章》：“人法地，地法天，天法道，道法自然。”

第二，天道与人道的含义分析。其一，天道自然，人道人为，人为即有情。其二，天道无为，人道有为，有为即造作。

《道德经·七十七章》：“天之道，其犹张弓与？高者抑之，下者举之；有余者损之，不足者补之。天之道，损有余而补不足。人之道，则不然，损不足以奉有余。孰能有余以奉天下，唯有道者。是以圣人为而不恃，功成而不处，其不欲见贤。”

第三，自然至善论。其一，人法地，地法天，天法道，道法自然。其二，人生观上的回归意识；政治哲学上的无为而治。

无为政治的中心思想是政事清简。即把国家、政府的活动缩减至最低程度，尽最大限度不干预民众活动，使民众无拘无束，自由自在，安居乐业，认为这样就能使国家大治。

《道德经·三十七章》：“道常无为而无不为，侯王若能守，万物将自化。”

《道德经·十章》：“爱民治国，能无为乎？”

《道德经·二章》：“是以圣人处无为之事，行不言之教……”

《道德经·三章》：“为无为，则无不治。”

《道德经·二十九章》：“将欲取天下而为之，吾见其不得已。天下神器，不可为也。为者败之，执者失之。”

天道自然，无为而万物生，无为而功自成；人类社会之政治亦当如此。

（3）知与行。第一，本体层面：回归意识。

《道德经·二十五章》：“有物混成，先天地生。寂兮寥兮，独立而不改，周行而不殆，可以为天下母。吾不知其名，字之曰道，强为之名曰大。”

《道德经·五十二章》：“天下有始，以为天下母。既得其母，以知其子；既知其子，复守其母，没身不殆。”

《道德经·十章》：“载营魄抱一，能无离乎？专气致柔，能如婴儿乎？”

第二，现象层面：逆向思维。其一，重无轻有。《道德经·三十二章》：“道常无名。”《道德经·四十一章》：“道隐无名。”《道德经·四十章》：

“天地万物生于有，有生于无。”其二，重本轻末。《道德经·十六章》：“夫物芸芸，各复归其根。归根曰静，是谓复命。复命曰常，知常曰明。知常，容。容乃公。公乃王。王乃天。天乃道。道乃久，没身不殆。”其三，重柔弱、静、雌、退轻刚强、动、雄、进。《道德经·七十六章》：“人之生也柔弱，其死也坚强。草木之生也柔脆，其死也枯槁。”《道德经·二十八章》：“知其雄，守其雌。”其四，重愚拙轻智巧——大智若愚。《道德经·四十五章》：“大直若屈，大巧若拙，大辩若讷。”《道德经·十九章》：“绝圣弃智，民利百倍。绝仁弃义，民复孝慈。绝巧弃利，盗贼无有……见素抱朴，少私寡欲。”其五，为道与为学。为学是认识事物，属感官认识、理性认识；为道要认识宇宙本原、本体：其为超越存在，不可感、不可思。《道德经·四十八章》：“为学日益，为道日损。损之又损，以至于无为。”《道德经·十四章》：“视之不见，名曰夷；听之不闻，名曰希；搏之不得，名曰微。此三者不可致诘，故混而为一。其上不皦，其下不昧，绳绳兮不可名，复归于无物。是谓无状之状，无物之象，是谓恍惚。迎之不见其首，随之不见其后。执古之道，以御今之有。能知古始，是谓道纪。”《道德经·四十七章》：“不出户，知天下；不窥牖，见天道。其出弥远，其知弥少。是以圣人不行而知，不见而明，不为而成。”

因此，先秦道家崇尚“朴”与“真”，认为“朴”“真”乃道之本。老子强调“见素抱朴”，所谓“朴”，即人与万物未经雕琢的自然状态，所谓“真”，乃人与万物本身所固有的本质规定性。

《道德经·十九章》说：“见素抱朴、少私寡欲，绝学无忧。”

《道德经·二十八章》说：“知其荣，守其辱，为天下谷。为天下谷，常德乃足，复归于朴。”

“朴”是相对于“器”而言的。“器”是分化而具体成形之物，“朴”即一未分化的自然整全性。所谓“复归于朴”，亦即复归于自然。

道家认为，道德规范、价值准则的制定，不能违背人的自然天性，这才能保证善的德行真诚无伪。无真诚之情的所谓“善行”导致了各种虚矫的礼教，这对人性是一种束缚，导致了人性的异化。

社会中不仅存在人与人之间的巧伪欺诈，也有一些冠冕堂皇的浇薄浮华，只有使人们复返于“朴”“真”，也即崇尚朴实、真诚，才能消解社会存在的种种弊端，人与人之间才能真诚相待，呈现其纯朴自然的本性。

道家特别强调“静观”“玄览”。《道德经·十章》说：“载营魄抱一，能无离乎？专气致柔，能婴儿乎？涤除玄览，能无疵乎？”

《道德经·第十六章》说：第十六章说：“致虚极，守静笃。万物并作，吾以观复。夫物芸芸，各复归其根，归根曰静，是谓复命，复命曰常，知常曰明。不知常，妄作凶。”

人心在虚静的状态中，才能有“明”，即能够自然照物的真智慧；而人心所以不能虚静，乃在于其多欲，由之而受外物之牵累而不能达到任运自然之自由。

人的价值观念及其判断与评价，乃常据一特定的立场而有，虚妄的分别常使人心有所偏执，由之造成物我之对峙，如有无、难易、长短、高下、前后，乃至于祸福、善恶、美丑、荣辱，等等。当人执一固定的诸如美、善的标准加诸所有的人和物时，此所谓美、善，反成“恶”与“不善”，所谓“天下皆知美之为美，斯恶已。皆知善之为善，斯不善已。故有无相生，难易相成，长短相形，高下相倾，音声相和，前后相随，恒也”（《道德经·二章》）。

世俗所谓祸福、荣辱等观念，亦复如是。此等观念皆出自人的虚妄价值分别，其间虽相互转变、彼此过渡，但却皆相对而不可必，无常态可以把握。减损或消解此类观念，人乃能自然应物，成就差异而把握事物之本真，“是以圣人处无为之事，行不言之教。万物作焉而不辞，生而弗有，为而弗恃，功成而弗居。夫唯弗居，是以不去”（《道德经·二章》），通过清静、无为消解和破除这种虚妄的价值分别，乃能使人对物无亲疏、贵贱之偏执，不以利害与之相靡、相撄，故可流行无碍，自然应物。

（三）庄子（约前369—前286）哲学对《道德经》智慧的继承与发展

1. 道、天、性

第一，道：天地万物所以生之总原理。是对老子之“道”的进一步深化。

《庄子·齐物论》：“有始也者，有未始有始也者，有未始有夫未始有始也者。有有也者，有无也者，有未始有无也者，有未始有夫未始有无也者。俄而有无矣，而未知有无之果孰有孰无也。今我则已有谓矣，而未知吾所谓之其果有谓乎，其果无谓乎？”

《庄子·大宗师》：“夫道，有情有信，无为无形；可传而不可受，可得而不可见；自本自根，未有天地，自古以固存；神鬼神帝，生天生地；在太极之上而不为高，在六极之下而不为深，先天地生而不为久，长于上古而不为老。”

《庄子・天地》："泰初有无，无有无名。一之所起，有一而未形。物得以生谓之德。未形者有分，且然无间谓之命。留动而生物，物成生理谓之形。形体保神，各有仪则，谓之性。"

第二，天：自然之义。

《庄子・天地》："无为为之之谓天。"

《庄子・秋水》："天在内，人在外。……牛马四足是谓天；落（同络）马首，穿牛鼻，是谓人。"

第三，性：道在物中，内在而超越。

（1）本真与假面：性与情、性即真我。

（2）一元与多元：性与道、性即自然。

《庄子・外篇・骈拇》："彼至正者，不失其性命之情。故合者不为骈，而枝者不为歧；长者不为有余，短者不为不足。是故凫胫虽短，续之则忧；鹤胫虽长，断之则悲。故性长非所断，性短非所续，无所去忧也。"

《庄子・齐物论》："子游曰：'地籁则众窍是已，人籁则比竹是已。敢问天籁。'子綦曰：'夫天籁者，吹万不同，而使其自己也，咸其自取，怒者其谁邪！'"

《庄子・齐物论》："物固有所然，物固有所可。无物不然，无物不可。故为是举莛与楹，厉与西施，恢恑憰怪，道通为一。其分也，成也；其成也，毁也。凡物无成与毁，复通为一。唯达者知通为一，为是不用而寓诸庸；因是已。已而不知其然，谓之道。"

2. 齐物

第一，现象意义上的《庄子・齐物论》：庄子强调认识主体多元性，由存在论上的多元论导致出来的认识论上的多元论。

《庄子・齐物论》："民湿寝则腰疾偏死，鳅然乎哉？木处则惴栗恂惧，猿猴然乎哉？三者孰知正处？民食刍豢，麋鹿食薦（荐），蝍蛆甘带，鸱鸦嗜鼠，四者孰知正味？猿猵狙以为雌，麋与鹿交，鳅与鱼游。毛嫱、西施，人之所美也，鱼见之深入，鸟见之高飞，麋鹿见之决骤。四者孰知天下之正色哉？"

《庄子・秋水》："梁丽可以冲城而不可以窒穴，言殊器也；骐骥骅骝一日而驰千里，捕鼠不如狸狌，言殊技也；鸱鸺夜撮蚤，察毫末，昼出瞋目而不见丘山，言殊性也。"

第二，本体意义上的《庄子·齐物论》：性上齐，道通为一；现象上不齐，不齐之齐，和而不同；但非和而不等。

《庄子·秋水》："以道观之，物无贵贱；以物观之，自贵而相贱。以俗观之，贵贱不在己。以差观之，因其所大而大之，则万物莫不大；因其所小而小之，则万物莫不小。"

第三，形下层面不存在判断是非的客观标准。

《庄子·齐物论》："物无非彼，物无非是。……是亦彼也，彼亦是也。彼亦一是非，此亦一是非。果且有彼是乎哉？果且无彼是乎哉？彼是莫得其偶，谓之道枢。枢始得其环中，以应无穷。是亦一无穷，非亦一无穷。"

《庄子·徐无鬼》："天下非有公是也，而各是其所是。"

《庄子·齐物论》："即使我与若辩矣，若胜我，我不若胜，若果是也，我果非也邪？我胜若，若不吾胜，我果是也，而果非也邪？其或是也，其或非也邪？其俱是也，其俱非也邪？……使同乎若者正之？既与若同矣，恶能正之！使同乎我者正之？既同乎我矣，恶能正之？使异乎我与若者正之？既异乎我与若矣，恶能正之！使同乎我与若者正之？既同乎我与若矣，恶能正之！"

3. 逍遥游

第一，逍遥二义：随顺义；超越义。

第二，逍遥的方法。其一，顺应外物、不执着。

《庄子·养生主》："依乎天理，批大郤（却）导大窾因其固然，技经肯綮之未尝，而况大軱（大骨）乎！良庖岁更刀，割也；族庖月更刀，折也。今臣之刀十九年矣，所解数千牛矣，而刀刃若新发于硎。彼节者有间，而刀刃者无厚；以无厚入有间，恢恢乎其于游刃必有余地矣。"

《庄子·人间世》："彼且为婴儿，亦与之为婴儿；彼且为无町畦，亦与之为无町畦；彼且为无崖，亦与之为无崖。达之入于无疵。汝不知夫螳螂乎？怒其臂以当车辙，不知其不胜任也，是其才之美者也。戒之，慎之！"

《庄子·外篇·山木》："周将处于材与不材之间。材与不材之间，似之而非也，故未免乎累。若夫乘道德而浮游则不然。无誉无訾，一龙一蛇，与时俱化，而无肯专为；一上一下，以和为量，浮游乎万物之祖；物物而不物于物，则胡可得而累邪！此神农黄帝之法则也。"

其二，超越：破生死、知识、名利、社会关系；心斋、坐忘。

《庄子·齐物论》："予恶乎知说生之非惑邪！予恶乎知恶死之非弱丧而不知归者邪！……予恶乎知夫死者不悔其始之蕲生乎？"

《庄子·外篇·天运》："以敬孝易，以爱孝难；以爱孝易，以忘亲难；忘亲易，使亲忘我难；使亲忘我易，兼忘天下难；兼忘天下易，使天下兼忘我难。"

《庄子·逍遥游》："至人无已，神人无功，圣人无名。"

《庄子·大宗师》："颜回曰：'回益矣。'仲尼曰：'何谓也？'曰：'回忘礼乐矣。'曰：'可矣，犹未也。'他日，复见，曰：'回益矣。'曰：'何谓也？'曰：'回忘仁义矣。'曰：'可矣，犹未也。'他日，复见，曰：'回益矣。'曰：'何谓也？'曰：'回坐忘矣。'仲尼蹴然曰：'何谓坐忘？'颜回曰：'堕肢体，黜聪明，离形去知，同于大通，此谓坐忘。'"

《庄子·人间世》："回曰：'敢问心斋。'仲尼曰：'若一志，无听之以耳而听之以心，无听之以心而听之以气！耳止于听，心止于符。气也者，虚而待物者也。唯道集虚。虚者，心斋也。'"

第三，逍遥游的自由意象：真人、至人、神人、圣人。

《庄子·大宗师》："古之真人，其寝不梦，其觉无忧，其食不甘，其息深深……古之真人，不知悦生，不知恶死。其出不䜣，其入不距。翛然而往，翛然而来而已矣.不忘其所始，不求其所终.受而喜之，忘而复之.是之谓不以心捐道，不以人助天.是之谓真人。"

《庄子·逍遥游》："若夫乘天地之正，御六气之辨，以游无穷者，彼且恶乎待哉？故曰：至人无己；神人无功；圣人无名。"

《庄子·齐物论》："至人神矣。大泽焚而不能热；河汉沍而不能寒；疾雷破山，风振海，而不能惊。（郭注：夫神全形具而体与物冥者，虽涉至变，而未始非我，故荡然无趸介于胸中也。）若然者，乘云气，（郭注：寄物而行，非我动也。）骑日月，（郭注：有昼夜而无死生也。）而游乎四海之外，（郭注：与变为体，故死生若一。）而况利害之端乎？（郭注：况利害于死生，愈不足以介意）"

4. 应帝王：庄子的政治理想

第一，多元并存、各适其性。

《庄子·外篇·马蹄》："彼民有常性，织而衣，耕而食，是谓同德；一而不党，命曰天放。故至德之世，其行填填，其视颠颠。当是时也，山无蹊隧，泽无舟梁；万物群生，连属其乡；禽兽成群，草木遂长。是故禽兽可系羁而游，乌鹊之巢可攀缘而窥。夫至德之世，同与禽兽居，族与万物并，恶乎知君子小人哉！"

第二，回归原始、自然无为。主张绝对自由，认为"治"是一切动乱的根源。

"治，乱之率也。北面之祸也，南面之贼也。"（《庄子·天地》）

"君子不得已而临莅天下，……从容无为而万物炊累焉。"（《在宥》）

（四）道家哲学的现代价值

1. "天人同构""天人合一"："价值世界"与"现实世界"相贯通

（1）道文化一般将人间秩序和道德价值归源于"天""道""自然"等本体，崇尚天道之自然。

《道德经·二十五章》："有物混成，先天地生。寂兮寥兮，独立而不改，周行而不殆，可以为天下母。吾不知其名，字之曰道。""人法地，地法天，天法道，道法自然。"

（2）道文化精神认为，天道与人事之间，也即价值世界与现实世界之间并不是割裂开来的，而是融通互摄，你中有我，我中有你，彼此之间保持着一种发展的张力。

《道德经·一章》："道可道，非常道；名可名，非常名。无名天地之始，有名万物之母。故常无欲以观其妙，常有欲以观其徼。此两者同出而异名，同谓之玄。玄之又玄，众妙之门。"

道通贯"有""无"，是有与无的统一。道，当它作为现象存在，作为"有"时，是明明白白的；当它作为潜在，作为"无"时，则是窈窈冥冥的。道有"无"的一方面，亦有"有"的一方面。"无"是说道以一种潜在的方式而存在，当以这种方式存在时，它是玄妙莫测的。"有"是说道以一种现象的方式而存在，当以这种方式存在时，它是清晰明白的。无论是玄妙莫测，还是清晰明白，体现的都是道的玄之又玄的功用。道则备包有无，包罗万象，乃众妙之门。

道先天地而生，但道又是一个展开过程，这个过程既是道由潜在向现实的过渡，也是由现实向道自身的回归；由道可能发展出非道，非道亦可以通过人的努力返于道。

（3）现实的此岸与超越的彼岸这两个世界之间并不存在一道不可逾越的鸿沟。

现实世界在天道本体的价值性理想的引导下，能不断规正自己的发展方向；同时，天道本体的价值也在规正现实的过程中显现出来，本体的天道因其能不断反映现实生活，故其内涵也就生生不息，从而能不断得到丰富和发展。

2. 内在超越

《道德经 · 十六章》：“夫物芸芸，各复归其根。归根曰静，是谓复命。复命曰常，知常曰明。不知常，妄作凶。”

《道德经 · 五十四章》：“修之身，其德乃真；修之家，其德乃余；修之乡，其德乃长；修之国，其德乃丰，修之天下，其德乃普。”

即使在今天，内在超越对于个体积极主动地实现自身价值，无疑还是有其重要意义的。

3. 人与自然和谐一体

《道德经 · 五十一章》：“道生之，德畜之，物形之，势成之。是以万物莫不尊道而贵德。”

近现代以来，人们强调以“科技”来征服和宰制自然，但科技不但征服了世界，而且也宰制了人类。我们在追求经济高速发展的今天，更要强调保持“和谐”“科学”“可持续发展”，要保护好我们的生态环境，节约资源，倡导人与自然和谐相处。故道文化对于人与自然关系所做的独特探究，在现代仍然有重要的启示意义。

4. 上善若水：理想人格之塑造

道文化认为，有一种上善的理想人格，如果要勉强对之加以解说的话，其境界犹如水。《道德经 · 八章》：“上善若水。水善利万物而不争，处众人之所恶，故几于道。居善地，心善渊，与善仁，言善信，政善治，事善能，动善时。夫唯不争，故无尤。”

5. 理想政治：无为而治

《道德经·二章》：“是以圣人处无为之事，行不言之教也。”

《道德经·十章》：“爱民治国，能无为乎？”

道家之“无为而治”，不是指什么都不做，而是指要顺着事物内在发展之规律而行，顺着事物之性情而动，这样才能“无为而无不为”，故“无为”指的是不主观妄为。

人如果不以自己的私智来治理天下，而是顺天下万物之情来治理，则天下万物各得其治，这就是无为而治。

四、儒道哲学相融、互补

1. 儒道互补

（1）儒、道文化具有相待性。其一，儒学建人伦、明教化，强调“由人之天”，即从社会现实出发，建立文化制度体系，引领现实世界符合天道。其二，道学发天道、明自然，强调“由天之人”，即以自然之理作为人文化成的基础，反对文明制度的过度泛滥所导致的人性“异化”。

（2）道学与儒学应该互补。其一，儒学强调礼乐教化，特别推崇人文精神。其二，道学强调自然无为，特别推崇“自然”精神。其三，如果将儒学的人文精神与道学的自然精神相结合，既弘扬儒家刚健中正，济世、救世的担待精神，也培护道学涵虚脱俗，超越、恬淡的逍遥精神。

2. 儒、道文化相融、互摄，将可以成就一种理想的新人文精神

在当代文化建设中，我们既要积极弘扬儒家文化“明人伦”“重教化”，积极入世、济世的担待精神；也要弘扬道家文化“法自然”“为无为”，虚无恬淡、因任无累的逍遥精神。

元代全真教关于道教起源、分期的讨论及申论

张广保[1]

中国文明渊源深厚，保留了人类自石器时代以来的集体记忆，是具有原创性、独创性的文明体系。从比较文明的大视野看，在当今世界，中国文明是少数可以与西方文明互相对话的文明体系。中国文明最重要的特点就是其在世界观、物质观、生命观方面具有整体性、连续性、贯通性及有机性。从本质上说，中国文明致力统合天人、通贯三才、连通身心，是一种具有生态指向的，代表人类未来发展方向的高级文明。中国传统知识体系具有自身独特的内在结构，注重整体性、贯通性，其经、史、子、集的四部分类与中国文明的特点密切关联。

对此，生活于18世纪法国重农学派的创始人及重要代表魁奈（1694—1774）以自然法这一概念予以概括，睿智地指出自然法就是天理天则，中国古代的政治、道德制度都是奠基于自然法的基础之上："自然法不但为中国伦理道德的基础，且为中国政治制度与社会制度基础。"[2]魁奈还号召各国政治家应当向中国学习，研究社会秩序赖以奠基的自然法："人们由于理性之光而成为自然界的主人，而与禽兽区别开来。为要达到繁荣的、永续的政治制度之行政的着眼点，应该像中华帝国一样不断地深深地研究构成社会秩序的自然法。"[3]

然而近代以来，尤其民国以降，由于中国文化在与西方文化的碰撞中遭受暂时的挫折，国人一度丧失对自己文化传统的自信。在西方文化的强势冲击下，学术界对中国精神传统的认知完全笼罩在全盘西化的阴影之下，没有体察出中华精神传统的独创性。其典型表现就是以西方近代学科分类标准对中国传统知识系统予以重新分类，其结果直接导致中国精神传统的肢解，完全割裂了中国传统知

---

① 张广保，什刹海书院特聘教授，北京大学哲学系教授、博士生导师。

② 朱谦之：《中国哲学对于欧洲的影响》，上海：上海人民出版社，2006年，第311页。

③ 同前，第312页。

识体系的整体性与有机性。对此，少数具有睿智的前辈学者已有清醒认识，并表达了深切的忧虑。例如蒙文通（1894—1968）就曾以传统经学为例，论述经学之自成体系，不可以西方知识体系予以裁割："自清末改制以来，昔学校之经学一科遂分裂而入于数科，以《易》入哲学，《诗》入文学，《尚书》《春秋》《礼》入史学。原本宏伟独特之经学遂至若存若亡。殆妄以西方学术之分类衡量中国学术，而不顾经学在民族文化中之巨大力量，巨大成就故也。其实，经学即是经学，本为一整体，自有其对象，非史、非哲、非文，集古代文化之大成，为后来文化之先导者也。"[①]此外，熊十力在《读经示要》中针对民国传统经学的衰落，也痛心疾首地指出："自庚子乱后，吾国见挫于西人，即在朝在野守旧之徒，畴昔自信自大之念，已一旦丧失无余。是时思想界，一方面倾向排满革命，欲移植西方之民主制度于吾国；一方面根本诋毁固有学术思想。不独六经束高阁，且有烧经之说。"[②]又说："经学既衰绝，古人成己成物之体要，不复可窥见。于是后生游海外者，以短少之日力，与不由深造自得之肤泛知见，又当本国政治与社会之衰蔽，而情有所激，乃妄为一切破坏之谈。则首受攻击者，厥为经籍与孔子。北庠诸青年教授及学生，始掀动新潮，而以打倒孔家店，号召一世。六经本弃置已久，至此又剥死体。"[③]这都是卓识。可惜其时曲高和寡，未能引起学界的重视。

学术界对道教历史的认知，也像人文社会科学其他领域一样，受到西方近代学科分类体系的影响，以西方文化对宗教的定义为蓝本，并以教义、教理、教规、教主、教堂、教仪等诸因素为标准，从检讨道教的起源，划定道教史的分期，进而分判道家、道教的关系。这一最典型的表述就是漠视道教传统对教史起源的叙事，将道教的成立确定于东汉中后期，其典型的创始道派为五斗米道、太平道。不顾道教术道合一、体用一如的根本立教原则，强行按照西方近代学科分类标准，分割道教精神传统，将道家判为哲学，道教则归属为宗教。此种关于道教史的叙事模式在今天几成标准叙事，充斥国内外各种道教著述中。

其实孕育于中国文化大传统下的宗教，尤其是以道教、中国化佛教为代表的中国宗教，是有着与西方一神教很大不同的精神维度。不少学者都囿于西方文化传统对宗教的认知，只看到它的宗教信仰属性，看不到其中更重要的文化属

① 蒙文通：《论经学遗稿三篇两篇》，载《经史抉原》，成都：巴蜀书社，1995年，第149—150页。

② 熊十力：《读经示要》卷一，北京：中国人民大学出版社，2009年，第5页。

③ 同前，第8页。

性，看不到中国宗教信仰的人文性、此岸性、功效性，以至于认为宗教就等同于封建迷信。这种对中国宗教的认知是缺乏文化自信的，以西方宗教观念来剪裁中国宗教的表现，其结果将导致文化虚无主义，是很不可取的。众所周知，中国古代讲三教，讲儒、释、道，这个教与西方对宗教的理解的“教”有很大不同，这个教的意思除了信仰意义上的宗教之外，主要承担政治、道德等社会教化之责，此即教化之道。与儒家、佛教相比，虽然同为中国社会中的教化之道，但道教还是具有自身的特点，它是以道为标识，以体道、证道为终极皈依的一套综贯信仰、思想、仪式、法术、典籍为一体的独特教化体系。与西方文化传统的宗教诸如基督教（包括天主教）、伊斯兰教等一神教相比，道教在神灵信仰方面有自己的特色，它既具有自己的神灵谱系，例如以元始天尊为主位的三清神谱，其神灵构成有主有次，层次分明，职事明确，绝非单一神灵崇拜，也非多神混同，杂乱无章。然而，道教又具有超神论的向度，《道德经·二十五章》曰：“道大，天大，地大，人亦大。”讲域中有四大，道居四大之首，四大最终都从属于道。庄子说道“神鬼神帝”，这就是说道是唯一、至上、最根本的终极存在，居于鬼神之上，元始天尊之所以是道教最尊位的神，乃是因为是道的化身。因此，从这一角度看，道教又是超神论宗教，是以道为根本信仰的。这与西方文化传统的宗教完全不同，与东方文化孕育的佛教较为接近。有神论与超神论的分判，表明道教的立教精神根本上有别于西方的一神教。因为道是贯通神与人，灵与肉，统合形而上与形而下，打通人与自然，指向一个具有连续性、整体性、贯通性的独特精神传统。而这是人类文明源自石器时代以来的主流精神传统，相比之下，西方文明传统孕育的一神教反而是个特例。

因此，只有正确把握道教立教的独特精神，才能对诸如道教起源及分期，道教与道家的关系等问题有合理的认识。以下我们将以元代全真教对上述问题的讨论为切入点，看看历史上前辈高道、士大夫是怎样看待这些问题的。这或许有助于呈现道教的另外一个面貌。

一、元代全真教对道教起源、分期的认知

关于道教起源及分期的问题，近年以来在道教研究界引起热议。这一问题意识不仅关涉道教，以此连带还涉及对道教精神的重新理解，对道教区别于西方一神教传统的特点，道教与道家的关系，道教在中国传统文化中居处的地位等问

题。道教自身对其起源的解释，以《魏书·释老志》的解释最为典型。

其云："道家之原，出于老子。其自言也，先天地生，以资万类。上处玉京，为神王之宗；下在紫微，为飞仙之主。千变万化，有德不德，随感应物，厥迹无常。授轩辕于峨眉，教帝喾于牧德，大禹闻长生之诀，尹喜受道德之旨。至于丹书紫字，升玄飞步之经；玉石金光，妙有灵洞之说。如此之文，不可胜纪。其为教也，咸蠲去邪累，澡雪心神，积行树功，累德增善，乃至白日升天，长生世上。所以秦皇、汉武，甘心不息。灵帝置华盖于濯龙，设坛场而为礼。及张陵受道于鹄鸣，因传天官章本千有二百，弟子相授，其事大行。齐祠跪拜，各成法道。有三元九府、百二十官，一切诸神，咸所统摄。"①这里论列道教起源、道教教祖、帝王道教以及道教教义、经典、仪式、传承等一系列重要问题。文中提到的道教教祖老子为先天地存在的道的化身，是一无生无灭、应世化现的神格。《魏书·释老志》对于道教历史的这一认知在道教内部具有深远影响，乃道教界经典的教史叙事模式。

蒙元时期以全真教高道为主体，道教内外对诸如道教的起源、分期等关涉道教史的一些重要问题展开集中讨论。其参与者在教内主要有毛养素、姬志真、李鼎、朱象先等教史家，在教外则主要有徒单公履、辛愿、宋子贞、赵孟頫等士大夫，他们无一例外都是全真教的外护。这次讨论涉及的论题有道与教的分判，道教与法教，宫观、道士的起源，道教不同时期的特点等重要教史问题。蒙元时期全真教对这些道教教史问题的讨论并非仅仅出于对道教史的知识兴趣，其主要用意乃在使全真教这一新道教顺利接续道教的大传统。然而这次讨论的结果无疑反映了时人对道教历史的独特认知，有些观点或许对我们今天重新理解道教的历史具有重要借鉴意义。我们先来梳理一下全真教内对上述问题的看法。

依据现存全真教文献、碑铭，全真第四代高道毛养素是较早对道教史提出系统看法者。毛养素（1177—1259），字寿之，道号纯素子。蒙古国时期曾被加封颐真冲虚真人号。元李国维专门为他撰写《颐真冲虚真人毛尊师蜕化铭》，此文收入全真教史家李道谦所编《甘水仙源录》卷七。毛养素家族与全真教渊源很深，其祖父毛麾系马丹阳同学兼好友，并为几部重要全真教文集如《重阳全真集》撰写序言。毛养素师事丹阳法嗣田无碍，属马丹阳一系。他曾参与蒙古国时期《玄都宝藏》的编纂，对道教的性理之学有深刻领悟："师于性理之学，克意

① 南北朝·魏收：《魏书》卷一百一十四《释老志》。

终世，斯须无少间断，故能透脱融贯，全真正脉，其造之也不为不深。”[①]毛养素对道教的历史颇有研究。在撰于太宗十三年（1241）的《金莲正宗记序》中，他将道教的历史追溯至轩辕黄帝，并总结黄帝、老子以来，下至周、秦、汉、唐道教发展的历史，并总结出各时段道教发展的特点。就中特别区分道与教的不同，以体用一对概念分判道与教："道无终始，教有后先。或曰：道与教不同乎。曰：不同。湛寂真常，道也；传法度人，教也。道之为体，虽经无数劫，未尝少变。教之为用，有时而废，有时而兴。"[②]这是以体用来分判道与教，以道为体，以教为用。道体无动无变，湛然常寂。教则有兴有衰，有先有后。论及道教之创始，毛养素认为应溯源至黄帝，以黄帝荆湖铸鼎作为道教创始的标志性事件。其云："或曰：教之兴也，自何而始？曰：轩辕黄帝铸鼎之后，乘火龙而飞升太虚，然后知有长生久视之说。虽有其说，知而行之者七十二人而已。下逮殷王武丁之世，老君示现于濑阳，东临魏关，西度流沙，演化者九百九十六岁，乃跨白鹿，升苍桧，超碧落，游玉京。虽有如此显异，而人犹颜顶而未知信向也。及汉天师张静应之出世也，亲受正一法录，战鬼狱而为福庭，度道士而为祭酒，其教甚盛，化行四海。继之以寇、吴、杜、叶，祛妖馘祟，集福禳灾，佐国救民，代天行化，历数十世，宫观如林，帝王崇奉。及正和之后，林天师屡出神变，天子信向，法教方兴，而性命之说尤为沉滞而未之究也。及炎宋之讫录，挺生重阳，再弘法教，专为性命之说，普化三州，同归五会，以金莲居其首，东游海上，度者七人，以柔弱谦下为表，以清静虚无为内，以九还七返为实，以千变万化为权，更其名曰全真，易其衣而纳甲。"[③]这一段论述有两点值得注意，其一是毛养素勾勒的道教史将道教区分为道教与法教，道教源于轩辕黄帝，历七十二传，始于太上老君，然后再经汉天师正一之宏传，寇谦之、吴猛、杜子恭、叶法善之嗣续；而法教则始于北宋徽宗政和时期，高道林灵素是法教之代表。毛养素认为王重阳创立全真教，实际上也是传承林灵素所开创的法教传统，不过全真教倡导性命之说，以九还七返之内丹学更新林灵素以来的法教传统。毛养素对道教历史的这一叙述很有创新性，为前所未见，对蒙元全真教关于道教史的认知影响深远。就中尤其是对全真教史家姬志真的道教史观有很大影响。

① 李国维：《颐真冲虚真人毛尊师蜕化铭》，载陈垣《道家金石略》，北京：文物出版社，1988年，第535页。

② 《正统道藏》第3册，第343页，三家本。

③ 同前。

姬志真（1193—1268），俗名姬翼，字辅之，自号紫微野人、夷山老人、知常子，元世祖至元四年（1267），元廷宣诏赐予“文淳德懿知常真人”号。姬志真是蒙元时期全真教重要教史家，为金元时期全真教史的书写与编纂做出重要贡献。他传承郝大通、王志谨宗系，并于元世祖中统二年（1261）王志谨逝后，接任该宗宗主之位。生平著作除《云山集》见于《道藏》之外，另还有《周易直解》《道德经总章》《冲虚断章》《南华解义》，今均已遗失。《云山集》今存于《道藏》。在此需要指出的是，《道藏》本《云山集》分为八卷，收入太平部。实际上这是一个残缺本，国家图书馆收藏并影印元仁宗延佑六年（1319）李怀素所刻《云山集》，该版框高234毫米、宽161毫米，题五卷，现残存三卷，即卷三至卷五。这个版本的刊刻距离姬志真仙逝仅51年，比《道藏》本《云山集》早125年，具有非常重要的价值。元世祖忽必烈中统元年（1260），姬志真68岁，是年撰作《玄教袭明论并序》一文。该文《道藏》本《云山集》佚失，仅见于元仁宗延佑六年（1319）李怀素所刻《云山集》。此文对道教史尤其是全真教史做了系统而独到的勾勒，是一篇很重要的全真教史文献。可惜此前学界研究全真教史时，均未提及此文。此文在建构道教史时，溯源于传说中的龙汉时期，文中称：“原夫龙汉纪初，玄中道祖，三洞启关。赤明而下，众真垂训，异代殊时，师师相授，明明相袭，浩浩万古。源源而来，以及于今。”其玄教袭明一语，即源于此，系指道教传承之意。值得注意的是，《玄教袭明论并序》一文叙述道教传承的历史，始于三皇时期。由伏羲时的郁华子，历神农时的大成子、黄帝时的广成子、颛顼时的赤精子、帝喾时的录图子、帝尧时的务成子、商汤时的锡则子直到商武丁时的老子。这是我们今天读到的一份最古老的道教史建构，该文当源于令狐璋、史志经等人编著的《老子八十一化图》，也是继承自东汉以来道教一脉相承的太上老君变化说。值得注意的是，文中以“法箓符篆，祭斋醮科”概括汉唐道教，可谓独具卓识。又姬志真论述老子之后道教史，继承毛养素的看法，把道教史分为两大时段，即道教与法教两大不同的时段。道教始于秦汉以前，由老子→关尹子→亢仓子→辛文子→列子→庄子，此为传道袭真之教。两汉之际，道教变为法教。法教之传，肇始于全真教五祖之一少阳帝君，少阳帝君传正阳子钟离权，再传纯阳子吕洞宾，然后依次为刘海蟾、王重阳。这就是全真教的五祖。[①]这与毛养素上述以北宋林灵素开法教之教统有所不同，更未提及自

① 元·姬志真：《玄教袭明论并序》，延佑六年李怀素所刻《云山集》。

汉以来，道教的其他派别例如天师道。这说明姬志真更重视全真教独开教统的贡献，予以全真教在道教史中颇为独立的地位。我们再联系全真教在蒙古国时期李志常掌教期间曾被汗廷封为玄门正派，说明其时全真教是以道教正统自居的。此外，还有一处值得我们注意的是，姬志真在《玄教袭明论并序》中列王重阳传承时，只依次列马丹阳、谭长真、刘长生、丘长春、王玉阳、郝广宁，而未像稍前全真教史家秦志安在《金莲正宗记》中列女真孙不二。这说明承自郝大通、王志谨一系的姬志真对早期全真教史的建构有自己独特的思路。

此外，蒙元时期全真教参与道教史讨论的还有最长寿的教史家虚舟道人李鼎（1186?—1298?），他传承刘处玄、宋德方法脉，撰有多通全真教碑铭，并系《全真大传》的主要撰作者。他在《大元重修古楼观宗圣宫记》，对道教传承从全真教角度予以概述：

昔自玄元（老子）、文始（尹喜）契遇于兹，抉先天之机，辟众妙之门，二经（《道德经》《文始真经》）授受而教行矣。世既下降，传之者或异。一变而为秦汉之方药，再变而为魏晋之虚玄，三变而为隋唐之禳禬，其余曲学小数，不可殚纪，使五千言之玄训束之高阁，为无用之具矣。金大定初，重阳祖师出焉，以道德性命之学唱为全真，洗百家之流弊，绍千载之绝学。[①]

李鼎此处论及道教史重点在于以秦汉之方药，魏晋之虚玄，隋唐之禳禬概括各历史时期道教的特点，并认为全真教的创立具有返本开新，重新接续老子创立的清静淳朴之真源道统。据此他认为全真教在道教史具有绍承千载绝学的意义。这与上述姬志真高扬全真教的道教史观可互相呼应。

以上全真教史家均系出自原金朝统治区的北方全真教。最后我们来看一下来自江南茅山的全真教史家朱象先对道教史的认知。他是元代少数有意识地对诸如道教宫观、道士发源等道教史问题进行思考的教史家。一虚子朱象先（1227？—1319？）原系茅山道士，南宋灭亡后皈依全真教，仁宗时出任古楼观大宗圣宫三洞讲师，并担任楼观说经台住持。他于仁宗皇庆二年（1313）撰作《大元重修泾阳县北极宫记》一文，此碑文对道教及宫观之渊源明确予以思考，并提出解答："窃尝因是而思之，教曷从而兴乎？自黄帝问道于空同，教之所由生也。宫观曷从而兴乎？自尹喜结草为楼，观星望气，此宫观之所由始也。《关

① 元·朱象先：《古楼观紫云衍庆集》卷上《大元重修古楼观宗圣宫记》，《道藏》本。同见陈垣《道家金石略》，北京：文物出版社，1988年，第552页。

尹内传》云：‘穆王追访草楼真迹，为建楼观，度道士七人，此为道家者流之权舆欤？’以是而言，曰教、曰宫、曰道士，其来远矣！……谓（道教）盛于近代则可，谓始于近代则非也。”[①]朱象先在此也像上述北方全真教史家一样，将道教的创始溯源于黄帝。他还征引《关尹内传》所记穆王访草楼真迹以建楼观，并度道士之载述，认为制度化道教宫观、道士应始周穆王（前1054—前949）之时。而活跃于北宋哲宗朝（1085—1100）的高道贾善翔编《犹龙传》考索道观起源，将其溯源于黄帝：“（广成子）又传《二仪真形图》与帝（黄帝），帝受讫，乃置像于高观，以异香名花，千珍万宝，晨夕供养，虽后妃宰辅，莫得睹焉。观之上常有异色云气，加之天香芬郁，谓之道观。道观之号，自兹始也。”[②]在此需特别注意的是，朱象先讨论宫观、道士的由来，这就涉及制度化道教的起源。

二、元代士大夫论道教起源

众所周知，对蒙元时期全真教史的书写、建构，除全真教史家充当其中的生力军之外，不少亲近全真教的士大夫如徒单公履、元好问、王鹗、宋子贞、徐琰等也积极参与。从这方面看，全真教之所以能在金元异军突起，与这些教外的外护大力支持紧密相关。值得注意的是，这些接近全真教的士大夫也不约而同地在所撰全真教碑铭中探讨道教起源诸问题。而他们对此问题的解答又受到流行于北方的蜀学尤其是苏轼对道教史认知的影响。

金末经义进士，曾任世祖忽必烈翰林侍讲学士的徒单公履，为丘处机高徒、十八大士之一的潘德冲撰写《冲和真人潘公神道之碑》，此文被收入李道谦所编全真教史名作《甘水仙源录》卷五。在这篇碑铭中，徒单公履对道教的发端及演变历史予以勾勒：

自黄帝问道于广成，而神仙之说始兴。老氏跨殷历周，以道德五千言推极要妙，其教被于万世。降秦及汉，代有显人，安期、赤松、张道陵之流，或出而不常，神奇之征，昭揭于世人之耳目者，非一事也。涉魏晋隋唐以来，蜕迹圜器，凝神碧落者，其名不可殚纪。[③]

---

① 陈垣：《道家金石略》，北京：文物出版社，1988年，第747页。

② 宋·贾善翔：《犹龙传》卷二。

③ 元·李道谦：《甘水仙源录》卷五，《正统道藏》三家本。

此文虽然是阐述神仙家的演变，然而看得出他眼中的神仙家与道家是一回事。与上述全真教史家一样，他也将道家的发端溯至黄帝。在金元文人中，持这种看法者绝非只有徒单公履一人，而是金元文士拥有的对于道教史认知的一种共识。如女几野人辛愿（？—1231）在其所撰《大金陕州修灵虚观记》也有相似的说法：

谨按道家源于黄帝、老聃，至列御寇、庄周氏，廓而大之，乃与孔子之道并立，为教于天下而不废。盖其一死生，齐物我，会群有于至虚，而取其独为最妙者，而其秕糠之余，犹降而为天地神明内圣外王之业。①

相形之下，元朝名臣曾出任世祖朝平章政事的宋子贞（1185—1260）则相对谨慎地推老子为道家之祖。在他撰作的《顺德府通真观碑》中，他论述说：

夫道家者流，推老氏为始祖。老氏之教，主之以太一，建之以常无有，以冲虚恬淡养其内，以柔弱谦下济其外，盖将使人穷天地之始，会万物之终，刳心去智，动合于自然。以之修身则寿而康，以之齐家则吉而昌，以之治国平天下则民安而祚久长，非有甚高难行之论，幻怪诡异之观也。世既下降，传之者或异，一变而为秦汉之方药，再变而为魏晋之虚玄，三变而为隋唐之禳禬，使五千言之玄训，束之高阁，以为无用之具矣。②

在此文中他也是以秦汉之方药，魏晋之虚玄，隋唐之禳禬等概述各期道教的特点。这与上述全真教史家李鼎的描述如出一辙。

以上诸士大夫均生长于原金朝统治区。接下来我们看看来自南宋的士大夫是如何看待道教起源及分期的。我们以赵宋宗室、在元代享有盛名的赵孟頫（1254—1322）为例。他在《重建万寿宫记》一文中也对道教的起源、各期的特点做了勾勒：

道家者流，出于黄帝、老子，以清净虚无为宗，颐神养性为事，长生久视为著效，神仙飞升为极致。自秦皇、汉武，闻方士之说，问蓬莱之津，求不死之药，举世核然玄风。厥后其徒支分派别，为符箓，为斋醮，为炼丹石，为饰土木，抑皆事乎其末。③

这里值得重视的是将黄老以下道教区分为符箓、斋醮、金丹等派别。其对道教历史的认知与上述金统区士大夫并没有太大不同。那么为什么在南北隔绝的时代，士大夫对道教历史的认知呈现惊人的相似？他们有没有一个共同的源头。

① 元·李道谦：《甘水仙源录》卷九，《正统道藏》三家本。
② 元·李道谦：《甘水仙源录》卷十，《正统道藏》三家本。
③ 元·赵孟頫《重建万寿宫记》。

对此，我们认真研究之后，发现应与北宋大文豪苏轼对道教历史的认知密切相连。在传世名篇《上清储祥宫碑》中，苏轼（1037—1101）对道教的历史及其与儒家的关系做了经典的论述：

臣谨按道家者流，本出于黄帝、老子，其道以清静无为为宗，以虚明应物为用，以慈俭应物为行，合于《周易》“何思何虑”，《论语》“仁者静寿”之说，如是而已。自秦汉以来，始用方士言，乃有飞仙变化之术，黄庭大洞之法，太上、天真、木公、金母之号，延康、赤明、龙汉、开皇之纪，天皇、太乙、紫微、北极之祀，下至于丹药奇技。符箓小数，皆归于道家。学者不能必其有无。然臣尝窃论之：黄帝、老子之道本也，方士之言末也。①

东坡在此首先将道家的历史追溯至黄帝，虽然他也以本末区分黄老之道与方士之言，但毕竟承认丹药奇技、符箓小数也归属于道家。这就实际上将道家等同于道教。可见中国传统士大夫对道家、道教并没有像今天这样刻意予以分别。苏轼对道教的这一论述对北宋以后士大夫对有关道教的认知具有决定性影响。因为他们不少人在学习作文时都有规摹苏文的经历。

三、黄帝为道宗

由上所述我们得知，蒙元时期无论是全真教史家，还是士大夫都普遍将道教的开端溯至黄帝。近代以来由于受到西方文化的强势冲击，中国知识阶层一度丧失对自己精神传统的自信，出现矮化传统，质疑古史的思潮。在此思潮的影响下，中国传统历史叙事受到嘲笑，中国古代的历史被大大缩短，以黄帝为首的五帝一律被判为神话人物。如此道教创始于黄帝自然也是神话叙事，不值得我们认真对待。今天当大量古代文明遗址例如红山文化、良渚文化、陶寺文化等被挖掘出来，我们再也不能无动于衷，应该重新评估中国传统历史叙事。而道教由于师徒秘密传授的原因，保存更多的私人授受传统，因而传承了不同于正史的史源。因此，我认为讨论上古历史时，更应该借鉴道典的叙事。的确道教不仅是中国传统文化的重要组成部分，而且还保存其中最古老的部分。

南宋道教教史家陈葆光在其所撰《三洞群仙录》曾言“盘古物祖，黄帝道

---

① 宋·苏轼：《上清储祥宫碑》，陈垣《道家金石略》，北京：文物出版社，1988年，第295页。

宗”①，称黄帝为道宗。研究中国哲学史的学者也普遍承认战国时期曾存在黄老学派，只不过认为该学派托名黄帝。那么道经关于黄帝与道教的叙事具有何等独特视角，其与正史、外典的记载有着怎样的关联。我们先看正史的记载。

《史记·五帝本纪》列黄帝为五帝之首，其下依次为颛顼、帝喾、尧、舜。值得注意的是司马迁笔下的黄帝形象虽然主要呈现为人帝，但已颇关涉神仙之事，与修道长生颇相关联。如其文中说：“（黄帝）获宝鼎，迎日推荚。”“顺天地之纪，幽明之占，死生之说，存亡之难。”

又《史记·封禅书》也记述黄帝骑龙上天的传说，其文云：“黄帝采首山铜，铸鼎于荆山下，鼎既成，有龙垂胡髯下，迎黄帝，黄帝上骑龙，群臣后宫从上者七十余人。”“黄帝得仙上天，群臣葬其衣冠。”②

司马迁记载黄帝骑龙上天之事，重点关注黄帝铸鼎、骑龙等事件。司马迁在撰写《黄帝本纪》时，曾游历相传为黄帝的遗迹，并有选择地采纳有关黄帝的口传历史。其关于黄帝铸鼎成仙之事，在后世持续受到关注。如三国曹植《黄帝三鼎赞》曰：“鼎质文精，古之神器；黄帝是铸，以像太一。能轻能重，知凶知吉，世衰则隐，世和则出。”③又晋曹毗《黄帝赞》亦云：“轩辕应玄期，幼能总百神，体炼五灵砂，气含云露津。掺石曾城岫，铸鼎荆山滨，豁焉天扉辟，飘然跨腾鳞。仪辔洒长风，褰裳蹑紫宸。”④马啸《绎史》引《汉书》称：“黄帝作宝鼎三，象天、地、人。”引《鼎录》说：“金华山，黄帝作一鼎，高一丈三尺，中如十石瓮。作龙腾云，百神螭兽满其中。文曰：真金作鼎，百神率服。”⑤这都是将鼎视为通天神器，似乎鼎并不仅是合炼外丹的器物。

司马迁之后，班固在《汉书》中也记载黄帝修仙之事。根据班固《汉书·艺文志》的记载，西汉以前诸子百家多尊黄帝为宗，其著书往往依托黄帝。例如道家有《黄帝四经》四篇、《黄帝君臣》十篇、《黄帝泰素》二十篇；小说家有《黄帝说》四十篇；阴阳家有《黄帝十六篇》；天文家有《黄帝杂子气》三十三篇；历谱家《黄帝五家历》二十三卷；五行家《黄帝阴阳》二十五卷；杂占家《黄帝长柳占梦》十一卷；医家《黄帝内经》十八卷；房中家《黄帝三王养

① 宋·陈葆光：《三洞群仙录》卷一。

② 唐·欧阳询等：《艺文类聚》卷十一《帝王部·黄帝轩辕氏》。

③ 同前。

④ 同前。

⑤ 清·马骕：《绎史》卷五。

阳方》二十卷；神仙家《黄帝杂子步引》十二卷；《黄帝岐伯按摩》十卷；《黄帝杂子芝菌》十八卷；《黄帝杂子十九家方》二十一卷。

关于黄帝的种种神异之迹，外书中除上述《史记》《汉书》所述外，出于西汉哀、平以前的纬书也多有记载，不过纬书多记黄帝感生、受图（即河图洛书）、玄女授符等事。[①]另外现存中医经典《黄帝内经》也记载黄帝学仙升天之事，该书《上古天真论篇》说："昔在黄帝，生而神灵，弱而能言，幼而徇齐，长而敦敏，成而登天。"《黄帝内经》还记载黄帝从岐伯、雷公、鬼臾区等学习摄生、医病之道。由此可见，正史、外典广泛记载黄帝修习仙道，传承各种方术。总之，一致肯定黄帝与神仙具有密切关联。

我们再来看看道家的知识传统中关于黄帝修道的叙事。道书系统关于此事传达的信息远较外书中丰富，就中重点突出黄帝修道证仙的叙事内核。《庄子》一书最先记载黄帝师承广成子修道。此书《在宥》《天地》等篇都载述黄帝修道所经历的艰苦历程。其中《在宥》篇载述的"黄帝问道于广成"是一例经典记载，在后世为世人所乐道，成为道教史中帝王修道之经典佳话。

又东晋高道葛洪在其所撰名作《抱朴子内篇》中，对黄帝与道教的关联做了总结性的论述。在《抱朴子内篇》之《地真篇》《极言篇》中，葛洪综合东晋以前道典世籍中有关黄帝求道的各种载述，从而对黄帝与道教的关系做了一次总结。其《地真篇》云：

"昔黄帝东到青丘，过风山，见紫府先生，受《三皇内文》，以劾召万神；南至负陇，荫建木，观百灵之所登，采若干之华，饮丹峦之水；西宄中黄子，受《九茄之方》；过崆峒，从广成子受《自然之经》；北到洪堤，上具茨，见大隗君、黄盖童子，受《神芝图》；还陟王屋，得《神丹金诀记》；到峨眉山，见天真皇人于玉堂，请问真一之道。"

这里提到黄帝传道之师除广成子外，还有紫府先生、中黄子、大隗君、黄盖童子、天真皇人等；所受道经有《三皇内文》《九茄之方》《自然之经》《神芝图》《神丹金诀记》等。

又《抱朴子内篇·极言》更广衍其说，称黄帝："入金谷而谘涓子，论道养则资玄、素二女，精推步则访山稽、力牧，讲占候则询风后，着体诊则受雷、岐，审攻战则纳五音之策，穷神奸则记白泽之辞，相地理则书青乌之说，救伤残

① 见《河图挺佐辅》《龙鱼河图》等纬书。

则缀金冶之术。”这是将房中、推步、占候、中医、外科、兵法、风水、厌咒等古代各种方技之术都与黄帝牵连起来，如此则黄帝就成了古代世界名副其实的百科全书式的人物。

《抱朴子内篇·极言》篇还征引《神仙经》，称黄帝与老子奉事太乙元君，受外丹要诀，引《荆山经》《龙首记》记黄帝因服神丹而骑龙升天等。这些都是外典、史籍中没有提到的。那么我们应该如何评价葛洪上述记载，是全然向壁虚构，还是另有史源依据？对此，我们仔细推敲《抱朴子内篇·遐览》，发现其中载录的道经很多都不见于正史《艺文志》的著录。这说明道教经籍的传承自有其统系，并不完全归属正史著录系统。因此，对道典所记黄帝修道证仙之事应予以重视，不能只简单判为神话叙事。

依据现有资料，唐王瓘所撰的《广黄帝本行纪》是现存最全面的一种记载黄帝修道成仙的传记文献。此书收录于《道藏》①。又《云笈七签》卷一百《纪传部》收录的《轩辕本纪》即系转录此文，略有变动，文前并有北宋真宗皇帝御制《先天纪叙》。此外元赵道一《历世真仙体道通鉴》卷一亦载有一种黄帝传记，大体也是以此文为基础予以改写。由此可见王氏这部书在道教中具有很高的权威性。虽然此书只录黄帝修道部分，然据《云笈七签》本可知此书原先当分为两部分：第一部分述黄帝施政理国之事，尤其注重载述黄帝的各项文化创造，诸如服牛乘马，筑宫室、建城邑等。其取材可以考出源于《庄子》《史记》《列子》《世本》《帝王世纪》《黄帝内经》和纬书等各种文献。作者将散见于唐以前诸书有关黄帝的记载综合起来，使之条理化。第二部分着重分述黄帝寻真修道之事，系综合《庄子》《山海经》《列仙传》《神仙传》《抱朴子内篇》《遁甲开山图》及各种道经有关黄帝的记载。可以看出，作者采用了《抱朴子内篇》之《极言》《地真》的主体叙事，予以补缀，追记唐以后传世的《阴符经》，综合《列仙传》《神仙传》的相关叙事，这样就将本来互不关联的叙事，糅合成一整体，从而最终完成一个完整的有关黄帝本行的叙事。

考之于道典，葛洪、王瓘有关黄帝修道证仙之叙事都是有来历的。道教文献中，将黄帝与炼丹之事相联，最迟应始于东汉，《正统道藏》收录一种名为《黄帝九鼎神丹经诀》的典籍②，共二十卷，论者均谓首卷出于东汉之前，是

① 见《正统道藏》第5册始，三家本。

② 《正统道藏》18册始，三家本。

《道藏》收录出世年代最早的外丹文献之一。此书卷首称黄帝受还丹之道于玄女，丹成服之登仙。《黄帝九鼎神丹经诀》卷一云："黄帝受还丹至道于玄女。玄女者，天女也。黄帝合而服之，遂以登仙。"①

又云："黄帝以传玄子，诫之曰：此道至重，必以授贤者。苟非其人，虽积金如山，地方万里，亦勿以此道泄之也。得一足仙，不必九也。"②

又我们上引《抱朴子内篇》引用的《荆山经》《龙首记》，也称黄帝系服丹登仙。又葛洪之前西晋崔豹《古今注》也认为黄帝系服丹之后，神龙下迎而升天。③这些记载都说明至少在晋以前，民间已广泛流传黄帝合炼外丹，服之升天的传说。

北宋张君房《云笈七签》卷一百"纪"，系摘录唐代王瓘《广黄帝本行纪》，此书记载黄帝于鼎湖铸鼎炼丹之事，并考证出炼丹具体地点："黄帝铸鼎于此，旧曰鼎州弘农郡，《地理志》云，冯翊怀德县南之荆山是也。是鼎神质文精也，知吉知凶，知存知亡，能轻能重，能息能行，不灼而沸，不汲自满，中生五味，真神物也。黄帝炼九鼎丹服之。逮至炼丹成后，以法传于玄子，此道至重，盟以诫之。帝以《中经》所纪，藏于九嶷山东，号委羽，承以文玉，覆以磐石。其书金简玉字，黄帝之遗谶也。夏禹得之，亦仙化去。又云藏之于会稽覆釜山中也。"

又称婺州金华县④缙云山也有黄帝炼丹的遗迹："黄帝往练石于缙云堂，于地炼丹，时有非红非紫之云见，是曰缙云，因名缙云山。在婺州金华县，一云永康县⑤也。"

据汉刘向《列仙传》所记，黄帝还修尸解之道。《抱朴子内篇·极言》引《列仙传》说："黄帝自择亡日，七十日去，七十日还，葬于桥山，山陵忽崩，墓空无尸，但剑舄在焉。"又北周出世的《无上秘要》广引六朝以前道书，堪称"小道藏"，亦称黄帝修剑解法得道，其书云："黄帝轩辕姓公孙，行步纲之道，用剑解之法，隐变桥陵，驾龙玄圃，乘云阆风，得道。"⑥

有趣的是唐以前道教还给成仙之后的黄帝安排不止一种仙位。此种安排

① 《黄帝九鼎神丹经诀》卷一，《正统道藏》18册，三家本。
② 同前。
③ 清·马骕《绎史》卷五。
④ 今金东区。
⑤ 今永康市。
⑥ 北周·宇文邕：《无上秘要》卷八十四。

依经典所属宗派的不同亦呈现差异。如《中山玉柜服气经》称黄帝为“大黄帝君”[①]，称太一真君以《玄元内景气诀妙经》授大黄帝君。又《云笈七签》卷六十四之《金丹诀部》称黄帝为“太极元真帝君”，玄女、元君授黄帝外丹合炼术。另外同书卷一百引《轩辕本纪》称黄帝上仙后，“升天为太一君，其神为轩辕之宿，在南宫”。这些都是唐以前道教授予黄帝的各种不同仙位。

值得我们重视的是，在南北朝道经中，三洞中的每一洞述其授受源流时都列黄帝为本宗经书的重要传人，其中尤以洞玄灵宝、洞神三皇为甚。兹分述如次。

首先，洞真部。《云笈七签·三洞经教部》记襄城小童授轩辕黄帝《七元六纪飞步天纲》之经[②]，此经即南北朝上清一系主要经典之一。

其次洞玄灵宝部。同书引南北朝以前出世的《四极盟科》说：“洞玄经万劫一出，今封一通于劳盛山。昔黄帝于峨眉山诣天真皇人，请灵宝五牙之经；于青城山诣宁封真君，受灵宝龙蹻之经。”[③]这说明黄帝在灵宝系经典的传承中扮演重要角色。同书卷三又称元始天尊及众仙真下降，授黄帝《灵宝五符真经》，帝乃依文解义，造作宫殿城台，制作礼乐。这就进一步认为黄帝的各种发明制作都源于灵宝等三洞经文的启示。又元陈致虚《太上洞玄灵宝无量度人上品妙经注》序，被认为是灵宝部的核心经典：《度人经》上卷亦经黄帝传承：“寻详是经，元始天尊于龙汉初、天地始分，玉字且出，乃撰此经。时以紫笔书于空青之林，字皆广长一丈，以授玉晨道君。玉晨授玄一真人，玄一授天真皇人。皇人细书其文，以为正音，秘而藏之。轩辕时，皇人与太清三仙王会峨眉山，黄帝再拜问道，皇人授以五牙三一之文，并《度人经》上卷。黄帝修之上仙。”

最后洞神一系。其核心经典是《三皇内文》，又称《三皇经》，或《三坟》。《云笈七签》卷六引晋鲍靓《序目》说：“《小有三皇文》本出《大有》，皆上古三皇所受之书也。作字似符文，又似篆文，又似古书。”前引葛洪《抱朴子内篇》就提到黄帝过风山，紫府真人授《三皇内文》。然而道经又说“黄帝登南霍山，有朱灵神人以《三皇内经》授”[④]。

四、黄帝家族与帝王道教

① 宋·张君房：《云笈七签》卷六十《诸家气法部》。
② 宋·张君房：《云笈七签》卷六《三洞》。
③ 同前。
④ 宋·张君房：《云笈七签》卷三《道教本始部》。

与史籍不同，南北朝道经还记载了黄帝后嗣修道成仙之事。按《史记·五帝本纪》称黄帝二十五子，得姓者十四人，五帝中的其他四帝：颛顼、帝喾、尧、舜，都是黄帝后嗣。另外大禹为三王之首，亦系黄帝之后。正史外典中很少有他们修道活动的记载，只有与道教密切相关的谶纬书，间或提及。然而道经却记载不少他们修道传经的经历。北周出世的《无上秘要》载帝颛顼受道经之事云："玄帝颛顼，黄帝之孙，游行四海，埋宝鼎于洞山，受灵宝五符得道。"[①]又同书载黄帝曾孙王子"受《灵宝五符》，又诣钟山受《九化十变之经》，以隐遁日月，游行星辰，修剑解之道"。《云笈七签》卷六《三洞经教部》称九天真王下降牧德之台，授帝喾《灵宝经》，"帝行之得道，遂封秘于钟山"。同书卷三《灵宝略记》亦载此事。《太上灵宝五符序》亦述黄帝曾孙帝喾于牧德之台受《九天真灵经》《三天真宝符》，帝喾不能明了天书经义，于是将其埋藏于钟山之下："其时有天人神真之官降之，乘宝盖玄车而御九龙，策云马而发天窗，自称九天真王、三天真皇，并执八光之节，佩景云之符，到于牧德之台，授帝喾以《九天真灵经》《三天真宝符》。……然其文繁盛，天书难了，真人之言，既不可解，太上之心，众叵近测，自非上神启蒙，莫见发鬃。是以帝喾自恨其才下，徒贵其书而不知其向。帝喾乃祭天帝北河之坛，藏于钟山之峰，封以青玉之匮，以期后圣有功德者令施其幽滞。"[②]

这里值得注意的是，颛顼、帝喾传授的都是洞玄灵宝系的经典。这说明灵宝派强调本系经典传承的帝王法系。此外，据灵宝系经典记载，三王之首的大禹也传承灵宝派经典，并认为大禹治水之所以成功，是因为得到《灵宝五符经》的启示。

《云笈七签》卷三《灵宝略记》载大禹于治水时在阳明洞天感降太上，获授《灵宝五符经》，禹以之治水，檄召万神，开山疏浚，遂大获成功，"后得道为太极紫庭真人"。又称大禹："乃巡狩于钟山，祀上帝于玉阙，归洪勋于天后，还大成于万灵。然后登彼玄峰，于绣岭之阿，琼境之上，忽得此书（《灵宝五符经》）。禹乃更恭斋罄林幽岫，请奉佩身。真人告禹曰：汝功德感灵，天人并助，而年命向雕，崄矣哉。乃口诀以长生之道，示以真宝服御之方，分擿而别。还乃计功劳于会稽之野，召会群神于东越之山。是时四气温隆，清风既鼓，玄功妙畅，虚心内治。思退身以灭迹，惟藏景于幽绪，睹九天之灵奥，观三天之

① 北周·宇文邕：《无上秘要》卷八十四。

② 《太上灵宝五符序》。

宝囿，动以全生为大顺，静以舍精为久视，上览天经，幽而难缕，下愍群生，不知其纪，乃复凤翔南山，龙峙海岛，更撰真灵之玄要，集天宫之宝书，差次品第，分别所修，行五色定其方面，名其帝号。"[①]据文中提到"更撰真灵之玄要，集天宫之宝书，差次品第，分别所修"云云，则禹王不仅传承道经，还撰作整理了道经。

灵宝经还引孔子答吴王阖闾之语，称大禹所得灵宝经系传承黄帝、帝喾等所藏。据此再联系上引颛顼受灵宝五符得道之载述，那么按灵宝系道经所记，则自五帝之黄帝、颛顼、帝喾，直至三王之大禹，存在一个帝王道教传承的法脉："昔夏禹治水，拓平山川，功举事讫，巡狩于钟山之阿，得黄帝、帝喾等所受藏，上三天太上灵宝真经。后游会稽，更演解灵宝玄文，撰以为灵宝文，藏一通于名山石硕，付一通于水神，当有得道道士，得之而献王者。"[②]至于尧、舜，道书也记载他们传承道经，不过不是灵宝系经书，而是其他道派的经书。《云笈七签》卷三《灵宝略纪》载虚无先生传唐尧《正一经》。最后帝舜，《太上老君开天经》说老子"帝舜之时，老君下为师，号曰尹寿子，作《太清经》"[③]。我们再联系六朝高道陶弘景在《真灵仙业图》中，将历史中的人间帝王列入神仙谱系，诸如在第三左位列轩辕黄帝、颛顼、帝喾、尧、舜、夏禹、周穆王，第七左位列夏启、周文王、周武王、齐桓公、晋文公、秦始皇、汉高祖、魏武帝、晋宣帝等。据此可知，对于帝王传承道教，上清派也是认同的。灵宝经对于帝王传承道经的记载，在其后道教中也还有沿袭。唐末高道杜光庭在《太上黄箓斋仪》卷五十二中开列出一份更为全面的帝王授受道经名单：

老君授黄帝《道德经》
天真皇人授黄帝《三一经》《龙跷经》
老君授颛顼《微言经》三十卷
老君授天老《天元经》

---

① 宋·张君房：《云笈七签》卷三《灵宝略记》。

② 同前。又《云笈七签》卷三《灵宝略纪》：在昔帝喾时，太上遣三天真皇赍灵宝五篇真文以授帝喾，奉受供养，弥其年稔，法箓传乎世。帝喾将仙，乃封之于钟山。钟山在西北弱水之外，山高万五千里。至夏禹登位，乃登名山巡狩，度弱水，登钟山，遂得帝喾所封灵宝真文。于是奉持出世，依法修行。禹唯自修而已，不传于世，故禹得大神仙力，能凿龙门，通四渎。功毕，川途治导，天下又安。乃托尸见死，其实非死也。

③ 宋·张君房：《云笈七签》卷二《混元混洞开辟劫运部》。

老君授帝喾《黄庭经》五十卷
老君授帝尧《玄德经》
老君授帝舜《政事离合经》
老君授夏禹《德戒经》
老君授殷汤《长生经》四十卷
老君授文王《赤精经》
老君授武王《虚无经》
老君授昭王《八天隐文经》
老君授宋王《六甲经》
老君授始皇《鬼林经》[①]

我们看到杜光庭的这份帝王传授道经名单除五帝三王之外，又增加后世的商汤、周文王、周武王、周昭王，直至秦始皇。

这些都是道经中载述的黄帝家族修道成仙之事。其中可以看出，在道教各派中灵宝派最热衷于在黄帝家族与道教之间牵线搭桥。

五、老子变化说

桓帝时益州太守王阜的《老子圣母碑》：“老子者，道也。乃生于无形之

---

① 《无上黄箓大斋立成仪》卷二十一历代圣人神仙所授经：
《玄中大经》上三皇　《太素经》中三皇
《开元经中》二皇　《金阙秘经》下二皇
《摄提本经》稷三皇　《元阳经》伏羲
《元精经》神农　《安神经》祝融
《道德经》黄帝　《微言经》颛帝
《天元经》天老　《黄庭经》帝喾
《玄德经》帝尧　《政事离合经》帝尧
《德戒经》夏禹　《长生经》殷汤
《赤精经》文王　《虚元经》武王
《八天隐文经》昭王　《出塞经》以下六经并尹喜受
《西升经》　《元阳经》
《道德经》　《内解经》
《九室经》　《卫生经》南荣
《六甲经》宗王　《鬼林经》始皇

先，起于太初之前，行于太素之元；浮游六虚，出入幽冥，观混合之未别，窥清浊之未分。”[①]

《老子变化经》：“生道，夫为生道甚易，难子学吾生道。”

皇苞羲时号曰温荚子，皇神农时号曰春成子，一名陈豫；皇祝融时号曰广成子；帝颛顼时号曰赤精子；帝喾时号曰真子，一名□；黄帝时号曰天老；帝尧时号曰茂成子；帝舜时号曰廓叔子；化形，舜立坛，春秋祭祀之；夏禹时老子出，号曰李耳，一名禹师；殷汤时号曰斯宫；周文皇时号曰先王国柱下吏；武王时号曰卫成子；成王时号曰成子，如故。

《老子铭》在转述长生信仰的“好道者”对老子的看法时，就说老子“自羲、农以来，世为圣者作师”。

《道德经序诀》云：“老子体自然而然，生乎太无之先，起乎无因，经历天地终始，不可称载。”又云：“世人谓老子再降于周代。老子之号始于无数之劫，其杳杳冥冥，眇邈久远矣。开辟已前，复下为国师，世世不绝，人莫能知之。”

① 清·严可均辑，许振生审订：《全后汉文》卷三十二，北京：商务印书馆，1999年，第329页。

易学与中国传统文化

新易学与管理[①]

成中英[②]

导言

我是湖北黄石阳新县人，1935年11月8日出生在南京，1937年日本发动全面侵华战争，我随同家人从南京到了重庆，那时候日本侵略战争的残酷使中国非常艰苦，但我在父母的呵护下，还是度过了一个非常好的童年。1945年抗战胜利后我们从重庆再回到南京，1949年随着国民党、国民政府到了台湾，我到台湾才11岁，对大陆的印象一直都是战争。1960年我到美国读书，后来留美教书。1985年，我应邀到湖北黄冈参加北大和武汉大学主持的一次国际会议，是熊十力先生一百周年纪念会，那是我第一次回来。同年，北京大学邀请我回来担任客座教授，在哲学系开课，这是我第二次再回到国内。最让我激动的是，我们从香港坐上飞机，在飞机上看哪里是黄河，哪里是长江，那种心情是一种非常深刻的生命体验。

那怎么来描述我自己生命的过程？假如我们熟悉中国《易经》的六十四卦，每个人可以用自己对卦的了解来选择自己是怎么样一个过程。从我个人来讲，用卦刻画我自己的生活，我属于“乾”的方向，因为“乾”里面说的状态就是“元亨利贞”。如果把我的生活分成五个阶段，开始是元，虽然在艰苦的环境里面，但是有一个美好的童年。后来读书虽然辛苦，但是也很不错，我完全没有耽搁学业，只要有战争时，我就自己学习补足功课，经过杭州到京华，再到台湾

① 本文根据作者在“什刹海论坛·2017易学季”的讲座录音整理。

② 成中英，什刹海书院导师，美国夏威夷大学哲学系教授，《中国哲学季刊》的创立者和主编，国际中国哲学学会、国际易经学会、中国哲学高级研究中心等国际性学术组织的创立者和主席。

我就跳了两级，把两年的时间补上去了，我是比较幸运的，但是需要个人努力。从国家来看，中国的发展显然是从乾坤到既济，然后今天是走向既济而未济，又是新的济卦。中国遭受一百年的灾难，其中包括日本的侵略，但只要我们自强，总是能够赶上去。我从1985年到现在，差不多有40年，看到中国把百年该做的事情基本上都提上去了，公路、铁路、高铁，那真是一日千里，十年、十五年就把五十年的工作都做了。我觉得这就是发挥了中国人乾道的精神，中国人就是自强而不息，重点在两个方面，一是自强，一是不息。自强，是要有一种内在的信心，不息，就是你的行为，知行合一。自强可以心理上有一种信心，但是光说是没有用的，还是要做，不停地做。所以，“不息”是很重要的一个认识，这个才能够保证由元而走向亨的状态。我从读书到美国，这中间就是一个不息的过程。我从小在重庆乡村长大，后来到台湾，走入城市，再到美国，再回到中国。如果描写我，中间是元亨，回到中国就是一种好的征象，看到中国的成长，看到中国真正的发展。但中间有一段，是从元亨到利贞，利贞很重要，你回来补什么？我回来当然是抱着一种信心，希望能够开拓中国文化，把我认为的西方文化的精华带回来，融入中国文化，使中国文化具有新的生命，产生一种新的境界。

1975年我在美国夏威夷创办“国际中国哲学学会”，每两年举办一次国际会议，2018年在新加坡召开了第20届“国际中国哲学会议”，我要把中国哲学这个名在国际上立起来。因为我去美国的时候，大家不承认有中国哲学。他们自己说中国只有中国思想，只是叙述历史，没有真正说明中国哲学的精神和它的生命力。因为哲学就是要思考，要论证、要提出见解，要能够和别人对话，要能够知己知彼。我接受了西方的神学教育，体悟到我们没有缺少理性或者缺少对生命的思考，所以我们当然可以能发挥这种思考的、理性的精神，所以我一直在加强这一方面，即指现在大家一般理解的哲学，因为当初中国大陆说整个中国只有历史、中国史、中国哲学史、中国思想史，没有哲学。当然人得有思想，不然怎么称为人？但是哲学比思想应该更多一点，除了哲学史之外还能承认有哲学，哲学是创造哲学史的一个思维活动，它的重点在认识宇宙、天地、人生、自我，各种的基本生命，宇宙的根本问题、基本问题，我觉得这才是哲学的。指出了这一点，也就会面临中国哲学史怎么形成，开始怎么做这个问题。

我深知中国哲学是能与西方哲学沟通的，而且更能影响西方，凭借此信念，1973年，我创办了英文版的《中国哲学季刊》。这个听起来比较简单，但其实很不容易。我在美国读完书，开始在夏威夷教书。第一我没有钱，第二也没有助力，因为大家不承认中国哲学，大家没有这种文化意识。一个东西没有意识，就没有办法产生一种力量，也没有办法产生一种信念或者信仰。没有钱我可以借，也可以用我的薪水，但是，你找不到一种思想、一种意识或心灵的支持、认知，这是最大的困难。中国人说自己有哲学，那哲学有什么意义？我花了一年时间来带动中国哲学的这种意识。到第二年，一些美国的朋友，包括我的老师，虽然他们也不懂中国哲学，但他们说来帮助支持我，让大家了解什么是中国哲学。英文版的《中国哲学季刊》到今天还在出版，成为世界上顶尖的中国哲学刊物，美国牛津出版哲学书刊长达一百多年的出版社最后也来找我，说他们愿意出版印刷。《中国哲学季刊》经过了好多次转移，从欧洲到美国，再到英国，慢慢变成全球发行的一个英文哲学期刊，到现在已经出版了45年，每年四期，每期200页。中国人民大学曾经尝试翻译了三卷，但是负责的学生走了就没有人翻译了，所以现在中国的工作还没有开始，还没有得到支持。我小时候读过《易经》，我父亲是一个比较传统的儒家，我出国的时候，他买了台北粹芳阁的“五经”一套七本，加上“四书”，让我细读“四书五经”，使我身在异邦不忘中国古圣先贤之道，不要忘记作为中国人的精神所在。父亲对中国文化和民族的关怀深深地影响了我。

即使接受西方的教育，我们也希望在对这种哲学的思考中，来探寻中国哲学的精神。人能够敞开他自己的内心，能够同时感觉到自己的精神根源，同时又能够看到另外一种文化的成就，我觉得这是对人生一种很好的启示，也是一种使命的认知，就是你怎么把它连贯起来，怎么让它成立，在你心中发挥作用，兼容并包，成为一种生命的、社会的、文化的力量。我创办了“国际中国哲学学会”，创办了英文版的《中国哲学季刊》，我后来提倡办中英德智书院，主要是把对中国哲学的认识向西方传播，改进西方人对中国哲学的看法。后来，又办了“国际易经学会”。很荣幸的是，2016年我被文化部评选为“中华之光——传播中华文化年度人物”，其中就提到我做的这几件事，包括“一刊两会”。我从1985年回来，看到了中国的发展与成就。这经过了一种艰苦的过程，是奋斗的过程，用一个卦来讲就是“师”卦，你要去凝聚一种群体，然后来发挥作用。

要了解《易经》，有三个层次，它属于本体，它属于符号，它属于文本。

一、新易学

我现在讲的易学，叫作新易学，“新”在于它是一种新的思考、新的认识、新的发现。2014年中央编译局出版了我写的书《新觉醒时代》，2008年全球发生金融危机，美国经历了最大的金融危机，中国此时还能够不受影响，当然来自国际上的影响不能说完全没有，但中国这种在勤奋中产生的力量，抵制了美国资本主义的操纵。可见，中国人的艰苦实战能够产生一种生命力，这种生命力非常重要。我当时感觉到，2008年以后，中国的发展有一种新的面貌，新的生命、新的觉醒出现，这个新的面貌就在于大家有一种新的意识。刚好那时候汤一介先生写了一本书叫作《轴心时代》，因为我们觉得我们自己有了更多的信心，我们也了解怎么去谋求发展。

易学是中国哲学的源头活水，中国哲学是中国文化的基本价值，所以从文化到哲学，从哲学到易学，易学是最根本的，是易学展开了儒家的儒学、道家的道学，然后一贯而下，又融合印度佛学转化成中国佛学。先了解易学的基本精神，再了解易之本、易之体、易之知、易之行、易之用这五个层次。

以“本”作为生命的起点、来源，以“体”作为载体、基础，作为可以依赖的根据，生命力有本，就可以生生不息；“知”是为了扩展，实现一种生命的价值；“行”是通过自己的行为或自己的工作来实现人们的一种精神的状态，来成就一个人格、一种品质；“用”是器物方面的用、发明创造，在实践行为上面去体现、去开发，这样就构成了易道之整体。所以，易道一方面是三才之道，三才之道里面体现出阴阳的作用，体现出生生不已的创造作用，是一种与时俱进的发展。

1. 易之本

任何一种哲学都有一个开始点，就是“本”的概念，根本、根源。有根源才能长出树干，才能够有枝叶，才能够开花。

但有了本，有了基础，还要有一个力量让它发挥出来，所以，要把本跟初联系起来。“人之初”就是人有一个本，才有人之初，这个“本”是根，根发芽就变成了初，你的初心是基于你的本心，没有本心就没有办法发展初心。所以，一方面我们要记住我们的初心，但是还要高度认识初心的根本。文化也是一样的，也是有一个本，有一个初。

中国文化从什么时候开始？历史上是有些争论，但是我认为，我们在历史上面应该有一个整体的本的概念，这样的话，就可以把我们的出土资料和各种文献推到商以前。现在西方人不承认中国有夏，我觉得这个是没有道理的，从有商的高度文明，要否定夏的时代是不可能的，我甚至认为不只有夏，还有夏之前的从黄帝到三代。从出土资料来看，不管是龙山文化、良渚文化，还是仰韶文化，我们可以推到更早。我看到过很多的出土资料，包括半坡、河姆渡、大汶口，我觉得中国的农业社会开始得很早，甚至可以推到伏羲时代，早到伏羲画卦，是公元前6000年。从公元前6000年到前3000年，黄帝的开始，公元前3000年到前2600年是夏代，这样，中国文化就有一个比较完整的认识。

有了本，才能够形成体，本、体是两个阶段的发展。“本”是一个理论性的概念，但也是一个历史发展的概念。中国文化的“本”是从伏羲时候开始，经过新的发展，一直到文王，到三代、三易，才开始形成体系。这个体系的开始，我认为从夏代开始。当然这是一个理论上的构建，我们没有办法完整地以文本来描述，但是从地上文物的发展，从文化自然流行的状态，它必然是有这样的一个过程。

文化就是我们能够用自己的思想感情形成一个生活的共同体，而这会使个人得到更多的发展，来加强群体的意识，然后用自己更多的生命力来创造新的活动方式，或者是劳动的工具。工具的发展，从石器时代到新石器时代，然后进入到铜器、青铜器、铁器这些冷兵器时代。到了今天我们已经可以驾驭电子、原子，这都是在不断发展。从开元文化，从我们的意识状态来看，我们在生活上已经凝聚成为一体，在对宇宙的了解上慢慢一体，三才之道是一个“体”的概念，就是天地人合为一体。到儒家有了更好的发展，荀子说“天地生人”，孔子说“人能弘道，非道弘人”。天地是一个美好的存在，与我们密切相关。天地还有一些内在的价值，要通过人的存在把它发挥出来。所以人有一种“宇宙责任”，要发扬天地精神，所以，儒家、道家都认识到人是天地的一部分，儒家更强调是人能弘道，天地之道需要人来加强，需要人自身成为一个美好的存在，这样我们才能够形成一个天地人的三位一体。然后提升我们的意识、知识、知觉、意志，我们才有信心去创造更好的价值，解决发生的各种问题。在发展和创造中要坚持，这就是“贞”，利贞才能够发挥出来，才能够坚持、持续下去。所以，这是一个持续的问题，生生不息，自强不息，这就是《易经》的智慧。

2. 易之体

凡事作为基础的、支持的就是阴，作为发展的就是阳。“本”是基础，发展出来就是阳，形成“体”，“体”有功能，它是阳，来支持、来蕴养、来维护已经存在的一种生命体，那就是阴。《内经》说的“卫气”也是这个意思，你要蕴养，你要生存，所以你要维护生命的生气。所以，本体自用性是一种生气的发展。

3. 易之知

“知”本身就是一种生的基础。我们现在受西方的影响，以为“知”就是一种概念而已，其实“知”是一种生命的状态。像我们说“知道”，有“道”在“知”里面，真正的知道就是行道，过去说知县、知府，就是他要了解环境、掌握环境。“知”有一种组织、主控的意思，当你有了本体，才能主导一个世界的发展，主导自己的发展，所以，一定是很强调主动、创造性。“乾知大始，坤作成物”，“乾”是一个大的始，作为一个生命力，有一种创造的能力，有资源来支持你，坤就作为一种力量来配合。一阴一阳是一种内在的配合，不是对立的，它是功能不一样，一来一往，有一种内在的回应。

4. 易之行

“知”跟行为都是相近的，“知行合一”，知本来就是行，它没有离开行，是整体的。所以，本体里面的“知”是要“行”动的。“行”一方面要根据“知”，同时要开发“知”的力量，“行”的时候自然就有一种意识出现，有一种境界出现。所以，知行永远是一种相互动态的循环，来完成本体的功能。

讲“易之行”，我们就更需要掌握易学的精神。“行”是通过自己的行为或自己的工作来实现人的一种精神的状态，来成就一个人格、人的一种品质。这点是很重要的。因为《易经》最后还是要讲所谓“德”的问题，孔子说“求其德意”，你在卦里面遇到很多困境，是对人的考验，遇到乾卦、明夷卦怎么办？你还要稳定，要力争，要能够反思，能够在自己择善的精神之下重新发展。《易经·系辞》里讲的九德，从履卦到乾卦，到巽卦，到颐卦、升卦，都是一贯而下的，成就一个人的内在之德行，它不是空洞的，是面对生活、宇宙中各种变化出来的一些处境，人处在这种处境，都是对自己的各种考验。

5. 易之用

因为“开物成务”，有了文化创生力量，我们就可以拿来用，可以发挥用，每件事情都有它的大用。今天我们说的物质文明，社会的各种发展也都是“用”，公路、铁路、高铁、新的航线、电子平台，金融开发，我认为这都是“用”，“用”是根据《易经》的道理，根据一阴一阳，都是本体“知”的一种结果。所以，“用”的确改变了中国的发展，使中国能够很快地超前，没有易的不息的精神、刚强的精神和自强的精神，是做不到的。所以，今天中国的发展，可以从《易经》来了解、来解释，同时，从中国的持续发展，才了解什么叫《易经》。当然，也有韬光养晦的时代，有痛苦的时代，有困境、欠缺的时代，有明夷的时代，这些随时都可能会出现的。但是，只要你自强不息，一定会否极泰来。“否极泰来”，是生活体验出来的，是我们生活的精神的一部分。

总结来说，把易学的符号系统变成一套生命哲学、生活哲学、行为哲学、管理哲学，这就是新易学。

新易学或者叫易学，主要是我从一个哲学的观点、从一个体验的观点，对中国的易学有一个新的解释、新的认识。传统的注释《易经》的方法我也不反对，因为它是一种经学的办法，就是注释、解释，但是它不能够发挥你生命的一种作用。我觉得“我就是易，易就是我”，易是一种创造变化之道，我是一个存在，我的存在就是一种生命力，就是一种创造的行为，它本身就有一种力量，我的存在就是易的存在。当年西方哲学家笛卡尔提出“我思故我在”，我们今天说我的存在就是宇宙的存在。

二、《易经》的文本

“易”是一种宇宙的现象，是宇宙本体，但是，宇宙本体变成《易经》的文本，是怎么变的？我把“易”做一个根本的说明。

1976年在长沙马王堆出土的帛书《易经》，1996年出土的荆州郭店竹简，都有《易经》的几个版本，但是这几个版本都是书于楚国的，长沙就是当年的楚国，马王是一个侯爵，荆州也是楚国的地方，所以算是一个版本而已，但那已经是我们可以看到的一个原版，是用甲骨文形式写出来的一种版本。在公元前6世纪，在孔子时代，孔子对《易经》非常地看重，从《史记》司马迁的记载，孔子在居家的时候看《易经》，在他旅行的时候，周游列国去行道，也把《易经》带到车子里面。而且他一直在看《易经》，韦编三绝，可见孔子很重视《易经》，他想了解它。

占、卜、筮，这三个字意义不同。“占”是口述一件事情，“卜”是在卜卦，“筮”是用筮草来产生一个卦。那么谁来做这个事情？就是巫师，从表面看以为这是迷信，其实它不是迷信，是一种为了要解决当前问题，来求得一种“知”的状态。所以，未卜先知，有些事情我们是不知道，现在我们仍还有很多事情不知道。现在人还在用“卜”这个概念，就是统计上的“卜”，“卜”还是一个现代的意思，是一种预测的方法。在这个预测的方面里面，你怎么能够掌握未来？我提出一个重要的管理概念，“卜”就是它显示的一个状态，代表可能发生的事情，至少让你知道可能发生的事情，它并不是必然发生。古时候说心诚则灵，你诚心诚意地想知道未来，就去卜。作为一个巫师，他有责任来说明卜出来的结果是什么，所以他必须要有一种透视的智慧，因为他见多识广，或者他有一种能够比附、联想、推论的能力，他是一个古代的思想者。但他判断的不只是就那个卦，他要结合当前的形势和目的来讲，假如这个君王说：“我现在要打仗，你给我算一算，卜一卜成功不成功？成功的胜算是多少？”那不了解现在的状态你怎么去解释？所以，“卜”不会是一种离开具体经验或观察的情况来做的一种判断，它一定是结合具体的情况，来找寻基于“卜”所启示出来的一个状态的解释，用一种透视的能力去开发出未来的知识，这叫作预见。所以它不是空洞的，不是神奇的。“卜”还是有它的一种精神，一种具有理性的作用，因为我们只能在这里边找到机会，假如你能够找到别的解释，可以不卜。后来到孔子时代，人们已经见多识广了，有的事情不需要卜，到了荀子时代更不需要卜，很多战争，不卜也会知道。“卜”是在所谓知道的情况下，仍然不知道什么是未来，那就需要卜，就需要由神明来告诉你，或者因为某种状态，让你去了解启示出来的一种状态。

后来我在管理哲学里面推断，“卜”具有两个含义，一个是预测，一个是决策，预测之后加上你对情况的整个了解，做出一个决定，这就是卜的作用。所以，作为一个巫师，他能够做这样一种认识，一种对未来的了解，这个了解不一定对，但是在现在的情况之下是最好的一个状态、最好的一个决定。

孔子认识到“卜”的作用，但是他提出了“卜”的第三种含义——“求其德意”。“德意”就是知道未来是什么样子，有什么可能性，知道怎么做之后，去发挥功能，掌握做事的基本原则，而不越矩。“卜”在这个意义上讲，就把吉凶化为德或德行的一种需要，它不是一种纯粹的实际的利益，而是一种人能够坚守自己，又能够发挥坚韧的力量，能够透过忧患看到内在的光明，选择更好的时机去发展。这就是“否极泰来”内在的需要。

我这里再给“易”加一个意思，就是德行的追求。“易”有多种含义，从文本来讲，“易”就是天地万物的变化，这是“易”的一个基本的说法。“易”还有一种含义，“易”是一种宇宙观，是对“易”的事实进行的一种认识，这种认识是对变化秩序的认识，用“一阴一阳谓之道”来说明，所以认为它是一个过程，是一个道路。当然还有呈现出来的一种所谓阴阳的变化的现象，阴是看不见、暗的东西，阳是看得见的。人从畜牧时代到农耕时代，要掌握自己的命运，就必须配合天时地利，就需要对“易”的发展秩序、内涵秩序和其自然宇宙观有所认识。

“易”还代表一种符号体系。伏羲可能不是一个人，可能就是一个氏族。我有一套理论，叫“洋文化理论”，从“伏”“羲”这两个字来看，“羲”字是跟羊有关系，“伏”在我的解释就是驯服了羊，伏羲就是驯服羊的时代。人驯服了羊，生活取得了安定，躺在草原上，观察月亮和星星，就会注意到自然变化。人都需要一种生活的空间，才能去发展自己，人需要有时间来进修、有时间来读书、有时间来观察、有时间来反思，人的生命才能有所成长。所以，文明的成长是需要时间的条件、空间的条件，还有对自我认识的条件。在这种形式下，才慢慢产生了符号体系。我把易符的产生看成是《易经》最早的开始，这需要很长很长的时间。因为符号需要几个条件，它要能够代表宇宙万象，而且宇宙不只是象，还是一个发展的事件，是一些发生的事情，如花开花落、月圆月缺、下雨晴天、冷暖风寒。这种对变化的表达，要显示出这些丰富的、复杂的、变化的环境体验。这是一个哲学问题，需要很长的时间，从八千年前，一直要到三千年前，需要五千年的发展，这段历史要由考古学来研究。我觉得我最大的一个特点，就是我学了新易学。

从文化的意向来讲，中国发展易学不是那么简单的。它经过最早的所谓新石器时代转向农业时代过渡的阶段，要把农业慢慢作为生产工具，中间需要一个过程。观天察地、近取诸身、远取诸物，要慢慢地尝试，从简而繁。要表达这些意义，不是你拿来很多原始文字就行，我觉得中国文字伟大的地方，不是一样东西给它一个符号，因为宇宙是在一个简易的过程里面复杂地发展。你可以看到它有周期性、有开发性，从一到二、二到四，它有重复性、回归性。所以，要把这些东西都考虑在内，要发明一个什么样的符号体系？这是一个很重要的数学问题，也是一种思考认知的问题。所以我认为这五千年也没有完全白费，伏羲氏最后形成符号系统，符号存在大约是在殷末周初或者在三代。按照廖名春的说法，现在还找不到《归藏》，《归藏》是传说中的古易书，是商易，与夏易《连山》、周朝《周易》，统称为《三易》。《周易》现在以乾为主，这是一个需要摸索的过程。也许夏民族来自山，他们把山当作基础。商人是以地为主，觉得山还是太狭窄一点，所以把地看成根本。周人统一了商之后，普天之下，感觉到一种完整，那就以天为本。所以，这也是一种逐渐发展出来的人类的进化，这套符号系统的存在，我认为很重要。了解《易经》，就需要了解这个符号体系。符号体系是动态的，包含着万象，从一到二、从二到四、从四到八、从八到十六，那为什么是这样一个进展？因为它最早掌握着一个规则性，就是一阴一阳，任何存在都有前景后景，有前庭有后建，有左有右，是一个空间，也是一个时间。当然它看起来是同时性，但是事实上阴阳间并没有分开，从一个本元上出来，形成一体，这个体最主要的就是能够阴阳合体，然后在这个基础上产生新的发展。新的发展本身就是阴阳，所以一生二、二生四，三就在二和四之间，一加二等于三，有了四，再加一就是五，有了五，再加一就是六。所以从四到八是一个显性的发展，就是以阴阳对偶性的发展，成为二的三次方。这中间隐性的数字还在那个地方，所以自然数也跟科学的研究一样，人最早的智慧的发展是掌握了数，能够数数，能够数下去。所以，易学的体系，代表人已经有了很深刻的智慧，有了数的智慧。把数跟象连在一块，就变成一套“象数”体系。

随之而来的就需要解释怎么用符号来说明事件，这一套符号体系就是一种所谓的解释，我叫作诠释的体系，就产生了义理。符号变成占卜预测的方法或者工具。因为有了体系，就能够依照体系来了解情况。这个体系包含一切，任何情况一定属于体系的一部分，所以都可以用卦来表达。怎么打卦就看你怎么去生成卦，怎么选择生成的方式，早期是用一套卜筮，用烧过的龟甲，要表示它的意思又变成一种很高的智慧，要说明卦的意义何在，跟人有什么关系，它有自身的意思，它要在特定情况下满足我们的目标需要，这就产生了文本的，对这个卦系统的一种认识、一种诠释，我们叫作预测的方法、决策的方法。我认为《周易》在周代就有了发展，这个发展当然要归功于文王，他被囚禁期间，整理流传下来的卜辞、龟甲，整理出一套体系，这里面已经有了《易经》的开展，既然八卦从伏羲时代就有了，足见八卦代表的意义，慢慢延伸，到了后代就变成八八六十四的重卦。还要给每一个卦合理的解释，要把它们的关系说出来。这种合理的解释要通过经验来表达，一条线是阳，两条线中间有断线是阴，就好像用字来代表数字，一是一、二是二、三是三、四是四，这是很复杂的，但是一个发展、发明的过程，最后才形成文本。所以，文本是很重要的，从原始情况来讲，就是一大堆卜卦的具有任意性的符号系统，加上某某人、某某巫师的解释，这种解释我认为也是不统一的，需要最后把它整合起来，这代表一种很高的智慧、很高的学问。

到了孔子时代，孔子给《易经》一种道德性的内涵，这样就变成经学，一直到今天，易学又得到了一种新的生命，这里就不细讲了。

总的来说，从“易”存在的哲学含义，到我们在历史上去认识：对伏羲时代的认识，对周代“易”文本的存在认识，把这些搞清楚，就已经对易学有一个一般的了解。有了整体性认识，就有一种本体性，然后就可以去用“易”，可以用在自己的生命里，用在群体里，用在经济上、管理上、政治上，以及用在国际秩序的发展上。有两本书可以给大家作为参考，一是我最近写的一本书，把我的文章做了一些整合，叫作《周易与人类文明观》；二是《易学本体论》，作为我在这个解释之中的基本认识。

《易经》智慧与人生管理[①]

孙　晶[②]

各位朋友好！我看书院墙上挂着一个“和中正”的牌匾，这是我们中华传统文化的精髓。中国文化是三教合一（儒释道）的文化，三家都讲“和中正”，儒家讲“中庸”就是从《易经》来的。《易经》的根本思想就是讲和、讲中、讲正，儒释道三家是不谋而合的。为什么不谋而合？因为都是中华文化。

我今天讲的题目是《〈易经〉智慧与人生管理》。《易经》是中华传统文化的源头活水，《易经》所包含的思想，形成了中华传统文化的全部内涵。反过来说，中华传统文化的全部思想内涵都来自《易经》。

一、《易经》蕴含着丰富的中华文化的内涵

有学者提出，判断一个文明是否诞生有三个标志：第一，是否产生了哲学；第二，是否产生了艺术；第三，是否产生了宗教。1987年在河南濮阳西水坡出土的形意墓，距今约6500多年。濮阳西水坡遗址的发现，对探索中国文明起源、龙的起源与研究中国古代史、美学史、宗教史、天文历法等都有重要意义。第一组45号墓穴中有一男性骨架，身长1. 84米。其右由蚌壳摆塑一龙，头北面东，昂首弓背，前爪扒，后腿蹬，尾作摆动状，似遨游沧海。其左由蚌壳摆塑一虎，头北面西，二目圆睁，张口龇牙，如猛虎下山。此图案与古天文学四象中东宫苍龙、西宫白虎相符。墓主人仰卧，头南足北，根据太极图和八卦思想，中国古代讲究坐北朝南的形式。这座墓被称为“形意墓”，其布置形意，上合天星，下合地理；里边的很多摆放物把阴阳五行思想全部体会进去了。从墓葬的摆放及

① 本文根据作者在“什刹海论坛·2017易学季”的讲座录音整理，并经本人审定。

② 孙晶，什刹海书院特聘教授，中国社会科学院哲学研究所研究员、国际易学联合会会长。

其中所蕴含的思想和所展示的艺术水平，我们可以判断，中华传统文化在6500年前就已经诞生了。

阴阳思想的出现，就是哲学思想的出现。阴阳讲的是世界上的一切事物有两个面，一阴一阳。这两个面永远在追求一种平衡，即《易经》讲的“阳极必阴，阴极必阳”。“五行”思想讲的是事物之间的相生相克关系，也是一种哲学关系。讲中华传统文化的根文化、源文化，就要讲《易经》。

那么，《易经》难不难学？《易经》不是那么难学，主要要跟对人。我讲一个例子，《易经》的艮卦，“艮”字加“木”是“根”，《易经》就是中华传统文化的根；加“目”就变成了“眼”；加“足”成了“跟”。大家说《易经》不好学，很费脑筋，没有“慧根”，就要“会跟”，要师父手把手地教。“艮”字加“心”，就变成“恳”，要认认真真地好好跟着师父学，要守道统；加一个“丶”，就变成“良”，学了《易经》知识以后，人的道德品格就提高了，变良了。如果还是学不懂怎么办？加一个“辶”，就是“退”，实在学不了就退一步学点别的吧。

1.《易经》创造出了中国人、中国特色的思维模式

《易经》是源头活水，根文化、源文化，因为《易经》解决了中国人的根本思维模式，把个人的人生和宇宙自然的运转规律看作是一致的。《易经》讲“天地人”三才之道，相信人和天地之间的一致性，天地是宇宙，人是宇宙的一部分。天地是大宇宙，人是小宇宙，这就出现了大宇宙和小宇宙之间的区别。佛教的释迦牟尼说“诸法无我”，是说宇宙中的一切万物、一切诸有、一切生物都没有“我”（个体灵魂）的存在，只承认大宇宙（最高绝对精神）的存在，不承认小宇宙的存在。而《易经》承认两者的同在、同格和同置，在宇宙中间处于同一格位，他们之间是同一本质。所以，《易经》给我们一个重要的哲学世界观，叫作一元自洽，就是一元论，天人合一。《易经》就是讲大宇宙与小宇宙的同一。

比如，我们常说六十甲子。六十甲子是由天干地支组成的，十天干甲乙丙丁与十二地支子丑寅卯等，十和十二的最小公倍数是六十，十天干十二地支相配，一个甲子年就是六十年。中国人在很早就看到了人与宇宙的同一性，天干地支配到第二十九位的时候出现“壬辰年”，而妇女怀孕叫“妊娠”。妇女的月经周期是二十八天到二十九天，古代人按标准计算，如果一个已婚的育龄妇女，在

二十八天以后没有出现正常的月经，她就有可能妊娠。妊娠之后叫十月怀胎，农历二十八天为一个月，只要怀孕二百八十天，就足月可以出生了。怀孕的妇女也叫身怀六甲，六十花甲里边天干地支一共配出六个带甲字头的年，就是一个花甲年的循环里有六个甲字头的年。古代人认为，胎儿在母亲的肚子里，从坐胎开始到出生，整个过程是一个小宇宙的运转周期，把这个小宇宙和大宇宙相比，就叫身怀六甲。

古代人认为天地之间的运行规律和人生社会的运行规律是一样的，就是天地人的一体性，这就形成了中国人的思维模式。同时，也看到了一切事物在变化之中。《易经》讲“穷则变，变则通，通则久”，这种思想也形成了中国人的思维模式。中国人就是穷则思变，要适应形势、适应社会现象和社会发展的变化，才能立于不败之地。《易经》让中国人形成了一种思维模式，要认识到一切事物都是变化的，一切事物都归于自然规律的。

我画一个“艮卦”，是由下往上画，这是《易经》的特点。《易经》的卦由两大因素组成，一是数，一卦里边有六个爻；二是相，有阴爻有阳爻。数有先后顺序，我们先画初爻，先画的就是一，一二三四五六爻就天然形成了数字顺序，也即形成了时间，先画的比后画的时间要早一点，各自还占据一定的空间，叫作时空。这里包含的哲学思想是时空的一体化，时间和空间是联系在一起的，世界上的任何事物，都具有一定的时间和空间。《易经》里叫“六位时成”，位就是空间，时就是时间。《易经》的一个重要思想是，看待任何事物要在一定的时间范围和一定的空间范围内，把时间和空间两者结合起来，我们才能真正做到实事求是。这就是重要的中国思维模式。

2.《易经》解读了宇宙间、人世间形成的基本属性和基本运行方式

我们讲哲学，就要分析这个世界是由什么组成的。印度、希腊这些国家跟中国一样，在古代的时候，都是讲元素或原子的，现在讲分子、粒子。中国人讲的金木水火土就是五行，是一切事物组成的根本元素。中国的五行思想与别的民族的思维模式最大的区别，就是既讲相生也讲相克。

我曾经写过一篇论文，把东方国家关于元素的思想做一个比较，发现其他民族的元素思想，只讲相生，不讲相克。他们往往只看到了事物的一个方面，没有做全面的分析。中国的五行思想是一种非常先进的思想，阴阳五行思想就是中国最早的科学思想。这个思想从几千年前产生到现在，我们一直在用。中医讲是

阴虚还是阳火，就是讲的阴阳。阴阳平衡了人就不生病，阴阳不平衡时人就会生病。五行讲相生相克、相克相辅，金克木，土生金等，相生相克也在追求一种平衡，中医抓药就是调整不同药材之间的相生相克关系。阴阳平衡思想讲阳极生阴、阴极生阳，任何一个事物，向阳的发展方向到一定的时候，就必然生阴，永远在追求一种平衡关系。

早在几千年之前，人类还没有真正进化彻底的时候，《易经》就已经指出了宇宙构成的基本要素和基本原理——阴阳五行的原理。

3.《易经》树立了中国人的价值观

伏羲氏画八卦，周文王把八卦演变成六十四卦，孔子再对《易经》做传，写出了他的解释，让我们能够读懂《易经》，这一切的目的是为什么？孔子讲“以通天下之志，以定天下之业，以断天下之疑”，就是发掘大自然的运行规律，用这种发现的规律，或者叫适应于这种发展规律，来治理国家，安定大业，同时运用《易经》的思想，解答我们对一切不认识的事物之谜。这三句话明确地告诉我们《易经》的历史责任和历史使命。

《易经》坤卦里面讲：“积善之家，必有余庆；积不善之家，必有余殃。”这句话包含了几层意思：第一，从字面上来讲，告诉我们要积善积德，不干坏事。第二，讲到了家族遗传的问题，一个家庭不知道积善，不知道做好事，这个家庭在未来，必然要遭殃。个人行为会给家族带来后果。第三，个人是非常渺小的，在延续了上千年的家族里，个人只是大海里的一滴水，只是恒河沙数里的一粒沙。生命融入了家族连续不断的血脉中，就是将个人的生命视野超越了自身的生命长度，这就是中国社会延续不断的最重要的基础。

中华文化几千年来延续不断，有两个字最重要。第一个是“中”。释迦牟尼讲中道，要守中；龙树菩萨接着讲“中道”，说“不生不灭，不常不断，不一不异，不来不去”。《尚书大禹谟》讲：“人心惟危，道心惟微，惟精惟一，允执厥中。”养生也要讲“中”，不违反自然规律，不能超量。第二个是“家”。中国人讲的就是家文化，我们通过“家”，把所有的精神力量集中起来并流传下去。在中国历史上，基本上每个家族都有祠堂，人们靠着家教、家风把文化延续下去。

中道思想，就是贯穿了阴阳思想，阴阳平衡就是“中”，“阳极则阴，阴极则阳”。孔子讲“一阴一阳之谓道”，就是指平衡关系才谓道，道是最根本的本体。易的阴阳思想讲求平衡，也即事物之间的和谐；易的价值观坚持“中和”

的概念，此概念可以分解为“中”与“和”两个部分：“中”讲的是事物的一方维持让对方同时存在的界限，维持了这个界限，就使一个统一物不会由量变发生质变，以保持事物的中和平衡。所以，“中”比“和”更重要，要让对方存在，自身才能存在；双方保持着平衡，才能和谐相处。做到了“中和”之道，才能实现“和谐万邦”的理想世界。

《易经》让人明白一个道理，做一切事情都要实事求是，量力而行，否则将会适得其反。孔子《易传》里边讲：“德薄而位尊，智小而谋大，力小而任重，鲜不及矣。”《易经》第一卦叫乾卦，“乾”在古代通“谦”，谦就说明不足，不足就不要自满，不要自以为是，要修德。从天道来看，月亮盈满而亏缺。地道也是如此，雨水而由高到低。月亮每个月中有圆有缺，下雨了水自然是从高处往低处流。《易经》不单单是对自然规律的一种总结，而且是对我们人生的一种总结。

《易经》的“易”字是由一个日、一个月组成，日月就是白天黑夜的一种变化，一个白一个黑，一个阴一个阳。所以“易”字和阴阳是同时产生的。“易”反映的是日月变化的自然规律。朱熹讲“太极即无极，无极而太极”，无极就是什么都没有，无中生出有，生出了太极。太极有两个，阴中有阳，阳中有阴，你中有我，我中有你，事物之间是相互渗透、相互依赖的，也是相互对应、交叉的。所以，讲到天地，太极就是表示天地的一种不断的循环、不断的运动。一切的事物，都是六位时成的。然后就看到了四象，自然会出现四种现象，比如自然规律春夏秋冬，自然方位东南西北，人类社会父母子女，前后左右，说三道四。说三就是过去、现在、未来，道四就是生老病死，就是人生一生的现象。道四也可以说我们讲的是，春夏秋冬、东南西北、父母子女。

“太极生两仪，两仪生四象，四象生八卦。”八卦又分先天与后天，宋代道士陈抟根据《说卦》中的“天地定位，山泽通气，雷风相薄，水火不相射”而创造出一个“先天八卦图”，也称为伏羲八卦图；根据“帝出乎震，齐乎巽，相见乎离，致役乎坤，说言乎兑，战乎乾，劳乎坎，成言乎艮”而创造出了“后天八卦图”，也称为“文王八卦图”。这两个八卦图对后世影响极为深远。先天八卦讲阴阳对立关系，把天地风雷、山泽水火八类物象分为四组。后天八卦则是为大地四方进行定位。那么，卦象是怎么产生的，这是根据孔子《易传》的思想整理出来的。古代的部落社会，那时候大家都是坐在地下，酋长、部落首领召集大家讲话，他一定要站在一个地方，他一定要站在高处，例如把石头垒起来，垒得越高声音就传得越远，一块石头，两块石头，再找一块，站在三块石头上给大家讲话。这就天然形成了一种高高在上的感觉，后来皇帝登基都要到泰山去祭祖，因为泰山是中原地区最高的山。然后我们从部落狩猎的社会，发展到了农耕时代，出现了田。田一定有沟渠，要浇灌，还有田埂，就形成了田。坤卦最初的形式就出现了。

古代人是结绳记事，那个时候文字还没有产生，结绳是最早的一种符号。古代人打鱼，要结网，有网水就能漏走，鱼就捞起来了，这时就出现了虚实的概念。网线是实的，网眼是空的、虚的，实际上就出现了阴阳。虚是阴的，阳是实的。后来，诸子百家中，庄子思想就提出了一点，叫“无用之用”，我们最早看到的网状系统，恰好就满足了我们要表述一阴一阳、一虚一实的观念。所以，《易经》就是从生活中产生出来的。

《易经》有象、数、理、占四个功能，一个卦就包含了四个部分：第一，象即卦象；第二是数，一个卦有六个爻；第三是理，每一卦都包含着深刻的哲学原理、哲学思想；最后一个是占，卦主要的目的就是为了占筮。《易经》的产生，是人类生活的需要。在古代，帝王打仗之前，先要问谋于大臣，谋不决而问占。《易经》最早的产生，也是在当时的社会历史条件下，特别是在那种专制主义的条件下，是一种君臣之间的对话方式。

《易经》产生之初，它只是知识的一些片段，比如出现了太极、两仪、四象、八卦等。那个时候出现的八卦，叫单卦。发展到后来，周文王把八卦变为重卦，即乘八演变成为六十四卦，六十四再乘以六，每卦有六爻，共三百八十四爻。六十四卦，每一个卦都有卦辞，卦里边的每一个爻都有爻辞。到了孔子时期，孔子写了《系辞》上、下，又经过后来历代的解释、论述、发挥，古老的《易经》不但保持了它的古朴风格，还与当时社会的政治文化相结合，展现出时代的风格。所以，《易经》是一部永远没有完成，集人类社会结晶的巨著。在实践中运用《易经》，要丰富《易经》的内容，不断赋予给它时代的根本风采。

《易经》有句话“凡益之道，与时偕行”，这句话出自《易经》第四十二卦益卦，习近平总书记多次引用。益卦震下巽上，上卦是风，下卦是雷，风顺雷动，是讲国家和人民之间的一种关系。国家带动人民，给人民好处，人民就会推动国家的发展，所以“凡益之道”。这是一种良性的互动关系，国家和人民之间的良性互动关系。我们一定要让它不断地推广，才能增益。

二、学习《易经》的终极目的

第一，认识自然。通过《易经》认识自然，认识自然的发展规律，认识发展的本质、特征，认识自然所包含的一切与人类社会相关的问题。

第二，敬畏自然。我们不能再搞“与天斗其乐无穷”，如果不尊重自然规律，不敬畏自然，必然要遭到自然的报复。中国几千年的发展历史早就证明这一点。

第三，顺其自然。我们在自己的生活中，不顺其自然，一定达不到自然。

最后，享用自然。我们如果能做到前三点，就能享用自然，就能够获得人生想获得的东西。

《易经》的人生终极目标是什么？我们看《易经》的第四十九卦革卦（䷰），这个卦九五“大人虎变，未占有孚”，上六“君子豹变，小人革面”。革卦里讲了人生的三种不同结果：第一“大人”，第二“君子”，第三“小人”。“大人”，就是做大领导的，国家领导人；“君子”，就是我们普通人；“小人”，就是在社会上不干好事，犯错误的人。“虎变”，高位上坐着的人就像老虎一样。把“君子”比喻为有德，但是没有权力的人，我们都在积德的过程中，有的像豹子。为什么是豹子？豹子皮肤的颜色、毛色，会随着环境而发生变化，这就是讲，我们普通人，君子们，要随着社会环境的变化去适应它，让自己去适应社会环境的变化，我们才会真的有豹变。“革面”也是有很多争论，有一种叫作小人就要洗心革面，还有一个含义，不但洗心革面，还要顺应时代的变化，要顺应、服从。《易经》是封建时代产生的，毕竟是为统治阶级服务，所以要讲服从、顺应。实际上，到今天也是这样的。我们要服从领导，下级服从上级。所以，《易经》讲的是人生的终极目标，是奔着这三种目标去。

革卦，“离为火，兑为泽”。泽在上面，火在下面。上面是水，下面是火。水往下浇，火从下面往上升，火一旺水就烧干了。这两者之间是阴阳五行的相克关系，水火不相容。水跟火在一起，必然要产生一种变，火把水烧干，就产生变革。变化是宇宙发展永远的规律，是不变的规律。如果你算卦时抽到了革卦，你的人生就正处于一种转折点，一种非常关键的时刻，在这个时刻你就必须要自己加油，注意到周边各种关系，同时要等待时机，积极地进行变革，使自己立于不败之地。

《易经》的八卦，即乾卦、坤卦、震卦、巽卦、坎卦、离卦、艮卦、兑卦，是占卜的基本元素。每一个卦代表着不同的含义，每一个卦占一个方位，叫四面八方，一共代表着八个方位，每一个方位还代表着人生的一个点。震卦代表长男，巽卦代表长女，坎卦代表中男，离卦代表中女，艮卦代表少男，兑卦代表少女。乾坤两卦自然就是父母，乾为父坤为母。所以，我们在算卦的过程中，或者在看风水的过程中，比如我们到你家里看风水，看这个房间、那个房间，就会给你布置。比如坤卦，坤卦代表西南方，就应该是父母亲住。如果你家里的布置错了，这个方位住的不是父母亲，就不对了。你就应该按照方位布置，这样才能让家庭和谐，父母身体健康。每个家庭中，每一个人占据了一定的方位，一定要按方位来。这是八卦构成的基本要素。

八卦是单卦，八卦两两配合，翻成六十四卦，就变成了重卦。八卦没有象，六十四卦有象。比如泰卦（䷊），下面是乾卦上面是坤卦，两个并在一起形成一个复卦。读卦要由下往上读，比如晋卦（䷢），坤下离上，离卦是火，坤卦是土，下面是土，上面是火，火为炎为明。

刚才讲六十甲子，十天干十二地支，讲到甲乙丙丁十个数，其中双数为阴，单数为阳。《易经》里面，阳数用九代表。一卦中的第一爻应该读九一，但是因为它是第一卦，我们把它叫作初爻、初一。二是阴数，是偶数，用六来代表阴，就叫六二。按此推理第三就叫九三，第四就是六四，第五是九五，第六叫初六、六一。

刚才我们讲的晋卦、革卦，主要让大家明白《易经》的六十四卦应该怎么看、怎么读，在算卦的过程中遇到这些字应该怎么理解。孔子讲：“君子居则观其象而玩其辞，动则观其变而玩其占。”这里“观象玩辞”和“观变玩占”，就是我们人生修身养性的必需。当你在观象玩辞的时候，应该掌控什么，在观变玩占的时候，你又要掌握什么，这就是让你对《易经》有一个正确的理解，“不决卜、不戏卜、不疑卜”。因为我们讲《易经》大家都会想到“占”这个字，没有专门从事《易经》哲学的学习，我们不会去考虑它背后更多的文化内涵。我们一般说《易经》就是算卦，算卦就是占。所以给大家讲几点原则，没事不要随便去占卜，如果占了就不要再换一个再占，这叫戏卜。既然算了，得到一个卜你就不能去怀疑它，这样你才真正地能得到你该得到的东西。《易经》的文化讲“初筮告，再三渎，渎则不告”。

《易经》有很多卦，70%是吉利的，只有30%是不利的、凶的。吉利的卦又有90%的爻是吉的，卦不吉爻吉。《易经》第五十四卦归妹卦，是最不吉利的卦，但是里边却有一个非常吉利的爻。

第一，归妹卦（䷵），兑下震上，震是长男，兑是少女。长男就是岁数很大，少女是岁数很小。这个卦里面呈现出的是，一个很年轻的少女，去追一个岁数很大的男人。一般说来不符合常规。

第二，我们看卦中间有四个爻都是不当位，刚才讲一三五是阳爻，二四六应该是阴爻。现在二爻本应该是阴，这里是阳；三爻应该是阳，但它是阴；四爻应该是阴，变成阳了；五爻应该是阳，变成阴了，这四个爻都是不当位。我们讲"和中正"，"正"就是每一个卦里边的每一个爻，阳爻就应该在阳位，阴爻就应该在阴位，如果阳爻在阴位，阴爻在阳位，这就叫"不正"。而且女在上男在下。这是女的太强势了，男的被压了，阳被阴压。

第三，你在算卦时得到这一卦，它代表了很多意思。如果是一个女孩，就说明这个女孩非常着急想出嫁。这种小女生找大男人出嫁，一定有所图，而且是一种感情冲动，这种婚姻将来就可能要破裂。如果不是来问婚姻，是来问投资、升迁、合伙，这都不好。

第四，假如是长女配长男，是很相配的，刚才讲长男配少女是不配的。

第五是关键，归妹卦的爻辞，六五"帝乙归妹，其君之袂不如其娣之袂良。月几望，吉"。帝乙是周朝时候纣王的父亲，纣王的父亲将妹妹嫁给周文王，王后的衣饰还不如陪嫁者的衣饰好，但王后的位置居于中位，是以尊贵的身份出嫁的。这就是归妹卦这一卦里面最吉的一卦。刚才说少女不能配长男，如果你得到这一卦，同时又得到这一爻，那这个小妹就可以出嫁了。别看年龄小，嫁到男的家里边，会在夫家处于尊贵的地位。这就是不吉利的卦里面有吉利的爻。

大家知道北京的汽车限行尾号怎么排的，一六、二七、三八、四九、五〇对不对？这个数字的排序从哪里来的？当年大禹治水的时候，黄河里面出现了一只神龟，神龟背上有数字，这叫河图。一六、二七、三八、四九，中间是五，双双相扣，就是太极图的最初来历，就这么画出来的。韩国国旗上的太极图，就是把四面的八卦减成四卦，认为最能代表他们思想的四卦就是"乾坤坎离"，它代表了非常多的含义，仁义礼智、东西南北、春夏秋冬、天地日月。因为是一个单一民族构成的国家，所以他们就用了太极图来表示这种宇宙的圆满，天地汇成的关系。

《周易》与儒释道的“天人合一”观[①]

张　涛[②]

现在的生态文明建设、美丽中国建设，在一定意义上，都可以说是“天人合一”观在当代的延续和发展。我今天从两方面与大家交流：一方面，立足学术本位，探讨相关学术研究领域的进展和存在的不足；另一方面，从现实出发，我们来共同讨论“天人合一”观在当前的时代价值、当代的巨大启示，以及对经济社会发展、生态文明建设、精神文明建设各方面的意义和作用。

目前，研究“天人合一”的学者有很多，但也存在很多不足，或者说缺憾。首先，以往的“天人合一”，大家都认为是儒家提出来的，所以对佛家、道家相同的观点、相类似的观点有所轻视。这些年我们对道教“天人合一”思想研究的多了一些，也有一些专门的著作推出。但是，把儒释道，特别是和《易经》结合，目前还有好多工作要做，并且还存在很大的弥补空间。儒释道在“天人合一”的问题上，也认为是三教合一。合一到什么样的观点上？最近我在读明代方以智的著作，他提出了“三教归易”，归到《易经》上来，这个观点是明代后期主流的观念。我们以前把方以智作为历史上的唯物主义者、重要的物理学家，一直到“文革”时期，还有人在做方以智的研究。但是他的“三教归易”观点，是我们刚刚才关注的。“天人合一”的思想，不专属于儒家、儒教，应该说和佛家、佛教，道家、道教的关系也非常密切。我做这个研究也是鉴于目前的研究现状。另外，一些综合的研究还比较少，比如，现在大多是单一地研究儒家的“天人合一”，其和佛家、道家的关系对比研究，相对来说比较薄弱。

---

① 本文系北京市社科基金重点项目“易学思想与儒释道文化的融合”（项目编号：16ZXA001）的阶段性成果。本文根据作者在“什刹海论坛·2017易学季”的讲座录音整理，并经本人审定。

② 张涛，什刹海书院特聘教授，北京师范大学中国易学文化研究院院长、教授、博士生导师。

我目前承担着北京市社科基金的一个重点项目“易学思想与儒释道文化的融合”，今天讲的“《周易》与儒释道的‘天人合一’观”，是该重点项目的一个阶段性成果。

一、“天人合一”与生态文明

1.“天人关系”之“天”

首先，在古代的“天人合一”中，“天”的内涵和外延的概念存在着很大的差异。但是我想，有一个基本的指向，“天人合一”就是中国传统的生态世界观，这个应该明确。其次，《周易》本身的生态思想，有“天人合德”，也有对生态的保护、利用，《周易》里还有很多这方面的内容。此外，儒家、佛家、道家，都有相应的思想。

有人说，“天人合一”的“天”，除了大自然以外还有其他的东西，像冯友兰先生讲“物质之天、主宰之天、运命之天、自然之天、义理之天”（《中国哲学史（上册）》），冯先生把“天”分成五类；张岱年先生讲“最高主宰、广大自然、最高原理”（《中国哲学中“天人合一”思想的剖析》），将“天”分成三类；任继愈先生讲“主宰之天、运命之天、义理之天、自然之天、人格之天”（《试论“天人合一”》）。此外，也有分成八类的。但是，分那么多种，主导的倾向，“天”就是大自然，是自然之“天”，大自然就是“天”的概念的主导部分。

2.对“天人关系”的探索

谈到“天人合一”，这些年，除了汤一介先生，还有季羡林先生也在提“天人合一”。季羡林先生认为，中华文化能在21世纪成为主流的引领，引导全球文化发展的方向，就是基于中国的思维方式，是一种“天人合一”的、综合的、普遍联系的思维方式。从思维方式、思维模式上，季羡林先生讲得比较多，中华文化在21世纪大放异彩，我们的“一带一路”、国际化的战略，都在取得成效，这也和中华文化“天人合一”的思维模式有关。这个对应的就是中西文化的差异。

（1）西方哲学：“天人二分”。西方人的思维是主客两分。用西医和中医各举一个案例可能更清楚，西医是建立在解剖学的基础上，人是主体，人体解剖后，看得见摸得着的客观存在的就是客体；如果看不见摸不着就是不存在。中医认为，除了我们看得见的器官、脏器，还有一些气流、气场、液体，这些东西看不见，但是它又是实实在在存在的，所谓“无极而太极”。西方人后来逐渐回归到一个概念上，就是认同中国的“天人合一”观。像著名的存在主义哲学家海德格尔，前期是跟着笛卡尔以来的主客两分，后期就变了，觉得人和自然应该相融为一，叫“诗意的栖居”。而且，早期的希腊、罗马，早期的西方文化，以及当代的包括绿色和平组织，它们还是坚信中国的“天人合一”思想、天人和谐的生态世界观。

对中西的对比，肯定是从主流进行大体上、总体上的把握。然而，具体到某一个方面，中国的历史上也不都是“天人合一”，例如荀子就是讲求“天人相分”，他最重要的思想是“制天命而用之”。到近代还有“与天斗、与地斗、与阶级敌人斗”等相关的提法。

（2）中国哲学：“天人合一”。中国历史上的主流就是“天人合一”，而西方的主流则是主客两分。在生态学上也是这样。所以恩格斯才会在《自然辩证法》里讲：“我们不要过分陶醉于我们对自然界的胜利。对于这样的胜利，自然界都报复了我们。”这也是生态和谐重要的思想。

天人关系，有人说天人合一，可能有人会说这不对，“天”除了大自然以外还有其他的东西。确实，像冯友兰先生讲“物质之天、主宰之天、运命之天、自然之天、义理之天”，冯先生将“天”分成五类，也有分成八类的，也有分成三类的。但是其中主导的倾向，应该说是自然之天，也就是天人概念的主导部分。

西方人一直在探索“天人关系”。有人倡导说，离开了孔子，离开了孔子的智慧，人类将无法再往前行，实际上，在西方人的认知中，他们对孔夫子的肯定，好多都是基于对《易经》这部书的认识。这里我们还要强调的是，以往大家对《易经》的认识，是把它放到儒家、儒教的经典里，但是从目前我们的研究来看，已经认为这种观点是错误的了。这些年我们也在做《易经》《易传》的研究，广义的《周易》分为《易经》和《易传》两个部分，周文王的六十四卦卦爻辞是《易经》中的部分，相传由孔子对卦爻辞进行解释所做的则是《易传》的部分。实际上，古代这种分类思想是建立在怎样对它进行更好的研究，并且如何准确把握其中的思想这样的需求基础上，并不是一定要分成门派或家派，因此，这些都是相对而言的。我们最近一直在关注这个问题，并提出《周易》不专属于儒家、儒教，甚至不专属于哪一个门派，它是综合百家，超越百家，总通三教，融通各家的。这是一个学术的观点，我们在20世纪90年代就已经提出。在当代，在现阶段，又找到了其与“天人合一”思想的结合点，因此更坚信了我们早年的探索是成功的。我觉得我们学习优秀传统文化，学习国学，一方面要精准、有依据，另外学术要与时俱进，保持不断发展的态势。“天人关系”的相关研究一定是建立在这样的基础上，才能坚定地往前走，才能找到我们历史上的知音，就是方以智对《易经》真知灼见的认识——“三教归易”。

3. 中华文化与“天人合一”

说到中华文化，人们更多谈论的是儒家、儒教。实际上，我们一定要非常明确，中华文化强调的是中国人的思想，一定要以儒释道三教为代表，而不只是其中一家。可能有些学者由于在认知上的不同，以致在重大问题上还有一些对立的观点。所以，我们看到在《儒教史》《儒教的概论》《儒家的思想史》等著作中，有些观念是儒释道并存的，但有些学者观点非常明确，认为中华文化的代表就是儒家、儒教。陈寅恪先生指出：“中国之思想，可以儒、释、道三教代表之。”陈先生也提出：“两千年来华夏民族所受儒家学说之影响，最深最巨者，实在制度法律公私生活之方面，而关于学说思想之方面，或转有不如佛道二教者。”所以，我们坚持儒、释、道是比肩而立、相伴而行的关系，并在此过程中，都对“天人合一”情有独钟，多所阐扬，屡有创获，并呈现出各自的特点和优势。

习近平总书记在全国文艺工作座谈会上的讲话，引用了德国历史学家、思想家雅斯贝尔斯提出的“轴心时代”概念。雅斯贝尔斯在1949年出版的《历史的起源与目标》中提出：公元前800至前200年间，尤其是公元前600至前300年间，是人类文明的“轴心时代”，“轴心时代”发生的地区大概是在北纬25° 至35° 之间。这段时期是人类文明精神的重大突破时期。在“轴心时代”里，各个文明都出现了伟大的精神导师，古希腊有苏格拉底、柏拉图、亚里士多德，以色列有犹太教的先知们，古印度有释迦牟尼，中国有孔子、老子……他们提出的思想原则塑造了不同的文化传统，也一直影响着人类的生活。而且更重要的是，虽然中国、印度、中东和希腊之间有千山万水的阻隔，但它们在“轴心时代”的文化却有很多相通的地方。这个轴心时代实际上就是孔子、老子、释迦牟尼、佛祖共同的时代。雅斯贝尔斯是德国的思想历史学家，他的这一观点使我们对人类文明的演进有了更进一步的认识，我们知道在“轴心时代”这一个阶段，中外文明应该就已经开始进行交融、沟通，我们现在常用的一个词叫互学互鉴，即互相学习、互相借鉴，实际上从那时就开始了。

对中国文化，我们一定要用世界文化的眼光并站在这一背景下去考虑。以孔子周游列国为例，我们现在看到的只是文献上记载的列国，但是有可能他去过更遥远的地方，我们不能低估古人的能量和能力。这也是我们在研究问题的时候，需要考虑到的重要线索。对《易经》的研究也是如此，先秦诸子百家留下的传世文献，明确记载自己的阅读习惯中有《易经》的很少，但是根据他们的学说所反映出的思想内涵来看，先秦诸子深受易学思维的影响。所以，我在我的博士论文中写道：“在一定意义上说，战国秦汉时期的思想的主流是易学。”历史上，几乎各家各派的重要学者和思想家，没有不研究“易学”的，有的甚至上升到“玩易”的高度。所以，“天人合一”的思想各家都有，但是《易经》的影响力应该是最为突出的。

二、《周易》生态思想

1. 天人会通

《郭店楚墓竹简·语丛一》说：“易，所以会天道人道者也。”汤一介先生也在他的文章里专门说过这句话。这也是我们特别要明确的，即“天人会通”“天人之学”就是中国古代的哲学。不光是“天人合一”，应该是天、地、人三才合一。中国人喜欢用“天”代表客观的世界，“天”不是单单指天或者太阳，不单指大自然，而是指主体和客体。除了人之外，外在的就都是“天”。就相对于我们的六爻，又叫“纳甲筮法”，甲是天干里的第一个，这里便是以“甲”指代天干。而且还不止于此，“纳甲筮法”既纳天干又纳地支，“纳甲”就代表了天干和地支，体现了“天人会通、天人合德”。《周易》里指出的“夫大人者，与天地合其德，与日月合其明，与四时合其序，与鬼神合其吉凶”也是这个道理。《易经》三画的经卦，象征天地人，地在下、人在中、天在上。六爻也是，下面两爻是地，中间两爻是人，上面两爻是天。这些都说明易学是一门讨论天人关系的学问。

2. 效法天地

《易经》将天地人纳入同一个思维体系当中，并且还对人做出了具体规定，希望人的活动符合自然规律，才能与自然和谐共生。“《易》与天地准，故能弥纶天地之道”（《周易·系辞上》），说的就是这个道理。另外，《易经》记载八卦的形成也是人类效法自然的结果：“仰观于天，俯察于地；远取诸物，近取诸身。”人类的祖先通过观察和模拟大自然而形成了社会秩序和规则。还有一些艺术形式也体现了这一古老的思想。中国最早的版画、最早的插图《三才图会》出现在明代后期，是明代王圻及其子王思义所撰写的一部百科式图录，也是古代的大百科全书。其中，“三才”就是取天、地、人之义，所收录的版画也是根据效法天地，模拟大自然的基本原则而选择的。

3. 与天地合德

效法天地的目标则是要和谐，这也是《周易》追求的最高境界。比如《周易》就讲：“夫大人者，与天地合其德，与日月合其明，与四时合其序，与鬼神合其吉凶。”我们知道，“易”有三易：简易，把宇宙本质总结为天、地、人；变易，三才各从其变；不易，即天人合于一。从汤一介先生到季羡林先生都强调“天人合一”的思想，这一思想也渗透在我们实际生活的方方面面。举例来说，中国共产党最优秀的地方就体现在对抗日民族统一战线、敌友关系的处理上，可以看出他们的大智慧是你中有我、我中有你，既团结又斗争，斗争的时候还要坚持团结，团结的时候还要不忘斗争。这确确实实是“天人合一”的一种生态观，也是我们的一种思维方式。在易学思维的指导下，我们要认识到一切都可以变化，所以应当既握着简易的原则，还要把握住不变的原则。

三、儒家生态思想

1. 孔孟之仁

“智者乐水，仁者乐山”是儒家孔子的思想，体现了孔子的生态观念。他将山水这样的自然环境与“智”“仁”这类道德品质相比附，表达了孔子的天人观念。需要注意的是，我们说的孔子就是《论语》里的孔子，是指可信的、可靠的文献典籍里的孔子。如果非要把《易传》说成是孔子所作的，那需要再讨论。把《左传》里记载的孔子，直接就说是孔子，还要有一些学术规范。

孟子也有对生态问题的看法。我们都知道孟子讲“仁”“爱”，但是我们要强调的是，其建立的基础不仅是“仁者爱人”，还有爱大自然，比如“斧斤以时入山林”，就是讲求什么时候去做什么事情，这是对大自然的尊重。

2. 荀子天人之分

荀子“明天人之分，制天命而用之”的思想非常重要。荀子这样的学者本身就是多元的。他本身是儒家，但是他的学生李斯和韩非在思想归属上又是法家。这就是说，在先秦时期，各家的思想资源是可以通用的。因此不论是六家还是九流十家，都是相通的。所谓“道通一”，他们所共通的这个“一”应该就是“善”，或者再开阔一点说就是“真善美”，虽然可能在具体观念上不同，但各家各派最终的目标应该是一致的。儒释道三教之间的关系也类似于此，它们都有一个基本点、立足点，就是一心向善，是对人们追求真善美的劝诫，以及对真善美的向往。所以我们应当牢记这个一以贯之的目标，并且将其融合到“一心向善”中。

回到荀子来看，他说“制天命而用之”，是与天争胜，与天争利。《易经》里就明确地讲，“裁成天地之道，辅相天地之宜”，鼓励人们一方面要尊重自然，另一方面也要利用自然。《易经》要求既要很客观、很冷静地考虑问题，又要很热情、很积极地面对现实，所以既有出世，也有入世，是二者的结合。实际上，历史上从来没有单纯的出世，也没有单纯的入世，它们都是相辅相成的。所以现在研究孔夫子，他身上也有好多道家的东西。庄子也是这样，他的背景就是儒家。而且拿方以智来说，除了“三教归易”的观点，他还有一个观点是“以易解庄”，就是把庄子和《易经》结合在一起，把《南华真经》和《易经》结合起来研究。庄子和佛家的关系也非常密切。

这些例子都说明：我们应当理性看待人与自然之间的关系问题，既要顺应自然，又要合理利用自然，才能做到真正的“和谐”。

3. 宋明理学

“天人合一”作为一个组合词，四个字在一起，最早是由北宋张载提出的。但是这一思想在《易经》里就已经存在，且各家都有。但是张载提出的“天人合一”“民胞物与”，最早建立了人与宇宙的直接联系。到了明朝，王阳明又提出“天地万物为一体”“知行合一”，建立有机的整体宇宙观。

4. 祭祀（实践层面）

儒家的生态观念还表现在指导实践的层面，主要体现在祭祀方面。比如，《礼记·祭法》：“及夫日、月、星辰，民所瞻仰也。山林、川谷、丘陵，民所取财用也。非此族也，不在祀典。”对山川、日月的祭祀，让人与自然的距离得以拉近。《礼记·祭义》：“天下之礼……致反始以厚其本也，致鬼神以尊上也，致物用以立民纪也，致义则上下不悖逆矣，致让以去争也。合此五者以治天下之礼也，虽有奇邪而不治者，则微矣！”自然万物、人类先祖和道德伦理通过祭祀仪式而融合为一，其在保障社会的秩序和稳定及树立社会规范方面的作用，甚至可以说超越了宗教的意义。

四、佛教生态思想

佛家的思想我不敢多讲，但是我一直在学习，也看了一些内典。我感觉，研究中国传统文化，近代的学者，只要是学术上有成就的，没有一个绕过佛家、佛教而能够研究成功的。如果不研究佛教，他的学术理论、学术思想，就很难精细，很难成体系，很难做到位。

佛家主客的观点，也是不分的。包括“众生平等”“依正不二”，这里面对大自然的爱护都是有体现的。其他各家也有表达“依正不二”——人与万物“物我合一”思想的论述。庄周化蝶，是庄周和大自然的合二为一。厚德载物，“物”是大的物，既有主观也有客观的，不论有无生命都叫“物”，佛教讲普度众生，众生也包括自己在内，厚德载物也是类似的，“物”也包括自己，它说的是既要包容别人也要包容自己。

儒释道三家都提爱护众生，而众生又和“我”是合二为一的，这点就能看出“天人合一”的思想。汤一介先生讲“天人合一”，特别强调与时俱进，他有一项最新研究成果，就是专门解释《郭店楚墓竹简·语丛一》中“易，所以会天道人道者也”这一句话的。所以，我们一方面要有学术的胸怀，引领天下，虽然学术乃天下之公器，但是也需要导师引领来开悟。另一方面，我们所做的一切都需要建立在学术研究的基础上。我们坚持学术的推广，多讲一些历史的故事，但是讲的故事必须建立在文本、文献考证和辨析的基础之上，还要积极吸收最新的学术资讯、学术成果和方法。

回到佛教生态思想上，应当从佛教思想的理论基础说起。从缘起论到无我论，打破了人类中心主义。《大乘入楞伽经二》曰“一切法因缘生”，《维摩经佛国品》注：“什曰力强为因，力弱为缘。”僧肇曰“前后相生因也，现相助成缘也。诸法要因缘相假，然后成立。”他们都强调世界没有不变的本质，外在环境对于人来说也并非客观的存在。《止观七》曰：“为无智慧故，计言有我。以慧观之，实无有我。我在何处？头足支节，一一谛观，了不见我。”世间生死及一切法，皆是因缘和合而有，虚假不实，本无有我，反映了佛教无我论的生态思想。

至于刚才提到的“依正不二”的思想，吉藏大师在《大乘玄论》中有云：“理内一切诸法依正不二。以依正不二故，众生有佛性，则草木有佛性。”依报，是一切外在物质世界的果报——环境对生物的反馈；正报，是我们自身过去世之业的果报。“依正不二”就是作为主体的自身和作为客体的世界紧密结合，并且造善业就能够获得好的依报和正报。

最后，佛教“众生皆有佛性”——众生平等的思想也值得关注。《大法鼓经》曰：“一切众生悉有佛性，无量相好庄严照明。以彼性故，一切众生得般涅槃。”众生生命的价值都建立在佛性的基础上而平等（草、木、土、石等虽然“无情”但是“有性”），所以佛教的慈悲为怀无具体对象，对众生都心怀慈悲，对自然界的一花一木都存有悲悯与怜爱。

五、道家、道教生态思想

1. 道法自然

在研究生态思想方面，道家的成果偏多一些。在学术圈中，有些学者对老子、《道德经》的研究多一些，有些学者对庄子的研究多一些，一般都集中于老庄“道法自然”思想的研究，这也是目前的一个热点问题。老子讲“人法地，地法天，天法道，道法自然”“域中有四大，而人居其一焉”，庄子讲“天地与我并生，而万物与我为一”“天与人不相胜也”，两者都强调“天人一体”。

2. 天人一体与天人相盗

道家生态思想中最主要的理念就是“天人相盗”。《太平经》曰“天、地、人本同一元气，分为三体”，凡事皆可一分为三，三者同心相合，成就万物。《阴符经》曰：“天地，万物之盗；万物，人之盗；人，万物之盗。三盗既宜，三才既安。”相互“盗取”，实现资源共享。

3. 道教生态旨趣

道教的生态思想最终也落实到日常生活中。晋葛洪《抱朴子》：“弹射飞鸟，刳胎破卵，春夏燎猎……凡有一事，辄是一罪。”“慈心于物，恕己及人，仁逮昆虫……手不伤生……如此乃为有德，受福于天，所作必成，求仙可冀也。”道家服食丹药，也是三才相盗思想的实践。

道家的很多诗作，如南宋白玉蟾的《武夷有感十一首之十一》：“诗人心与物俱化，对景无思诗自成。诗句自然明造化，诗成造化寂无声。”明代张三丰的《清吟》：“清茗清香清道心，清斋清夜鼓清琴。人能避浊淡清静，跳入云山不可寻。”张三丰的《栖云庐间望》：“云木苍苍满翠微，道人闲眺立岩扉。猛禽鸷鸟无猜忌，门外冲烟踏叶归。风卷山云飞过水，雨飘柳絮落残春。精庐镇日全无事，两卷黄庭养性真。”等等，对虚、清、静、真等境界的赞美，反映出对天人合一、人与自然和谐共处的热切追求。

4. 科仪

《中极戒》中有保护生命、戒杀戒躁的多项规定，惩罚违规道众。南朝刘宋时期的金箓斋仪式，解决“天地破坏、日月亏盈、七曜差移、五星失度、刀兵水火、国主灾危、疫毒流行，阴阳失序”这种天人不合、阴阳失序的问题，凸显出道教科仪在具体实践层面上的价值和意义。

六、中西生态思维对比

1. 两种“在世结构”

分析这个问题时，当代的学者把它上升到一个高度。北京大学张世英先生提出中西方两种“在世结构”，中西天人观决定了中西天人关系，这个思想的重要基础，就是在世结构，实际上就是个人的、民族的思维方式。中国讲“万物一体”“天人合一”，是人与世界融合，在物我交融中召唤主体性；西方自笛卡尔以来，主张主客两分的思想，由此产生科学理性，到后来逐渐回归人与自然，物我交融。两种在世结构，就是人活着是一种什么样的结构。

2. 中西天人观相互交流

（1）中方：“天人合一”中强调人的作用。中国是人与神，人与世界相融的。《易经》里讲：“夫大人者，与天地合其德，与日月合其明，与四时合其序，与鬼神合其吉凶。”“大人”即品德高尚的君子，其与天地、日月、四时、鬼神是一体的。我们现在讲的君子也是这样，1914年，梁启超先生在清华做了一个“论君子”的报告，其中就提到“自强不息、厚德载物”。光自强不息太累，光厚德载物也太消极，两个要结合才是君子应当具备的品质。

另外，“天人观”并不反对人的重要性，“天地人为大”。所以科学发展观以人为本，“人”既是一个概念性的人，同时也是一个具体的、鲜活的、有血有肉的人。《周易》里，“财成天地之道，辅相天地之宜，以左右民”；《论语》里，问人“不问马”，“尔爱其羊，我爱其礼”；孟子“以羊易牛”；《道德经》里，“道大，天大，地大，人亦大。域中有四大，而人居其一焉”。这些都体现了“以人为本”。

（2）西方：主客二分中亦追求天人交融。西方哲学家的思想也有一个演进的过程，他们最初主张主客两分，到后期则倾向于用东方哲学、东方智慧行事。现在，中国人对《易经》置若罔闻，见怪不怪，反而国外的这些人，把这几部经典，都当作很重要的、有指导意义的思想指南。现在国外很多物理学家、化学家、天文学家都很重视《易经》。中、西到最后又都趋同到《易经》，趋同到儒释道共同信守的这些经典。这是目前的一个现状。

中西文化的交流，还需要走很长很长的路，我们一定要把中华文化的优势展现出来。所以，要普及教育，把中国的孩子教好。另外，我们还应当重视翻译的工作，现在文史馆和国务院也在做百部经典的翻译项目。《易经》除了要向国人普及之外，走出去也非常重要。翻译《易经》，翻译佛家的理论、教义，都很有必要，都应该引起我们的关注。

总结

1. 对天人关系的认知决定着人类的生活方式

目前，“天人合一”可以从各个角度探讨，我们今天是从天人和谐，人与自然和谐的角度去研究。我们要从思维方式上把握“天人合一”，这种方式有超越性，有优越性，它的优越性就是照顾到方方面面的关联，注意到时间、空间的置换。今天我们学习国学，就需要有超越的思维。

另外，我们做研究，既要有理论的高度、宏观的把握，同时还要对文献、文本的研究进行把握，并且要时刻关注最新资讯。只有把相关的历史，相关的脉络整理清楚了，我们的研究才能更深入。对历史上的学派、宗派，既要辨章学术，考镜源流，同时又要抓住未来的发展动向。

2. “三教归易”在“天人合一”观上得以成立

对“天人合一”有不同的解释，对“三教归易”也有不同的解释。《易经》讲“遏恶扬善”“顺天休命”，我觉得能够成为各家的一个共同的指向。希望大家在掌握自己的学科、学术、学派、宗派、宗教的理论的同时，对其相关的东西也有关照、关注。这样，我们的研究和对研究对象的理解才能更有合理性，更能体现中华文化兼容并包的文化传统和精神。

关于《易经》的研究，学术界也有许多不同的风格，不同的派系。现在，我们一方面对历史上的《易经》做全面的整理，参考《大藏经》的优势，也看到了《道藏》的情况，同时，把儒释道各家中涉及易学的文献都进行了分类编写，但是我们怎么样从文献上，从学术上，从理论上来证明，这个是我们要研究的问题。《易藏》如果整理出来也是有七八亿字，包括在其他国家的易学的著作，我们也都把它们收进去，这样才能充分体现“三教归易”的观点。

3. 认识和顺应自然规律，尊重和保护生态环境

千百年来，中华民族一直在寻求一种与外界和自然的和谐相处之道。近年来，随着全球生态问题愈发严峻，“天人合一”作为我国传统的思维方式，讲求天与人之间的内在联系，要求人们认识和顺应自然规律，尊重和保护生态环境，更是不断受到重视，愈焕发出新的活力。“天人合一”将人与自然视为一个有着

内在联系的有机整体，其宗旨就是顺应自然、尊重自然、保护自然，实现人与自然的和谐发展，这也是千百年来《周易》和儒、道、释三教都在致力于追求的一种理想境界。

4. 中西方不同思维模式的碰撞有利于人们互学互鉴，交流合作

我们知道，思维方式是一切文化的基础，思维方式的差异是不同文化体系的根本差异。与西方思维方式之间的差异，反映到儒释道的“天人合一”问题上，就形成两种不同的传统和路向：以中国为代表的东方哲学思想主张主客不分、天人合一，而西方从古希腊时起就已经在倡导主客对立、天人相分。正是由于对人类主体性的发现，促使西方比较重视作为客体的自然和自然科学，重视理论知识的积累和提升，这促进了西方科学技术的迅速发展。而我国的传统学术和文化教育，一直受综合的思维方式的影响，带有明显的综合、博通的性质和特点，造就了我国思想文化的多元格局，从而兼容并包，相互融合。

从中西方不同思维模式的发展历程可以看出，对天人关系的认知决定着人类的生活方式。在中国传统“天人合一”思想观念的基础上，融合学习西方主客二分的思维模式，有利于更清楚、明白地认识自然。中西方不同的思维模式在其中不断碰撞甚至冲突，这有利于人们互学互鉴，交流合作，汲取各种有效经验来处理当前人类共同面临的生态恶化等问题。将两种思维方式加以有机结合、相互融会，才能真正为生态问题的认知和解决，提供坚实的理论基础和思想指导。

5. “天人合一”是面临生态恶化的一种有效思维方式

我国目前开展的生态文明建设、美丽中国建设，某种意义可视为“天人合一”思想在当代的进一步延续和发展。当今对自然环境的保护和人与自然和谐关系的建立，需要人们从传统的“天人合一”生态观中汲取营养，共同防止生态环境的进一步恶化。

最后，我认为书院是一种很好的教学模式和方法，传统文化的发扬和传播也适合这样的形式。实际上，目前高校里的宗教的研究也有一些不到位的地方，所以我要经常来这里请教各位，向各位学习，这也是我们进行相关研究重要途径。讲传统文化，为什么大家讲儒家呢？就是这一块材料相对来说比较好找。但是你们有道家、道教，佛家、佛教的研究，这一点是我想向前辈学者学习的地方。你看梁启超先生、章太炎先生，这都是大家。他们的研究的成果，我们有时

候要想看明白了也不容易。

另外，“天人合一”的研究，可能还会持续下去。就是把国外的研究成果，把日本、韩国，还有西方国家的一些研究成果纳入我们的视野，我们也会及时地进行总结，把这些成果和我们的具体研究结合起来。前一段时间，北大就做了一个儒释道三教关系的论述，在华夏出版社出版了《三教关系》，我觉得这也是一个资料的长编。把材料汇总以后，我们的研究能够更好地去开展。

《周易》对中国哲学研究的重要意义
——兼论重写中国哲学史

金春峰[①]

《周易》本身是中国哲学的重要部分，在此不论。本文要谈的是不了解《周易》就不能写好与理解好中国哲学史。哲学系的共识是，不学《周易》不妨碍学好中国哲学史，不了解西方哲学则不可能了解中国哲学史。现有的有代表性的中国哲学史著作，如冯友兰先生的《中国哲学史新编》、劳思光先生的《新编中国哲学史》、牟宗三先生的《中国哲学十九讲》，大多对《周易》与中国哲学史之密切关系未加深考；但正因为如此，这些著作在一些关键的中国哲学史章节上，都做出了不到位甚或错误的解读。

一、对《老子·四十二章》的解读

易老同源，本章承前启后，对了解老子及中国哲学之天道宇宙观具重要意义。原文为：

> 道生一，一生二，二生三，三生万物。万物负阴而抱阳，冲气以为和。
>
> 人之所恶，唯孤、寡、不谷，而王公以自名也。故物或损之而益，或益之而损。人之所教，我亦教人。故强梁者不得其死，吾将以为教父。

---

① 金春峰，什刹海书院导师，《中国哲学》副主编，《中国文化与中国哲学》常务副主编，台湾佛光大学哲学研究所客座教授。

劳先生《新编中国哲学史》不列本章；盖认为中国哲学乃主体性思想，老子反智、反道德，其主体性乃“情意我”，与此章无关。牟先生以老子之“道”为精神境界，亦不列本章。唯冯友兰先生《中国哲学史新编》对此章有详解，说：“《老子》的这几句话，可以作宇宙形成论的解释，也可以作本体论的解释……就《老子·四十二章》来说，它大概是一种宇宙形成论的说法，因为它在下文说：‘万物负阴而抱阳，冲气以为和。’照下文所说的，一就是气，二就是阴阳二气，三就是阴阳二气之和气，这都是确有所指的具体的东西。”[①]这也是今天多数注老家的观点。但这种解读实是一般化的；因其对“负阴”“抱阳”之确切含义，没有贴切的了解。

“负阴”的确切解释是“背负阴”，阴在上。“抱阳”是“腹抱阳”，阳在下。物在上叫“背负”，有如骡马背物。故《淮南子·精神训》即引为“万物背阴而抱阳。”柳宗元《蝜蝂传》写一喜背负东西的小虫，叫“蝜蝂”。由于这种特定配置才引起了两者的对流、交流、交沟，就是所谓“冲气”。盖阳的本性是往上，阴的本性是往下，阴阳如此配置，就发生“冲气”的运动。如果是“背阳而负阴”，或是平列，就不能对流交沟，交通成和，使万物相生相继。故“和”乃“和实生物，同则不继”之“和”“交通成和而万物生焉”之“和”。解“和”为“和气”是错误的；解“冲”为“盅”为“虚”，也是不到位的。

此章的政治背景是“天视自我民视”，在上位者要自居于下，以百姓之心为心，如此才能“政通人和”。周人战胜殷人，《周书》总结胜利的经验教训，归结为“天视自我民视”。《周易》用《泰卦》卦形——“乾”（天）在下，“坤”（地）在上，以表达其普遍性意义。老子则以命题形式将其上升为理论形态。

故下面接着说：“人之所恶，唯孤、寡、不谷，而王公以自名也。”就是说，王公自称为“孤家”“寡人”“不谷”，用人们厌恶的“名称”自称，就是自觉放低身段，居于下位，因为如此才能政通人和。高高在上，强梁妄为，不把在下者当回事，则必导致不得好死的下场。

故“或损之而益”，即谦受益。自居于“人之所恶”是损，但结果是得益。损下以自肥，是“益”，最终导致失败——益之而损。老子说，这道理是人人都用以教诫人的。我亦用这道理教人。归结为一句话“故强梁者不得其

① 冯友兰：《中国哲学史新编》上，北京：人民出版社，1998年，第334—335页。

死”——“吾将以为教父”，我用这作为首要的教条。马其昶：“周《金人铭》云：‘强梁者不得其死。’老子所说即此《铭》，意思是，强出头、高高在上的，没有好下场。”

故老子此章是一整体，上下贯通，天人合一，有体有用；缺了下一部分，就有体无用，有天道而无人事，那就与中国文化与哲学的特性违背了。

蒋锡昌《老子校诂》说：“本章上下文词似若不接。”高亨、陈柱、严灵峰、关锋诸注《老》家皆持此种观点，说“疑为三十九章文字移入”①。所以如此，即因不懂“负阴抱阳”的确切意义。

本章反映中国文化起源于农业生态，与古希腊哲学以手工业、航海为文化背景不同，亦反映中国哲学着眼于对社会、政治、人生、历史经验的总结这一特点。黑格尔式的辩证法只讲对立统一、对立斗争，视其为客观自然过程。中国哲学以“生生为天地之大德”，讲“和实生物”。“和”不仅仅是客观自然规律，亦内在具有“生物”之价值取向。

本章强调“冲气”。“冲”有强力、强劲、猛冲的意思，非如此不能使阴阳融合，产生新物。这是老子哲学外柔内刚、外静内动的精神。

读懂了“万物负阴而抱阳……”，上面讲的“道生一”，“生”就是“存在”的意思。道独立无二，其存在是“一”；但“一”内在地包含有两个对立方面——阴与阳。故“一生二”之“生”是“有一就有二”，“二”存在于“一”之中。“二生三”，“三”即存于“二”——“负阴抱阳”之交流运动中，当其交通成“和”时就有众多新“物”出现，故“三”代表“万物”。《淮南子·天文训》“道始于一，一而不生，故分而为阴阳，阴阳和合而万物生”，它对本章的理解是正确的。

由此可见，学懂《周易》，对正确理解《老子》，是如何重要了。

二、对《太极图》与《太极图说》之解读

周敦颐《太极图》与《太极图说》为宋明理学奠定了基础。但冯友兰、劳思光、牟宗三先生等对它的解读却是不能令人满意的。

《太极图》从上到下可分为五个部分。最上一圈，朱熹题为“无极而太

① 陈鼓应：《老子注译及评介》，北京：商务印书馆，2009年，第231页。

极”。接下来是左右黑白相间相反的左离右坎，题为阳动（左）阴静（右）。毛奇龄《太极图说遗议》称之为《水火匡廓图》，这是第二层。接着为金、木、水、火、土五行，分列为五圈（五圈之下又有一小圈，合计为六圈）并有线相连，毛氏称为《三五至精图》，为第三层。再下来是左右分列的“乾道成男”，“坤道成女”的圆圈，为第四层。最下方即标识“万物化生”四字的圆圈，为第五层。冯友兰先生解第二层为“取坎填离”，说黑白相间的左边一半是阳阴阳，就是一个离卦。右边一半是阴阳阴，就是坎卦。“取坎填离”，就是把坎卦中的那个阳爻取过来，填在离卦之中，替代那个阴爻。这样左边那一半就成为乾卦，右边那一半就成为坤卦。有学者认为这即内丹术所谓由“小周天功”升至“乾坤交媾”之“大周天功”。[①]第三层有五行，冯先生认为与《易传》不合，说：“《周易・系辞》本来说‘两仪生四象，四象生八卦’，可是周敦颐在这里却不讲八卦而讲五行。这大概可以帮助说明《太极图》的前身是《无极图》。因为《无极图》在这一层上是‘五气朝元’，所以《太极图》不用八卦而用五行了。”[②]牟宗三先生的《心体与性体》在解说中则干脆删掉五行及有关文字，使《太极图》有首无身，残而不全。[③]劳思光先生的《新编中国哲学史》则原文直录，不分层地加以解说，而处处强调其文字义理相互矛盾。[④]

实际上，“太极”源于《周易・系辞》“易有太极，是生两仪……”。既然“太极”为《易》所本有，就不可能为“无”或由“无”所生。按《周易》，阴阳无始无终，“周流六虚，惟变所适”，不是由“无”生出的。“二程”讲易学，本于周《太极图》《太极图说》，指明“阴阳无始，动静无端”。用图表示，第一个圆圈即表达自“太极动而生阳……”至“五气顺布，四时行焉”之全部天道内容。其中绕圆周而运动的是天地之气，阴与阳乃气运动的两种不同状态，犹如钱塘江的潮水，高潮后面便是低潮。高潮是阳，低潮是阴。朱熹说：“阴阳只是一气，阳之退便是阴之生。不是阳过了，又别有个阴生。”“阳气只是六层（六爻），只管上去，上尽后下面空缺处便是阴。”（《朱子语类》卷六十五）死板地以为“太极动而生阳，动极复静，静而生阴”，动静有时间的先

① 郑吉雄：《易图象與易诠释・周敦颐〈太极图〉及其相关诠释问题》，台北：乐学书局，2002年，第239页。

② 冯友兰：《中国哲学史新编》下册，北京：人民出版社，1998年，第18页。

③ 牟宗三：《心体与性体》第一册，台北：正中书局，1968年，第358页。

④ 劳思光：《新编中国哲学史》三上，台北：三民书局，1984年，第104页。

后，是不对的。

以离卦和坎卦表示左阳与右阴，源于《周易·说卦》："天地定位，雷风相薄，山泽通气，水火不相射。"北宋理学家邵雍认为此是先天卦位：乾上坤下，左离右坎（或离东坎西）。如此，坎水与离火平列，不上下相重，即"不相射"。"离"表阳，"坎"表阴。《太极图》即用此种卦位表左阳右阴。邵雍讲的先天卦位，源于华山道士陈抟。周敦颐年轻时在京师研习《周易》，是可能知晓这种卦位的。

下面接着讲五行四时，这与"汉易"有关。盖《周易》经《易传》至汉代，有一大的变化，即以律历说《易》，如司马迁所指出："《易》著阴阳四时五行，故长于变。"（《史记·太史公自序》）阴阳四时五行已成为一个体系，有如今通行之《京房易传》。今《京房易传》中"纳甲"即四时、律历，加上"五行"，皆与吉凶生克相联系。学界认为《京房易传》系活动于宣元之世的京房所著，但司马迁已见与此类似的《易传》。

马王堆帛书《要》篇说："故《易》有天道焉，而不可以日月生辰尽称也，故为之以阴阳；又地道焉，不可以水火金土木尽称也，故律之以柔刚；又人道焉，不可以父子君臣夫妇先后尽称也，故为之以上下。"刘大钧先生指出："细读《要》篇此段文字，我们方知《史记·太史公自序》所言'《易》著天地阴阳四时五行，故长于变'，确为有传之教。'水火金土木'配之干支是纳甲筮法运算的重要依据，'父子君臣夫妇先后'疑即'纳甲'六亲之'父母''子孙''官鬼''妻财''兄弟'也。如非言说'兄弟'，何以曰'先后'也。正是'《易》著阴阳四时五行'方有'纳甲'演算中后人发挥出的……内容。司马迁之父司马谈曾从武帝时的易学博士杨何学《易》，故'《易》著天地阴阳四时五行，故长于变'之说必得之于杨何也。由此而观之，从田何而传至杨何的西汉今文《易》旨，确由孔子传来也。我们虽然不能仅据这些简约的文字而定孔子所传之占筮方法中有纳甲筮法，然而细考这些文字确与纳甲筮法相合。且《要》篇在如上文字之后紧接着说：'有四时之变焉，不可万勿（物）尽称也，故为之以八卦。'此即孔子讲《损》《益》二卦之：'益之为卦也，春以授夏之时也，万勿（物）之所出也，长日之所至也……授［损］者，秋以授冬之时也，万勿（物）之所老衰也，长［夕］之所至也。'（《要》）其由《损》《益》二卦之风雷山泽……四个卦象，而解释由于阴阳二气之消长变化而生成的一年四季春夏秋冬的变化，此即'卦气'说也。而《衷》篇所谓'岁之义始于东北，成于西南，君子见始弗逆’，此亦是孔子在《要》篇中以‘卦气’讲《损》《益》二卦之大要也。”①

这种《易传》，其天道观之理论基础，乃董仲舒表述之阴阳五行宇宙运行图式：

> 天地之气，合而为一，分为阴阳，判为四时，列为五行。（《春秋繁露·五行相生》）
>
> 金木水火各奉其主，以从阴阳，相与一力而并功……故少阳因木而起，助春之生也；太阳因火而起，助夏之养也；少阴因金而起，助秋之成也；太阴因水而起，助冬之藏也。（《春秋繁露·天辨在人》）
>
> 中者，天地之太极也，日月之所至而却也，长短之隆，不得过中。天地之制也……和者，天地之正也，阴阳之平也，其气最良，物之所生也。（《春秋繁露·循天之道》）

《太极图》与《太极图说》即上述内容之图示。其中“五行”为圆周上的方位：东方为木为春，南方为火为夏，西方为金为秋，北方为水为冬，中为空虚为土。图之曲线所示，即由春、木、而夏、火、南，而秋、金、西，而冬、水、北，经土而复至春、木。一气运行于其中，所谓“五殊二实，二本则一”，故“五气”不可机械地以为阴阳真分而为五种“气”。

道教《先天无极图》或《水火匡廓图》《三五至精图》皆源于魏伯阳《周易参同契》。但魏乃东汉末年人，《参同契》乃京房易学之转为道教养生之一支，其本原是《京房易传》或西汉易学。而这些图亦非《周易参同契》所有，来历不明。以之为《太极图》之所本，实乃大谬。

周敦颐对《易传》包括《周易·说卦》等有精深体研。故《太极图说》引《周易·说卦》又引《乾文言》，而以“诚”概括《太极图》与《太极图说》之精神、意蕴，融《中庸》与《易传》为一体。天人合一，可谓慧眼独创，真正为宋明理学与儒学的复兴，建立了天道性命之学的基础。

“兼三才而两之”，表示天道、地道、人道既是实然的，又是道德的；是实然与应然的统一体。这统一体可以“天命之谓性，率性之谓道”概括，亦可以

---

① 刘大钧：《周易纳甲筮法》，上海：学林出版社，2012年，第6页。

“诚者天之道也，思诚者人之道也。诚则明，明则诚”概括。整个《太极图》由“太极”到“人极”，由“人极”复归“太极”，即是“元亨，诚之通；利贞，诚之复”；即“原始反终，故知生死之说”，故《易》乃“性命之原”，所谓“大哉《易》也，诚之源乎！”亦如董仲舒讲“仁，天心”，讲“五行”木为春、为阳、为仁等一样，周认为“太极”之运行亦非仅仅自然、实然之现象，而乃体现“诚”——道德价值之支配与导向，故“五行各一其性”，所指非仅仅金、木等自然物理之性，亦含仁义礼智信之性。“乾道成男，坤道成女”，化生万物，以“人”之出现，“圣人定之以仁义中正”“立人极”而完成。劳先生完全以古希腊自然观与主体性观点读《太极图》与《太极图说》。宜其处处感到只有实然而无“应然”了。

《太极图》与《太极图说》之文化背景乃中国古代的农业生态。阴阳五行的宇宙图式之最早表现，即是以北斗为中轴（“太极”）之时空结合农业时序，所谓“斗柄东指，天下皆春；斗柄南指，天下皆夏；斗柄西指，天下皆秋；斗柄北指，天下皆冬”。春夏秋冬与东南西北构成依次相继的生态时空区，阴阳五行学说即肇源演化于此。在《吕氏春秋·十二纪》《淮南子·时则训》及《礼记·月令》中，它表现为政令时则。汉儒将其整合而系统化、理论化，发展为阴阳五行四时之宇宙运行生化图式，并配以道德属性，成为“天心”之体现，所谓“天地以生物为心”。“察于天之意，无穷极之仁也。”劳思光先生谓：“五行二气化生万物云云……皆只是‘是如此’之问题而非‘应如此’之问题。”[①]“万有皆为太极所决定，……无未定项（价值）可以成立。”[②]乃先生“错置”文化背景，“以西套中”所造成。

三、“二程”思想的定性

对“二程”思想的解读是理解宋明理学的一大关键。近代以前，学界一般将其分为濂、洛、关、闽四系。“二程”统称“洛学”。冯友兰先生《中国哲学史新编》分“二程”为两大系，一是程颢心学，一是程颐理学。牟宗三先生承此扩而大之，以周敦颐、程颢、张载、陆象山、胡宏、王阳明、刘蕺山为一系（从

① 劳思光：《新编中国哲学史》三上，台北：三民书局，1984年，第105页。

② 同前，第107页。

中又划出胡宏、刘蕺山为一系），称为心学；程颐、朱熹为一系，称为理学。冯先生说："程颐所讲'理'是一类事物的规定性，有多少类事物，就有多少理。哪一类的事物就是哪一个理的例证，哪一个理和哪一类具体事物的关系，是一般和特殊的关系，是一个概念的内涵和外延的关系。"①"程颢所说的道是自然之道，是自然趋势，这种趋势所生的东西也都有其自然趋势，每一种东西所有的自然趋势就是它的性。所以他虽然也讲天理，但不注重形而上和形而下的分别。程颐极度注重这种分别，这是因为他们兄弟二人的思想，在根本上有所不同。"②牟先生发挥冯先生这一说法，谓程颐所讲"形而上之道只是理"，乃"对于阴阳气化之'然'所作的存有论的解析"。③

"格物为即物而穷其存在之理，穷客观实然者之所以然之理。"④程颢思想则是"心学"。但两先生这种说法，实乃以柏拉图之"共相说"套"二程"思想造成的结果，并不能成立。

柏拉图的"共相说"是由数学、几何与"物理学"抽象提升而成为形而上的。其"共相""理"即一类物体之"类"本质——表述此"类"本质的名词之内涵，与伦理道德无关。"二程"对"形上形下"的看法，则是伦理道德的进路；亦由阐释《周易·系辞》而来。故前者之"共相"具客观、普遍之必然性；因数学、物理定律具客观、普遍性，属于康德所谓"理论理性"领域；后者属康德所谓"实践理性"领域。道德不能成为物体之"类"本质及其名词之"内涵"，是很显然的。道德乃"应然"，是心——理性认为应该做的具普遍性品格的格准，故不可以"共相"视之。

"二程"有关语录，可分三部分：一讲天道、天理，一讲形上形下，一讲自然规律。讲天理的语录如下：

> 天理云者，这一个道理更有甚穷已？不为尧存，不为桀亡。人得之者，故大行不加，穷居不损。这上头来更怎生说得存亡加减？是它元无少欠，百理俱备。（《二程遗书》卷二上）

① 冯友兰：《中国哲学史新编》下册，第五十二章《道学的奠基者——二程》，北京：人民出版社，1999年，第115页。

② 同前，第124页。

③ 牟宗三：《心体与性体》第二册，台北：正中书局，1968年，第260页。

④ 牟宗三：《心体与性体》第一册，台北：正中书局，1968年，第17页。

"不能反躬，天理灭矣"，天理云者，百理俱备，元无少欠，故"反身而诚"。（同前）

万物皆备于我，不独人尔，物皆然。都自这里出去，只是物不能推，人则能推之。虽能推之，几时添得一分？不能推之，几时减得一分？百理俱在，平铺放着。几时道尧尽君道，添得些君道多；舜尽子道，添得些孝道多？元来依旧。（同前）

理则天下只是一个理，故推至四海而准。须是质诸天地，考诸三王不易之理。（同前）

这个义理，仁者又看做仁了也，知者又看做知了也，百姓又日用而不知，此所以"君子之道鲜矣"。此个亦不少，亦不剩，只是人看他不见。（同前）

"寂然不动，感而遂通"者，天理具备，元无少欠。不为尧存，不为桀亡。父子君臣，常理不易，何曾动来？因不动，故言寂然。虽不动，感便通，感非自外也。（同前）

以上"二先生语"，可以视为程颢所说，亦可视为程颐所说，无法区分。其中，"天理""道理""君道""孝道""义理"及"仁""知""君子之道"等皆指道德，以"天理"名之，取其是自然的道理、非天意安排，亦非人力所可左右之意。程颐说："莫之为而为，莫之致而致，便是天理。"（《二程遗书》卷第十八）谢良佐说："所谓天理者，自然的道理，无毫发杜撰。今人乍见孺子将入于井，皆有怵惕恻隐之心，方乍见时，其心怵惕，即所谓天理也。要誉于乡党朋友，纳交于孺子父母，恶其声而然，即人欲耳。……所谓天者，理而已。只如视、听、动、作，一切是天。天命有德，便五服五章，天讨有罪，便五刑五用。浑不是杜撰做作来。学者只需明天理为是，自然底道理，移易不得。"（《上蔡语录》上）这种"天理观"与"共相说"是完全不同的讲法。照"二程"的说法，动物也有"天理"。程颐说："物有自得天理者，如蜂蚁知卫其君，豺獭知祭。礼（天理）亦出于人情（自然）而已。"（《二程遗书》卷十七）但禽兽不能"推"，只是一种本能，人则有自觉，能推广、扩充；但这些道德准则却不增不减，所谓"尧尽君道，添得些君道多；舜尽子道，添得些孝道多？元来依旧"。这些"天理"虽谓"放之四海而准"，"质诸三王不易"，但它终究不能离开人群、"人心"而为客观之必然。"子之为子"并不由"子道"

而来，乃父子关系所定。“君之为君”并不由“君道”而来，乃君臣关系所定。“子道”“君道”依存于社会之父子君臣关系。即便程颐等以之为“天理”，它也不能派生现实世界之具体的君臣父子关系，与“共相说”说法不同。冯牟两先生的说法是混淆两者的性质与区分了。

标明为程颐所说者，如：冲漠无朕，万象森然已具。未应不是先，已应不是后。如百尺之木，自根本至枝叶，皆是一贯，不可道上面一段事无形无兆，却待人旋安排，引入来教人涂辙。既是涂辙，却只是一个涂辙。（《二程遗书》卷十五）

这是本末贯通之说。“自根本至枝叶，皆是一贯”，即“只是一个涂辙”。程颐说：“性命孝弟只是一统底事，就孝弟中便可尽性至命。至于洒扫应对与尽性至命，亦是一统底事，无有本末，无有精粗，却被后来人言性命者别作一般高远说。”（《二程遗书》卷十八）程颢说：“洒扫应对便是形而上者，理无大小故也。”（《二程遗书》卷十三）这与“共相论”思想性质不同。

夫有物必有则。父止于慈，子止于孝，君止于仁，臣止于敬。万物庶事，莫不各有其所。得其所则安，失其所则悖。圣人所以能使万物顺治，非能为物作则也。（《程氏易传·艮传》。《二程遗书》卷十一）“理”和“则”的内涵是“各有其所”，即为君止于仁之类，皆是相应于君臣父子之人际关系而有的，属于应用伦理学范畴。

“二程”关于形上形下的论述，皆由诠释《周易·系辞》而来。程颐的语录如下：

> 一阴一阳之谓道，道非阴阳也，所以一阴一阳，道也。如一阖一辟谓之变。（《二程遗书》卷三）
>
> 一阴一阳之谓道……所以阴阳者道。既曰气则便是二。言开阖已是感。既二，便有感。所以开阖者道，开阖便是阴阳。老氏言感而生气，非也。阴阳开阖本无先后。不可道今日有阴，明日有阳。如人有形影，盖形影一时，不可言今日有形，明日有影，有便一齐有。（《二程遗书》卷十五）

这里强调的是阴阳相互感应的关系。

《周易·系辞》谓“一阴一阳之谓道，继之者善也，成之者性也”，“形而上者谓之道，形而下者谓之器”。“一阴一阳”指阴阳之前后相继的运行，程颐认为其所以然在于两者形成了“感”“应”的关系，这就是“道”。故谓：“天地之间，只有一个感与应而已，更有甚事。”（《二程遗书》卷十五）“阴阳二气，相感相应而和合，是相与也。”（《程氏易传》卷三，《感卦》解）“天地二气交感而化生万物……观天地交感化生万物之理，与圣人感人心致和平之道，则天地万物之情可见矣。感通之理，知道者默而识之可也。”（同前）这与“共相说”思想完全异趣。

程颢关于形上形下的语录，一见于批评张载以“清虚一大为天道”，说“此乃以器言而非道也”。（卷十一）又一则为：“一阴一阳之谓道，阴阳亦形而下者也，而曰道者，惟此语截得上下最分明，元来只此是道，要在人默而识之也。”与程颐对形上形下的区分完全一致，其内容与目的皆在论述“继之者善，成之者性”。意谓“道”即理（道德）、即性，为形而上；气禀成形为器，乃形而下。但性即在气禀之中，是不即不离的关系。与“共相”“类本质”所述自然物理性质是完全不同的。

关于自然规律，程颢的论述如下：

> 天地万物之理元自有对，皆自然而然，非有安排也。每中夜以思，不知手之舞之，足之蹈之也。（《二程遗书》卷十一）。
>
> 夫天之生物，有长有短，有大有小。君子得其大矣，安可使小者亦大乎？天理如此，安可道哉！（同前）
>
> 服牛乘马皆因其性而为之，胡不乘牛面服马乎？理之所不可。（同前）

这是讲万物之自然本性不同，故要用它，须顺其本性，不能违其本性。这与“道德之性”没有关系。

> 圣人致公，心尽天地万物之理，各当其分。佛氏总为一己之私，是安得同乎？圣人循理，故平直而易行。异端造作，大小大费力，非自然也。（《二程遗书》卷十四）

循理即遵循自然规律。

以这些语录为据，说程颢讲“性是自然趋势”，是错置了语录论述的对象与意义。

程颐亦有类似说法。如：天之气亦自然生生不穷，至如海水，因阳盛而涸，及阴盛而生水，亦不是将已涸之气却生水！自然能生！往来屈伸只是理也！盛则便有衰，昼则使有夜，往则便有来！（《二程集》，《二程遗书》卷十五）

> 道则自然生生不息。（同前）
>
> 道则自然生万物。（同前）
>
> 近取诸身，百理俱在。屈伸往来之义只于鼻息之间见之。屈律往来只是理，不必将既屈之气复为方伸之气。生生之理，自然不息。（同前）

如果据这些语录，说程颐所讲“性”是“自然趋势”，也是错误的。

约而言之，“二程”的思想无所谓“心学”“理学”的对立，以程颐思想为“共相说”更是错解。错解的根源则是对《易传》“形上形下”及“一阴一阳之谓道”原义的错解。

四、对朱熹《仁说》之解读

“仁”是儒家思想的核心。孟子以恻隐之心释仁，汉儒以“二人偶”说仁。程颢以天地万物一体说仁，又以手足萎靡为不仁。程颐以“公而以人体之”讲仁。朱熹在《论语集义》《论语训蒙口义》等著作中发挥“二程”思想，对仁的解说无创见；但乾道八年（1172）写《仁说》却提出全新的说法。《仁说》说：“天地以生物为心者也，而人物之生又各得乎天地之心以为心者也，故语心之德虽其总摄贯通无所不备，然一言以蔽之，则曰仁而已矣。”（《文集》卷六十七）

以“天地生物之心”作为仁的天道根源或形上根据，以“爱人利物之心”说仁，这显然是继承《易传》《汉易》及周敦颐《太极图说》与《通书》而加以创新的。朱解《太极图说》提出：“盖人物之生，莫不有太极之道焉。然阴阳五行，气质交运，而人之所禀独得其秀，故其心为最灵，而有以不失其性之全，所谓天地之心，而人之极也。”（《太极图说解》）《仁说》的思想是与此一致的。

《仁说》包含有两个系统：一是自然阴阳理气系统；一是“天地生物之心

（太极、诚体、元亨利贞）”的道德价值系统。离开春夏秋冬，元亨利贞无所凭依，而无以表现其为生物之德；离开元亨利贞，春夏秋冬也只是一纯自然现象，而无以表现“天地好生之大德”。故朱熹说：

> 须知所谓纯粹至善者，便指生物之心，方有着实处也。（《文集·答吕子约》卷四十七）
>
> 天地之帅，则天地之心，而理在其中也。（《语类》卷六十八）
>
> 要识仁之意思，只是一个浑然温和之气，其理则天地生物之心。（《语类》卷六）
>
> 天地生物之心，是仁。人之禀赋接得此天地之心，方能有生，故恻隐之心在人亦为生道也。（《语类》卷九十五）

“天地生物之心”是《易·复·彖传》提出的。《朱子语类》：“伊川言‘一阳复于下，乃天地生物之心’一段，盖谓天地以生生为德，自‘元亨利贞’乃生物之心也。但其静而复，乃未发之体；动而通焉，则已发之用。一阳来复，其始生甚微，固若静矣。然其实动之机，其势日长，而万物莫不资始焉。此天命流行之初，造化发育之始，天地生生不已之心于是而可见也。若其静而未发，则此之心体虽无所不在，然却有未发见处。此程子所以以‘动之端’为天地之心，亦举用以该其体尔。”“十月阳气收敛，一时关闭得尽。天地生物之心，固未尝息，但无端倪可见。惟一阳动，则生意始发露出，乃始可见端绪也。言动之头绪于此处起，于此处方见得天地之心也。……在人则喜怒哀乐未发时，而所谓中节之体已各完具，但未发则寂然而已，不可见也。特因事感动，而恻隐、羞恶之端始觉因事发露出来，非因动而渐有此也。”以“天地生物之心”对应人“喜怒哀乐未发时”之心。以“阳气发动”对应“因事感动，而恻隐、羞恶之端始觉因事发露出来”之情。这是心学讲法。

董仲舒说：“仁之美者在于天。察于天之意，无穷极之仁也。”（《春秋繁露·王道通三》）“仁，天心。”（《俞序》）“天常以爱利为意，长养为事，春夏秋冬皆其用也。”（《春秋繁露·王道通三》）《仁说》亦继承和发挥了这一思想。

《仁说》总结说：盖仁之为道，乃天地生物之心即物而在。情之未发而此体已具，情之既发，而其用不穷（按：遍及一切感应接应之物而无所限）。诚能体而存之，则众善之源、百行之本，莫不在是。此孔门之教所以必使学者汲汲于求仁也。其言有曰“克己复礼为仁”，言能克去己私，复乎天理，则此心之体无不在、而此心之用无不行也（按：此即《补传》“众物之表里粗精无不到、吾心之全体大用无不明”之意）。又曰“居处恭，执事敬，与人忠”，则亦所以存此心也。又曰“事亲孝，事兄弟，及物恕”，则亦所以行此心也（按：使此心发用流行）。又曰“求仁得仁”则以让国而逃、谏伐而饿，为能不失乎此心也（按：指本心之体）。又曰“杀身成仁”则以欲甚于生，恶甚于死，为能不害乎此心也”。

认为本心仁体是万事万化与百行之本，故学者求仁之要只在存其本有之仁心以修、齐、治、平；而存心之要则在克除己私，复乎天理，也即复乎仁心之明，使之无所不在，无不周流贯彻，即便让国、饿死，也决不使仁心受害，而宁肯“杀身以成仁，舍身以取义”。心学思想极其鲜明圆融。

冯友兰先生说朱熹“‘天地生物之心’是一纯逻辑的讲法”[①]。牟宗三先生则将其置于理气两分、形上形下的架构下加以解构，说：“天地生物之心，若从正面有心而观之，心只是理之定然义，心被吞没于理。‘天地无心而成化’，若从反面无心之义而观之，心只成气化之自然义，心被吞没于气。”“天地生物之心被融解为理与气，其自身遂成虚托。”[②]这是以西解中导致的错解。

朱熹《孟子集注》说：“仁义礼智皆天所与之良贵，而仁者天地生物之心，得之最先而兼统四者，所谓元者善之长也，故曰尊爵。在人则为本心全体之德。”《朱子语类·五十卷》发挥说：“不忍者心之发，而仁者天地生物之心而人之所以为心者也。是心之存，则其于亲也，必知所以亲之；于民也，必知所以仁之；于物也，必知所以爱之矣。然人或蔽于物欲之私而失其本心之正，故其所发有不然者；然其根于天地之性者则终不可得而亡也。故间而值其不蔽之时，则必随事而发现焉……。古之圣王所以博施济众而仁复天下，亦即是心而推之而已（此即孟子推广、扩充之极好阐释），岂自外至哉。’”“人皆有不忍人之心者，是得天地生物之心为心也。盖无天地生物之心，则没这身。才有这血气之身，便具天地生物之心矣。”程颢讲医书手足萎靡为不仁，朱熹亦以“天地生物之心”解之，谓：“盖谓仁者，天地生物之心，而人物所得以为心，则是天地人

① 冯友兰：《新理学·性心》，《三松堂全集》第四卷，郑州：河南人民出版社，1986年。

② 牟宗三：《心体与性体》第三册，台北：正中书局，1968年，第236页。

物莫不同有是心，而心德未尝不贯通也。虽其为天地，为人物，各有不同，然其实则有一条脉络相贯。故体认得此心，而有以存养之，则心理无所不到，而自然无不爱矣。才少有私欲蔽之，则便间断，发出来爱，便有不到处。故世之忍心无恩者，只是私欲蔽锢，不曾认得我与天地万物心相贯通之理。故求仁之切要，只在不失其本心而已。若夫'博施济众'，则自是功用，故曰何干仁事？言不于此而得也。"（同前）将朱熹这些重要思想一律说成"虚脱"，朱熹就不成其为朱熹，中国哲学亦不成其为中国哲学了。

五、错解的原因

冯友兰、牟宗三、劳思光先生所以会对上述中国哲学史之重要思想错解，原因在于对《周易》《汉易》没有正确认识。

劳思光先生认为中国哲学的特点是讲所谓"主体性"，而汉人思想完全违背这一基点，乃"卑陋无足道"。故他的《新编中国哲学史》汉代部分只勉强讲了《淮南子》、扬雄、王充。对董仲舒与《汉易》皆一删了事。牟宗三先生认为中国哲学以孔孟为正统，特点是讲心性本体"既存有，又活动"，批评董仲舒思想乃"气化宇宙论"，是孔孟哲学的大倒退。冯友兰先生认为中国哲学主题是讲一般与个别、共相与殊相的关系，虽对董仲舒思想有解说，但删除《京房易传》，更没有把它与董仲舒的阴阳五行天道运行图式相联系。他的《中国哲学史新编》专辟一章讲《纬书中的世界图式》，据《乾坤凿度》讲阴阳、四象、四时、八卦、太易从无入有，亦无五行；认为"纬书的这种宇宙发生论是经过道教而传至周敦颐的"①。故对周之《太极图说》不能从源流与发展上，从与《汉易》的联系上做正确解读，亦不是偶然的。对"二程"及朱熹《仁说》做错误解读亦源于此。

追溯而上，则由于诸先生对《周易古经》不能有正确认识。冯先生说："从来源上说，《周易》完全是占卦的书：人在占卦时，对于卦辞和爻辞总还有一些从当时的生活经验和生产知识得来的解释，所以其中也有一定合理的成分。"②但零零碎碎，评价是很低的。劳思光先生认为阴爻、阳爻两符号仅表奇

① 冯友兰：《中国哲学史新编》中册，北京：人民出版社，1998年，第214页。

② 同前，上册，第84页。

偶。卦爻辞的意义仅由其排列可见出有“物极必反”之义。乾坤列于六十四卦之首，“乾”表形式义，“坤”表质料义，有如亚里士多德所讲形式因、质料因。[①]解说与中国文化背景及《周易》本义与文化背景完全脱离。

冯友兰、牟宗三、劳思光等先生不了解，作为“文本”的《周易古经》有“圣人之道四焉”，占卜只是其用之一。许多卦体与卦名及卦辞爻辞皆是精心编辑的，实乃周人历史经验与哲学智慧之凝聚，是其哲学思想之特殊表现形式。例如：《泰卦》与《否卦》反映了“天视自我民视”之历史经验与教训。“拔茅茹以其汇”，认为抓住了上面这个总纲与根本，即可政通人和；否则即会处处碰壁，闭塞难行。《谦卦》讲谦德无一不吉。《坤卦》讲为臣为下之道。“履霜坚冰至”，踏实负重，厚德载物，必有好结果。《乾卦》讲“乾乾夕惕”，精进修德，奋起有为，可以终登高位。《大过卦》讲君子的品格“独立不惧”“枯杨生稊”“枯杨生华”“遁世无闷”。如此等等。至《大象传》，对各卦宗旨有简明而水平极高的总结，成为政治、人生、道德和哲学的极好教材。[②]《系辞》《说卦》等即是在此基础上进一步把《周易》推进至新阶段。

“五四”提倡民主与科学，伴随的有疑古思潮的当红。《周易古经》被认为主要是占卜迷信之书，是科学的对立面，应予批判否定。诸先生的“中哲史”反映这一思潮的影响。

在方法上，诸先生之“中哲史”以西套中，以论带史，也是受当时全盘西化潮流的影响。牟先生、劳先生虽讲中国哲学的主体性，但并未能真正挺立中国哲学的主体性，仍深陷于西化思潮而不自知。

现在我们进入新时代了，应该有新的真正能挺立中国文化主体性的“中哲史”。对《周易》经传及其发展史之正确解读，乃是新“中哲史”成功的最重要的前提。诸先生的“中哲史”，反映他们所处时代的精神，其正面的积极贡献应予充分肯定，不能否定。但从“五四”到现在，一百年过去了。中国进入了社会主义新时代。新时代有新时代的条件和要求。写出一部新的中国哲学史，为民族文化自信树立坚实基础，这是研究《周易》之学人所责无旁贷的。

---

① 劳思光：《新编中国哲学史》一，台北：三民书局，1983年，第83页。

② 金春峰：《人文典范的原创——〈周易〉导读与简注》，北京：东方出版社，2010年；刘大钧：《周易概论》（增补本），成都：巴蜀书社，2008年。

中医与中国传统文化

扶阳理论与中医养生[①]

李海霞[②]

非常荣幸能够有机会跟各位在一起互相学习。我是学中医的，但我学的又是中西医结合专业，所以中医和西医都要学。一开始我还是更喜欢西医，动手术用药物效果立竿见影，所以一直认为西医比中医要好。但是随着年龄的增长，随着自己及家人健康的变化，我越来越喜欢中医。西医是“渴而穿井，斗而铸锥”，比如说得了冠心病，冠脉狭窄不到50%不给你用药，但到了50%之后再用药就晚了，你打仗的时候才想到去铸锥，渴的时候才想到挖井，这就来不及了。而中医是治未病，在刚刚开始不舒服的时候就可以有药物进行治疗，或者用各种手法在萌芽状态把疾病消灭掉，所以中医是真正治病的医学。

中医的整体观就是天人相应观。太阳每天早上从东边升起来西边落下去，一天中午最热，而人也是这样，二三十岁的时候阳气是最旺的，所以二三十岁小伙子不容易生病，但是随着年龄的增长，《黄帝内经》说的“年四十而阴气自半”，我觉得阳气也是自半的，人到临终时身上是凉的，就因为阳气没了。所以人一辈子活的就是阳气，这一口气在你就在，如果气不在了人就没了，所以扶阳气是人毕生的一个重要过程。

心脏康复在国外有60多年了，支架和冠脉术后都要进行康复治疗。中国随着经济发展和人们生活水平的提高，对身体保健和康复的要求也越来越高，所以这两年康复养生逐渐兴起。康复养生，本身就是中医的提法，而西医的康复就是运动，比较单调，所以依从性差一点，而中医有很多的方法，比如按摩、针灸、推拿，包括汤药治疗都是很好的康复方式。因此把中医引进心脏康复，在国际上

① 本文根据作者在“什刹海书院·2018春季国医论坛”的讲座录音整理，并经本人审定。

② 李海霞，中国中医科学院中西医结合专业博士、中国中医科学院中医临床基础研究所博士后，中国中医药信息研究会扶阳学派研究分会会长，广安门医院心血管科主任医师。

也是一个很好的课题，对于中国人保健和国际保健也有很好的治疗效果。

中医有很多派别，很有名的有伤寒派、温病派，补土派，土是脾胃，就是补脾胃的派；还有攻下派等各种派别。学派和流派有什么区别？“学派”侧重于学术上自成体系。而“流派”侧重于分歧。流派发展到一定程度，独特的实践和理论上升为系统的学说时，就形成了学派；而学派发展到一定程度，内部出现异化，就会形成不同的流派分支。对某学术流派的命名，则往往是后人给予和约定俗成的。正因如此，中医学术流派的命名不尽统一。有以代表性人物命名的，如河间派、丹溪派；有以学科命名的，如易经派、经方派、伤寒派；有以观点或学说命名的，如补阴派、温补派、汇通派；有以地域命名的，如易水派、新安派等。扶阳派就是以观点命名的。各个流派都有它独特的特色。

一、关于生命

中医研究的是太阳系的医学，日出而作，日落而息，万物生长靠太阳，没有太阳地球上的生物也不存在了，研究太阳系的医学一定要注重扶阳。在几千年的中医文化中，阴是指人的身体，阳是指人体具有的能量。人为什么会去世？就是因为阳气没有了，西医注重解剖人体的器官，去世的人五脏六腑都存在，跟活人没有区别，就是没有这口气了，没有精神了，没有阳气了，所以他就是一具尸体。人为什么成为人，是因为他有能量。听课集中意念的过程也是消耗阳气的过程。你晚上休息不好，不能养阳气，第二天就觉得没有精神，阳气没有养好，你就没有能量来释放，所以你就会没有精神，这就是养阳的过程。

人的一生就是一个阳气衰减的过程。人之生长壮老，皆由阳气为之主；精血津液之生成，皆由阳气为之化。“阳强则寿，阳衰则夭”，所以，阳气决定生长。一个人个子高矮和阳气的多少是有关系的。很多病人扎脐针就能好，但是不是每个人都用针，因为针灸是调动自身能量，阳气足的人才能用针。脐针是用八卦，也是利用天地的能量来帮助调动自身的能量，如果阳气特别虚的话，针灸是泻法，如果用了针灸可能会加重病情恶化，我们要用大剂量的扶阳药物治疗。所以小孩和大人发烧，其实是好事，有的人一辈子没发过烧，并不代表身体健康，是身体没有那个能力去和外邪进行抗争，正邪交争才发烧，所以说有足够正气的时候才会发烧，为什么有些人发烧喝点水，睡一觉就退了，这是阳气强的人，阳气弱的人就会依靠外力。所以发烧是一件好事情，老人很少发烧，发烧的都是小孩，因为小孩的阳气旺。

古人认为气是构成世界最基本的物质基础，宇宙一切事物都是气的运动变化而产生的。阴阳二气交变是推动天地万物运化的原动力，升、降、开、合是气运动的最基本形式，也是阴阳二气矛盾运动的结果；升为阳、降为阴、开为阳、合为阴贯穿于阴阳二气的矛盾运动中。人生是一个圆，有升有降。我们的循环系统是一个圆，我们的十二经络也是一个圆，哪地方堵住了就会有毛病，所以我们的脏腑、三焦也是一个圆，这个圆也要通畅才行。

我们说脾胃为后天之本，肾为先天之本。中医说有胃气则生，无胃气则亡，胃气对人太重要了。如果母亲怀孕时老是恶心呕吐，不能好好吃饭，生下来的孩子肯定先天不足，但是后天如果脾胃健壮的话也可以补上去。如果胃气没有了，连饭都不吃了，这个人一定活不长。脾胃在人体的中间，中间通的话，下面寒可以补，如果中间不通，就补不上去，反而容易上火，比如牙痛、头痛、长痘，因为火是浮在上面的。扶阳医学扶的是坎中之阳，后天八卦里的坎卦，扶肾中阴阳。所以肾阳足的话，人就健康，活得长；肾阳如果不足的话，就容易得病。所以扶阳就是扶肾中阴阳，精准扶阳。

古代中医认为，所有疾病均因阳气不足引起，根本不存在“阴虚火旺”，也不存在“阴盛阳衰”和“阳盛阴衰”的说法。实际治疗时，无需辨证，直接补阳，一切问题都会迎刃而解。因为阳气补足后，身体自我调节的能力、处理的能力就会大大增强，很快就会把身体调整到正常状态。病由身体生，也由身体解！温病派认为，现代人全部是“阴虚火旺”，一切疾病皆由温热而起，就是阴气不足，阳气太过，所以，治疗的方法就是滋补阴气，降减阳气，即“滋阴降火”。所以，所开处方，使用的几乎都是寒凉药。加上大众也都贪食寒凉之物，喜欢寒凉环境，其结果是阳气受损，机能混乱，“阴虚火旺”的情况更加严重，造成了大量的患者常年治疗不愈，反反复复。温病派实际诊疗时，依然需要进行辨证，以便于药物的配伍。我们现实中遇到的中医医生，绝大多数属于这一类。火神派则认为，现代人几乎全部是寒性体质，所谓的“阴虚火旺”是假相，而非本质。阴虚，实质就是体内缺水，是在肾阳不足时，使肾脏无力向身体提供足够的水分所致；火旺，并非阳气过多，这个火实际上叫虚火，虚火就是假火，是体内缺水的一种病态反应。假火也就是没有火，也就不存在清火的问题，清火必然是错误的。治疗这种虚假的“阴虚火旺”的办法，就是提升肾阳，让人体的这个太阳的火旺起来，人体的水循环就会正常，上火的现象就不复存在。大量的实际案例已经证明，这个思路和方法是正确的。所以温病派治病很有效果，比如说发烧。如果是扶阳派的话，它是在补阳气的基础上清热，所以不怕清，因为阳气保住了，而且温病派就会清热解毒。我们说君火以明，相火以位，在身体里面这个君就是心，心火明了之后，人的神明才能清楚，才不会做糊涂事。相火以位，相火就是肾里的火，就是坎中阴阳，坎中阴阳在肾里面待着才叫正常的阳气，如果坎中阴阳不在了的话，因为火性延上，我们知道火是往上跑的，只要一上火一般是往上跑，所以跑到胃里就有胃火，跑到心里就有心火，跑到嘴里就生口疮，最好的方法是把它引下去，只要火归位就健康了。而如果是温病派的话，看到一切火在上面就使劲地清，我们说能量守恒，上面有多热下面就有多寒，所以很多人腰很冷，腿脚很凉，但是嘴上一直在长口疮，是因为下面太寒了，虚阳上跃，底下就寒，阳气虚还要补阳，如果这样就可以退烧那是错误的。扶阳的治疗是一定要摸脉，脉寸关尺都在一条线上时，这才叫真正的正常。症状消失了，其实病还在，过两天又发烧了。扶阳医学治病就是治的时间久一点，在正常之后还要调，最终达到真正的健康，不会过两天再因为同样的原因而生病，扶阳是真正治疗人的疾病，而且能治大病，肿瘤、心衰等各种大病都能治疗。所以，所有疾病都是阳气不足引起来的，阳气就是人的自愈率和抵抗力。

人的四季的养生就是阳生阴长，阳杀阴藏。阴阳是指能量的释放和收藏状态。关于阴阳的生长，《素问·阴阳应象大论》里面有很多精辟的论述，那就是阳生阴长、阳杀阴藏。阳生阴长、阳杀阴藏主要讲的是一年阴阳的变化，以及万物的生长情况。阳生阴长主要讲上半年也就是春夏的变化，在这个季节阳气处在一个释放的过程，随着阳气的释放，万物得到能量的供应，便逐渐生长，繁茂起来。比如夏天阳气最旺的时候，植物最繁茂。扶阳的结果就是为了达到阳生阴长的目的。从日月看阴阳，阴历十五月满的时候，就是很多人认为是阴气最满的时候，在汉代魏伯阳《周易参同契》里面对应的是乾卦，六爻皆阳。说明了每月十五的月满是阳气最隆盛的时候，这个时候阳气处在最大的释放状态。所以说月亮是太阳的一面镜子，同样，阴是阳的一面镜子，阴是阳的一种表现形式。阴是阳的收藏状态，阴和阳是一体的。关于月满观潮，也就是说涨潮的时候，一般都是在月圆的时候，月圆潮起，月亏潮落。阳是主动主升的，唯有靠阳的鼓动才能使主静主下的水变动变高。因此潮汐的涨落变化，实际上反映的还是阳气的变化，这与月为阳镜是同一个道理。扶阳医学看到阴阳是一体的，就像《道德经》所说的，万物负阴而抱阳，冲气以为和。冲气就是中气。扶阳医学祖师郑钦安先生在书中说“医学一途，不难于用药，而难于识证；亦不难于识证，而难于识阴阳”，但在立法处方上，扶阳医学为什么强调“病在阳者，扶阳抑阴；病在阴者，用阳化阴？”其实这是经过了200多年的传承、探索、总结、演变而形成的完整的、临床实践有效的一套理法方药的一个流派。“人身主命在于以火立极，治病立法在于以火消阴”，所以扶阳医学的用药原则就是尽量少用寒凉之物。

中国人是以中为美的，崇尚中庸、中和，认为不偏不倚是美的，所以我们中医治病是用药物的偏性来纠人体的偏性。如果是上火了，热了，我们就用寒的药中和热，如果寒了我们就用热的药来模拟一个时空治疗，就是以药物的偏性来救人体的偏性，比如药物是凉的，人体是热的，在一起就中和了，病就没有了，所以中国人讲究中庸之道。所以说人生立命在立火立极，治病立法在立火消阴，都是以火为原则的。

中医讲木火土金水五行。木火土金水，有四种是有质量的。金是沉的，木也能摸得到，水也能摸得到，土也是看得到，只有火是往上飘的。五行对应的是肝心脾肺肾，月字旁代表肉字旁，器官是由肉组成的，肝、肺、脾、肾都是月字旁，肾的月字旁是在下面的，而心没有月字旁，心对应的是火，火性延上，所以人的心是形而上的，所以《内经》讲“心者，君主之官，神灵出焉”。在中医里讲心是主神明的，主思维、神志的，我们说心慌、心痛、心碎了，其实都是代表感情的，心主神志。在日常生活中，我们说这里有个坎儿过不去，这个坎儿是什么？就是《易经》的坎卦，坎就代表陷阱的意思，当然另一个角度来讲它也代表上善若水。

五行是能量的不同阶段，和阴阳一样，是一个事物的两个方面。木属于能量的萌芽状态，也就是春；火属于能量的扩张阶段，也就是夏；金属于能量的收敛阶段，也就是秋；水属于能量的沉潜阶段，也就是冬。而土属四季，在这几个能量转换的过程中起到枢纽的作用，这是能量的变化规律。组成人的最小的单位是气，这是宇宙规律在微观上的体现。中医所说的金木水火土其实是一体的，不可能只有一点生病了，要一病就全病了，只不过表现为某一方面的疾病罢了，我们说的牵一发而动全身，就是说的这个。

中国人特别讲究一。我学中医，学推拿、针灸、脉诊、舌诊、脐针等，各种的针法治疗最后到了道的层面都是一样的，所以中国人讲道、法、术、器。中医大夫开处方治病，这是从术的角度来讲。作为一个中医，讲究整体论，天人合一，我们一定要从道的角度上看治病。若在道的层面有所了解的话，治病时真的可以手到擒来，随心所欲不逾矩。人生病了给他扎针、按摩、艾灸、推拿，喝汤药，或者让他自己去运动，都是可以治疗疾病的，而不是纠结于《伤寒论》里这个症一定要用哪个方，这是术的层面，道的层面和法的层面是更高的层面。所以学中医一定跳出来，从哲学的角度来看清楚这个事情。

中医开方实际上是开时间、空间。中医治病的真实境界其实就是利用药物的不同属性来模拟不同的方，不同的时间、空间。时间可以用药物来模拟，以药物的偏性来纠人体的偏性。一个是五阴六气，根据每年的运气来治疗疾病，这是开时间。空间也可以用药物来模拟。老子也好，孔子也好，都非常强调“道不可须臾离，可离非道”。中医这个道就是阴阳、五行，就是时空。阴阳代表时间，五行代表空间。

《伤寒论》在中医学中有很高的地位，要想学中医必须学《伤寒论》。《伤寒论》根源于商朝伊尹写的《汤液经》这本书，他在给商王做饭的过程中发现食物做成汤药对人体更健康。中医起源于食疗，现在用瓦罐来煮汤药，是从商朝时一直沿用至今。我们平时吃的饭里，葱、姜、蒜、桂皮、大料、花椒、草果，都是有温阳、健运脾胃的作用，所以扶阳从古至今都是有的。脾胃要运化一定要有阳气，就是用它来温化脾胃才能觉得饭香，胃口才能好，才能保证身体健康，所以扶阳从古代就开始了。

二、关于扶阳理论

损阳生病有九大因素。第一个是先天不足。如果母亲的一举一动做得不好，会影响胎儿的素质。第二个是嗜食生冷寒凉。小孩特别喜欢喝凉水，所有的小孩对冰棍都是特别喜欢的，因为孩子阳气旺，所以调皮的孩子、愿意动的孩子是一个健康的孩子。第三个是误用苦寒。第四个是滥用抗生素。第五个是工作的烦劳。阳气者，烦劳则张。一个阳气旺的人是不会有精神疾病的，你看那种天天爬山运动的人，我们说这个人很阳光，他是不会有心理疾病的，有心理疾病的人就是阳气不旺，所以患抑郁症的人也可以进行扶阳治疗。第六个是房事。第七个是非时的作息。尤其是子时不睡，阳气没有办法回归，阴阳没有交媾，不能化生精气，熬夜是非常非常大的伤阳气的方式。阳气不收藏就会导致疾病。11点到1点，子时就应该入睡了。古人没有灯，是靠日落日息，九点钟就睡着了，所以古人说早睡早起，是养阳气的很好的办法。到了12点可能就再也睡不着了，因阳气升起来了，在阴气重的时候能入睡，阳气升起来的时候就不容易入睡，所以过了12点很多人就睡不着了，所以一定要提前睡。如果在子时的时候没有睡好觉，其他的时间补是补不回来的，养生的最好的方式是睡眠。子时一阳生的时候睡着了就是最好的养生，睡眠是最重要的，它比吃饭还要重要。第八个是心性的因素。在《黄帝内经·素问·灵兰秘典论》中谈道："心者君主之官，神明出焉。主明则下安，主不明则十二官危。"第九个是自然格局对人的影响。《黄帝内经》里说："人禀天地之气生，四时之法成。"工业化、城市化、气候逐年变暖等也会对人的身体健康产生很大的影响。

阳气在人体中有着很重要的作用，疾病治疗的机理根于人体的自愈力。中医学认为，五脏元气通畅，人即安和，健康而没有疾病。阳气在其中起着决定性作用，也就是说，人本身就具有一种自我预防与治疗保健的机制，若机制健全，人就健康或虽病亦轻。清徐灵胎在《医学源流论·元气存亡论》中认为："至于疾病之人，若元气不伤，虽病甚不死；元气或伤，虽病轻亦死。"元气就是机体自我修复的本质。早在几千年前，中医就提出了这套自我预防与治疗机制，就是中医所说的"正气"。根据扶阳理论，运用益气活血，扶正固元，使身体内的能量充足，瘀血、痰浊能够及时、有效地排出，从而达到治疗心血管疾病的目的。医圣张仲景在《金匮要略》提出"欲疗诸疾，当先以汤荡涤五脏六腑，开通诸脉"，道出了心血管疾病的治疗原则。

因此，扶助人体的阳气，就会祛病延年。而阳气易伤难复，因此顾护阳气，延缓衰老，预防疾病是我们终生的工作！

天人合一与《黄帝内经》养生之“七七八八”

——关注生命健康的每一阶段[①]

杨　戈[②]

天人合一与《黄帝内经》养生密切相关。《黄帝内经》源于春秋战国时期，是我们最传统的中医理论。中医最早的理论基础，包括阴阳五行等的所有的内容都源于最早的、最简单的对自然界的认识和观察。在这个过程当中，我们首先看到它的表象，观察到了一些现象，然后经过当时一些哲学家或文化大师的归纳，慢慢总结形成了理论体系，一脉相承，不断发展。治理国家的方针政策、儒释道思想体系都受其影响。中医学也有所借鉴，这是自然知识和自然现象的升华。

一、天人合一

天人合一的思想是如何起源的？我们看到的在甘肃敦煌石窟里夸父追日的图案、古钱币里太阳日月的图案、藏族敖包等祭祀祈福时与天地对话的图案，都是早期天命观的象征。上古天命观是古代人类最早对天人相应现象的特别关注。古代先人最初解释不了打雷下雨、干旱涝灾这些与天上的日月星辰变化有关系的自然现象，可能就会把这些东西神话化。另外古代的皇上都自称为天命上师，统治者利用自然的神化来统治老百姓。从最早对天象的观察认识，到后来孔孟，再到后来的董仲舒，慢慢地这种文化得到了升华、传承、发展。首先是《道德经》里面的与天为徒，后来天人之际，合而为一，再到董仲舒的心神合一，心能感知于天，就是人能感知上天的东西。“尽其心者，知其性也。知其性，则知天

---

① 本文根据作者在“什刹海书院·2018春季国医论坛”的讲座录音整理，并经本人审定。

② 杨戈，什刹海书院特聘教授，中国中医科学院广安门医院老年病科主任医师、主任，中国阿尔茨海默病防治协会全国中医药委员会副主任委员，北京中医药学会养生康复专业委员会秘书长。

矣。”再到宋之后，又出现了程朱理学。程朱理学就把天命的东西，完全归在一个自然道理，但是把它与皇权隔离开，这样对皇权是相对的约束或搁置，以致到后来的统治者，把程朱理学作为统治阶级的最重要的哲学基础。天人合一，不仅仅是一种状态，而且是一种思想，强调人与自然和谐统一，是中国传统文化的核心内容。

胡锦涛总书记提出和谐社会与和谐家园的建设，习近平总书记提出“一带一路”的建设，其实也是天人合一思想的进一步发展、延伸。人与自然、人与社会、社会与社会、社会与国家、社会与区域、整个社会与宇宙自然之间，和谐共通共荣。热爱生命、热爱大自然，能够领会所有生命的语言，时时刻刻感受到生命的存在，与大自然的旋律交融相和，与大自然和谐共存，人与物质、物质与物质极度巧妙、完美地结合。

古代天人合一思想，最初还是崇尚自然，顺应自然，对生养万物的大自然要存敬重之心。倡导天人合一的“合”思想，人与自然协调发展、共同进化，人与自然相互依存，人不能脱离自然而独立存在，自然离开了人也就失去了意义。这样我们才有《黄帝内经·灵枢·岁露论》“人与天地相参，与岁月相应”，这样人才能够真正得到自然的养化。

天人合一包括天人一致和天人相应。首先有天人一致。宇宙自然是大天地，人则是一个小天地。我们人体是一个小宇宙，我们能够自我调节。其次天人相应，人和自然在本质上是相通的，故一切人事均应顺乎自然规律，达到人与自然和谐。各种涝灾、旱灾是一种自然和谐受到破坏，是由上天所造化的阴晴圆缺的东西不协调所产生的异常反应。

天人一致大致包括四个方面：人天同构、人天同类、人天同数、人天同象。

（1）人天同构。它是最早的我们对天地万物和人之间关系的认识。《黄帝内经》认为人的身体结构体现了天地的结构，其中《灵枢·邪客》说：“天圆地方，人头圆足方以应之。天有日月，人有两目。地有九州，人有九窍。天有风雨，人有喜怒。天有雷电，人有音声。天有四时，人有四肢。天有五音，人有五藏。天有六律，人有六腑。”从结构上来说它是相互顺应的，很有道理。非洲人为什么相对黑？亚洲人为什么是黄种人？欧洲人为什么是白种人？这是一个相应的适应环境的发展过程，很多动物在环境中形体、颜色，甚至整个形状发生变化，是一种自我适应，也是为了生存下去而适应自然。骆驼为了在沙漠中生存下去，需要用自身 很大的驼峰储存很多的能量、水分，一次喝足之后，十天半月可以不用再喝水。在草原里的狮子，运动敏捷，速度飞快，但是让它到沙漠，它就很难生存，它缺乏耐力，耐受不了那么炎热的环境，也没有一个很好的储水系统。这就是人自身，或者动物界、植物界都要适应环境，这是一种同构。人天同构是《黄帝内经》天人合一观的最粗浅的层面。

（2）人天同类。《黄帝内经・素问・阴阳应象大论》等篇中的五行归类，是根于事物内在的运动方式、状态或显象的同一性。如《黄帝内经・素问・金匮真言论》曰："东方青色，入通于肝，开窍于目……其应四时，上为岁星……其臭臊。"是将在天的方位、季节、气候、星宿、生成数，在地的品类、五谷、五畜、五音、五色、五味、五臭，在人的五藏、五声、五志、病变、病位等进行五行归类，这样就可以通过类别之间的"象"普遍联系，这些东西都是相互联系的。我们认识疾病，认识这个世界，也是从这些最基本的东西开始。

（3）人天同象。藏象理论作为《黄帝内经》理论最为重要的理论基础之一，是将五脏联系六腑、五官、五体、五志、五声、五情，以五行理论进行阐释的五大"象"的系统，并完全表现为一种天人合一的综合功能。我们看到肝心脾肺肾，作为人体最主要的五脏，与四季、气候、季节、情志、筋骨相互联系，互相关联，互相影响，它是一个有序的、非常密切的环境。五行，相生相克；肝心脾肺肾，相生相克、相须为用。

（4）人天同数。自然界的四时阴阳与人体的五藏阴阳相互收受、通应，共同遵循阴阳五行的对待协调、生克制化的法则。这指的是对数理的推算，包括一年四季、二十四节气、二十四小时，与我们脏腑时令、气盛、气虚、补泻，都是有相关的。其基本推论是以一周年（四季）为一个完整的周期，四季有时、有位，有五行生克，因此，以一年分四时，则肝主春、心主夏、肺主秋、肾主冬。

这些东西听起来很玄妙，但我们现在很多大夫在做针灸治疗时，就根据这个时间图来进行天干地支、甲乙丙丁戊己庚辛壬癸推算，然后根据经气流注的时间来进行扎针，有一个很好的效果。

（5）天人相应。是指人与自然之间的感应、物与物之间的感应、物与人之间的感应、人与社会之间的感应、人与人之间的感应、人体内部各组织器官系统之间的感应。人体内部是一个小宇宙，它也是要相互协调的、感应的。天人合一通过构、数、类、象四个方面统一之后，要求做到人与自然统一，人的行为与外界自然的统一；要求做到自我身心的平衡与自然环境的平衡的统一，从而实现完满、和谐的精神追求；要求做到人体的生活、生命节奏应该与自然季节气候和生命阶段的统一。

二、《黄帝内经》养生

《黄帝内经》养生与天人合一密切相关，天人合一在《黄帝内经》养生中既是基础又是一个比较高的境界。《黄帝内经》是我国成书最早的中医古籍，也被认为是第一部养生法典，它的宗旨是向内看，阴阳五行，因天而序。养生之道，治未病。

《黄帝内经》内经养生有三个层次：第一是形体形式、第二是形神供养、第三是天人合一，主动使自己的生活、精神状态与自然社会融洽。

（一）形体保养

形体保养是《黄帝内经》养生方法最初级的层次，以保证形体、体格的健康为主要目的，包括避虚邪毒气、节饮食、慎起居、不妄作劳等，内养正气以强身，外避邪气以防病。形体保养需要我们做到几个方面：

1. 内养正气以强身

《黄帝内经·素问·上古天真论》云："上古之人，其知道者，法于阴阳，和于术数，食饮有节，起居有常，不妄作劳，故能形与神俱，而尽终其天年，度百岁乃去。""起居有常"，一般指起居有规律，此处常指"正常""常态"，并不单纯指生活起居有规律，更要与自然界阴阳之气相一致，即"法于阴阳"，只有符合阴阳变化规律的起居方式才能算作"有常"。

食物是脏腑气血化生之源，但饮食不当也会妨碍养生，"谷肉果菜，食养尽之，无使过之，伤其正也"。《黄帝内经》食饮有节有三层含义：其一，节食量。"因而饱食，筋脉横解，肠澼为痔"，说明饱食是不利健康的因素。其二，节五味。"五味各走其所喜，谷味酸，先走肝，谷味苦，先走心，谷味甘，先走脾，谷味辛，先走肺，谷味咸，先走肾。"五味补益脏腑，如果五味偏嗜损害机体。故需"五禁"。肝病禁辛，心病禁咸，脾病禁酸，肾病禁甘，肺病禁苦。其三，饮食要有规律，食饮有节还应包括时间的规律。

不妄作劳即不要违背常规过度劳作。妄者乱也，作劳即劳作，包括劳力、劳心、房劳等方面。《黄帝内经·素问·宣明五色》云："久视伤血，久卧伤气，久坐伤肉，久立伤骨，久行伤筋，是谓五劳所伤。”华佗指出：“人体欲得劳动，但不当使极尔，动摇则谷气得消，血脉流通，病不得生，譬如户枢，终不朽也。”其意与《黄帝内经》相同，强调劳逸结合。

和于术数中术数指古人调摄精神、锻炼身体的一些养生方法，诸如导引、按跷、呼吸、吐纳等。张介宾注曰：“术数，修身养性之法。”和，一为方法适合，要因人、因时、因地选择；二为锻炼技术要熟练，每种方法都有其技术要领，按要求锻炼。

食饮有节，起居有常，不妄作劳，这每一句听起来都简单，好像就是饮食起居，但每一句都做到很不容易。身材好，不是为了好看，最主要的是健康，标准体重正好是心肝脾肺肾的所有的代谢功能首先能维持的重量，超过一点点短期没有问题，超过久了它们就太累了，过度的负担就受不了了。我们现在许多血压血脂高的病人就是管不住自己。极少数人的确是吃得少，但代谢出问题了，喝水都胖。但绝大多数人是可以控制的，尤其年龄大的人很少是先天就很胖的，是因为最基本、最简单的东西没有做好，形体保养的问题没有控制好。我们一定要在最基本的形体方面，辟邪、饮食、起居、习惯、劳力等方面都要注意自己最基本的东西，这样才不容易出现问题，否则你去找很多原因，吃了很多药，不仅浪费，同时的确效果不好，最终也是自己受罪。

2. 外避虚邪以防病

《黄帝内经·素问·上古天真论》云：“夫上古圣人之教下也，皆谓之虚邪贼风，避之有时”。强调要按照四时气候的变化规律，根据时令不同防之。

《黄帝内经·素问·阴阳应象大论》曰：“冬伤于寒，春必病温；春伤于风，夏生飧泄；夏伤于暑，秋必痎疟；秋伤于湿，冬生咳嗽。”从发病学角度提出四时规避的重点：冬季防寒、春季防风、夏季防暑、秋季防湿。

《黄帝内经·素问》中“正气存内，邪不可干”对后世影响极为深远，致使有医家过分强调正气的抗病能力，忽视预防等防护措施。其实《黄帝内经》本意并非如此，其中的“避其毒气”一句已明确告诉后人，正气仅是防病强身的一个方面，避免毒邪侵袭，对于养生保健同样具有深刻意义。

精神与形体是相对应的。血压控制不住了，天热精神不好，形体管不住，那具体的身体指标就管不住了。所以形是相互协调的。这是天人合一，从最简单的合一、最初的合一，到后来我们要把人的每一个行为，与自然环境，与社会环境融为一体，这样才能把身体调得很好。

（二）“恬淡虚无，真气从之，精神内守，病安从来。”思想安闲清静，心无杂念，可保正气调和，精气和神气守持于内，从而达到形体与精神的协调共存

1. 形与神的关系

姚止庵说：“形者神所依，神者形所根，神形相离，行尸而已。故惟知道者，为能形与神俱。”“形为神之宅，神为形之主。”“无形则神无以附，无神则形无以活。”“心者，君主之官，神明出焉。”“心者，五脏六腑之大主也，精神之所舍也”。

神为形之主。《黄帝内经·灵枢·天年》：“失神者死，得神者生也。”从生命存亡的角度论述了神的御形作用。“百岁五脏皆虚，神气皆去，形骸独居而终矣。”

2. 形神互伤

神伤形。《黄帝内经·灵枢·本神》云：“是故怵惕思虑者则伤神，神伤则恐惧流淫而不止。因悲哀动中者，竭绝而失生。喜乐者，神惮散而不藏。愁忧者，气闭塞而不行。盛怒者，迷惑而不治。恐惧者，神荡惮而不收。”“暴乐暴苦，始乐后苦，皆伤精气。精气竭绝，形体毁沮。暴怒伤阴，暴喜伤阳”等也是神伤形的典型表现。

形伤神。《黄帝内经·灵枢·天年》曰：“六十岁，心气始衰，苦忧悲，血气懈惰，故好卧。”心气衰是形的受伤，其后果“苦忧悲、血气懈惰，故好卧”则是神的异常。“肝病者，两胁下痛引少腹，令人善怒”“肝气虚则恐，实则怒。心气虚则悲，实则笑不休”等经文也是形伤神的具体例证。

内养正气强身，与我们的饮食、起居关系非常大，但我觉得最简单的也最难做，我们要做到形与神同时养护。劳作方面我们要注意不要过度劳心、劳力、劳烦。不要过度劳累，也不要过度禁欲。“久视伤血，久卧伤气，久坐伤肉，久立伤骨，久行伤筋，是谓五劳所伤。”过度劳累是有问题的，但是太懒也是要出问题的。

（三）《黄帝内经》养生的最高境界，不刻意追求方法和技术，而是把人融入环境之中，天人合一，即人与自然和社会环境和谐相处

（1）人与自然环境的和谐。《黄帝内经·素问》："阳气者，平旦人气生，日中阳气隆，日夕而阳气已衰，气门乃闭。"描述一天中阴阳之气的变化规律，人的活动要与这规律相适应。日出而作、日落而息的原始生活状况，与一天中的阴阳变化非常吻合，这可能是上古之人健康长寿的原因之一。

《黄帝内经·素问·四气调神大论》又提出四季养生的基本原则："春夏养阳，秋冬养阴。"《黄帝内经·灵枢·本神》还提出安于居住环境的要求："智者之养生也，必顺四时而适寒暑，和喜怒而安居处，节阴阳而调刚柔。如是则避邪不至，长生久视。"从不同角度提出了人要与自然和谐相处的要求。

（2）人与社会的关系。不同的时代有不同的主题、不同的特色，就像不同的季节有不同的花朵，不同的季节有不同的气候。焦虑抑郁的人有情绪可以宣泄，但不能心里过不去、无法开解自己，身心若得不到协调，容易憋出病来。年轻人需要运动，需要挥汗如雨，让体内产生多巴胺、肾上腺素，就会有兴奋感，身心愉悦，大脑得到很舒服的感觉。老年人可以通过另外的方法排解心绪。人的内心要和谐，家庭和谐，社会和谐，要与自然和谐，这样心里才能平和。

（3）人与社会环境的和谐。WHO新的健康标准，规定健康不仅指没有疾病或病痛，而是一种躯体（生理）上、精神（心理）上和社会（社会适应能力）上的完全良好状态。在健康标准中加入精神方面和社会适应能力方面的内容，与《黄帝内经》的养生方法非常吻合。

"以志闲而少欲，心安而不惧……嗜欲不能劳其目，淫邪不能惑其心。"思想安闲清静少有嗜欲，心中安定而无恐惧之感，是心理健康的表现。无论吃什么食物，都觉得味道甘美；随便穿什么衣服，都感到舒适；在任何风俗环境下生活，都感到快乐；无论社会地位尊贵或卑贱，都能安于本分，形象地反映了健康人适应社会环境的良好心态。由此可见，《黄帝内经》提出的养生要求时至今日仍然具有非常重要的现实意义。

我们按照自然正常规律的变化，这样我们生活才算是有常，最后才能尽享天年。

依从季节气候，我们一定要春夏养阳，秋冬养阴，春夏时节阳气旺盛，我们要利用它，秋冬要把阴气收敛起来，这样才不容易来年生病。"春伤于风，夏伤于暑，秋伤于湿，冬伤于寒”，哪个季节控制不好自己的身体，下一个季节就会生病了。但是更主要的是形与神要同养。形与神俱非常重要。要做到“恬淡虚无，真气从之，精神内守，病安从来”，说出来很容易，真要做到很难。要随时用镜子照我们的内心，看我们能不能平和，能不能真正恬淡虚无。只有真正做到了真气才能守得住，神才能安，才会睡好。

形是神所依的地方，和我们中医说的气血相关。“血为气之母，气为血之帅。形为神之所依，神为行之所根。”形神要相互帮助，“形为神之基，神为形之主”，没有气血是没法运行的。西医讲能量代谢，没有血就没有气，所以气血相依，形神相依。所以人活一口气，必须要有充足的血。

如果精神不好，就会形神不相符。神气不好的人，病没多大，但有焦虑以后就大了，很多病就是这样。我们在临床当中最怕的就是，很多人检查结果没多少事儿，但是一看就特别焦虑，甚至有抑郁的倾向，会发现这样的人病情特别厉害。以至于形神互相影响，神气不能很好凝聚的时候，神伤了之后心气就出现问题，然后整体的气血代谢肯定就出现问题了。咱们说的气滞、气逆，导致功能出现了问题。精神状态不好，最容易受伤的就是脾胃，神养不好会伤形。

《黄帝内经》从形体、形神、天人合一三个方面来说养生的三个层次，但是具体内容很多，有养生的、有劳作、有饮食等。《黄帝内经》认为生命与自然界息息相关：“天地合气，命之曰人。”《黄帝内经·灵枢·本神》：“顺四时而适寒暑。”《黄帝内经·素问·四气调神大论》：“春夏养阳，秋冬养阴。”《黄帝内经·素问·上古天真论》：“虚邪贼风，避之有时。”二十四节气养生有“春雨惊春清谷天，夏满芒夏暑相连，秋处露秋寒霜降，冬雪雪冬小大寒”的说法，一年四季季节气候，都是在变的，刚才所说的春夏的时候我们应该注意保养阳气，应该多晒太阳，秋冬的时候阴气收敛，我们应该更多地注意早睡晚起，与天地之气合，这样我们能够把天地之间的阴气收纳为自己所用。

《黄帝内经》里有很多治未病的思想，但药方很少。关键是要往里求、往内求，通过调整气血、调整经络、调整脏腑来达到健康，达到长寿。往内求实际上是为我们指出了正确认识生命的一种方法、一条道路。这种方法与现代医学的方法是不同的，现代医学是靠仪器、靠化验、靠解剖来内求，靠用药来达到治愈。

《黄帝内经》用阴阳；五行：木、火、土、金、水；六气：风、火、暑、湿、燥、寒；天干：甲乙丙丁戊己庚辛壬癸；地支：子丑寅卯辰巳午未申酉戌亥等文字符号系统表达《黄帝内经》养生的概念，解释精气运行的规律并指导用药和治疗。阴阳对立统一，相互依存，互根互用，相互转化，处于不断的运动中达到动态平衡。子午流注、天干地支、五脏六腑与四季气机、季节气候、春夏秋冬相关联，解释了人体内在很密切的联系。

《黄帝内经》讲精、气、神的养生，人身的三宝是精、气、神。精是构成人体生命组织与生俱来的精华，所以又叫作“元精”，它是本原性的精华。《黄帝内经·灵枢·本神》：“故生之来谓之精，两精相搏谓之神。”气是有特定运行规律的，维系经络、脏腑正常功能的，推动血、津液规律运行的动力。“百病皆生于气”，身体的健康在于气自然循行，周流顺畅，思则气结，怒则气逆，悲则气消。神是人体生命活动的外在表现。《黄帝内经·灵枢·本神》：“故生之来谓之精，两精相搏谓之神。”《黄帝内经·灵枢·平人绝谷》：“故神者，水谷之精气也。”望神是中医诊断的基本功，主要是望人的整体生命状态（眼神）。人精气足，和大自然里所具有的精华所表现的东西是类似的，人之所以气很重要，百病皆生于气，不仅指的中气、元气，也指运行的肝气，“四肢百骸经络之气、脏腑之气”要是运行不正常，就容易气结气逆气消，容易出问题。

总之，《黄帝内经》养生，主要有：

自然观：“天人合一。”

防治观：“圣人不治已病治未病，不治已乱治未乱。”

意志观：“意志者，收魂魄，适寒温，和喜怒者也。”

精气观：“嗜欲无穷，而忧患不止，精气弛坏，荣涩已除，故神去之，而疾不愈也。”

动静观：“能动能静，解以长生。”

食疗观：“民以食为天”，提倡“饮食有节”，维护后天脾胃之源，“饮食自倍，脾胃乃伤”等六点，每一天只要能做到，十年之后身体就会比原来好很多倍。

三、七七八八话养生

《黄帝内经·素问·上古天真论》里提到“女子七七，男子八八”。

“七”是指女子的生命节律是和七相关的。“女子七岁肾气盛，齿更发长。”“二七而天癸至，任脉通，太冲脉盛，月事以时下。”女子7岁时开始发育，先齿更再发长，牙齿是人体当中与肾的关系最为密切收敛的，是肾气的外现。而头发的生长速度和肝气相关，所以女子是收敛在前，生发在后。这也是阴的特征之一，表现在女子的生殖器全部内收。14岁月经就来了，具备了生育的能力。

“三七肾气平均，故真牙生而长极”：21周岁时，肾气平衡、平稳了，发育基本完成了。肾气的功能到一个很高的顶点，筋骨也很强劲，头发此时最为茂密，阴阳达到最佳的平衡。

“四七筋骨坚，发长极，身体盛壮”：28周岁时，筋骨最强健，头发长到最盛的程度，身体发育达到顶峰。21～28岁是女性最适合结婚的年龄，28岁是最美的年龄。28岁后，女性的身体往往开始走下坡路。所以，从28岁开始，女性就应该注意保养。

“五七阳明脉衰，面始焦，发始堕”：35周岁时，面容开始憔悴，头发开始掉落。

“六七三阳脉衰于上，面皆焦，发始白”：42周岁时，太阳膀胱经衰老，后脑勺的头发开始变白。少阳胆经衰老，两鬓开始变白。阳明胃经衰老，前额头发开始变白。因为阳气冲不上来，不能上荣于脑，所以颜面开始出现憔悴，并且开始健忘，出现衰老现象。所以42岁是一个生理变化的年龄，此时一定要注意养生，可以延缓衰老。

“七七任脉虚，太冲脉衰少，天癸竭，地道不通，故形坏而无子也”：49岁时，整条阴经全部都虚了，创造力就基本枯竭了。这是自然规律。

女子如何养生呢？42岁时一定要照顾好小肠经、膀胱经以及胆经和三焦经，六七十岁时才能仍然面如桃花。要让肠和胃热乎点，成年人少喝牛奶（牛奶、毛血旺、鸭血豆腐要少吃，是阴寒之物）。更年期后，女人阴转阳，只要安全度过了更年期，女人一般要比男人长寿。吃雌性激素增加诱发乳腺癌的风险。女子更年期常见的表现有：潮热、盗汗、易怒、疼痛、抑郁等症状。往往是肾气不足，心火旺盛，或者肝气郁结的缘故；也有因为人体内含有淤血，没有排干净的缘故。用滋肾、清心或者疏肝理气的中药可以辅助调理；用藏红花去邪气，然后用活血化瘀的药，如银杏叶片让病人把恶血淤血排出来；严重者用良性活血药赤芍、丹参或鳖甲等调整。

男人这辈子的生命节律是和八相关的。

一八：“肾气实，发长齿更。”男性8岁时，肾气开始充实，头发茂盛，牙齿更换；男子阳生发在前，收敛在后，七八九嫌死狗，人的身体结构及功能决定性情。

二八："肾气盛、天癸至、精气溢泻，阴阳和，故能有子。"16岁时，肾气盛，天癸至，有了生殖能力，第二性征也表现出来了。

三八："肾气平均，筋骨劲强，故真牙生而长极。"24岁时，肾气平和、均衡，身高也达到极限，阴阳生发，收敛都处在一个平均状态。

四八："筋骨隆盛，肌肉满壮。"32岁时，肌肉发达，体格的功能会达到一个顶点。

五八："肾气衰，发堕齿槁。"40岁时，男子开始出现衰老之相，肾气开始衰老，头发开始脱落，牙齿开始松动。

六八："阳气衰竭于上，面焦、发鬓斑白。"48岁时，阳气衰败，脸上开始出现憔悴之相，两鬓开始斑白。

七八："肝气衰，筋不能动。"56岁时，肝气衰，筋不能动，筋指人体肌肉弹性的问题，男人身上，表现出来最大的一根筋就是男性的生殖器官。筋不能动，就有可能出现类似阳痿的现象，因为身体的外形和里面都达到了一个过分疲劳的现象。

八八："天癸竭，精少，肾藏衰，形体皆极，则齿发去，无子。"64岁时，收藏和生发功能都衰竭了，说明人体的精气神严重不足。人到此时，能收藏就收藏，尽可能维持自己的这种运化和收藏能力。

男子养生要注意：16～24岁是男人发展体力和智力的黄金年龄，禁欲会伤神，节欲适当行事。32岁男人最迷人，过30岁"病"就开始上门找人。皱纹起于眼角，斑白始于鬓角，全因三焦经出了问题。

七七八八和七上八下，都与《黄帝内经》所记载的女七男八有关，更来自易数的推理。所谓"男子八八，女子七七，天地之数终而天癸绝"，意思就是，女子以七七四十九岁，男以八八六十四岁为更年期。

为何女子易衰而迟亡，男子耐老而早逝？"是故，人生以七七八八为界，七上八下为度，女子以七九为周期易衰而迟亡，男子以八六为周期耐老而早逝。"

更年期之前，女子以七年、男子以八年为周期发生一次较大的身心变化。更年期之后，女子七上为九而以九年，男子八下为六而以六年为周期发生一个较大的身心变化。

《易经》曰：天地之数五十有五。盖因一伍之四象阳气数和为10，叁伍之四象阳气数和为30，叁伍为15，三者之和为55。我们可以理解为，人类的阳气定数为55。其意思是，55岁是人类生殖之平均界度，而且，更年期男女有别，男子加九（阳）为六十四，女子减六（阴）为四十九。这也是卦象用爻以九表示阳爻，以六表示阴爻的原因所在。

人到老时，每一个器官都会衰退，但是我们怎么认识这个衰退，现在“养生堂”提出“健康活到100岁！”的口号，可以将此作为我们的一个奋斗目标。我们每天在门诊上看到好多90岁的人自己来看病，还有好多九十几的人在社区打球、下象棋，不受任何影响。为实现这个目标，我们过去所关注的大血管问题，心脏的问题、心梗的问题、脑梗的问题、脑出血的问题、高血压引起的后遗症等慢性病，也在不知不觉悄悄潜入影响我们。因为现在人活得太长了，脑子肯定也是要老化的，还有骨关节病，很多老人有糖尿病，怎么办？这些病有一部分是可以防治的，有一部分是防治不了的，它的老化是每个人都要面对的，但是我们要做到的是不要过快地老化。假如你发现老人老说错话、丢三落四，或者脾气变得暴躁，这时候他可能脑血管已经出现问题了。这时我们需要发现早期的病变，控制疾病的进展，坚持吃药，控制好血压、血糖，使用中药根据病症进行补气、活血、化瘀、调心气、增加代谢、调节五脏六腑的治疗，可以帮助老人治疗老年性痴呆。在老人发病初期，早期健忘和脾气改变的时候就来做检测，查查头颅情况、记忆量表等，提前进行预防，最好在轻中度的时候就进行干预，会有很好的疗效。当然，有一部分人是真正的属于早老性痴呆，而且有家族遗传史的，直接在海马区病变，效果不好，我们不敢说都有效果，但是小血管梗死早期的治疗是有很好疗效的。希望大家关注家里的老人，在不同的年龄阶段有不同的治疗方法，有异常情况还是早上医院。

我们今天讲七七八八，讲生命自然发育，讲生殖能力规律的变化，是要让大家认识到人的生活生命规律都有一个自然的过程，在这个过程中，你的五脏六腑，你的脾肺肾之气会随着你的寿诞阶段变化。这个规律让我们知道每一个阶段都有注重的问题，我们就要在每一个阶段都进行养生。要特别注意五个方面的养生法则：第一，法于阴阳（顺应四时，养正避邪）；第二，和于术数（锻炼身体，强精壮骨）；第三，食饮有节（饮食适宜，滋补气血）；第四，起居有常（按时作息，怡养神气）；第五，不妄作劳（劳逸结合，保全形气）。假如每个时段你都能做到，你的气血、阴阳，脏腑功能就会得到很好的保护，就可以保精全神，益气全形，形与神俱，尽终其天年。遵循养生原则，实现抗衰防病，延年益寿。

希望在我们没有问题的时候就保重身体，注意好身体健康，有问题时要早重视，不要讳疾忌医，适当地接受养生保健知识，适当地进行体检。在人生每一个阶段都把问题解决在早期阶段，才能够让我们身体更健康，高质量的生存期更长久。

枢机运转调平衡

——中医疏肝健脾法在血管性疾病和更年期综合征的应用[①]

王淑丽[②]

我今天要讲的内容——枢机运转调平衡，总共有三部分，第一部分讲中医枢机的概念和作用，第二部分讲枢机异常可能导致的疾病，第三部分给大家介绍一下如何通过日常饮食、运动保健手法和药物的治疗进行转运枢机、把身体调整到平衡状态，从而起到养生保健的作用。

一、中医枢机的概念和作用

（一）枢机的概念

宇宙中万物由气而生，终结后又归于气，这是我国古代朴素的唯物主义观念。宇宙间一切有形之物都来源于无形之气，人作为宇宙中的一个物体，也同样遵循这样的规律。中医学理论中，气不但是构成人体和维持人体生命活动的基本物质，也是人体生命活动的外在表象。《黄帝内经·灵枢·决气》中说“上焦开发，宣五谷味，熏肤、充身、泽毛，若雾露之溉，是谓气”，此处形象而生动地描绘出气即人体生命活动的外在表现，所以历代医家对气都很重视，《黄帝内经·灵枢·营卫生会》提出“五脏六腑皆以受气”，陈言认为“百病始于气”。气运行于周身和五脏六腑，气的升降出入运动推动和调节着人体的生命活动，所以气的调畅与否直接关系着身体的健康状况。

① 本文根据作者在“什刹海书院·2018春季国医论坛”的讲座录音整理，并经本人审定。

② 王淑丽，中国中医科学院老年病和心血管病专业博士、博士后，广安门医院老年病科副主任医师。

气是人体生成的根本，在母体受孕时，就形成了一种元气，所以原始之气是肾所生，并由后天水谷之气来充养，这样我们才能够不断地进行生理活动。气的运动即气机，有升、降、出、入四种运动形式，但气的运动需要“枢机”来枢转。《黄帝内经·素问·六微旨大论》云：“出入废，则神机化灭；升降息，则气立孤危。故非出入，则无生长壮老已；非升降，则无生长化收藏。是升降出入，无器不有。”气动人才能够活动，生命才能够正常。

枢经学说源自《黄帝内经》中的开、阖、枢理论。《黄帝内经·素问·阴阳离合论》曰：“是故三阳之离合也：太阳为开，阳明为阖，少阳为枢。三经者，不得相失也，搏而勿浮，命曰一阳。”“是故三阴之离合也，太阴为开，厥阴为阖，少阴为枢。三经者，不得相失也，搏而勿沉，名曰一阴。”阳经有太阳、少阳、阳明。太阳为开，主向外发散，在人体的外部，主防御外邪。阳明主阖，在内部主收藏，脾胃运化的水谷之气为阳明之气，要收藏，这样才能够充盛，所以阳明为阖。有开有阖但不能直接从开到阖，所以它们中间必定有一个枢转。少阳为枢，枢就是门轴的意思，向外是开，向里就是阖，所以在阳经中，太阳为开，阳明为阖，少阳为枢。在太阴的部分也同样是这样，太阴为开，厥阴为阖，少阴为枢纽，这就是枢机的理论。

少阳为阳枢，少阴为阴枢。在张仲景的《伤寒论》中，把人体气血的运行分为十二经，可以运转阴阳气血。枢机的理论在十二经中来体现，少阳包括足少阳胆经，手少阳三焦经；阴经包括足少阴肾经，手少阴心经，一共四条经。少阳、少阴四条枢经在“枢转”经气中有不同的特点。

在人体脏腑的心肝脾肺肾中，脾胃属中焦，位居人体中央；肝胆居于两胁，所以从位置来说，脾胃肝胆都会起到枢转的作用。从功能看，肝主疏泄，疏和泄是往外发散气，胆主生发，是往上发泄气到头部，所以肝胆经的功能也决定了它是一个主疏泄的枢纽。脾胃的功能，脾主运化，升清降浊，升清就是气要动起来，吸收精微，往上宣发，往下肃降并把它布散到全身各处；降浊是把没有吸收的糟粕排出体外，所以升清降浊是一个上下交通的过程。从肝胆和脾胃的位置和功能，我们就可以看出人体脏器中有两大枢纽，一个负责上下交通的是脾胃，一个负责左右交通的是肝胆。这是脏腑的枢纽作用。

胆经与天干、地支对应为甲子，甲是天干之首，子是地支之首，为五运六气之首，所以胆经经气的流行是在夜间的子时，也就是晚上11点到1点。《黄帝内经·素问·六节藏象论》云：“凡十一脏皆取决于胆也。”“凡脏腑十二经之气化，皆必藉肝胆之气化以鼓舞之，始能调畅而不病。”金李东垣：“胆者少阳春升之气，春气升则万化安，故胆气春升，则余脏从之，所以凡十一脏取决于胆。”所以每天脏器经气的流行是从子时胆经开始流行，然后到肝经，再到肺经，夜间就这三条经。在五脏中，胆也是首发的一个脏器，所以我们说十一脏皆取决于胆。凡脏腑十二经的气化必借胆经之气生发，胆气生发以后，其他脏器的经气才开始流行。所以从天干地支来说，肝胆经也是作为一个枢纽。有人失眠，有人晚上熬夜工作或打游戏，11点之后不睡觉，经常熬到一两点，就把充养胆经经气的时间错过去了，阳气生发不起来，人会表现昏昏沉沉，没有精神，所以睡不好觉。在五行中，胆经和肝经都属于木，草木的特性就是春天生发，如果胆气春生则其他的脏气都会跟着阳气生，所以“凡十一脏皆取决于胆”。这是从五行来说，也是以肝胆经为枢纽，这是另一个枢机的依据。

明张介宾曰：“机关者，筋骨要会之所也。胆者，筋其应。少阳厥逆则筋不利，故为此机关腰项之病。”关节是骨骼的枢纽，足少阳经脉循行经过全身多处关节，因此少阳经气不利，会形成头、颈、胁、腰、膝、腕、踝等处关节的屈伸不利，胆经就成为主管筋骨关节的枢纽。

脾胃为枢机的原因有以下几点：其一脾胃者，是关格。关格的另一意思就是枢机。“枢机运转，可兆生死”，明张太素《订正太素脉秘诀》注曰：“脾胃者，是关格，亦号枢机也。故脾者，运水谷，滋荣四肢。胃者受纳水谷，运行百脉，流注于人迎气口，三脉周流，十二经而复大会于胃也，乃脾胃之脉绝与不绝，则可以明其吉凶死生之兆矣。”其二，中气升降。清黄元御重视“中气升降”，认为脾胃中气为人体阴阳、脏腑、气血、精神之化源。脾胃为枢经之脏腑。《长沙药解·卷一》中记载：“寒湿偏旺，气化停滞，枢机不运，升降乃反，此脾陷胃逆之根也，安有中气健运，而病胃逆者哉!”脾胃本身接受水谷，可以荣养四肢，所以它把阳气接受进来，一旦出现格拒，气不能接受了就表现为不想吃饭、呃逆、嗳气、呕吐等症状。在中医里有一个病名叫噎膈，就是病人不想吃饭，吃了就吐，吃不进去，在现代医学中相当于食道癌，其病机就是中气不降。其三，脾主升清、胃主降浊。脾胃统领一身之气机，脾主升清、胃主降浊，升降有节，清浊之气各得其位，则气机调畅，机体平和。所以整个脾胃必须得是动的，脾胃之气也必须是运动的，主要是主通上下的升降运动，所以我们选择了脾胃作为一个枢机。

枢机的作用和生理功能主要有以下几个方面：

第一个功能，使气机流动。气机升降、出入都需要通过“轴”的作用，气出来进去或者开合，必须经过枢机的运转，所以枢机起到使气机流动的作用。王冰认为：“开者，所以司动静之机；阖者，所以执禁固之权；枢者，所以主转动之微，由斯殊气之用，故此三变之也。”开、合、枢三者是紧密相连的，只开不行，只合也不行，枢机不利也不行，所以三者必须紧密地结合，才能发挥正常的生理作用。

第二个功能，转枢表里阳气，使人身之能量平衡分配。表是指太阳经的表，里是指阳明经的里，枢机保证气血从表到里，从里到表可以正常运转。

第三个功能，枢转气血分布，调节诸经气血运行及分布有度。十二经中气血的分布和运行是不一样的，比如说阳明胃经是多气多血之经；足太阳膀胱经是多血少气之经；少阳经是多气少血之经。每条经的气血含量不一样，其分布也不一样，这是由枢机少阳经来调节的，所以枢机在这里的作用是调节十二经脉的气血有度运行。

第四个功能，枢转水火阴阳。少阴经为三阴之枢，可以调节一身之水火阴阳。调节水火阴阳主要是指少阴枢，足少阴肾经，本身是水火之脏，既含肾阴又含肾阳，所以叫水火之脏。阴阳需要平衡，但经常在门诊看到有一些病人上焦一派热相，表现为口干口渴，反复性地发作口腔溃疡，但是下焦虚寒，双腿怕凉，夏天还穿着秋裤，老百姓通俗叫“上热下寒证”，实际上是水火不能调节，枢机运转失常了。上焦的火不能下行，下焦的肾水不能上乘，所以枢转功能失调，水火不调，导致上热下寒证。

第五个功能，是病邪出入的枢纽，为正邪交争之地。正气需要转输，病邪也是通过枢机来转运才能外邪入里，里邪出表。我们最常见的就是正邪交争的寒热往来症状，病人一会儿冷一会儿热，原因就是正和邪交争，正气胜了就热，邪气胜了就寒，所以这种正邪交争的状态也是枢机运转的表现。

为什么人要有枢机？是因为气的出入运动。枢机主要是少阳经为阳枢，少阴经为阴枢，在脏腑中肝胆和脾胃起到了这种枢机的作用。

二、枢机异常可能导致的疾病

（一）邪入少阳

少阳是阳经的枢经，所以最常见、最主要的是邪入少阳，少阳枢机不利。

少阳枢机不利在《伤寒论》中有详细的描述：

《伤寒论》第263条："少阳之为病，口苦，咽干，目眩也。"

《伤寒论》第96条："伤寒五六日，中风，寒热往来，胸胁苦满，默默不欲饮食，心烦喜呕，或胸中烦而不呕，或渴，或腹中痛，或心下痞硬，或心下悸、小便不利，或不渴，身有微热，或咳者，小柴胡汤主之。"

《伤寒论》第101条："伤寒中风，有柴胡证，但见一证便是，不必悉具。"

其一是邪犯少阳，少阳枢机不利，为病口苦，咽干目眩，这是它的本证。胆经有热，胆汁本身是苦的，所以患者会口苦，胆经有热往上走嗓子会干，肝胆开窍于目，所以眼睛会有变化，目眩头晕。口苦咽干目眩，还有往来寒热，胸胁苦满，默默不欲饮食，中风等，都是肝胆经枢机不利侵犯了脾胃，侵犯了心脏和膀胱等会出现的一系列症状。

其二是少阳枢机不利症状对应的疾病，比如胆囊炎、胆结石、慢性咽炎、梅核气等，这些疾病会出现口苦咽干症状，可以用小柴胡汤主治，在临床中有成药小柴胡片、小柴胡颗粒。其次有目眩症状的疾病，包括头晕、天旋地转、视物不清、视物模糊等，如脑血管病、高血压、美尼尔综合征、良性阵发性位置性眩晕（耳石症）会出现这些症状。

其三是往来寒热症状，最常见的就是更年期综合征和疟疾。

其四是胸胁苦满，默默不欲饮食的症状，可以发生在抑郁症、慢性胃炎、消化道肿瘤或乳腺肿瘤、亚健康状态的疾病中。

最后是不渴，身有微热或咳者，感冒、咳嗽、支气管哮喘会出现这种症状，也与肝胆经不利有关系。

（二）更年期综合征

更年期综合征是枢机异常容易导致的疾病之一，很多人认为它是女性的特有疾病，事实上男女都可能患此病，女性更多发而已。

1. 女性更年期综合征

女性更年期综合征源于雌激素下降，卵巢功能下降，症状几乎涉及全身各系统，症状持续时间少则2～5年，严重者可达10余年。约有60%～75%的女性在绝经期可出现症状，以从事脑力劳动的女性发病率为高，部分患者症状较为严重，主要有以下几个方面：

①血管舒缩症状。常表现为潮热、出汗、心慌、眩晕等，典型表现为患者突然感到有一阵热浪自胸背部涌向颈部、头部，然后波及全身，同时全身皮肤或面部皮肤发红，紧接着可出现爆发性出汗，遍及全身。出汗后皮肤散热，血管收缩，继之有畏寒感。有时仅有阵阵热感而无潮红及出汗，则称为潮热。有的每天发作数次，甚至数十次，持续时间有的很短，数秒钟即过，有的则持续数分钟，这是最明显的血管舒缩症状，也是最典型的症状。②精神、神经症状。更年期综合征患者表现为焦虑，记忆力减退，注意力不集中，失眠或极易烦躁，易怒、抑郁、悲伤易哭，敏感，甚至喜怒无常等。③月经紊乱。月经周期延长或闭经，月经量减少，频发、月经量增多甚至出现阴道大出血的情况，以后月经逐渐减少至绝经。④生殖器官的变化。外阴干枯，阴道黏膜变薄，酸性降低容易合并感染，发生老年性阴道炎，宫颈、子宫、附件等出现萎缩变薄，体积变小。⑤尿道症状。尿道及膀胱发生萎缩性变化，引起萎缩性膀胱炎，常见的尿道症状有尿频、尿急、尿失禁等。⑥皮肤与毛发。皮肤变薄，失去弹性，出现皱纹，毛发逐渐脱落并逐渐变白。⑦骨与关节症状。骨质疏松是绝经后妇女最重要的并发症，更年期后不管男性和女性，骨质疏松会明显增多，而且骨量下降速度非常快。还可见关节痛，常见的症状是双手关节晨僵、胀痛，不如以前灵活，但是没有风湿和类风湿的血液指标变化，这是一种更年期引起的免疫功能下降导致的关节损伤。⑧心血管病变。更年期高血压是由于雌激素下降，引起血管异常，导致了血压调节的异常。其特点是以收缩压升高为主，且波动大，心前区痉挛、心悸、阵发性心动过速或过缓，出现“假性心绞痛”现象。在调理更年期症状的同时，根据血压高低的程度，可以采用中药或西药治疗，一定要保持血压的稳定，可以适当地用降压药。⑨胃肠道反应。如咽部异物感、食道烧灼感、消化不良、嗳气便秘或腹泻。

2. 男性更年期综合征

更年期综合征并不是女性的特有疾病，男性也会出现，而且现在随着生活压力的增大，男性的更年期症状也呈现增加的趋势。男性更年期综合征的发病机制与雄激素作用低下密切相关，包括体内睾酮水平降低和靶器官对睾酮或其活性代谢产物敏感性降低。雄激素水平下降，雌激素水平骤然上升，从而导致机体内分泌功能发生紊乱。一般主要出现四个方面的症状：①精神症状最常见，主要是性情改变，如情绪低落、忧愁伤感、沉闷欲哭，或精神紧张、喜怒无常，或胡思乱想、捕风捉影，缺乏信任感，注意力不集中等。②自主神经功能紊乱，主要是心血管系统的症状，如心悸、心前区不适，或血压波动、头晕、耳鸣、盗汗。因为60岁是男性心血管病多发的年龄阶段，所以出现心慌、胸闷等心血管症状，要首先排除是不是真的有心血管疾病，一定要做心脏的检查。还有胃肠道症状表现为食欲不振、腹胀。神经精神系统的症状表现为潮热、盗汗、多梦、易醒、记忆力减退、健忘等也比较常见。③出现性功能障碍，常见性欲减退、阳痿、早泄、精液减少等。④其他方面还有全身乏力、精力下降、体力下降、肌肉萎缩、腹部脂肪增加、骨骼及关节疼痛等。上述症状不一定全部出现，可能以某一种或几种症状更为明显。

男性的潮热、盗汗不像女性那么普遍，但是男性主要以夜间盗汗为主，所以男性和女性更年期的临床特点、表现有所不同。

以上是从西医角度看更年期综合征的发病机制以及临床表现，下面是从中医角度认识更年期。《黄帝内经·素向·上古天真论》曰："女子七岁，肾气盛，齿更发长。二七而天癸至，任脉通，太冲脉盛，月事以时下。三七，肾气平均，故真牙生而长极。四七，筋骨坚，发长极，身体盛壮。五七，阳明脉衰，面始焦，发始堕。六七，三阳脉衰于上，面皆焦，发始白。七七，任脉虚，太冲脉衰少，天癸竭，地道不通，故形坏而无子也"。"丈夫八岁，肾气实……五八，肾气衰，发堕齿槁。六八，阳气衰竭于上，面焦，发鬓斑白。七八，肝气衰，筋不能动。八八，天癸竭，精少，肾脏衰，形体皆极。"这两段话说明了男女生长发育和衰老的自然规律。中国医学认为女性从49岁，男性从56岁开始出现更年期的衰退表现，因为肾气衰弱了，开始进入老年，所以这种生长和衰老是符合自然规律的，也就是正常的。

中国医学认为更年期综合征的病因、病机为：中老年阶段，肾气日渐衰退，天癸将竭，肝阴亏损，脾失健运，心肾不交，脑失所养，以致阴阳平衡失调，脏腑功能紊乱。情志失调、肝郁不疏，或脏腑功能紊乱，肝气郁滞，则会导致潮热、焦虑、眩晕、失眠等。日久，心、肝、脾等脏腑功能的紊乱又可反过来影响肾之精气的正常生理活动。所以"肾精渐损，天癸日衰"是更年期综合征的根本病因，"肾精不足"和"肝失疏泄"是其主要病机。

更年期综合征怎么治疗？西医主张补雌孕激素，确实有一些人补了以后，更年期症状马上就有改善。但中医认为更年期的雌激素下降是衰老的一种自然过程，是因为衰老了不需要怀孕生孩子了，因此身体不需要才减少分泌了，随之卵巢功能开始萎缩。雌激素在正常情况下会支持我们的心血管系统、骨骼系统、神经系统、内分泌系统等，使其协调发挥作用。机体衰退以后，雌激素减少了，其他的系统就应该调整到适应低雌激素水平的平衡状态，调整平衡了机体就会很稳定正常。因此更年期是不需要外源性补充雌孕激素的。当在我们身体不需要的情况下，补充了它就是多余的，反而会产生子宫内膜癌、乳腺增生、乳腺肿瘤，这些疾病是不符合正常生长规律状态下的产物。“肾精不足”和“肝失疏泄”是更年期综合征的主要病机，说明这个时期的阴经和阳经的枢机均出现了运转不利，因此导致了平衡失调出现了各种症状。所以这个时期就吃一段时间药，帮助患者调整平衡，等平衡枢转好了以后，整个身体状态都比较协调，就可以停一段时间药，因此更年期的治疗是断续的。

（三）肿瘤

肿瘤性疾病与枢机异常关系更加密切。肿瘤在病机方面很简单，第一是虚，气血不足，抵抗力不强。第二是毒，外邪内侵是外毒，机体代谢失常，气滞、痰凝、血瘀，气血痰汇聚成内毒，这就是肿瘤。对于枢转不利，肝气不疏的病人，容易多发肝肿瘤和乳腺肿瘤。所以我们平常一定要保持心情舒畅开朗，女性防止得乳腺肿瘤，男性防止肝肿瘤的发生。

（四）抑郁症

宋陈言《三因极一病证方论・七气叙论》指出：“夫五脏六腑，阴阳升降，非气不生。神静则宁，情动则乱，故有喜怒忧思悲恐惊。”陈氏认为七气过激则破坏正常气机升降而造成疾病。南宋陈无择认为：“七者不同，各随本脏所生所伤而为病。故喜伤心，其气散；怒伤肝，其气击；忧伤肺，其气聚；思伤脾，其气结；悲伤心包，其气急；恐伤肾，其气怯；惊伤胆，其气乱。虽七诊自殊，无验于气。”这是七情对人体的一种损伤，所以当我们肝胆经不利的时候，会造成肝气不舒，出现抑郁的表现。

轻中度的抑郁症可以用中医治疗，然后配合平常饮食起居和情绪方面的调节，有相当不错的效果。但是重度的抑郁症，有自杀倾向，焦虑或狂躁，就需要西医药物的干预。

（五）梅核气

明龚信《古今医鉴》曰："梅核气者，窒碍于咽喉之间，咯之不出，咽之不下，核之状者是也。"在东汉张仲景的《伤寒论》中，此症见于妇人篇，说明女子发病更为多见，一般认为本病是由情志所伤，肝气郁结，气滞痰凝所致。清吴谦《医宗金鉴》云"此病得于七情郁气，痰凝而生"，主要表现为患者自觉咽中梗阻，若有异物之感，吞之不下，咯之不出，但饮食无碍，除咽中不适感外，或伴有情绪焦躁，多疑、心情郁闷等精神症状，或伴恶风、汗出、手抖、烘热、腹胀等，严重者会表现出神经过敏，或者出现幻觉，如幻听、幻视、幻嗅等，甚至会有恐惧感等，这往往是肝气不舒所导致的，有可能汇聚成痰凝，也可能伴有心胆气虚或肾阴虚火等，需要综合各方面的因素，理气化痰的半夏厚朴汤是常用的一个方子，滋阴降火、温胆宁心也能起到良效。

（六）反流性食管炎

反流性食管炎亦是枢机不利所导致的常见病症，病人常表现胃灼热，反酸，胸骨后疼痛和咳嗽，尤以夜间躺下时明显，有时往往当成心脏病去检查和治疗。

《黄帝内经·素问·至真要大论》："少阳之胜，热客于胃，烦心、心痛，目赤欲呕，呕酸善饥。""诸逆冲上，皆属于火。""诸呕吐酸，暴注下迫，皆属于热。"都提示热是吐酸的主要病机。

胃酸是胃腺分泌的助消化很有用的东西，是一种盐酸，属于强酸，只有胃黏膜才能够承受，其他黏膜都承受不了这种强酸的腐蚀，如果它离开胃黏膜，到了贲门以上部位，人体就会有症状，会感觉疼痛，或者烧灼感。西医治疗是采用奥美拉唑、雷贝拉唑等质子泵抑制剂抑制胃腺体的分泌，抑制胃酸的产生。但时间长了会导致腺体萎缩，形成萎缩性胃炎。胃酸分泌减少后，消化能力会更差，病人会感觉胃胀，稍微进食就胃胀明显，所以这种副作用需要我们重视。

《黄帝内经·灵枢·四时气》记载："邪在胆，逆在胃，胆液泄则口苦，胃气逆则呕苦。"指出脾胃肝胆功能的失调是该病发生的重要病机。后世医家认为其病机为木郁土虚，胃失和降，主要涉及脾胃肝胆等脏器。脾胃为土脏，主气机升降；肝胆为木脏，主气机疏泄。若脾气不升、胃气不降，则气机上逆而发病；若肝胆失司，气机不畅，横逆犯胃，胃气失降则发病。其主要病因有感受外邪、七情失调、饮食不节、暴饮暴食、脾胃虚弱。临床表现为反酸、胃灼热、烦热、疼痛、嗳气等，常见的并发症为食管狭窄、出血、Barret七食管及食管腺癌等。反流性食管炎的中医治疗：第一调理情绪，和中消导、疏肝和胃，调理情绪使肝木不要克脾土，加强脾胃功能。第二，补益脾胃，促进肠胃的蠕动，促进肝胆功能的枢转，可以采用左金丸加半夏泻心汤治疗。

（七）支气管哮喘

支气管哮喘的病因是肺气不足、情志所伤、肺气不降，病机是木火刑金。五行对应五脏，肝属木，心属火，脾胃属土，金对应肺，肾对应水，按照正常循行是五行相生的关系，木生火，火生土。正常生理情况下金克木，即肺气的肃降，可以克制木气的生发。但经常生气或情绪不好的人出现了支气管哮喘，是一种木火刑金的现象，即木反过来克金了。治疗宜佐金平木，加强肺气，让肝气木火平静下来，可以应用成药黛蛤散治疗。如果是新发哮喘的话，使用这简单的药就可以平喘；但是如果是一个反复发作多年的哮喘病人，又加上爱生气的，那么治疗可能就要复杂一些了，除了这个药之外，还有别的药物共同使用。

（八）亚健康状态

现在生活节奏比较快，生存压力比较大，亚健康疾病也越来越多，尤其年轻人发病比较多，它的症状涉及的脏器较多，也比较复杂。

亚健康状态的常见证型：①肝气郁结证：胸胁满闷，喜太息，周身窜痛不适，时发时止，情绪低落和（或）急躁易怒，咽部异物感，月经不调、痛经，舌苔薄白，脉弦。②肝郁脾虚证：胸胁满闷、周身倦怠、神疲乏力、食欲不振、脘腹胀满、便溏不爽或大便秘结，舌淡红或黯，苔白或腻，脉弦细或弦缓。③心脾两虚证：心悸胸闷、气短乏力、自汗，头晕头昏、失眠多梦、食欲不振、便溏、舌淡苔白，脉细或弱。④肝肾阴虚证：腰膝酸软，疲乏无力，眩晕耳鸣，失眠多梦，烘热汗出，潮热盗汗，月经不调，遗精早泄，舌红少苔或有裂纹，脉细数。⑤肝脾气虚证：胸闷气短，疲乏无力，自汗畏风，易于感冒，食欲不振，腹胀便溏，舌淡苔白，脉细或弱。⑥脾虚湿阻证：神疲乏力，四肢困重，困倦多寐，食欲不振，腹胀便溏，面色萎黄或晄白，舌淡苔白腻，脉沉细或缓。⑦肝郁化火证：头涨头痛，眩晕耳鸣，胸胁胀满，口苦咽干，失眠多梦，急躁易怒，舌红苔黄，脉弦数。证型共同特点是肝胆脾胃的枢机不利，运转气机不调所导致的亚健康状态。病因病机为阴阳不平衡，气血失调，气机运动失常。所以治疗要枢转肝脾气机，使气机恢复到功能正常。

（九）脾胃升降异常

1. 血管性疾病是脾胃升降异常所导致的疾病，首先讲高脂血症

血脂中最主要是血清总胆固醇、甘油三酯、低密度脂蛋白和高密度脂蛋白。高血脂一般是指血清总胆固醇和低密度脂蛋白偏高，一般高密度脂蛋白偏低叫血脂异常。高血脂病人的血多为乳糜血，里面多数含有甘油三酯、胆固醇和低密度脂蛋白，携带氧的能力差，这种病人往往表现为肥胖、胸闷、头晕沉、没有精神。

人体中的胆固醇有两个来源：内源性胆固醇，占2/3，主要由肝脏合成；外源性胆固醇，占1/3，从食物中获取。每天有1300～1700mg的胆固醇经过肠道，其中约一半被吸收，维持正常身体需要，剩下不需要的排除。如果代谢紊乱的病人肝脏合成胆固醇过多，病人就会患高脂血症，所以有些常年吃素的病人照样会出现高血脂，高血脂的后果就是容易形成动脉硬化，导致心脑血管疾病。

正常的血管内壁是光滑的，血液可以很顺畅地在血管内流动。血液中低密度脂蛋白或胆固醇含量过多，会破坏动脉血管壁而进入血管内皮下方，吞噬细胞就要吞噬掉低密度脂蛋白，然后死掉的吞噬细胞成为泡沫细胞，堆积在内皮下成为粥样的物质就叫动脉粥样硬化，长期隆起就形成了斑块。我们之所以重视血脂，就是因为低密度脂蛋白是一种破坏性比较强的蛋白，它会形成动脉硬化的斑块，而斑块的破裂又是急性心脑血管事件的罪魁祸首。

《古今韵会举要》记载“凝者为脂，释者为膏”，膏脂源于水谷，为谷物化之。膏脂正常状态下属“液”，当其积聚于皮下则为“肥脂”。《类经》云：“精液和合而为膏，以填补于骨空之中，则为脑为髓，为精为血。”即膏脂通过脾胃化生水谷精微并在心、肝、肺、肾的协助下，濡养周身。血脂异常的病因病机是脂质代谢紊乱，主要责之于气机升降失常、水湿代谢异常、痰瘀互结，血脂异常与肺脾肾肝的功能都有关系。

从临床病例看，治疗高脂血症的“他汀类”西药有优势，抑制胆固醇的合成、降血脂作用效果很好，但是中医治疗高脂血症同时重视标本兼治，除了清除标象升高的血脂，还要治疗产生血脂的根源，以及高血脂带来的痰浊、血瘀和气机不通畅的问题。常用的中医治疗原则有以下四个方面：①从脾论治，清本断

源：用健脾益气法、清热通泄法、健脾利湿法、消食导滞法来健脾祛湿浊。②痰瘀立论，脂消浊降：用消痰利水法、豁痰祛浊法、清热利湿法、活血化瘀法进行痰瘀并治。③从肝降脂，兼顾脾肾：用疏肝健脾法、清肝利胆法、行气活血法，调畅肝脾气机。④补肾益精，培本除脂：用补肾降脂法、补肾利水法补益先天之本。

治疗血脂异常的中药血脂康胶囊的主要降脂成分是洛伐他汀，人体内药代动力学研究显示，对比化学合成的洛伐他汀片剂，血脂康口服达峰时间快、血浆峰浓度高，具有更高的生物利用度；肝脏代谢也比较好，对肝脏损伤比较小。所以天然降脂药比化学合成的药物，在某方面是有优势的，对身体损伤小。如果患者血脂特别高，第一，需要西药抑制胆固醇，及时降血脂；第二，要同时进行中医的调理治疗，持续治疗以维持脏器功能的枢转正常和平衡，中西医治疗血脂异常有助于正本清源，保持血脂各指标较长时间在正常范围内。

2. 脾胃升降异常导致的血管性疾病

血管性疾病分成三个部分：第一是动脉粥样硬化性心血管疾病、心肌梗死或急性冠脉综合征都在这个范围。第二是脑血管疾病，如缺血性脑卒中、脑出血等。第三是其他动脉粥样硬化性疾病，如下肢动脉粥样硬化、肾动脉粥样硬化，继发于动脉粥样硬化的主动脉瘤、颈动脉斑块≥50%的狭窄等，叫周围血管硬化。

中医认为心脏和肝胆有关系是因为足少阳胆经与心经脉相连，气化相通，所以治肝胆，疏利胆经之气，可以直接治疗心脏病。“足少阳之正，绕髀入毛际，合于厥阴；别者，入季胁之间，循胸里属胆，散之肝，上贯心，以上挟咽，出颐颔，散于面，系目系，合少阳于外眦也。”（《经别・第十一》）《医贯》云“凡脾胃肝胆，……各有一系，系于包络之旁，以通于心”，因此肝胆和心脏在生理和病理上也相互影响。心主血脉，藏神，是以精血为基础的。心藏神，为五脏六腑之大主，心动则神伤，五脏六腑皆摇。五脏六腑皆有气血，气血的运行皆有赖于胆经的枢转，所以心脏病的病因，比如寒邪入侵、饮食失调、情志失调、劳倦内伤、年迈体衰等，以上都可以造成气机的不利，因虚致实，或因实致虚，寒凝、气滞、血瘀、痰浊，造成胸阳失运，心脉阻滞乃至胸痹。

治疗冠心病西医有很简便的方法——放支架，但是却没有解决动脉硬化问题，支架内还可能会再形成血栓。所以需要中西医结合治疗冠心病，降压降脂，通过活血化瘀，降脂通脉枢转气机，有利于全身经脉和血脉的通畅和运行。

三、枢机不利疾病的治疗

枢机不利导致的疾病治疗核心是疏肝健脾。运转枢机要疏肝利胆，行气活血，清代《续名医类案》中说“肝为万病之贼”，所以首先要疏肝利胆。其次要健脾益气，通行气血。金元四大家之一朱震亨治疗即以脾为枢机，《金匮钩玄·水肿》中记载：“脾气得实，则自能健运，自能升降，运动其枢机，则水自行。”

给大家介绍几种既无毒又能进行日常食疗的药物，以及如何从肢体活动、饮食起居方面进行疏肝健脾的养生保健方法。

（一）转运枢机的药物

1. 柴胡

转运枢机首推柴胡，性味苦辛微寒，归心包、肝胆、三焦经。功效：疏肝解郁、升举阳气。柴胡善于疏散少阳半表半里之邪，为治少阳证之要药。

2. 神曲

神曲为面粉和其他药物混合后经发酵而成的加工品，故其有生发之功。性味甘辛温，归脾胃经，具有消食和胃功效。神曲五行属木，有生阳之兆，为五气之先，有疏导、畅达气机，安五脏的作用，故其为枢机之剂，煮水喝可升降脾胃之气。

3. 茯苓

茯苓性味甘淡平，归心脾肾经。功效：健脾安神、利水渗湿。清张志聪《本草崇原·茯苓》：“茯苓，本松木之精华，藉土气以结成，故气味甘平，有土位中央而枢机旋转之功。禀木气而枢转，则胸胁之逆气可治也。”茯苓是一种傍腐木在地下生长的菌核，它同时接受了木气和土气，具有健脾利湿的作用，可以煮粥、煮水，也可做成茯苓饼，用到30～50g都没有问题。

4. 决明子

决明子也叫草决明。性味：甘苦微寒，归肝、大肠经。功效：清肝明目、润肠通便。

明卢之颐《本草乘雅半偈·决明子》："仲夏半夏生，盖当夏之半，夏仲决明生，亦当夏之半。秋仲结实，又当秋之半矣。然则夏之能张，秋之能合，枢机使然耳。"决明子具有枢的性质。首先，决明子生于夏之半，在秋之半结果，都为一季之半，类似于少阳经在人体位于太阳、阳明经之间，为阳气枢转的中间位置。其次，决明子生于夏季，破土生长，卢氏言"夏之能张"，在秋季结果，卢氏言"秋之能合"，所以决明子生长期在开阖之间，与枢经相似，故能够枢转阳气。

决明子疏理肝气，润肠通便，但使用时注意：第一，可以泡茶，量不宜多，平常养生保健10g即可，量太多对肝有损伤。第二，用决明子制作枕头，这种枕头可以清肝明目，治近视眼，降血压，但决明子比较重，可以掺荞麦皮使用。

5. 杏仁

杏仁中药用的是苦杏仁。性味：苦，微温，归肺，大肠经。功效：止咳平喘、润肠通便。

金张元素言："杏仁气薄味厚，浊而沉坠，降也、阴也，入手太阴经。其用有三：润肺也，消食积也，散滞气也。"金元李东垣曰："杏仁下喘，治气也。"

明卢之颐认为："杏树的枝、叶皆赤，肉理络脉象人脉中之营血，气味苦温，正如人之心。心为枢机之脏，主藏神，为火脏，参与枢导一身气血阴阳。"杏仁包蕴全体，其主治与心的生理功能相似，故杏核仁为枢机之剂。但是大家不要多吃，杏仁是微温的，而且一般吃熟的，比较燥，容易上火。

6. 赤小豆

性味：甘酸平，归心、小肠经。明卢之颐《本草乘雅半偈·赤小豆》："豆为肾水之主谷，赤小者，又为肾之心物，水之用药矣。故主水运不行，致作水肿及痈脓尔。"卢氏认为赤小豆入肾经，主一身之气，而枢导水液，主枢转一身开阖，故赤小豆为枢机之剂。购买时注意赤小豆和红小豆不一样，赤小豆比较小，长圆形，颜色比较深。赤小豆具有利水消肿、解毒排脓的功效，夏季的脓肿、湿疹等症都可用，30～50g都可，除肾功能差、高尿酸血症、痛风病人之外，常年吃亦无问题。

（二）循经运气疗法

（1）拍胆经：拍打或击打胆经、三焦经。胆经是从上到下循行于身体之侧，手少阳三焦经循行于双上肢的外侧。可以直接用手拍打，用锤敲更好，经气运行得更快一些。重点去敲、拍痛点，即经气不利的地方。

（2）昆仑循经法：双手转昆仑。注意双手的平衡度，坚持做三到五分钟，乃至十分钟，时间越长越好。平常看电视时就可以做，通过练习调理可使经气平衡，对肿瘤、抑郁症、更年期综合征的病人效果都不错。

（3）刮痧：循经运气的刮痧法，刮痧部位有手少阴心经、手少阳三焦经循行路线之前臂段和足太阳膀胱经背部一段。

（三）循经点穴治疗

1. 手少阳三焦经

（1）关冲：为手少阳三焦经井穴。在手无名指末节尺侧，距指甲角0. 1寸。本穴主治头痛、目赤、耳聋、喉痹、热病、昏厥。主治三焦气机不畅之气逆上焦，故关冲有调顺三焦气机的作用。

（2）液门：为手少阳三焦经荥穴。在手背部，当第4、第5指间，指蹼缘后方赤白肉际处。主治头痛、目赤、耳聋、耳鸣、喉痹、疟疾、手臂痛等疾病。

（3）中渚：为手少阳三焦经腧穴。在手背部，当环指本节的后方，第4、第5掌骨间凹陷处。主治头痛、目赤、耳聋、耳鸣、喉痹、热病、手指不能屈伸。

（4）阳池：为手少阳三焦经原穴。在腕背横纹中，当指伸肌腱的尺侧缘凹陷中。主治目赤肿痛、耳聋、耳鸣、疟疾、消渴、腕痛。

（5）外关：为手少阳三焦经络穴、八脉交会穴，通阳维脉。在前臂外侧，当阳池与肘尖的连线上，腕背横纹上2寸，尺骨与桡骨之间。主治热病、头痛、颊痛、目赤肿痛、耳聋、耳鸣、胁肋痛、上肢痹痛。

2. 足少阳胆经

（1）阳陵泉：为足少阳胆经的合穴、胆经下合穴、八会穴之筋会。在小腿外侧，当腓骨头前下方凹陷处。主治胁痛、口苦、呕吐、半身不遂、下肢痿痹、脚气、黄疸、小儿惊风。

（2）丘墟：为足少阳胆经的原穴。在足外踝骨前下方，当趾长伸肌腱的外侧凹陷处。主治颈项痛、胸胁胀痛、下肢痿痹、疟疾。

我最推崇阳陵泉和丘墟这两个胆经穴位，可以用点穴来疏肝健脾，平时坐着看电视、坐公交车等时都可做，长久坚持，很有效果。

总之，枢机理论认为：气是构成人体和维持人体生命活动的基本物质；气化运动的枢机在于少阳和少阴、脾胃和肝胆；枢机正常运转能维持气血平衡，枢机不利导致多种疾病。应用药物、循经、点穴方法可以运转枢机，保持人体的健康和平衡。希望枢机理论和枢机运转的疗法能给大家带来一些帮助，大家都能拥有健康的身心和生活。

从未病先防谈预防中风[1]

贾宝辉[2]

一、中风病的概念与特征

我们先谈谈中风病的定义、危害和中风病症状及辨识。

1. 中风病的定义

中风是一个中医病名，又称为脑卒中，是大脑的血管突然破裂出血或堵塞造成的大脑缺血缺氧，从而引起相关脑区的功能损失引起的神经功能障碍。

2. 中风病的分类

中风病是急性的脑血管病，分为出血性和缺血性两大类，前者即通常说的“脑出血”或者“脑溢血”，后者是通常说的“脑梗塞”或“脑梗死”。出血性分为脑出血和蛛网膜下腔的出血；缺血性分为短暂性脑缺血发作，脑血栓形成和脑栓塞。中风病常表现为脸歪、肢体瘫痪、语言不利和语言障碍等。

3. 脑卒中的现状与趋势

每年脑卒中新发病人大于200万人。死亡率是10万人中有80到130个，每年死亡病例超过150万人。患病率是10万人口中有400到700个，全国脑卒中患者有600万到700万人。全世界每6个人中有1个人可能在一生中会罹患脑卒中，每6秒

① 本文根据作者在“什刹海书院·2018春季国医论坛”的讲座录音整理，并经本人审定。

② 贾宝辉，针灸学博士、神经病学博士后，中国中医科学院广安门医院针灸（脑病）科副主任医师。

钟就会有1个人死于脑卒中，每6分钟就有1个人因脑卒中而永久致残，所以脑卒中是一个非常可怕的疾病。

4. 我国脑卒中的现状与趋势

我国最小的中风患者竟然只有12岁，一成以上患者还不到50岁！我们在病房里看到很多二三十岁的中风患者。从现在的流行病学看，中风患者发病的年龄呈现极大的年轻化趋势，这与饮食、情绪、社会压力都有很大的关系。很多人都熟悉的侯耀文、高秀敏、马季，给我们带来了很多欢笑，但他们也是很不幸的中风病患者，被中风病夺走了生命，对此，我们应该引起警惕和重视。

5. 脑卒中的危害

中风病危害有“四高”：第一是高发病率，每6个人中有1个人可能就会患病，发病率非常高；第二是高致残率，没得病之前欢蹦乱跳的人，得上中风病后，突然就会丧失行走能力和语言能力，突然间有吞咽障碍，从而使病人生活质量急剧下降；第三是高死亡率，中风病瞬间就可以夺走一个人的生命；第四是高复发率，得过脑血管疾病的病人，因为有动脉硬化的问题存在，经常会反复地发病。

6. 脑卒中的症状及识别

下面5个突然出现的症状，可以提示我们发生了脑卒中，所以大家要有初步的认识。第一，突然一侧的面部或手、脚麻木，或者是无力。第二，突然间意识模糊，言语困难或理解困难。第三，突然一只眼或者双眼视物模糊。第四，突然头晕，步态不稳，失去平衡或动作不协调。有的患者骑着车子突然感觉头晕就摔倒了，或有的患者突然眼前一黑摔倒，几分钟后才清醒。第五，没有原因的突发的严重头疼，以往没有发生过这样的严重头疼，需要警觉。脑卒中致残率和致死率高，出现以上5种情况要特别警惕，迅速就医。

二、中风发病的生理机理

（一）缺血性卒中的发病机制

1. 大血管病变

动脉粥样硬化是大血管病变的基础，从主动脉到外径200微米的动脉均可发生动脉硬化的变化。没有并发症的动脉硬化本身并不引起梗死，所以颈动脉或颅底较大的动脉狭窄，伴随血流动力学改变或者动脉壁斑块脱落至动脉到动脉的栓塞，引起脑梗死。简单地说，是大血管的狭窄或闭塞，或大血管的动脉硬化引起的粥样硬化的斑块脱落，从大血管流到小血管上，导致小血管闭塞，这是一种脑缺血发病的形式。

大血管病变特点为梗死区域符合颅内较大血管分布区。脑子大血管是由颈内动脉系统和锥体动脉系统构成，供给全脑血液。大血管叫一级血管，再分出二级、三级血管，越是大血管发生闭塞的危害越大，因为大血管的供血区也越大，所以大血管的动脉粥样硬化和大血管的狭窄闭塞危害更大。

2. 小血管病变

小血管病变是颅内穿通动脉病变引起的腔隙性脑梗死，都属于小动脉病。过去的概念认为“腔梗”是“良性梗死”，但是现在的临床研究提示，一年内的死亡率很低，但5年内的卒中死亡率是正常人群的4倍以上。所以如果发现了有腔隙性脑梗，应该更积极地去查找病变的原因，然后进行干预，预防大的血管狭窄和闭塞。

3. 心源性脑梗死

心源性脑梗死是由于房颤、风湿性瓣膜病、心室附壁血栓、心房黏液瘤、房间隔未闭等导致心房附壁的血栓脱落，随着血流进入到颈内动脉或椎体动脉里面引起的脑栓塞。引起脑神经功能的损害，瞬间会导致病人瘫痪、口眼歪斜、语言不利等。目前对房颤的相关研究提出，随年龄增长比例增加，越是在卒中不明原因的老年患者群体中，发现病发的频率越高。

4. 其他原因引起的脑梗死

包括夹层动脉瘤、纤维肌营养不良、血液成分改变、血凝障碍、外伤、血管炎、烟雾病、压迫性血管疾病等都可以引起脑梗死。还有20%的人会发生未明原因的脑梗死，即病人没有上面的原因，找不到动脉粥样硬化的机制，也找不到大血管和小血管的问题，仍会发生脑梗死。这些不明原因的发病，可能预防起来就更困难。

临床诊断为脑梗死的患者中，有45%以上是动脉到动脉的脑梗死，是指动脉粥样硬化斑块破裂脱落后随血流向远心端迁移，直到卡在直径较小的动脉内无法再向前移动，这就产生了临床的脑梗死。所以大动脉的动脉粥样硬化，或经常看到的血脂报告单上的混合性斑块、不稳定性斑块，就提示这个斑块有可能会脱落，有可能会从大动脉向远端迁移到小的血管，引起梗死。如果有这种情况，我们要高度重视。

微栓学说认为：血液中的胆固醇碎片、血小板和纤维蛋白栓、小血块等微小栓子，随血流到达血管狭窄处。当血流减慢时，微栓堵塞血管形成短暂性脑缺血发作（TIA），或在受损区域聚集，最终使管腔闭塞，血流中断，形成腔隙性梗死，在更大的血管就会形成脑梗死。

（二）缺血性卒中病理生理

脑血管的供血不足，有时不光是脑血管问题，还与心脏有关系。因为心脏是血液的泵，会把血液从心脏输送到脑子里。如果泵有问题，脑也会出问题。脑灌流的要求是：脑组织所需血液占心输出量的10%；经颈内动脉流量300～400ml/分钟；经椎动脉流量200ml/分钟；心排血量5000ml/分钟。说明每分钟有500ml的血往大脑输送，才能够满足我们的需求。脑重是体重的2%，但是脑的耗氧量是全身耗氧量的20%，说明脑子在正常运转之下耗氧量是很大的。

当脑血管逐渐狭窄闭塞或局部血压降低等，可以引起脑血流渐进性减少，一旦低于灌注域即可出现脑功能和结构障碍。有时候血管狭窄不明显，当病人有心脏疾病，心脏泵血量有问题时，得一次大感冒、出汗特别多或腹泻之后，就会发生脑梗。是因为脑子需要有一定的灌注，不能达到足够灌注时，就会引起脑梗的发生，也就是我们所说的低灌注性脑梗死。

缺血或缺氧有一些相关的提示指标。如果一旦有缺血发生，脑细胞内钾离子会大量释放，此时及时恢复灌流，尚能挽救濒临死亡的脑细胞，如果不能迅速恢复脑血流，则导致脑组织的不可逆损伤。当局部脑缺血后，缺血中心区域的脑细胞在5～8分钟内发生不可逆性坏死。此时周边半暗带区尚有大量休眠神经元，这些神经细胞虽然丧失了功能，但它们的损伤是可逆性的，倘若能在3～6小时内获得再灌流，大部分神经元可获修复。所以一旦发生神经系统的症状，突然出现偏瘫、半身感觉麻木时要及时就医，溶栓治疗的时间窗是6小时之内。

超过6小时，周边组织和侧支循环仍需足够的血压来维持灌流，这样可以尽可能地使梗死面积达到最小限度。中风后病人血压会反应性升高。这时我们不应该很快把血压降下来，因为只有血压升高才能维持脑子内的灌注，才能更好地减少梗死的面积。所以在急性期时，不需要马上吃降压药把血压降到正常范围，到正常范围可能还会引起低灌注的情况。

发病6～24小时的治疗，由于组织破坏已达到细胞水平，血管再通会造成再灌流出血，因此不选择溶栓。用脱水药同时可应用神经保护剂（胞磷胆碱、尼莫地平、ACE抑制剂）。脑梗死区域的细胞的生理和病理的演化过程是：发生脑梗之后3小时细胞线粒体发生肿胀，星形胶质细胞足突水肿；6小时脑组织改变尚不明确，属可以逆转的；6～12小时，细胞结构破坏；两天之后局部水肿；三天之后脑梗死灶内出现点状出血。发生脑梗死后，很快代偿机制启动，侧支循环会尽量去帮助周边能够蔓延开的地方供血，病变血管已经不发挥作用，如果再通还有再通性的损伤，所以血管的再通意义就不是很大。

脑梗死一周后出现中心坏死；三周后梗死灶出现中央液化，被吞噬或移走；六周后小病灶会形成胶质斑痕，大病灶形成中风囊，此期又称为恢复期，可持续数月至1～2年。这是脑梗病人中心功能缺损整个的过程，进入恢复期病人还会不断恢复自己的功能，治疗可以促进周围细胞的再生，促进功能之间的代偿连接，从而实现一部分功能。

（三）脑卒中的危险因素

脑梗是多个危险因素导致的结局事件，是因为动脉粥样硬化的闭塞，或血压波动引起血管出血，所以我们要控制脑卒中的危险因素，从而减低脑卒中的发生。

1. 脑卒中发生的危险因素分为三类

第一类，不可改变的危险因素有年龄、性别、家族史和种族。年龄是主要的危险因素，因为随着年龄的增长，脑动脉硬化在不断加剧，脑卒中的发病随年龄的升高而增高，呈线性关系。一般40岁后开始发病，60～65岁后急剧增加，发病率和死亡率分别是60岁以前的2～5倍。从性别看，一般男性高于女性。父母双方直系亲属发生脑卒中时年龄小于60岁时即为有家族史，那么他的危险系数就很高，注意家族遗传的倾向。从种族看，我国北方各少数民族的卒中率高于南方。

第二类，可以控制的危险因素，可以引起动脉粥样硬化的危险因素有高血压、吸烟、糖尿病、心房颤动、高脂血症、高同型半胱氨酸血症等。

第三类，可能控制的危险因素有肥胖、过度饮酒、凝血异常、体力活动少等。

中风病的危险因素很多，做好危险因素的预防工作，也就预防了动脉粥样硬化发生，就预防了脑梗的发生。

2. 危险因素预防

（1）可以控制的危险因素——高血压病。高血压是引起脑卒中最重要的元凶，因为高血压可以直接导致动脉粥样硬化，有高血压病的人比没有高血压病的人患脑卒中的危险高七倍，所以控制血压非常重要。有家族遗传因素的人，吃盐过多、口味过重的人，吸烟的人，肥胖病人，酗酒的病人，缺乏运动或精神紧张压力大的人，都容易引起高血压，这几个危险因素大家在日常生活中应该注意避免。

已经明确是高血压病人，如何控制血压？一般的药物治疗方案是：第一，至少每3个月随访一次。每天24小时之内的血压都在波动，要监控血压。每天早晨醒后在床上量一次血压，下午四点左右再量一次，这两个时间点一般是血压比较高的时候。如果有头晕，或者近期内觉得头晕不适，用血压计测血压偏高，就应该去医院做24小时动态血压监测来确诊。如果已经是高血压的病人并且吃药，至少每隔3个月要随访一次，要检查血压是否正常。第二，药物治疗3个月后未达到降压目标时，若无明显不良反应，可加用另一类药物合并治疗。第三，各类患者都应改善不良生活情况，强化健康生活方式。

防治高血压的非药物措施，第一是减重，减少热量，膳食平衡，增加运动，同时BMI指数保持在18. 5～24之间。第二是膳食限盐。北方地区首先将每人每日平均食盐量降至8g，以后再降至6g；南方地区可控制在6g以下。第三，减少膳食中的脂肪，使我们总脂肪要小于总热量的30%。新鲜蔬菜每日400～500g，水果100g，肉类50～100g，鱼虾类50g，蛋类每周3～4个，奶类每日250g，每日食油20～25g，少吃糖类和甜食。第四，增加和保持适当的体力活动，如运动后自我感觉良好，且保持理想体重，则表明运动量和运动方式合适。第五是保持乐观心态和提高应激能力。提高患者自我防病能力，提倡选择适合个体的体育、绘画等文化活动，有个人的爱好，增加老年人社交能力，提高生活质量好，保持身心愉悦，对改善高血压病很有好处。第六，戒烟和限酒，嗜酒者男性每日饮酒的酒精含量＜20g，女性＜15g，孕妇不饮酒。

一般不同年龄的人对标准血压的控制要求不一样。高血压病人应注意降压不要过急、过快。降压需要有一个过程，因为血压的波动对血管的影响很大，容易形成涡流，加重动脉粥样硬化，所以降压应该是一个平缓的适应过程。应该适当地放松身心，血压慢慢降下来，这样效果最好。

（2）可以控制的危险因素——糖尿病。糖尿病患者较非糖尿病人群缺血性脑卒中的发病时间提早10～20年。糖尿病患者较非糖尿病人群缺血性脑卒中的发病率高2～4倍。从发病时间和发病率来说，糖尿病患者都是处于危险的群体。当我们发现自己血糖有问题，或者出现类似糖尿病的相关症状的时候，要积极地监测自己的血糖。对糖尿病患者要有一个综合管理的过程，包括糖尿病知识的健康宣教、饮食控制、药物治疗、代谢监测、适当运动等。

（3）可以控制的危险因素——高脂血症。血脂异常与缺血性脑卒中的发生率之间存在着明显关系。总胆固醇每升高1mmol/L，脑卒中发生率就会增加25%。如果是有高脂血症、总胆固醇和低密度脂蛋白高的病人，脑卒中发生率会提高很多。

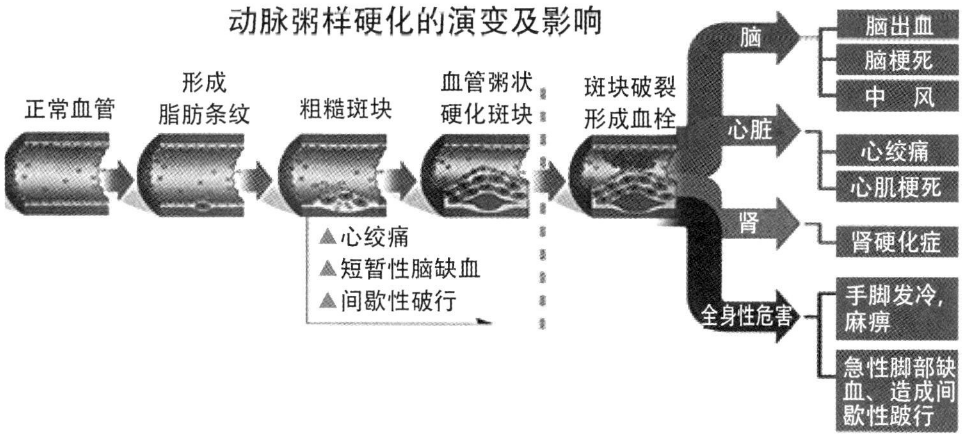

上图展示了动脉粥样硬化的演变及影响，可以清楚看到血液中的脂肪和胆固醇颗粒停留，以及清除胆固醇的能力下降，导致粥样硬化的发生这样一个过程；再通过慢慢渐进的过程，引起血管的狭窄，从而导致脑梗。

高脂血症的病人应该定期复查血脂，重视并采用生活方式的控制，控制饮食，适度运动，即“管住嘴、放开腿”，同时控制体重。对既往有脑卒中或者冠心病病史的病人，低密度蛋白高于5mmol/L的时候，应该采用他汀类药物。应用他汀类药物的患者，一个月后要注意监测肝功，因为有一部分患者在运用他汀类药物时可能会影响肝脏功能。脑血管病的病人，如果有明显的动脉粥样硬化斑块，血管有明显的狭窄，而且斑块不稳定，如果肝功转氨酶不超过3倍以上的话，还是要坚持用他汀类用药。

（4）可以控制的危险因素——心房心颤。心房纤颤者发生脑卒中的危险比正常人增加5倍，它会引起血栓的脱落，可以堵塞在脑、脾脏、肾脏，可以在周围形成血栓，甚至在心脏形成梗死。

如何防治心房颤动？第一，成年人应该大于40岁就定期体检，早期发现心脏病。第二，确诊为非瓣膜性房颤的患者，有条件的医院应在监测INR的情况下使用华法林抗凝治疗。年龄大于75岁的，RNR值应该控制在1.6～2.5，或口服阿司匹林。第三，冠心病的高危患者也可以服用阿司匹林，就是抗血小板聚集的药物治疗。这些是常用的西药，控制脑血管病，从而防止脑血管病的复发。

（5）可以控制的危险因素——肥胖。肥胖可以通过升高血压间接影响脑卒中的发生。超过标准体重20%以上的肥胖者，高血压的患病率比正常体重者高3倍。肥胖的病人，特别是复型肥胖，很多都伴发着代谢综合征，即肥胖和高血压、糖尿病、高脂血症组合发生，称为代谢综合征，有代谢综合征的病人发生脑梗的比率会非常高。所以很多患者因为体重减轻，他的高血压和高脂血症也明显改善，血糖也下降了，内分泌的代谢紊乱是相互影响的，所以控制肥胖是很重要的问题。理想的男性的BMI指数应小于25，女性小于24。

（6）可以控制的危险因素——吸烟。长期吸烟者发生脑卒中的危险性是不吸烟者的6倍，同样适用于暴露于二手烟环境中的不吸烟者。戒烟者发生脑卒中的危险性可减少50%。所以要严格控制吸烟。

（7）可以控制的危险因素——过度饮酒。无论一次醉酒或长期大量饮酒，都会增加脑出血的机会。每天饮酒的酒精含量超过60g时发生脑梗死的危险明显增加。患高血压病、糖尿病的患者建议戒酒。

（8）预防因素——适当运动。现在研究发现，适当的运动可以延缓动脉硬化的发生，经常运动的人患脑卒中的概率明显减少。以每天快走30分钟为例，脑卒中的概率可降低30%。生命在于运动，每天30到60分钟，每周要有三到四次的运动才合适，运动强度最大一般达到的最大心率是220减去自己的年龄，中等运动强度是最大心率乘以60%～70%比较适宜。所以我们应该每天保持适度的运动进行抗动脉硬化治疗。

脑卒中的综合预防从这几个方面进行控制，对预防脑卒中，或脑卒中不再发生是有好处的，包括控制高血压，防止糖尿病，戒烟少酒，保持情绪平稳，防止大便秘结，饮水充分，坚持体育锻炼，保持饮食清淡，注意气候变化，定期健康体检等。

脑卒中长期的预防用药一般是抗血小板聚集药和调脂药物。抗血小板药：阿司匹林，常用量75～150mg/次/天。氯吡格雷，主要用于高危患者，常用量75mg/次/天。调脂药：辛伐他丁及阿托伐他汀等，它们除了可以调脂，还可以稳定血管内的斑块，从而预防缺血性脑卒中的发生。要在医生指导下用药，定期复查！

评估脑卒中复发的风险有评价量表——ESSE量表。

ESSE 量表

危险因素	分值
年龄65～75岁	1
年龄＞75岁	2
高血压	1
糖尿病	1
心肌梗死病史	1
其他心血管疾病*	1
外周动脉疾病	1
缺血性脑卒中/TIA复发	1

* 除外MI和心房颤动

主要根据年龄因素、高血压、糖尿病等评分。总体说，评分越高复发的危险性越高，评分越低复发的危险性越低。0～2分为低危，1年脑卒中复发率为12%；3～6分为高危，7～9分为极高危，高危和极高危1年脑卒中复发率为20%。

西医辨病，尚未实现精准的个体化诊疗；中医辨病，辨症施治，因人而异。因为中西医对中风病认识的不同，所以就有不同的针对病因的解决办法。所以中西医结合诊治中风病，预防动脉粥样硬化可以做到根据病因标本兼治。

三、中风病的防治

（一）中风病的中医预防

在中风病的防治上，中西医应该结合起来，才能够完全地疏堵漏洞。

中风病的“中风”一词出自两千多年前我国最早的一部中医专著《黄帝内经》。该病起病迅速，来势凶猛，症见多端，与“风”的善行数变的特征很相似，古代医学家把这种病类比而得名“中风病”。“中风”发病迅速犹如秋风扫过，半身枯萎，所以古人也称为“偏枯”。开始古人见到的中风病可能偏瘫的最多，现在临床上的偏瘫也比较多见。

在《黄帝内经·素问》中有很多关于中风病的描述。其中《素问·调经论》：“血之与气，并走于上，则为大厥，厥则暴死，气复返则生，不返则死。”此病是由于气血逆乱造成的一个疾病，如果气血得以恢复，就还有生还之机，如果气血不恢复到正常的脉道里来，气血于上时会发生出血，出血如果止不住人就可能会死亡。《素问·生气通天论》：“阳气者，大怒则形气绝，而血菀于上，使人薄厥。有伤于筋，纵，其若不容。汗出偏沮，使人偏枯。”《素问·通评虚实论》：“仆击、偏枯……肥贵人则膏粱之疾也。”提出了好食肥甘厚味的人易得偏瘫，就是我们现在所说的吃肥肉、吃脂肪类东西特别多的人容易得偏瘫。在两千多年前，我们的古人就已经观察到了这个情况，提出了中风的疾病。

中医认为脑中风的病因、病机和类型是什么，或者哪种类型的身体会发生中风病呢？一是积损正衰（年老气虚）的人，容易气血亏虚导致瘀阻脑脉，或者肝肾阴虚导致阳亢风动。二是烦劳过度，长期积劳成疾、正气衰退的人，导致瘀血阻滞在脑脉里，引起血瘀。病人烦劳过度，阳气生长偏亢，会抗逆于上，阳化风动之后就会风邪袭脑络，引起瘀闭。三是情志过急，有怒、忧、悲、恐的情绪，这些情志如果过急就会化火。心气旺盛的时候，或者是肝阳亢盛的时候，肝风暴动都会引起风火向上走窜经络，影响到脑髓引起中风。四是饮食不节，脾虚失运，痰浊内生，痰热风动，也会引起气血上逆，引起中风病。这是古人通过总结归纳的中风病发病的病因。

中风病的临床表现常常是猝然昏仆、不省人事、口眼歪斜、半身不遂、言语不利。按照病人中风即病变的位置，有轻型、重型之分。轻型叫中经络，病人没有神志上的改变，没有意识不清楚，发病过程中有口舌歪斜、语言不利、半身不遂、偏身麻木的四大主症。重型叫中脏腑，病人一发病就昏迷，表现为神志昏蒙、口舌歪斜、语言不利、半身不遂、偏身麻木的五大主症（昏、瘫、麻、歪、蹇），病位比较深。

中医的治未病理论贯穿了所有的中医治疗，不管是在疾病发生过程中治疗还是在控制过程中治疗，都涉及治未病理论，我们所有的中医医生基本上都是根据治未病理论指导我们的临床工作。治未病的理论主要分为三个层次：第一，未病先防。没有发生疾病之前，辨体质进行防控。第二，既病防变。发生中风病要根据病症防止进一步发生新的病变，防止病情进一步加重。第三，病后防复发。对中风病尤为适用。中医的治未病理论与现代医学心脑血管病“二级预防”不谋而合，从未病先防时机的选择上，中医要早于西医。中医通过望闻问切看到疾病初露的端倪，更早地窥视到了病人可能会发生的问题，从而进行辨证论治的调理，就会预防病人发生病变。

1 既病防变

（1）及早识别中风先兆。中风发作前往往有某些先兆症状出现。《黄帝内经·素问·调经论》将中风先兆症称为“微风”，表现多为头目眩晕、手指麻木或肌肉不自主地跳动等。当出现以上这些现象之一者，要及早检查和治疗。

（2）治病求本，辨证施治。中风发病后一定要根据不同的症型，进行活血、化痰、平肝熄风、健脾补肾等中医辨证治疗。不同症型用药也不一样。

中风病分中经络和中脏腑两大类。中经络主要治法为祛风，养血通络或滋阴潜阳，熄风通络。中脏腑主要治法为清肝熄风，辛凉开窍或豁痰熄风，辛温开窍或者益气回阳，救阴固脱。

2. 中风病的辨证论治

（1）中经络。①肝阳暴亢。在中经络里比较常见，为四大主症＋肝火症脉。患者反复头晕，阴虚阳亢，有偏瘫、口眼歪斜，心烦、急躁、易怒、舌红、舌苔薄，或者少苔等。治法：平肝泻火通络。方药：天麻钩藤饮（《杂病证治新义》，天麻、钩藤、生石决明、川牛膝、杜仲、黄芩、栀子、益母草、朱茯神、夜交藤）。有很多人在日常保健中喝枸杞，喝决明子茶，都是属于要防治这一类型的。②风痰阻络。主症为四大主症＋痰瘀症脉。治法：化痰熄风通络。方药：化痰通络汤（法半夏、茯苓、白术、胆南星、天竺黄、天麻、香附、丹参、酒大黄）。③痰热腑实。主症为四大主症＋腑实症脉。患者表现为便秘、胃胀反酸、胃腑不通的症状，舌红苔黄腻、脉弦滑。治法：通腑泄热化痰。方药：星蒌承气汤（生大黄、芒硝、栝蒌、胆南星）。④气虚血瘀。在老年病人中非常常见，主症为四大主症＋气虚血瘀症脉。病人正气虚衰、气机不足、舌苔白、乏力倦卧。治法：益气活血通络。方药：补阳还五汤（《医林改错》，黄芪、赤芍、川芎、桃仁、红花、地龙、归尾）。⑤阴虚风动。主症为四大主症＋肝肾阴虚症脉。病人表现为头晕头痛、耳鸣目眩、腰酸腿软。治法：滋养肝肾，潜阳熄风。方药：镇肝熄风汤（《医学衷中参西录》，生龙骨、生牡蛎、代赭石、怀牛膝、龟板、白芍、玄参、天冬、川楝子、麦芽、茵陈蒿、甘草）。

（2）中脏腑（闭证）。中脏腑是非常凶险的病症，在脑卒中可能是致死性的，病人表现症型比较重。①风火闭窍。阳闭主症为五大主症＋闭证共证。病人出现牙关紧闭、口噤不开、两手握固、肢体强痉、大小便闭的症状和肝风肝火症的特点，肢痉、项强、抽搐。治法：清肝息风，醒神开窍。方药：天麻钩藤饮，合大承气汤；安宫牛黄丸。②痰火闭窍。阳闭主症为五大主症＋闭证共证＋痰热症。病人出现鼻鼾痰鸣，项背身热，烦躁，便秘的病症。治法：清热涤痰，醒神开窍。方药：安宫牛黄丸；羚羊角汤（《通俗伤寒论》，羚羊角、钩藤、桑叶、菊花、生地、白芍、竹茹、川贝、茯神、甘草）。③痰湿蒙蔽心神。阴闭主症为五大主症＋闭证共证+痰湿症。病人面白唇暗，静卧不烦，肢软，四肢不温，痰涎壅盛。治法：燥湿化痰，醒神开窍。方药：苏合香丸；涤痰汤（《济生方》，法半夏、陈皮、茯苓、胆南星、竹茹、人参、石菖蒲、枳实、甘草、生姜）。

（3）中脏腑（脱证）。元气衰败：五大主症＋五脏败绝症候。中脏腑的脱症更为危重，患者九死一生呈现五脏衰败的症状，已经衰败到极致。出现目合口开、鼻鼾息微、手撒肢软、二便自遗、汗出肢冷、脉微细欲绝的表现。治法：益气回阳、扶正固脱。方药：参附汤加味（《校注妇人良方》，人参、熟附子、生姜、大枣）。

中风发病虽急，其形成与发生是循序渐进的过程。绝大多数中风患者在真正发病之前有长达若干月，甚至几年的非健康“未病”状态。因此，按照中医养生和“治未病”（预防）理论进行调治，可有效地阻断其进一步向疾病方向的转化。

同时要病愈后预防复发，中风病之后，脏腑虚损，功能失调，病邪稽留日久，正气必定耗损，容易复发。经过大量临床验证，补气活血的补阳还五汤仍是本病首选方剂。现代多数治疗中风的中成药是以此方作为基础。同时现代人痰湿偏盛之症颇多，化痰除湿通络是常用之法。现代研究也证实，针刺、艾灸风池、风府穴对脑血管有扩张作用，针灸对中风病症如偏瘫、吞咽障碍、认知障碍、二便障碍等治疗有效。结合推拿疗法如上肢按肩井、曲池、手三里、合谷等穴，捻揉十指并拔伸指间关节，最后摇肩、肘、腕关节，并轻柔地作上肢屈伸动作数次都十分有利于康复，防止复发。

3. 中医养生

中医养生的理论基础，第一是整体观念。人是一个整体，某一个地方出了问题，反映了机体整体的状态。举个例子：很多老年朋友有关节病，腰部和颈椎酸痛，往往存在脾胃不好、胃胀腹泻、大便黏腻的问题。中医讲脾主运化四肢关节，脾气不足关节运动就会减弱，导致关节功能减退。通过调理机体脏腑，使脏腑的气息冲盛之后，能够更好地濡养关节，患者病情会有好转，同时整体机体状态也得以改善。

第二是天人相应。我们人和自然界是相互对应的，比如天气有湿邪、寒邪时，颈肩腰腿痛的患者易犯风湿病。我们体内有内湿，当天气潮湿时，外湿会引动内湿，引起不适，所以治疗有时要跟天时相应。

第三是阴阳平衡。阴阳相互平衡和协调，我们就不会轻易生疾病。如肾阴和肝阳本身是相互平衡，当我们的肾阴不足的时候，肝阳就会上亢，阳亢就会风动，会中风。

中医养生预防中风病的方法主要有以下几个方面，也是和人们生活息息相关的。

（1）调畅情志。情志是人的情绪非常重要的一部分，情志的变化既可以改变人的行为活动方式，又可以改变人的脏腑机能状态，从而导致人体生理、病理变化。例1："怒则气上"，长期性格暴躁，精神紧张，迫使血随气逆，上冲于脑，脑窍壅闭或流于脉外，形成中风。例2："思则气结"，情绪抑郁导致脾气虚损，脾虚生湿，湿聚化热，炼液为痰，痰湿阻络，诱发中风。

中医调畅情志的方法有：

①清静养神。《黄帝内经》说"静则神藏，躁则神亡"。养神之道贵在"静"。生活中有许多活动，如阅读、绘画、书法、雕刻、音乐、下棋、种花、钓鱼等均能赏心悦目、怡情养性、陶冶情操、调神健身。②调摄情志。人有各种各样的情绪，这是人对外界刺激的反应。生活中难免产生这样或那样不良情绪，关键在于善于控制和调节。我们经常说一个人改变不了世界，只能改变自己，通过自己排解不良情绪，从而减少疾病的发生，所以调摄情志非常重要。③以情制情。中医根据情志及五脏间存在的阴阳五行生克原理，用互相制约、互相克制的情志来转移和干扰对机体有害的情志，借以达到协调情志的目的。如怒伤肝者，以悲胜之；恐伤肾者，以思胜之等，更适合在家庭中使用。

（2）顺应四时。四季气候变化对中风病的发生和发展有推波助澜作用。冬季寒邪当令，寒邪袭人使气血运行不畅，易引发中风病，所以秋冬季节患中风病的病人明显增多；春季风木当令，肝木盛易生风邪，且春有余寒，也易发病，所以起居要顺应季节气候变化，避风寒，使邪不能入袭。

四季养生原则：

①《黄帝内经·素问·四气调神大论》："夫四时阴阳者，万物之根本也。所以圣人春夏养阳，秋冬养阴，以从其根，故与万物沉浮于生长之门。逆其根，则伐其本，坏其真矣。"春夏时阳气生发，应该让阳气尽量地舒达开来。冬春季节是一个收敛的季节，应该让阴气得以续阳，所以要"冬令进补"。②"春捂秋冻。"春天阴寒未尽，阳气渐生。故早春宜保暖，衣服不可顿减，以助阳气生发。秋天少着衣使身逐渐适应寒冷气候，增强人体御寒能力。

（3）饮食养生。饮食调护，合理饮食，首先要戒烟、酒。饮食习惯不佳，喜好烟、酒，喜食荤腥、饥饱无度，可致脾失健运，聚湿生痰，以致肝风挟痰，横窜经络，诱发中风。五脏对应五味，肝对应的是酸，心对应苦，脾对应的是甜，肺对的是辛，肾对应的咸，我们适当地吃这些五味的东西来调摄我们的五脏。五味不可偏。

饮食调护要特别注意食补“五忌”。一忌无病进补。平和体质无需进补，过度靠外界补充，反而对自身正气是一种克伐。二忌慕名进补。认为价格越高的药物越能补益身体，有从众心理。三忌虚实不分。中医的治疗原则是虚者补之，有阴虚、阳虚、气虚、气血虚之分。药不对症会适得其反；如滥服人参对于阴虚阳亢者，会导致过度兴奋、烦躁激动、血压升高及鼻孔流血。四忌多多益善。任何补药服用过量都有害。不要物极则反。五忌以药代食。重药物、轻食物是不科学的，药补不如食补。

（4）适劳逸、慎起居，适宜运动。中医讲“虚邪贼风，避之有时；恬淡虚无，真气从之；精神内守，病安从来!”正气不足时才会生病。如生活不规律、长期疲劳、工作紧张都容易导致中风，注意劳逸结合非常必要。从发病时间来看，中风发病与人体的阴阳平衡、阴气盛衰有着直接的关系。半夜、凌晨阴气偏盛为发病的高峰期，不要熬夜、睡前适当饮水、冬天夜间注意保暖等，规律的生活是很重要的。

适宜运动能够增强体质，提高机体抗病能力，“和其血脉，以畅郁积”。可调节脏腑功能，使机体阴阳气血平衡协调。传统保健中“五禽戏”“太极拳”“八段锦”“易筋经”等有益身心。

（5）不同体质的养生。中医对体质的论述始于2200年前《黄帝内经》。《黄帝内经·灵枢·通天》将体质划为多阴缺阳的太阴人、多阴少阳的少阴人、多阳缺阴的太阳人、多阳少阴的少阳人、阴阳之气平和之人等。《黄帝内经·灵枢·阴阳二十五人》划分为“木、火、土、金、水”5个主型，每个主型下，又分为5个亚型，共25种体质类型。

个人的体质状态也是诱发疾病的很重要的起始因素。体质差异的形成原因：第一，先天禀赋。《黄帝内经·灵枢·寿夭刚顺》：“人之生也，有刚有柔，有弱有强，有短有长，有阴有阳”。第二，后天因素。受饮食、起居、情志等因素的影响，可以加重我们体质上的变化。

体质有差异，养生方法也不同。养生的初始阶段，在一个人年轻时就可以做体质辨识，知道自己是哪一种体质，从而在生活中预防，这是病症没有形成前应该做的事情，是最早的未病先防。体质也可以调整，通过辨证施治，进行体质的调整。北京中医药大学王奇教授把人的体质分成九类：平和质、气虚质、阳虚质、湿热质、特禀质、痰湿质、瘀血质、阴虚质、气郁质。亿万人群，人有九种，一种平和，八种偏颇。正常体质很幸运，有规律的生活可保持健康；如果体质有偏颇，会诱发疾病，随着成年累月的积累，容易形成疾病，要针对体质做预防调整。

（6）中医特色手段预防。针灸、推拿、气功调摄养生是富有特色的中医防治干预手段。唐代孙思邈《备急千金要方》认为通过针刺“耳前动脉”和“风府”穴可以防治中风。有中风先兆者可每日针刺；无先兆但属高危人群者，可在季节更替之时进行针刺预防。艾灸预防中风的内容较针刺更为丰富。

孙思邈《千金翼方·卷十七·中风下》中谈到先艾灸百会、次灸风池、次灸大椎、次灸肩井、次灸曲池、次灸间使，各三壮，次灸三里五壮。其炷如苍耳子大，必须大实作之，其艾又须大熟。还强调要重视先兆症状，坚持施灸，人稍觉心神不快，就灸此诸穴各三壮，可以明显缓解。清代吴亦鼎《神灸经纶》有中风先兆时可依次灸合谷、风市、昆仑、手三里、关元、丹田等穴。

我们可以在家里自己进行艾灸百会、风池、大椎、足三里这样的穴位，可以祛湿化痰、开窍通络，进行保健性的艾灸治疗，从而达到未病先防的目的。如果有条件，最好去医院进行体质的辨识后再行预防干预。

高血压病你应该想知道的[①]

李　军[②]

今天和各位交流高血压病相关的一些知识，以科普为主。人们对高血压的认识可能存在很多误区，或者产生一些错误的观念，包括对高血压诊断、治疗、中医治疗、预防等方面。我想分十几个问题给大家进行介绍。

一、什么是高血压

按照中国的标准，高血压的定义是指体循环动脉收缩压和（或）舒张压的持续升高（收缩压≥140mmHg/舒张压≥90mmHg）、周围小血管阻力增高，同时伴有不同程度的心排血量和血容量增加为主要表现的临床综合征。

据《中国心血管病报告2018》，中国高血压患病人数为2.7亿，但仍有1.3亿高血压患者不知道自身患有高血压；在已知患有高血压的人群中，约有3000万没有治疗；在接受降压治疗的患者中，75%患者的血压控制不达标。

高血压流行病学的特点，一是“三高”：患病率高、病死率高、致残率高；二是“三低”：知晓率低、治疗率低、控制率低。

高血压流行病学分布，一般来讲，北方比南方的发病率要高，这跟饮食与生活习惯有关系，尤其是在内蒙古、东北这些处于寒冷气候的地方，饮食上吃肉比较多，而更重要的是北方人吃盐多；沿海的发病率大于内地的，城市的发病率比农村的要多，高原少数民族患病也比较高；男性多于女性，到更年期以后，女

① 本文根据作者在“什刹海书院·2018秋季国医论坛”的讲座录音整理，并经本人审定。

② 李军，什刹海书院特聘教授，中国中医科学院广安门医院心血管科主任、介入中心主任，北京中医药大学兼职教授。

性的发病率高于男性，主要与女性的雌激素有关系。

高血压的危害性，据卫计委统计，每15秒钟就有1人死于心脑血管疾病，心脑血管疾病是中国人的首位死因，高血压是第一危险因素。

二、患高血压的原因

高血压分为原发性的和继发性的高血压。发病原因不明的称之为原发性高血压，占高血压总数的90%左右。我们平时说的高血压病实际上就是原发性的。约有10%的高血压患者，其血压的升高是因为有明确而独立的病因及疾病所致的一种临床表现，称之为继发性高血压。像肾脏疾病包括肾炎、肾动脉狭窄，还有肾上腺疾病、长期应用糖皮质激素等，就会有继发性高血压。原发性高血压和继发性高血压不一样，治疗也不一样。继发性高血压，把引起高血压的疾病通过手术、药物的方式解决掉，血压就会降下来。所以，当出现高血压的时候，先要到医院查一查到底是不是继发性的，把继发性的疾病排除掉以后，才能考虑原发性。

常见的高血压危险因素可归纳为以下三类：一是环境因素。饮食习惯方面，如摄盐过多、摄钾过低；低钙高蛋白、高饱和脂肪酸及酒精摄入。精神应激方面，如脑力劳动者发病率高于体力劳动者，精神紧张的职业发病率高；还有外界的噪声等。二是遗传因素，父母有一方有高血压的，其得高血压的概率是无家族史的1. 5倍；如果父母双方都有高血压，其患高血压的概率是无家族史的2～3倍。三是其他因素，如超重和肥胖，服用避孕药，患阻塞性睡眠呼吸暂停综合征等。

三、如何测量高血压

1. 测量方式

测量血压有3种方式：第一种是诊室血压。诊室血压目前仍是临床诊断高血压和分级的常用方法。第二种是家庭自测血压，作为患者自我管理的主要手段，也可用于辅助诊断。家庭血压监测不仅可测量长期血压变异，也可避免白大衣效应，有利于了解常态下的血压水平，有利于改善高血压患者治疗的依从性及达标率。第三种是动态血压监测，作为辅助诊断及调整药物治疗的依据，可诊断白大衣性高血压，发现隐蔽性高血压，查出顽固难治性高血压的原因，评估血压升高程度、短时变异和昼夜节律等。

2. 测量仪器

选择经认证的上臂式电子血压计或符合标准的台式水银柱血压计，定期校准。

袖带的大小适合患者上臂臂围，袖带气囊至少覆盖80%上臂周径，常规袖带长22～26cm，宽12cm，上臂臂围大者应换用大规格袖带。

3. 测量方法

规范测量“三要点”：安静放松、位置规范、读数精准。

（1）安静放松。去除可能有影响的因素（测量前30min内禁止吸烟、饮咖啡或茶等，排空膀胱），安静休息至少5min。测量时取坐位，双脚平放于地面，放松且身体保持不动，不说话。

（2）位置规范。上臂袖带中心与心脏（乳头水平）处于同一水平线上（水银柱血压计也应置于心脏水平）；袖带下缘应在肘窝上2. 5cm（约两横指），松紧合适，可插入1～2指为宜。台式水银柱血压计测量时，听诊器胸件置于肱动脉搏动最明显处，勿绑缚于袖带内。

（3）读数精准。电子血压计，直接读取记录所显示的收缩压和舒张压数值。水银柱血压计，放气过程中听到的第1音和消失音（若不消失，则取明显减弱的变调音）分别为收缩压和舒张压，眼睛平视水银柱液面，读取水银柱凸面顶端对应的偶数刻度值，即以0、2、4、6、8结尾，如142/94mmHg，避免全部粗略将尾数读为0或5。

需要注意：①首诊测量双上臂血压，以后通常测量读数较高的一侧。若双侧上臂测量值差异超过20mmHg，应转诊，排除继发性高血压。②确诊期间的血压测量，需间隔1～2min重复测量，取两次读数的平均值记录；若收缩压或舒张压的两次读数相差5mmHg以上，应测量第3次，取读数最接近的两次的平均值记录。

四、高血压有哪些危害

高血压的危害主要是血压升高导致靶器官损害。靶器官指的心、脑、肾、血管、眼底，高血压主要对这些器官造成危害。

（1）心脏损害。可表现为左心室肥厚、左心室收缩和舒张功能异常、慢性心力衰竭、心绞痛、心肌梗死等。

（2）血管损害。可表现为内皮功能异常、颈动脉内膜增厚、动脉粥样斑块形成、主动脉夹层等。

（3）脑损害。可表现为微小动脉瘤形成、破裂、出血；脑动脉粥样硬化、形成血栓的脑梗死，腔隙性脑梗死；短暂性脑缺血发作、脑出血、高血压脑病、认知功能降低、痴呆、视力丧失等。

（4）肾损害。可出现肾小球纤维化、萎缩；肾小动脉硬化；动脉增生性内膜炎及纤维素样坏死；终致肾衰；微量白蛋白尿和蛋白尿、慢性肾脏疾病、终末期肾脏病等。

（5）视网膜损害。患高血压的病人往往视力受影响，可出现视网膜小动脉痉挛、硬化，视网膜渗出、出血，视盘水肿等。

（6）引起动脉粥样硬化。由于高血压的影响，血液中胆固醇和其他碎片容易沉积在动脉壁上，造成动脉粥样硬化，同时由于高血压造成的血管平滑肌增殖也可以使管壁增厚，血管狭窄。

（7）引起心肌肥厚。人体长期血压增高，左心室逐渐肥厚。高血压病是引发冠心病的主要危险因素之一。心肌肥厚引起和加重心肌缺血、心绞痛、心肌梗死、心律失常。由于长期过高负荷，心脏失代偿；或者长期缺血缺氧，久而久之就会发生心力衰竭，这可以导致患者死亡。

五、清晨高血压的特点

人体血压也存在昼夜变化的现象，即表现为睡眠后几小时内血压明显下降，清晨觉醒前后血压呈明显上升的趋势。

清晨血压：清晨醒后1h内、服药前、早餐前的家庭自测血压测量结果，或动态血压监测记录的起床后2h或早晨6:00～10:00间的血压，如果清晨血压≥135mmHg则称为清晨高血压。

目前大量研究显示清晨血压与靶器官损害（例如动脉粥样硬化、左心室肥厚和肾脏损害）、心脑血管事件风险密切相关。因此清晨血压管理是平稳控制24h血压以及真正降低心脑血管事件风险的重要指标。

清晨血压治疗方案的选择应遵循以下原则：

（1）使用半衰期24h及以上，真正长效每日1次服药能够控制24h血压的药物，避免因治疗方案选择不当导致的医源性清晨血压控制不佳；

（2）使用安全可长期坚持使用并能控制每一个24h血压的药物，提高患者的治疗依从性；

（3）对于单纯清晨高血压患者，也可调整服药时间，如中午或晚上服用。

六、高血压病药物的选用

1. 降压药物应用基本原则

（1）起始剂量：一般患者采用常规剂量，老年人及高龄老人初始治疗时应采用较小的有效剂量。根据需要，可考虑逐渐加至足剂量。

（2）长效降压药物：优先使用长效降压药物，以有效控制24h血压，更有效预防心血管并发症发生，如使用中、短效制剂，则需每天2～3次给药，以达到平稳控制血压。

（3）联合治疗：对血压≥160/100mmHg、高于目标血压20/10mmHg的高危患者或单药治疗未达标的患者应进行联合降压治疗，包括自由联合或单片复方制剂。针对≥140/90mmHg的患者，也可起始联合降压治疗。

2. 常用降压药物

常用降压药物包括ACEI（血管紧张素转换酶抑制剂）、ARB（血管紧张素II受体拮抗剂）、β受体阻滞剂、CCB（钙离子拮抗剂）和利尿剂—D五类，其均可作为初始治疗用药，建议根据特殊人群的类型、并发症选择针对性的药物，进行个体化治疗。

（1）ACEI

机理：抑制周围和组织的ACE，使血管紧张素Ⅱ生成减少；抑制激肽酶，使缓激肽降解减少。

分类：巯基、羧基、磷酰基。

代表药物：卡托普利、依那普利、福辛普利。

适应证：在肥胖、糖尿病和心脏、肾脏靶器官受损的高血压患者具有相对较好的疗效。特别适用于伴有心力衰竭、心肌梗死后，糖耐量减低或糖尿病肾病的高血压患者。

禁忌证：高钾血症、妊娠、双侧肾动脉狭窄。血肌酐超过3mg者慎用。

（2）ARB

机理：阻滞血管紧张素Ⅱ受体亚型AT1，充分阻断血管紧张素Ⅱ的水钠潴留、血管收缩与重构作用。

代表药物：氯沙坦、缬沙坦、厄贝沙坦。

适应证、禁忌证都同血管紧张素转换酶抑制剂一致，但不引起干咳。

（3）β受体阻滞剂

机理：抑制中枢和周围的RAAS、降低心排量。

分类：β1受体阻滞剂、非选择性β（β1与β2）受体阻滞剂、兼有α受体阻滞作用的β受体阻滞剂。

代表药物：美托洛尔、比索洛尔、卡维地络。

适应证：各种程度高血压，运动所诱发的血压急剧升高，合并劳力性心绞痛、心肌梗死后、快速心律失常或心力衰竭的高血压。

禁忌证：急性心力衰竭、支气管哮喘、病态窦房结综合征、房室传导阻滞、外周血管病。糖尿病患者慎用。

（4）CCB

机理：阻滞细胞外钙离子经电压依赖L型钙通道进入血管平滑肌内，减弱兴奋收缩耦联，降低阻力血管的缩血管反应；减轻AⅡ和α受体的缩血管效应。

分类：二氢吡啶类、非二氢吡啶类。

代表药物：硝苯地平、氨氯地平、地尔硫卓。

适应证：各种程度高血压，尤其是老年人高血压；和并应用非甾体抗炎药物或高钠摄入；嗜酒；和并糖尿病、冠心病、外周血管病；妊娠。

禁忌证：非二氢吡啶类禁用于急性心力衰竭、病态窦房结综合征、心脏传导阻滞。

（5）利尿剂—D

机理：排钠、减少细胞外液容量、降低血管阻力。

分类：噻嗪类、袢利尿剂、保钾利尿剂。

代表药物：氢氯噻嗪、呋塞米、螺内酯。

适应证：轻中度高血压；盐敏感型高血压；和并肥胖或糖尿病；更年期女性和老年人；心衰伴高血压等。袢利尿剂主要用于肾功不全时。

禁忌证：噻嗪类禁用于痛风患者，保钾利尿剂不宜与ACEI合用，肾功不全者禁用。

3. 联合治疗方案推荐参考

优先推荐	一般推荐	不常规推荐
D–CCB+ARB	利尿剂+β阻滞剂	ACEI+β阻滞剂
D–CCB+ACEI	α阻滞剂+β阻滞剂	ARB+β阻滞剂
ARB+噻嗪类利尿剂	D–CCB+保钾利尿剂	ACEI+ARB
ACEI+噻嗪类利尿剂	噻嗪类利尿剂+保钾利尿剂	中枢作用药++β阻滞剂
D–CCB+噻嗪类利尿剂		

七、高血压治疗的错误观念

1. 不愿意进行降压治疗，包括调整生活方式和药物治疗

高血压病人中90%以上的都是原发性高血压，这是一种慢性病，需要长期或终身服药。有些人虽然已经发现中患高血压，但不在乎，甚至认为治疗不治疗均无所谓。其原因主要是对高血压的危害性认识不足，或以为无明显症状而不需要服药，还有一部分病人是害怕一旦服用降压药物就需要终生服药。循症医学证明，其服药与不服药的结局是截然不同的，长期不服药者则由于血压长期处于高水平，其本身可促进或加速心、脑、肾等重要器官的损害，甚至引起致残或死亡。

2. 过分强调生活方式的作用，不愿意服药

部分病人虽然认识到高血压的危险性，但只愿意调整生活方式，不愿意使

用降压药物，以为芹菜、山楂等食疗就可完全降压。事实上，只有极少数初发性高血压通过调整生活方式，血压可短暂恢复正常，绝大多数高血压均需药物治疗。因此，对于中重度高血压，诊断后均应给予药物治疗；对于初发的轻度高血压患者，经1月左右的生活方式调整，如血压不能恢复正常，亦应开始药物治疗。

3. 仅仅重视药物治疗而忽视生活方式的调整

一部分病人一边吃着降压药，一边继续抽烟、饮酒及大吃大喝，血压往往降不下来。其实生活方式的调整是高血压治疗的基础，在高血压的治疗中占有重要地位，这些措施包括减轻体重、合理膳食（低盐、低脂、高纤维饮食）、增加体力活动、减轻精神压力、戒烟等。研究证实，每降低10kg体重可降压5～20mmHg，限盐可降压2～8mmHg，锻炼可降低4～9mmHg。

4. 不能坚持治疗

这部分病人最多。有一些病人，服药是“三天打鱼，两天晒网”，血压正常就停药，血压升高又服药。他们怕降压药有副作用，其实高血压所导致的危害一般来讲要比药物所带来的副作用要大得多，而且由于较大幅度的血压波动，将会引诱心脑肾发生严重并发症，如脑出血等症，血压持续升高时，除非发生心肌梗死、心力衰竭或脑中风等严重并发症，一般不会自动恢复。因此，对于高血压病病人应坚持“三心”，即信心、决心和恒心，只有这样才能防止或推迟重要脏器受到损害。

5. 以为西药副作用大，只信赖中药

相当多的病人服用珍菊降压片等中药制剂，这些药物对一些轻度高血压可有一定效果，但对中重度高血压往往效果差。事实上，现在的西药降压药安全性良好，在医生的指导下可长期、安全服用。

6. 以为降压药物服用一段时间后需要换药

部分病人以为降压药物服用一段时间后需换药，其实不然，主要根据血压情况，只要血压控制良好，就可继续原来的治疗。还有些老年人认为定期换药可以避免耐药性，但每次换药都需要重新调药，带来无必要的血压波动，也是应当避免的。

7. 不相信正规降压药，却相信宣传的所谓偏方

相信有些厂家在电视、杂志、小报所做的降压仪、降压表、保健品等不切实际、夸大其词、虚无杜撰的疗效广告；相信民间不明渠道流传的偏方、单方、秘方或气功、神功、神药、神水、仙药疗法的具有神奇的“康复、根治”作用，在使用如上产品或方法时随意停用降压药，使病情加重或反弹。

8. 以为能降压的都是“好药”

有不少高血压病人以为只要能降低血压的都是“好药”。应该指出，不少降压药服用后确可使血压下降至正常或理想水平，但有些（如短效降压药）不能使血压保持稳定；有些则副作用较多，甚至影响病人的生活质量。

而理想的降压药物应该是：能有效地降低血压；连续用药而不产生耐药性；副作用小；能降低高血压病引起的并发症；降压效果持久；服用方便；药价适宜。

9. 睡前服降压药

有的高血压病人，常将一天的降压药放在睡前服用，这种做法是不科学的，也是危险的。因为当人入睡后，人体处于静止状态，可使血压自然下降10%～20%，称为血压昼夜节律，以睡后2小时最为明显。倘若病人临睡前服了降压药，2小时也正是药物的高浓度期，可导致血压明显下降，心、脑、肾等重要脏器供血不足，而使病人发生意外。这种情况在老年高血压病人中表现尤甚，必须加以避免。因此，高血压病人应在晨起时服用降压药物，目的在于控制上午血压增高的峰值，以及预防与血压骤升有关的心脑血管意外事故的发生。对于长效降压药物也应选择晨起一次服用为宜。

10. 高血压虽高，只要没有症状就不服药

高血压症状主要有头痛、头晕、头昏、头涨等，严重者可表现为气喘、呼吸困难、浮肿、视力障碍、恶心、呕吐、偏瘫、少尿、胸痛等并发症症状。但有典型症状者不多，很多高血压均无症状，甚至收缩压高达200mmHg以上，临床无症状或症状轻微者也不少见。是否需要服药是根据测量的血压值，而不是症状，

如根据是否有症状来决定是否服药是非常危险的。

11. 高血压药不能轻易吃，一旦吃了就得终生吃，会有副作用

高血压可以分为原发性高血压和继发性高血压。所谓继发性高血压是由其他明确的疾病导致的，我们称导致的疾病为“原发病”，如果能够早期治愈这种原发病，大部分患者血压会恢复正常，不需要终生服药。而目前绝大部分高血压原因都不可查，也很难治愈，我们称之为原发性高血压，一旦经过专业医生诊断，除了低盐饮食、减重、适量运动等非药物可以一定程度降压外，绝大部分都需要终生服药，是不能停药的。

12. 不监测血压，凭感觉服药

许多老年高血压患者平时不测血压，仅凭自我感觉服药，无不适感觉时少服甚至不服药，一旦出现头晕、头痛等症状就突然加大药量。问题是：①降压治疗必须监测，血压忽高忽低或下降过快，同样会出现头晕、头痛等不适症状。②有2/3的长期高血压患者因耐受并无症状，最后可能到脑出血入院才发现自己血压的问题。③不测血压，盲目服药，不仅不能控制血压稳定，还可使病情恶化，诱发心脑血管疾患。

13. 滥用、乱用降压药物

合并不同的疾病、不同的危险因素、不同的年龄的患者，应用的降压药物是不同的，而且彼此间的配伍也有很多讲究。建议患者到医院彻底检查，选择长效制剂和更为适合自己的药物。

14. 以为高血压病能彻底治愈

许多患了高血压的人最关心的问题之一就是高血压病能否根治。而不良媒体也在时不时宣传某种“神奇的药物”能根治高血压病，许多人因此被骗。虽然目前医疗技术发展很快，进展很大，但遗憾的是，目前的医学对于这种疾病还没有根治的办法，而患者寻求根治办法的强烈愿望正好被不法分子所利用。

15. 以为得了高血压，自己这一辈子就完了

只要充分降压，长期让血压保持在正常范围，高血压的危害就能控制。现

在已有许多的非药物和药物可用来控制血压，来预防高血压引起的并发症。我们也常常看到有些老人已经八九十高龄了，患高血压也几十年了，他们长期坚持生活调适和药物治疗，血压控制得比较好，身体依然很硬朗。所以，年轻的患者不要因为患了高血压就心情沮丧，认为自己身体完了，每天很不开心地生活。现在的医学技术已经可以用药物将这种疾病的危害降低到很小，高血压患者如果血压控制得当几乎和正常人寿命一样长。而且医学科学也在不断发展进步，终有一天我们会战胜这种慢性病。

高血压病养生三字诀，概括起来就是这样几个方面：

动有常：规律运动，科学运动
食有节：按时按量，结构合理
心宜平：调畅情志，心绪平静
眠宜足：按时作息，睡眠充足
力戒烟：尽早戒烟，依靠毅力
限饮酒：限制饮酒，量多伤身

八、高血压饮食

1. 控制食盐量

正常成人每日摄入6g食盐为宜；患高血压病尤其是合并有心、肾功能不全者则应减量，一般每日3～4g。咸（酱）菜、腐乳、咸肉（蛋）、腌制品、蛤贝类、虾米、皮蛋以及茼蒿菜、草头、空心菜等蔬菜含钠均较高，应尽量少吃或不吃。

2. 限制饮食

饮食要有节度。长期食量过大，易使痰湿内盛而肥胖，肥胖者又易发高血压病。所以高血压病（尤其是体胖者）要适当限制饮食，或少食精白米饭，多食糙米及杂粮。

3. 食宜清淡

高血压对饮食的基本要求是以清淡素食为主，少食肥甘油腻，饮食合理搭配。此外，还需了解三点：

（1）宜以豆类及谷类为主食，如黄豆、大麦、小米、玉米、小麦、高粱等；以白菜、芹菜、西红柿、豆芽、菠菜、萝卜、海带等为主要蔬菜；多食新鲜水果如柑橘、山楂、苹果等。

（2）少食或不食动物脂肪，而以植物油如豆油、糠油等为主；少食含胆固醇高的食物，如动物内脏、蛋黄、螃蟹、带鱼、鱼子等。

（3）少食发物，如雄鸡、猪头肉、狗肉、鹿茸等，因这一类发物均易耗损肝阴，使肝阳易亢，病情复发或加重。

4. 戒烟忌酒，少食辛辣

烟酒及辛辣之品对人体有危害，对高血压病的危害尤为明显。如烟草中的尼古丁易使人体去甲肾上腺素分泌增加，引起血管痉挛，血压升高；长期大量饮酒，不仅易诱发中风，还会促使内源性（肝）胆固醇合成，血脂升高，引起动脉硬化和加重高血压病。

5. 补钙、补钾、补镁

选用含钙丰富的食品，如黄豆、葵花籽、核桃、牛奶、花生、鱼虾、红枣、鲜雪里蕻、蒜苗、紫菜等。

选用含钾丰富的食物，包括豆类、冬菇、黑枣、杏仁、核桃、花生、土豆、竹笋、瘦肉、鱼、禽肉类；根茎类蔬菜，如苋菜、油菜及大葱等；水果如香蕉、枣、桃、橘子等。

选用含镁丰富的食品，如绿叶蔬菜、小米、荞麦面、豆类及豆制品。

九、高血压病的运动

坚持合理的适量的运动对于高血压患者的降压、稳压都非常有利。运动疗法可以有效地协助降低血压、调整神经系统的功能、改善血液循环、提高体力活动能力和生活质量。运动疗法已被世界卫生组织国际高血压学会确认为是有效的降压措施之一。

高血压患者应尽量避开高强度、高速度的运动方式，宜参加中等或更小的运动量及柔和性质的运动项目。下面几种比较适合高血压患者的运动方式，运动一定要持之以恒和循序渐进地进行。

运动目标：每周3～5次，每次半小时至1小时。

运动种类：散步、游泳、慢跑、打太极拳等。

运动过程：热身5分钟、恢复整理5分钟。

运动强度：安全最高心率为“170-年龄”，有效活动心率为“最高心率×70%-80%”。

运动时间：下午三四点空气质量最好时锻炼为宜。早晨6～9点，是一天中血压最高的时间，运动更易发病。餐后半小时至1小时宜运动，21点后不提倡再运动。

需要注意的是，高血压病患者开始运动方案前，应咨询医生。

十、高血压目标值是多少

1. 一般高血压患者

一般高血压患者血压应降至＜140/90mmHg（Ⅰ，A）；能耐受和部分高危及以上的患者血压可进一步降低至＜130/80mmHg（Ⅰ，A）。可以理解为：双目标、分阶段，两步走。

2. 老年高血压

65～79岁的老年人，血压首先应降至＜150/90mmHg，如能耐受，可进一步降至＜140/90mmHg（Ⅱa，B）；≥80岁的老年人血压应降至＜150/90mmHg（Ⅱa，B）。

3. 特殊患者

（1）妊娠高血压患者血压应＜150/100mmHg（IIb，C）。

（2）脑血管病患者：病情稳定的脑卒中患者血压应为＜140/90mmHg（IIa，B），急性缺血性脑卒中并准备溶栓者血压应＜180/110mmHg。

（3）冠心病患者血压应＜140/90mmHg（Ⅰ，A），如果能耐受血压可降至＜130/ 80mmHg（IIa，B），应注意DBP不宜降得过低（IIb，C）。

（4）一般糖尿病患者的血压应＜130/80mmHg（IIa，B），老年人和冠心病患者血压＜140/90mmHg。

（5）慢性肾脏病患者：无蛋白尿血压＜140/90mmHg（Ⅰ，A），有蛋白尿血压＜130/80mmHg（IIa，B）。

（6）心力衰竭患者血压＜140/90mmHg（I，C）。

十一、高血压合并危险因素的治疗

（1）高血压伴血脂异常的患者，降脂治疗建议如下：

高血压伴血脂异常的患者，应在生活方式改变的基础上，采取积极的降压治疗以及适度的降脂治疗。对ASCVD（动脉粥样硬化性心血管疾病）风险低中危患者，当严格实施生活方式干预6个月后，血脂水平不能达到目标值者，则考虑药物降脂治疗；对ASCVD风险中危以上的高血压患者，应立即启动他汀类治疗，必要时采用联合降胆固醇药物治疗。

（2）高血压伴有缺血性心脑血管病的患者，推荐进行抗血小板治疗。

（3）高血压合并高血糖的患者，血糖控制目标：HbA1c（糖化血红蛋白）＜7%；空腹血糖4. 4～7. 0mmol/L；餐后2小时血糖或高峰值血糖＜10. 0mmo/L。容易发生低血糖、病程长、老年人、并发症或并发症多的患者，血糖控制目标可以适当放宽。

（4）易发生房颤的高血压患者，推荐使用RAS（肾素—血管紧张素系统）抑制药物（尤其ARB），以减少房颤的发生，具有血栓栓塞危险因素的房颤患者，应按照现行指南进行抗凝治疗。

（5）高血压伴多重危险因素的管理：生活方式干预是高血压合并多重危险因素患者心血管疾病预防的基础；建议高血压伴同型半胱氨酸升高的患者适当补充新鲜水果，必要时补充叶酸。

十二、高血压合并高脂血症

血脂异常是动脉粥样硬化性疾病的重要危险因素，高血压伴有血脂异常显著增加心血管病危险，高血压对我国人群的致病作用明显强于其他心血管病危险因素。高血压合并血脂异常的患者，应同时采取积极的降压治疗以及适度的降脂治疗。

首次服用调脂药物者，应在用药6周内复查血脂及转氨酶和肌酸激酶。如血脂能达到目标值，且无药物不良反应者，逐步改为每6～12个月复查1次；如血脂未达标，且无药物不良反应者，每3个月监测1次。如治疗3～6个月后，血脂仍未达到目标值者，则需调整调脂药物剂量或种类，或联合应用不同作用机制的调脂药物进行治疗。

高血压合并血脂异常患者LDL-C目标值：极高危者LDL-C＜1. 8mmol/L，高危者LDL-C＜2. 6mmol/L，中危和低危者LDL-C＜3. 4mmol/L。

十三、高血压合并高血糖

糖尿病是一种复杂的内分泌系统疾病，可并发心血管疾病，与单纯高血压患者相比，伴有糖尿病的高血压患者发生心血管疾病的风险显著增加，尤其是55岁以上人群。高血压和糖尿病共存率很高，研究显示，在中国原发性高血压门诊患者中，糖尿病患病率高达24. 3%。

降压目标：《中国2型糖尿病防治指南》（2017年版），纳入了最新的中国人群的研究证据，推荐目标降低为130/80mmHg。老年或伴有严重冠心病的糖尿病患者，可根据患者情况相应地放宽至＜（140～150）/ 90mmHg。

降糖目标：空腹血糖4. 4～7. 0mmol/L，非空腹血糖＜10. 0mmol/L。

治疗方案：基本的治疗方案以ACEI / ARB为主，在需要联合用药时优先选用CCB类药品。

β受体阻断剂基于可抑制交感神经从而掩盖低血糖反应，还可致周围血管收缩使已有周围血管病患者产生血管痉挛，降低胰岛素敏感性，所以一般糖尿病合并高血压患者不首选β受体阻断剂。

利尿剂长期以来被作为降压一线药物，其确切疗效已得到人们认可。这类药物长期服用仍会给患者带来不利影响，长期服用利尿剂治疗，部分患者会产生高尿酸血症，糖尿病合并高尿酸血症的患者，慎用利尿剂，另外还会出现血清胆固醇和甘油三酯水平轻度升高的情况。小剂量噻嗪类利尿剂一般不出现或很少出现副作用，可以根据情况选用。

高血压患者如果伴有高血糖、高胆固醇血症或者肾脏损害，其发生心血管事件或中风的风险会进一步升高。因此，定期监测血糖、血胆固醇和尿白蛋白十分必要。此外，通过采取以下五项具体措施，可以降低高血压并发症，改善患者预后：

（1）注重健康饮食。采用健康的生活方式，营养适当；将盐的摄入量降至每日5g以下；每天吃五种水果和蔬菜；降低饱和脂肪和总脂肪摄入量。避免有害使用酒精，例如，将酒精的摄入量限制在每天不超过一标准酒精单位。

（2）适当运动。定期锻炼，每天至少进行30min有规律的有氧体育活动。

（3）保持正常体重。每减轻5kg多余体重可使收缩压下降2～10个点，使体重指数达到18. 5～24. 9。

（4）停止使用烟草和接触烟草制品。

（5）以健康的方式处理压力，可通过默想、适当的体育锻炼和积极的社交活动等方式减压。

十四、高血压合并高尿酸

《无症状高尿酸血症合并心血管疾病诊治建议中国专家共识》提出，无症状高尿酸血症的治疗建议：

（1）HUA（高尿酸血症）治疗目标值：血尿酸＜6mg/dL（357μmol/L）。

（2）体检时常规进行血尿酸检测，尽早发现无症状HUA。

（3）所有无症状HUA患者均需进行治疗性生活方式改变，尽可能避免应用使血尿酸升高的药物。

（4）HUA合并心血管危险因素或心血管疾病时（包括高血压、高脂血症、冠心病、脑卒中、心力衰竭）和糖耐量异常、糖尿病或肾功能异常时，血尿酸值＞8mg/dL（475μmol/L）给予药物治疗。

（5）无心血管危险因素或心血管疾病的HUA血尿酸值＞9mg/dL（535μmol/L），给予药物治疗。

生活指导包括生活方式改变和危险因素控制。心血管危险因素和心血管疾病包括：高血压、糖耐量异常或糖尿病、高脂血症、冠心病、脑卒中、心力衰竭、肾功能异常等。

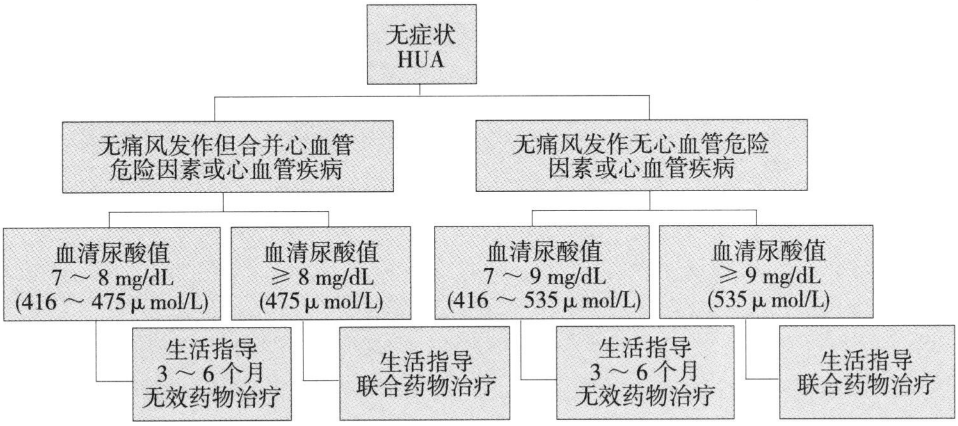

LIFE研究表明，科素亚具有降低尿酸的作用，尿酸降低约占氯沙坦治疗效益的29%，对比阿替洛尔，使用氯沙坦降血压组的临床终点事件（心血管死亡、心肌梗死及中风等）获益有29%归于氯沙坦的降血尿酸作用。

利尿剂对血尿酸水平及心血管病预后的影响：

（1）利尿剂对血尿酸水平的影响：利尿剂相关的血尿酸水平升高具有剂量依赖性，50mg的氢氯噻嗪或氯噻酮能使血尿酸平均升高约1. 53mg/dL，而25mg的氢氯噻嗪仅能使血尿酸平均升高约0. 8mg/dL。韩国一项对174例轻到中度高血压患者的临床研究显示，联用氯沙坦100mg/d与氢氯噻嗪25mg/d，未发现患者出现明显血尿酸水平升高。

（2）利尿剂对心血管病预后的影响：高血压患者使用利尿剂时，高尿酸血症的存在能削弱血压下降带来的心血管获益。SHEP研究中单用利尿剂并发高尿酸血症的高血压患者，其心血管病发生率与使用安慰剂、血尿酸水平正常的高血压患者相当。JNC7指南《美国最新高血压治疗指南》建议，利尿剂应慎用于伴有痛风的高血压患者。

其他心血管药物对血尿酸及预后的影响：

（1）阿托伐他汀：GREACE研究发现，阿托伐他汀相对于普通治疗可以更显著地降低血尿酸，血尿酸每降低59. 5 μ mol/L，心血管事件危险降低24%。

（2）非诺贝特：降脂药物非诺贝特可能通过阻滞尿酸一阴离子转运体（URAT1）从而降低血尿酸水平。

（3）阿司匹林：阿司匹林对血尿酸水平有双向作用，高剂量阿司匹林（>

3g/d）有促尿酸排泄作用，而低剂量阿司匹林（＜1g/d）则阻止尿酸排泄。目前0. 1mg/d的阿司匹林升高血尿酸的作用有限，而抗血小板带来的获益显著。

十五、中药治疗高血压

中药能够一定程度地降低血压，同时可以改善症状、稳定血压、调节糖脂代谢障碍、保护靶器官等。

1. 中药治疗高血压的优势

（1）调整体质，增强机体对降压药的敏感性，缓解和消除高血压的伴随症状，有效地提高患者的生活质量。

（2）降压作用缓和，稳定血压效果好。

（3）不良反应少，与西药合用能减量、减毒、增效。

（4）对某些靶器官损害的逆转以及并发症的防治有一定作用。

（5）注重个体差异，治疗因人而异。

2. 中药治疗高血压的不足

（1）起效慢，在单纯降压方面效果难以与西药降压药相比。

（2）中药汤剂虽然疗效好，但服用不如西药方便，患者难以坚持长期服用。

3. 中医对高血压病的认识

症状学指标：心悸、眩晕、头痛

高血压病的中医定义：

病因：七情内伤、饮食不节、劳逸失调、禀赋不足、体质虚衰。

病机：心、肝、肾的阴阳失调、升降失常、气血失调、痰湿阻脉、脏腑虚损。

证型：肝火亢盛、阴虚阳亢、阴阳两虚、痰湿壅盛、其他。

4. 高血压的中医治疗

（1）高血压肝火亢盛证的中医治疗

项目	内容
主症	头晕头涨头痛，烦躁耳鸣，腰膝酸软；脉细数或弦细
治法	补肾平肝
方药	清眩降压汤加减：天麻15～30g、钩藤15～30g（后下）、杜仲15～30g、川牛膝15g、生地15g、桑叶10g、菊花10g、葛根20g、黄芩10g、苦丁茶30g、夏枯草15g
加减	肝郁失疏者：加麦芽15g、茵陈15g；血瘀者：加丹参15～30g、三七3g（冲）；失眠心悸者：加珍珠母15～30g、柏子仁15g、远志10g

（2）高血压阴虚阳亢证的中医治疗

项目	内容
主症	口燥咽干，两目干涩，或见手足心热，颧红盗汗，舌红少苔，脉细数或弦细
治法	滋肾平肝
方药	杞菊地黄汤：熟地20g，山药18g，萸肉10g，云苓10g，丹皮10g，泽泻10g，杞果12g，甘菊15g，密蒙花18g，羚羊角粉（冲服）2g，枣仁（炒）25g，钩藤20g，天麻10g
加减	头后部或颈部发紧者：加葛根15～30g、川芎10g；睡眠差者：加酸枣仁30g、夜交藤30g；耳鸣耳聋者：加菖蒲15g、远志10g

（3）高血压阴阳两虚证的中医治疗

项目	内容
主症	头面烘热汗出，烦躁不宁，咽干口燥，两足发凉，或有浮肿，月经紊乱，经量涩少以致绝经，舌质淡红，脉弦细或细数
治法	滋养肝阴、温补肾阳
方药	二仙汤加减：天麻15～30g、钩藤15～30g(后下)、杜仲15～30g、川牛膝15g、生地15g、黄芩10g、苦丁茶30g、仙茅15g、仙灵脾（淫羊藿）15g、知母10g、黄檗10g

续表

项目	内容
加减	小便频数者：加益智仁10g、桑螵蛸15g；偏于阴虚、下肢浮肿、四肢发凉、心悸者：加葶苈子、巴戟天；偏于阴虚、烘热汗出者：加肉桂、附子、黄檗、知母；少寐多梦者：加炒枣仁10～30g，夜交藤15～30g

（4）高血压痰湿壅盛证的中医治疗

项目	内容
主症	头痛昏蒙，胸脘满闷，呕恶痰涎，身重困倦，肢体麻木，苔白腻，脉弦滑或濡滑
治法	化痰降浊、平肝
方药	半夏白术天麻汤加减：天麻15～30g、钩藤15～30g（后下）、杜仲15～30g、川牛膝15g、菊花10g、葛根20g、黄芩10g、苦丁茶30g、夏枯草15g、半夏12g、白术15g、陈皮12g、菖蒲10g
加减	血脂高者：加决明子15～30g、山楂15g；肢体麻木者：加桑枝10g、僵蚕10g

5. 高血压常用中成药

药物	用法及功效、适应证
六味地黄丸或杞菊地黄丸	用法：每次1丸，每日2～3次。功效：滋补肾阴。适用于阴虚阳亢型
脉君安	用法：每次3片，每日3次。功效：滋补肝肾、平肝潜阳。适用于阴虚阳亢型
天麻钩藤饮	用法：每次10克，每日3次。功效：平肝潜阳。适用于阴虚阳亢型
牛黄降压丸	用法：每次1丸，每日2次。功效：清心化痰、镇静降压。适用于心肝火旺，痰热内蕴型
脑立清胶囊	用法：每次3粒，每日3次。功效：清肝泻火、镇肝潜阳降逆。适用于肝火上炎型

续表

药物	用法及功效、适应证
复方罗布麻片	用法：每次3片，每日3次。适用于各种高血压
松龄血脉康	用法：每次4粒，每日3次。适用于各种高血压
愈风宁心片	用法：每次5片，每日2～3次。适用于高血压初期，或伴耳鸣者

6. 中药治疗高血压的现代药理学研究

利尿剂作用	车前草、泽泻、益母草、防己、茯苓、桑白皮、茵陈、龙胆草、罗布麻等
β-B作用	葛根、佛手、淫羊藿等
ACEI作用	山楂、何首乌、白及、木贼草、红花、海金沙、胆南星、牛膝、青木香、栝蒌、绛香
CCB作用	川芎、当归、大蒜、赤芍、丹参、牡丹皮、前胡、五味子、茵陈、红花、三棱、藁本、白芷、羌活、独活、葶苈子
具有血管扩张作用	防己、黄芩、钩藤、益母草、赤芍、罗布麻叶
中枢性降压作用	远志、酸枣仁
中枢神经节阻断作用	全蝎、地龙、钩藤、桑寄生

中药治疗高血压的现代药理学研究，发现中药可以稳定血压、逆转危险因素、改善糖脂代谢、保护靶器官、提高远期生存率、改善内皮功能、降低血管紧张素Ⅱ、利尿、改善胰岛素抵抗、改善血流动力学。

7. 常用的养生中药对血压的影响

常用的养生中药有：

补气药如人参、黄芪、白术、茯苓、大枣、甘草、灵芝，适合用于气虚证患者，如气短、乏力、心慌、出汗。黄芪有降压的作用，白术、茯苓都是健脾益气，脾胃不足、脾胃湿的可以用。对于高血压的病人，人参要慎用，好多人用了以后血压骤然升高，甚至是脑出血、鼻出血。即便是气虚的时候用，也要注意人参的用量。除了人参还有偏凉性的像西洋参，适合用于有内热的、气虚的。但是好多体质偏寒，本身就是属于寒性、阳虚体质，如果再用西洋参，结果导致越来越寒。

补血药如当归、阿胶，补血就能够降压。

滋阴药如枸杞、地黄、黄精、苁蓉、天冬、麦冬，本身属于滋润的、滋养的，但是容易上火，要注意经常喝一些黄连，与去火的药在一起用才好。这些药物适合于肾虚兼有阴虚，表现为心慌、失眠、舌红少痰、盗汗、潮热。

泻火药如菊花、泽泻、银花。

安神药如远志、菖蒲、百合等，这些都能够帮助睡眠，睡眠好了，血压也就能够平稳。

十六、高血压波动

1. 高血压波动原因

（1）衰老导致心血管系统退行性改变，压力感受器敏感性减退、血管顺应性因动脉硬化而降低、心率反应减弱。

（2）药物因素，常用的抗高血压、抗精神疾病、三环类抗抑郁、抗肿瘤药物等。

（3）疾病因素，致使血容量不足的系统性疾病、自主神经功能障碍疾病及周围神经病变。

2. 高血压波动危害

血压不稳定导致器官损伤的疾病包括：肾功能不全、脑卒中、认知能力下降、心室肥厚、心力衰竭、心律失常、外周动脉硬化及冠心病等。

3. 高血压波动分类

（1）直立性低血压/高血压的治疗。一是应考虑有无可消除的诱发因素，如脱水或出血致血容量不足；二是考虑有无药物作用，如利尿剂、α受体阻滞剂、血管扩张剂、硝酸酯类、三环类抗抑郁药物和β受体阻滞剂等；三是需要进行心脑血管疾病和神经系统疾病的相关检查以明确病因诊断。

①非药物治疗。尽量避免可能引起直立性低血压的因素，如快速起床、洗热水澡、应用扩血管药物等；避免增加腹腔或胸腔压力的动作，如便秘、排尿时用力过度或抬重物时憋气等。饱餐（尤其是食用碳水化合物食品）和大量饮酒容易诱发低血压，可少食多餐，戒酒，餐后适当休息后再活动。通过以下方式可能提高患者的耐受性，如：夜间休息时采用半卧位可减少夜尿，保持血容量；若无禁忌可补充钠盐；水平位置适当活动，如划船器、游泳等有助于交感神经反射的恢复；起床时应逐渐改变体位；站立时双腿交叉可有助于升高血压；采用高至腰部的下肢弹力袜有利于静脉回流，可站立时使用，平卧后则取下。患者适当多饮水也可改善直立性低血压症状。②药物治疗。可考虑使用容量扩张剂、血管收缩剂及改善贫血的药物。但是，应特别注意这些药物对老年人的不良影响，以及在改善立位低血压时有增高卧位血压的作用，因此需要慎用。卧位高血压–立位低血压综合征患者的药物治疗应当限制在夜间，应用短效药物较好。因为所有的降压药，甚至血管扩张剂贴膜都有可能加重直立性低血压，所以这类患者起床和开始白天正常活动后血压不高时需要停用药物。

（2）清晨高血压/血压晨峰的治疗。①每天清晨给药1次：使用作用较强而且持续时间较长又平稳的降压药物，不仅能控制整个24h血压的平均水平，而且能有效阻遏服药后18～24h血压上升的幅度，这是目前较佳的治疗途径。②睡前给药：适用于反杓型和非杓型清晨高血压患者，既保证清晨降压药物的最大血药浓度又不影响夜间睡眠血压。缺点是可能会削弱24h控制血压的能力。此给药方法应注意观察夜间血压，超杓型清晨高血压患者应避免使用。

另外，部分研究显示，对具有血压晨峰现象的老年高血压患者，ARB联合CCB可能具有更好的降压效果，以及较好的晨峰高血压控制率。

（3）高血压合并餐后低血压的治疗。首先是基础疾病的治疗，并尽快纠正可能的诱因。目前尚无特异性治疗，但是非药物治疗比药物治疗更重要和简便可行。无症状者可用非药物治疗，有症状者常需加药物治疗。

①非药物治疗。餐前饮水350～480mL；减少碳水化合物摄入；少量多餐；餐后取坐、卧位；进食时避免饮酒，血液透析患者避免血透时进食；进餐前、后应限制老年人进行激烈活动。②药物治疗。a. 基础疾病治疗：虽然降压药有可能诱发餐后低血压，但有效控制高血压反而能改善餐后低血压，且尽可能选择非

利尿剂。若有明确证据是降压药诱发餐后低血压者，则应在两餐之间服用降压药物。冠心病患者应用硝酸盐类药物或心力衰竭时服用利尿剂均可能加重餐后低血压，因此需加强监测。b. 特殊药物治疗：使用减少内脏血流量、抑制葡萄糖吸收和增加外周血管阻力的药物，如咖啡因、阿卡波糖、古尔胶等是最常用的能够改善餐后低血压的药物，但临床研究尚缺乏循证医学证据。

十七、脉压差大

1. 脉压差大的原因

心率减缓、心搏出量增多、血管的顺应性降低、年龄增大等都可使脉压差增大。具体如下：

（1）长期高血压及动脉硬化造成动脉壁弹性降低，致使收缩压增高而舒张压降低，因而脉压差增大。

（2）长期高血压引起心肌超负荷，造成心脏扩大或主动脉瓣关闭不全，因而脉压差加大。

（3）伴有甲亢或严重贫血时，也可出现脉压差增大现象。

2. 脉压差大的患者治疗

用降压药时要从小剂量开始，达到有效治疗剂量后维持治疗，以后根据情况调整剂量。可选用时效长、降压稳、副作用小、对心脑血管有保护作用的药物，如依那普利、培哚普利、硝苯地平控释片等。

除药物治疗外，保持健康的生活方式对防治高血压也很重要，饮食上应低盐、低脂，避免精神刺激，控制体重，并要适当运动。同时应检查有无血糖、血脂增高的情况，并积极防治。

十八、单纯收缩期高血压（ISH）

1. 定义

ISH是指收缩压高于正常水平而舒张压正常。

诊断标准：SBP（收缩压）≥140mmHg，DBP（舒张压）≤90mmHg。

一些心排出量增加的疾病，如主动脉瓣关闭不全、主动脉瘘、动脉导管未闭、重度贫血、甲亢所致的SBP升高等不包括在内。

2. 机制

ISH是环境因素长期作用下的病理现象。老年人高血压半数以上为ISH，除一部分是从老年前期的舒张期高血压演进而来，大部分是由于内膜和中层变厚、胶原、弹性蛋白、脂质和钙含量增加导致大动脉弹性减退，顺应性下降而产生。

3. 治疗

对SBP高而DBP不高，甚至低的老年单纯收缩期高血压患者的治疗有一定难度。如何处理目前没有明确的方法。

《中国高血压防治指南》（2010年修订版）建议：当DBP＜60mmHg，而SBP＜150mmHg，宜观察，可不用药物治疗；如SBP处于150～179mmHg时，可谨慎给予小剂量降压药治疗；如SBP≥180mmHg，则给予小剂量降压药治疗。降压药可用小剂量利尿剂、CCB、ACEI或ARB等。治疗中应密切观察病情变化。

中老年预防“三高”与心脑血管病及中医特色[①]

杨　戈[②]

我们的生活水平提高了，卫生条件好了，寿命延长了，疾病预防知识也普及了。随之也出现一个严重的问题，因为生活方式或者在某些方面没注意到，发生了很多疾病，以至于生命质量受到影响。

一、心脑血管病的发病及其危害

2016年8月19日至20日在北京召开的全国卫生与健康大会上，习近平总书记出席会议并发表重要讲话。他强调，没有全民健康，就没有全面小康。要把人民健康放在优先发展的战略地位，以普及健康生活、优化健康服务、完善健康保障、建设健康环境、发展健康产业为重点，加快推进健康中国建设，努力全方位、全周期保障人民健康，为实现“两个一百年”奋斗目标、实现中华民族伟大复兴的中国梦打下坚实的健康基础。从我们医务工作者的角度来说，更多的是要做好健康生活的普及以及健康服务的工作，使大家能够得到很好的医学知识的保障，更好、更健康地生活。

世界卫生组织（WHO）发布《2014全球非传染性疾病状态报告》，慢性非传染性疾病（简称慢病，NCD），作为全球首要死因，2012年在世界范围内已造成0. 38亿患者死亡，占全球总死亡人数的68%。

NCD的4个主要类型及所占比例分别是：心血管疾病（如心脏病和中风），占46. 2%；癌症，占21. 7%；慢性呼吸道疾病（如慢阻阻塞性肺病和哮喘），占

① 本文根据作者在“什刹海书院·2018秋季国医论坛”的讲座录音整理，并经本人审定。

② 杨戈，什刹海书院特聘教授，中国中医科学院广安门医院老年病科主任医师、主任，中国阿尔茨海默病防治协会全国中医药委员会副主任委员，北京中医药学会养生康复专业委员会秘书长。

10.7%；糖尿病，占4%。

立足中国现状，心血管疾病是人民健康的重大威胁。每5个成人中就有1人患心血管疾病，且患病率处于持续上升阶段。心脑血管病的死亡率是最高的，2014年每10万人每年的死亡人数接近250人，肿瘤患者每10万人每年死亡150人左右。这个数字非常地可怕，而且还在不断攀升，全世界心脑血管病发病率最高的国家是中国，而且“年轻化”趋势严重，40～50岁的占到37%，每15秒就有一人死于心脑血管病。所以我们要特别地重视。

心脑血管疾病成为我国严重的社会负担。目前我国心脑血管病的发病率和死亡率都居各种疾病的第一位。在中国，心脑血管病发病率已达12%，其中每10万人中有1407人患脑卒中，25%的人患有心绞痛和心肌梗死。每年这两种疾病造成的经济损失接近人民币3000亿元。心脑血管疾病对个人的危害是生活质量降低、工作效率降低、经济负担加重、自己受罪、家庭受累。

心脑血管疾病具有“四高一多”的特点，“四高”是发病率高、致残率高、复发率高、死亡率高；“一多”是并发症多。

发病率高：高血脂现有病人2亿，年增500万；高血黏现有病人1.5亿，年增400万；高血压现有病人1.5亿，年增400万；冠心病现有病人1亿，年增360万；脑中风现有病人2000万，年增200万；高血糖、糖尿病人9000万，年增350万；全国每11人中，就有1个高血压患者；每20个人中就有一个高血脂患者；每25个人中就有一个冠心病患者。

致残率高：90%的脑中风患者会留下半身不遂、痴呆等后遗症。

复发率高：心脑血管疾病的复发率高达95%。

死亡率高：据WHO的统计，2001年，全世界心脑血管疾病的死亡人数为1550万人，占整个死亡人数的1/4；据国家卫计委统计，因高血压、冠心病而死亡的人数占全国总死亡人数的41%，比肿瘤高出25个百分点；在北京，因患高血压、冠心病、脑中风死亡的人数占北京总死亡人数的53%。据调查，我国每年心脑血管病的死亡人数为200万，平均每小时死亡300人。平均每30秒，我国至少有一个人死于心脑血管疾病。

并发症多：心血管病人往往患有高血压、糖尿病、脑血管疾病等并发症；因脑血管疾病后遗症患者抵抗力低下，易于发生各种并发症，如肺炎、尿路感染、褥疮等，随时都威胁着患者的生命。

心脑血管疾病具有“四低”的特点。

“四低”是知晓率低、服药率低、综合治疗率低、治愈率低。

知晓率低：50%以上的人不知道自己患有高血压和冠心病、脑中风。

服药率低：知道自己患病，并且按医生要求服药的不到25%，缺乏防治意识。

综合治疗率低：心脑血管疾病是心、脑、血管、血液等都受到损伤的疾病，是气和血两个方面都发生生理性病变的疾病。传统方法只活血化瘀，而没有从气、血两个方面综合治疗。不从气、血两方面综合治疗，治疗效果差。

治愈率低：由于患者机体抵抗力低、基础疾病多且病程长、病情重、对心脑血管病的严重危害认识不足，对疾病的反应迟缓、负性情绪多、治疗不及时、不科学等综合因素，导致治疗预后差，治愈率低，只能一时缓解症状，不治本，从而导致致残率高、死亡率高、复发率高。

2013年ACC/AHA指南（《高血压指南》，ACC是美国心脏病学会，AHA是美国心脏学会）将临床确诊的动脉粥样硬化性心血管疾病（ASCVD）定义为急性冠脉综合征、心肌梗死的病史、稳定性或不稳定性心绞痛、冠状动脉或其他血管重建术、动脉粥样硬化源性的卒中或短暂性脑缺血发作（TIA）（新增）、动脉粥样硬化源性的外周动脉、疾病或血管重建术（新增）。2014年NLA指南（《血脂异常防治指南》，NLA是美国国家脂质协会）指出ASCVD包括以下疾病：心肌梗死或其他急性冠脉综合征、冠状动脉或其他血管重建手术、TIA、缺血性卒中、外周动脉粥样硬化性疾病（含踝肱比＜0. 90）、其他有临床证据的动脉粥样硬化性疾病，如：冠状动脉粥样硬化、肾动脉粥样硬化、继发于动脉粥样硬化的主动脉瘤、颈动脉斑块，管腔狭窄≥50%。

二、心脑血管疾病的主要危险因素及预防可能获益

1. 心脑血管疾病常见症状及其特点

日常生活中突然出现以下症状时，应当引起大家足够的重视：胸闷、胸痛、心慌、气短、头痛、头晕、恶心、肢体麻木、言语不利、口眼歪斜等，这些往往是疾病发生、发展的信号。另外，老年病有其特别之处，需要大家格外注意。现在很多老年疾病往往是病程较长，多病共存，错综复杂，服药种类较多，临床发病症状不甚典型，还有一些较为隐匿的症状，例如乏力、厌食、低烧、血压忽高忽低、血糖不稳定等，也应引起大家的关注。

2. 主要的危险因素

脑卒中大致与以下因素有关：年龄、性别、种族差异、地区地理特点、季节气候因素、社会经济状况以及高血压、心脏疾患（如心肌梗死、心房纤颤、二尖瓣病）、TIA、HCT过高、高胆固醇血症或高脂血症、高血糖等。

冠心病的形成涉及多种因素，主要分不可逆因素和可逆转因素。前者主要包括遗传、年龄和性别因素，后者主要有高血压、高脂血症、吸烟、肥胖、体力活动和心理精神因素等。

3. 动脉粥样硬化性心血管疾病（ASCVD）的主要病因

高血糖、高血压、高血脂，抽烟喝酒，肥胖，这些危险因素假如能早发现、早治疗，即把它阻断在发生动脉粥样硬化之前，阻断在产生严重的心脑血管事件之前，不发生闭塞性的动脉硬化，不发生心梗、脑梗，不发生动脉瘤以及心肌梗死，疾病就可以治愈和控制。所以，我们一定要重视这些因素，减少不良的生活方式，包括不好的饮食习惯、经常熬夜、过于较真、吸烟过多、过度偏食肉类等。

4. 常见治疗方案选择

坚持降压与不降压的人比较，发生死亡以及致残的风险会降低14%；坚持降脂与不降脂的人比较，风险会降低20%；坚持抗血小板治疗与不抗血小板的人相比，风险会降低45%左右。

假如我们从心理、饮食、运动、中医药调理以及适当的西药治疗等方面来进行预防控制，发生肿瘤的概率会减少1/3，发生高血压的概率会减少55%，发生心脑血管疾病的概率会减少75%，发生糖尿病的概率减少50%，人的平均寿命会延长5～10年以上。

三、心脑血管疾病的一级预防及中医特色

1. 一级预防及中医特色

一级预防（Primary Prevention）亦称病因预防，是在疾病尚未发生时针对致

病因素（或危险因素）采取措施，也是预防疾病和消灭疾病的根本措施。从儿童和青年时期起，采取有益健康的生活方式和行为，进行社会整体人群的预防。

（1）修身养心。现代医学研究证明，A型性格的人常常因为长期紧张和过度疲劳而发生高血压和动脉硬化，容易发生脑卒中和冠心病。A型性格特点：说话快；吃饭快；易焦急；常常同时进行两项以上的工作；总有被催促感；休息日往往比平时干的工作更多；多被认为是责任感强的人。

中医非常重视“养心”的意义，《黄帝内经》的养生原则之一是“恬淡虚无”，中医学认为：“心者，五脏六腑之主也，故悲哀愁忧则心动，心动则五脏六腑皆摇。”所以一定要心情稳定，修身养心，要保持心境良好，这样才能够达到五脏六腑不动不摇，保持健康。

为了保持良好的心境，古人总结出不少行之有效的方法：

仁者寿。仁，是孔子思想的核心内容，“仁”的基本思想是“己欲立而立人，己欲达而达人”和“己所不欲，勿施于人”。仁的含义几乎无所不包——恭、宽、信、敏、惠、智、勇、忠、恕、孝、悌等。“仁”以“泛爱众”为宗旨，其心境可经常处于欣慰和宽松状态，而不是处于懊恼、愤恨和作奸犯科后的恐惧之中。正如孔子所说：“君子坦荡荡，小人长戚戚。”

美国密歇根大学调查研究中心对2700人进行跟踪调查，发现善恶会影响一个人寿命的长短，与他人相处不融洽的人，死亡率比正常人高1. 5倍。美国心脑血管疾病专家威廉斯博士从1958年开始对225名医科大学学生进行调查，发现因心脏病死亡者，恶人是善人的5倍。

德为本。《黄帝内经·素问·上古天真论》说“所以能年皆度半百而动作不衰者，以其德全不危也”。可见“德”对长寿的重要意义。德的含义很广，荀子在《劝学篇》中说“积善成德”，可见德的核心是做善事，具有较高的道德水准，对健身祛病无疑是有益的。庄子说“自事其心者，哀乐不易施乎前，知其无可奈何而安之若命，德之至也”，管子也说“人能正静，皮肤裕宽，耳目聪明，筋信而骨强”，孔子更精辟地指出“大德必得其寿”。而道德水准较低的人往往恰恰相反，巴西学者研究发现，有贪污受贿罪行的人，其癌症、心脏病、脑出血的发病率远远高于正常人。

（2）书画的作用。学习书画的人往往身心健康、精力充沛。何乔番在《心术篇》中说：“书者，抒也、散也，抒胸中之气，散心中之郁也，故书法家每得以无疾而终。”创作和欣赏书画的过程让人心情愉快、绝虑凝神、心平气和、大脑“入静”，书画创作的过程本身就是一种较全面的运动，出外写生更是一种强健体魄的运动锻炼。

历史上老而弥健、得享天年的书画家数不胜数。隋唐虞世南终年80岁，唐颜真卿79岁、柳公权88岁，明文徵明90岁，清翁方纲85岁、吴昌硕84 岁。现代齐白石、黄宾虹、何香凝、章士钊、郭绍虞、肖龙士、肖娴均都在90岁以上。

（3）中国传统体育与气功。中国传统体育如太极拳、八段锦等不仅能起到体育锻炼的作用，而且对心态的平静也有积极作用。尤其是保健气功，如果练习得法并持之以恒，对人的身心可起到重要的调节作用。

（4）科学运动。要在运动强度、运动时间、运动频率等方面进行科学管理。

运动强度：运动适宜心率，即靶心率=170－年龄。运动后5～10min心率恢复到运动前的水平。如运动后10～20min后心率仍高于运动前，说明运动量过大，应做调整。

运动时间：最初可从10min开始，逐渐增加到每次30～40min。如果超过40分钟则可能引起某些运动损伤。运动前后最好各做5min左右准备及整理活动。

运动频率：运动对心肺功能有强化作用，剧烈运动次数不需要多，每周强化运动两三次就可以。

日常运动种类：运动方式很多，最简单的是快走、慢跑，时下最流行的广场舞、扭秧歌都可以。打太极拳、游泳、跳交谊舞、扭秧歌、步行等因人、因地而宜。

（5）平衡饮食。据 WHO 报告，“肥胖儿童成人后患心脏病”或脑卒中的概率是正常体重儿童的 3 ～ 5 倍，所以从小就要重视肥胖的问题。

《管子》说：“饮食节，则身利而寿命益；饮食不节，则形累而寿命损。”葛洪说：“善养性者，食勿过饱，衣勿过暖。”《千金要方》说：“善养性者。”“食欲数而少，不欲顿而多。”“常欲令饱中饥，饥中饱耳。”

关于膳食的质，以多样、平衡为原则。日本专家主张每天食用30种食物，我们国家2016年《中国居民膳食指南》中提到，期望大家每天能吃12种以上的食物，包括各种主食以及蔬菜，一周要吃25种，这样营养才全面，体内的微量元素、维生素才全面，碳水化合物不要超过总热量的50%。

美国麻省理工学院研究结果表明：“适当挨饿使哺乳动物自然寿命至少可延长50%。饥饿状态或危急关头，哺乳动物体内可产生一种特殊蛋白，它可将人体生命延长至120岁。为此建议少吃并促使机体经常处于‘危机’状态。”美国人用大白鼠和猴做实验都证明了轻度饥饿对延缓衰老、延长寿命都具有积极意义。

体重指数BMI，是体重（千克）除以身高（米）的平方，结果在22～24是正常，大于26为肥胖。中国阜外医院与美国Tulane大学合作，经过10年时间，对169871人进行研究，结果表明，BMI与全因死亡率呈U形关系，即BMI低于23以及高于27的男性和高于30的女性死亡率增加，而BMI在24～24.9之间总死亡率最低。

饮食当中还有饮酒的问题，适当的饮酒有利于心脑血管疾病的预防，饮酒量因人而异，一般每日一次。啤酒，每餐不超过200mL；红葡萄酒，每餐不超过100mL；白酒，每餐不超过20mL为宜。

四、心脑血管疾病的二级预防及中医特色

二级预防（Secondary Prevention）亦称“三早”预防，“三早”即早发现、早诊断、早治疗，是防止或减缓疾病发展而采取的措施，对患者采取药物或非药物措施以预防病情复发或加重。

1. 动脉粥样硬化性心血管疾病（ASCVD）的全身表现

动脉粥样硬化引起心脑血管疾病的诊断标准包括心肌梗死、心绞痛、心源性猝死、脑卒中，陈旧性的心梗、做过支架、血管重建术、外周动脉疾病、肾动脉狭窄，以及颈动脉的斑块狭窄超过50%，还有缺血性的脑血管疾病等。这个诊断很全面，从上到下，遍布全身。

动脉粥样硬化血栓的形成具有突发性、不易预测、严重性。其主要机制是板块破裂诱发急性血栓，次要机制是板块破裂或内膜损伤诱发血管收缩痉挛，动脉粥样斑块因脂质浸润急剧增大，血小板启动血栓形成。严重的斑块破裂，激发血管黏附，可能导致小血管被堵塞，引起不稳定的心绞痛。微血管堵塞引起梗死，或者非ST段抬高的心梗，假如大血管完全堵塞，引起大的脑梗，以及ST段抬高的心梗，这就是一个很严重的心血管事件，这是一个重要的共同的病理过程，这个过程其实是可以预防的。

从医疗的角度，在早期把一些影响因素，如血糖、血压、血脂、烟酒、饮食、运动等控制好，把不稳定斑块控制好，把血管紧张素处理下来，氧化应激解

决了，能够让纤维帽变薄，脂质核见效，斑块就相对稳定了，就可以达到预防心脑血管疾病发作的情况。

2. 二级预防

（1）颈动脉管腔狭窄、TIA、腔梗等的处理。有颈动脉杂音，说明动脉管腔狭窄超过30%。动脉壁狭窄超过70%应做积极处理，两年内发生脑卒中的危险性减少65%。

凡是TIA多次发作且有颈动脉狭窄，虽单次发作但颈动脉狭窄超过70%，影像检查证实斑块不稳定，原有的杂音突然消失可以考虑进行颈动脉支架等术。

中药活血祛瘀、化湿祛浊，或有一定作用。

（2）缺血性脑卒中的预防。如出现红细胞比容升高，可用低分子右旋糖酐、灯盏花、葛根素、丹参液等；出现纤维蛋白原升高，可用蚓激酶、血府逐瘀口服液等；出现血小板黏附率升高，可用阿司匹林、血栓通。

有报告指出，hs-CRP、D-D等与缺血性脑卒中密切相关。

（3）出血性脑卒中的预防。出血性卒中与小动脉瘤破裂密切相关。主要防治高血压、暴怒、暴饮、便秘等。

（4）冠心病的预防。常用的中成药：心脑宁胶囊（银杏叶、丹参、小叶、黄杨、大果木姜子、薤白）、复方丹参滴丸、地奥心血康、速效救心丸、宽胸丸、血府逐瘀胶囊等。

常用的中药静脉制剂：丹参注射液、川芎注射液、生脉散注射液、参麦注射液、黄芪注射液、血塞通注射液、舒血宁注射液。

3. 控制血压

《中国高血压防治指南》指出：正常血压确定为＜120/80mmHg；正常高值为120/80mmHg而＜140/90mmHg。对于这一部分人，只需进行生活方式干预即可。

降压治疗的目标值定于140/90mmHg；糖尿病人的降压目标值应当为130/80HgmmHg；老年收缩期高血压的降压目标确定为150/90mmHg。

建立控制24h血压的概念，除了有24h动态血压监测处，还可以注意早中晚三个点，这样就比较全面，有一个平均值、最高值、最低值，可以更全面地了解自己的血压，知道需不需要加药，需不需要减药，这个非常重要。

3.1 高血压病的中医辨证分型及治疗

（1）肝郁化火，肝阳上亢型。症状为眩晕、头痛头涨、烦躁易怒，或兼耳鸣、项强不适，或口苦、便秘、溲赤，舌质红赤、苔白，脉弦滑有力。

治以泻热宁神、镇肝潜阳之法。方用泻热镇肝汤（龙胆泻肝汤合镇肝熄风汤加减）：龙胆草、黄芩、白芍、生地、丹皮、钩藤、菊花、怀牛膝、生赭石、生石决明、川楝子、夏枯草。本型多见于体质较强而热偏盛之Ⅰ期高血压，如热中兼湿，原方去生地，加泽泻、车前子以增强清泄肝胆湿热；若火热伤阴，去胆草加元参、龟板以滋阴清热而镇肝潜阳。

（2）肝火日久，伤及心肾型。症状为眩晕多伴头痛，心烦急，夜寐不安，口干苦或伴有心悸耳鸣，舌苔白或微黄或欠润、舌边尖红，脉弦有力或弦细。

治以平肝泻热、育阴潜阳之法。方用平肝潜阳汤：生石决明、生龟板、生赭石、白蒺藜、白芍、川芎、钩藤、菊花、怀牛膝、川楝子、元参、桑叶。本型常见于血热阳亢证之Ⅰ、Ⅱ期高血压病，如兼心阴虚而心悸不寐者，原方去桑叶加麦冬、炒枣仁以增强育阴安神之功。

（3）肝风挟痰，上扰清窍型。症状为头晕目眩，耳鸣耳聋，项强或肢麻，烦急，心悸，或少寐多梦，舌质红、舌苔薄黄或黄腻，脉弦细或脉弦数。

治以平肝熄风、化痰安神之法。方用平肝熄风汤：磁石、生石决明、钩藤、菊花、胆南星、竹茹、枳实、石菖蒲、远志、僵蚕、黄连、桑叶。本型常见于高血压危象之中，而病属阳盛实热者。若兼有便秘，加生大黄或紫雪散以通腑泻热；若兼肢麻，去桑叶加桑枝、地龙以祛风通络；若兼痰火上扰，配服牛黄清心丸或加羚羊角粉以清化痰热、凉肝熄。

（4）阴血亏虚，肝火旺盛型。症状为眩晕涨痛，烦急易怒，或兼见失眠多梦，眼花干涩，或肢体麻木，乏力，舌质淡红或者暗红、舌苔薄白，脉弦数。

治以养血平肝、安神清脑之法。方用养血平肝汤：杭芍、生地、川芎、杭菊、钩藤、菖蒲、远志、牛膝、决明子、胆草炭、川楝子、夏枯草。本型适应于高血压Ⅰ、Ⅱ期而病体偏血虚者，常兼有心脉失养。若肝肾阴虚较著者，原方去菖蒲、远志，加女贞子、黑桑葚、枸杞以滋阴填精；若兼项强不适者，加葛根以解肌升阳通络。

（5）血虚肝旺，冲任失调型。症状为头晕头痛而时轻时重，急躁易怒，多伴头热足凉，或失眠多梦，或肢麻手颤，舌质暗淡或淡红、苔白，脉弦细。

治以平肝养血、调和冲任。方用养血调冲汤：生赭石、钩藤、菊花、杭芍、生地、川芎、菖蒲、远志、川续断、淫羊藿、枸杞、夏枯草。本型常见于更年期高血压患者。若心悸失眠较著者，去钩藤、菊花，加丹参、炒枣仁，养血而安神志；若下肢凉感而肿者，去生地，加桂枝、茯苓以温阳利水。

（6）气虚痰阻，上扰清窍型。症状为眩晕或兼头重，胸脘痞满或憋痛，或者兼有恶心，食少多寐，或者有肢体麻木，舌苔白或白腻、舌质暗淡，脉弦滑而无力。

治以益气化痰、平肝醒脑之法。方用益气养肝汤：生芪、川芎、半夏、茯苓、橘红、山楂、菖蒲、郁金、地龙、钩藤、菊花、夏枯草。本型常见于Ⅱ、Ⅲ期高血压，多属老年气虚之人，或兼有心脑病变者。若心胸痛较著者，去钩藤、菊花，加瓜蒌、薤白、丹参以宣痹通阳而通血脉；若兼有肢麻者，去夏枯草，加豨莶草以活血强筋而降压。

（7）肝肾两虚，阴虚阳亢型。症状为：眩晕涨痛，耳鸣健忘，腰酸腿软，或者面热眼睛花、口燥咽干，或者有肢端麻木，或兼项强语涩，舌质红、苔薄白，脉弦细数或沉弦数。

治以滋阴益肾、柔肝潜阳之法。方用滋肾潜阳汤（枸菊地黄汤合镇肝熄风汤加减）：枸杞、菊花、生地、桑寄生、钩藤、生赭石、生龟板、丹皮、怀牛膝、川芎、杭芍、桑叶。本型多见于Ⅱ、Ⅲ期高血压有阴虚风动者，常兼见脑动脉硬化或肾功能受损的病变。

（8）肝肾两虚，阴损及阳型。症状为：头晕目眩，腰膝酸软，或兼耳鸣目花，腿软无力，或有便溏肢冷，畏寒尿频，舌质淡红或胖而暗、苔白，脉虚弦或沉弦细。

治以益阴扶阳、补气潜纳之法。方用右归丸加减：山萸、熟地、山药、枸杞、桑寄生、川续断、淫羊藿、灵磁石、怀牛膝、生芪、豨莶草。本型常见于高血压Ⅱ、Ⅲ期而气血双亏或兼肾功能受损者。若兼肢冷尿频或遗精者，去磁石、牛膝，酌加肉桂、菟丝子、桑螵蛸以温肾固摄；若兼阳痿阴冷者，可选加鹿角霜、淡附片，并重用肉桂以温阳。

（9）高血压病的食疗法。粥食疗法：山楂粥、桃仁粥、胡萝卜粥、玉米糕、西米猕猴桃粥、藕藏花生粥。

茶疗十法：菊花茶、山楂茶、荷叶茶、槐花茶、首乌茶、葛根茶、莲子心茶、决明子茶、桑寄生茶、玉米须茶等。

3. 2 高血脂

除了血压之外，血脂与我们的生活方式联系也很紧密。

（1）血脂异常筛查。《中国成人血脂异常防治指南》（2016年修订版）指出，早期检出血脂异常个体，监测其血脂水平变化，是有效实施ASCVD防治措施的重要基础。人群既包括已经患有ASCVD的人群，也包括尚未患有ASCVD的人群。建议20～40岁的成人每5年要测一次血脂（包括TC、LDL-C、HDL-C和TG）；建议40岁以上的男性和绝经期以后的女性每年检测一次血脂；ASCVD患者及其高危人群，应每3～6个月测定一次血脂，因ASCVD住院患者，应在入院时或入院24h内检测血脂。

（2）血脂检查的重点对象。《中国成人血脂异常防治指南》（2016年修订版）指出，血脂检查的重点对象包括：有ASCVD史者；存在多项ASCVD的危险因素（如高血压、糖尿病、肥胖、吸烟）的人群；有早发性心血管疾病家族史者（指男性一级直系亲属在55岁前或女性一级直系亲属在65岁前患缺血性心血管病）或有家族性高脂血症患者；皮肤或者肌腱黄色瘤及跟腱增厚者。

（3）血脂异常治疗。《中国成人血脂异常防治指南》（2016年修订版）指出，血脂异常的治疗，一是调脂治疗靶点［LDL-C（首要）/非-HDL-C（次要）］；二是调脂目标值设定（准确预估治疗有效性，提高患者依从性）；三是调脂达标值（危险-获益程度+卫生经济学）。

危险等级	LDL-C	非-HDL-C
低危、中危	＜3. 4mmol/L（130mg/dL）	＜4. 1mmol/L（160mg/dL）
高危	＜2. 6mmol/L（100mg/dL）	＜3. 4mmol/L（130mg/dL）
极高危	＜1. 8mmol/L（70mg/dL）	＜2. 6mmol/L（100mg/dL）

（4）有效治疗高脂血症中医八法。第一，平肝潜阳法。高脂血症，临床伴见头昏头涨痛、耳鸣、面潮红、易怒、口苦、失眠多梦、便秘尿赤、舌红苔黄、脉弦数。多伴见高血压、动脉硬化者。本病属肝阳上亢型，治用天麻钩藤饮。

第二，去痰化浊法。高脂血症，临床伴见头重眩晕、胸闷恶心、时吐痰涎、倦怠、少食多寐，舌苔白腻、脉弦滑。多见于肥胖型的高血压患者。本病为痰浊内蕴，治用半夏白术天麻汤。

第三，清热利湿法。高脂血症，临床伴见发热、口干烦渴、尿少便秘、头晕涨、血压偏高，时有心悸、浮肿、舌红苔黄腻、脉滑数。本病为肝胆湿热，治用龙胆泻肝汤加减。

第四，滋阴养血法。高脂血症，临床伴见头晕头痛、耳鸣目眩、半身不遂或见手足震抖或语言謇涩，舌红、脉弦滑等。常见于脑血管意外患者。本病为阴血不足，脑失所养，治用补阳还五汤加味。

第五，温经通阳法。高脂血症，临床伴见胸痛胸闷、气短自汗、心悸、四肢厥冷、舌苔白、脉沉细。常见于冠心病曾经出现过心梗的患者。本病属心气虚寒证，治用加味瓜蒌薤白半夏汤。

第六，活血化瘀法。高脂血症，临床伴见胸痹心痛、痛处固定，或兼见健忘、失眠、心悸、精神不振，面色或唇色紫暗，舌有紫斑或瘀点，脉弦涩或细涩。常见于冠心病或心肌梗死患者。本病属瘀血阻络，治宜通心通脑通脉络，用血府逐瘀汤加味。

第七，温肾益阳法。高脂血症，临床伴见头晕伴小便频数，腰膝酸软、阳痿、舌淡苔白，脉沉细无力。多见于糖尿病患者。本病属肾精不足，治以温补肾阳、充养脑髓，用河车大造丸加减。

第八，祛瘀导滞法。此法适用于单纯高脂血症者。选用丹参15g，决明子30g，山楂15g，钩藤30g，益母草30g。水煎代茶饮用，有很好的降血脂作用。

（5）辨病降脂分类。以降TC为主的药物有：何首乌、甘草、枸杞、杜仲、香叶、没药、葛根、桑寄生等。

以降TG为主的药物有：金银花、大黄、冬青子、大麦根须等。

对TC、TG均有效的药物：何首乌、决明子，蒲黄、灵芝、香菇、冬虫夏草、人参、女贞子、蜂乳、茵陈、虎枝、丹参、柴胡、茺蔚子、海藻、昆布、绞股蓝、山楂、泽泻、三七、姜黄、淫羊藿、黄精、绿豆、荷叶、花粉等。

（6）高血脂食疗。泽泻粥；菊花决明子粥；三七首乌粥，但是首乌的量适当地放一点点，算是药食两用。还有食物如黄瓜、大蒜、蒜苗、三文鱼、金针菇、绿茶、红薯、山药、豆类、木瓜、桑葚、竹笋、韭菜、洋葱、杨梅、阳桃、玉米胚芽、色拉油等，这些东西能帮助血脂代谢。

3.3 控制糖尿病

（1）控制血糖。常规来说，空腹血糖正常值应为4.4～6.1，要小于7；非空腹血糖4.4～8，小于或等于10；糖化血红蛋白小于6.2。

人参、黄芪、生地黄、熟地黄、黄连、茯苓、葛根、玄参、党参、白术、玉竹、苍术、山药、牡蛎、五味子、丹皮、黄精、枸杞、地骨皮、桑白皮、桑葚、天花粉、五倍子、苦瓜、番石榴、知母、苍耳子提取物、长春花生物碱、零棱香、仙人掌、海南蒲桃、虎杖、篱天剑、紫杉（叶），这些药在某种程度上都可以降糖，但不是单味药可以的，我们最好根据自己的情况辨证用药。辨证用药有很多方面，如阴虚精亏、气阴两虚、阴阳两虚、胃肠热结、湿热困脾、肝经郁热、肝阳上亢、气机郁滞、痰湿阻滞、血脉瘀滞。

控制血糖我们要注意的是，要控制24小时血糖，定期监测相关指标（定期监测为糖尿病治疗的“五驾马车”之一）。血糖不稳定时，每天监测空腹血糖和三餐餐后血糖；血糖稳定时，每3天查FBG和三餐后2hPBG，每2～3个月查一次糖化血红蛋白，每3个月至半年查一次血脂，至少每半年查一次肝功、肾功、眼底及微量蛋白尿。

（2）糖尿病的辨证论治。糖尿病在中医叫消渴症，经典的消渴症治疗分为：上消、中消、下消。

上消属肺热津伤。适应证：烦渴多饮、口干舌燥、尿频尿多、舌红少苔、脉洪数。宜清热润肺、生津止渴。方药：天花粉15g、生地15g、黄连8g、麦冬10g、天冬10g、黄芪10g。

中消属胃热炽盛。适应证：多食善饥、形体消瘦、口渴欲饮、大便秘结、舌红、苔黄燥、脉洪数。宜清胃泻火、养阴生津。方药：生石膏30g、知母12g、黄芩12g、沙参15g、生地12g、元参10g。

下消属肾阴亏虚。适应证：尿频尿多，混浊如脂膏，或尿甜，腰肌酸软无力，头昏耳鸣，多梦遗精、脉沉细数。宜温阳滋阴补肾。方药：山萸肉15g、山药15g、丹皮10g、云苓9g、泽泻10g、黄芪30g、附子6g、肉桂3g、栀子10g。此外，对于不同的并发症。或其他兼证，需根据中医辨证论治的原则选择方药。

（3）糖尿病的并发症。并发症种类较多。

如并发动脉硬化、冠心病、高血压病者，宜酌加活血化瘀平肝之品；合并痈疮、疖肿证候者，宜清热解毒，选用蒲公英、地丁、银花、连翘、野菊花等；合并心悸失眠、心烦不安等症者，宜加枣仁、柏子仁、茯神、远志、莲子心、百合、珍珠母、五味子、夜交藤等清心安神之品；并发周围神经炎者，则宜活血通络，加用丹参、红花、桃仁、川芎、路路通等；合并头昏目眩、耳鸣眼花等阴虚阳亢证候者，应加黄芩、决明子、青木香、女贞子、沙苑子、密蒙花、夜明砂等滋阴平肝潜阳之品；合并心痛胸闷者，宜重用川芎、丹参、赤芍等活血理气之品。

④自制辨证药茶，辅助治疗。有针对气虚证、阴虚证、阳虚证、血虚证等证制药茶。

气虚证：气短懒言、神疲乏力、自汗、舌淡脉虚。如人参、党参、西洋参、山药等具有补气功效，可制药茶。

阴虚证：两颧红赤、形体消瘦、潮热盗汗、五心烦热、咽干口燥、舌红少苔、脉细数。如沙参、麦冬、百合、黄精、鳖甲等善于养阴，可制药茶。

阳虚证：畏寒肢冷、神疲乏力、气短、口淡不渴，或喜热饮、尿清便溏或尿少浮肿、面白、口淡无味、舌质淡、脉沉迟无力。如肉苁蓉、杜仲就是温阳药，可制药茶。

血虚证：面、脸、唇、舌、甲颜色淡白，眩晕，心悸，多梦，肢麻，经少色淡，脉细无力。如当归、白芍、阿胶、何首乌、枸杞、熟地等专治血虚，可制药茶。

（5）糖尿病的食疗法。有药粥、菜肴与药膳、饮料、汤类。

药粥：菠菜粥、芹菜粥、木耳粥、萝卜粥、山药粥、槐花粥、菊花粥、荔枝粥、葛根粉粥、生地黄粥、枸杞粥、天花粉粥等。

食疗菜肴与药膳：苦瓜、南瓜、洋葱、田螺、鳕鱼、蚕蛹、海参；蚌肉苦瓜汤、沙参玉竹煲老鸭、玉米须炖瘦肉、黄鳝、韭菜煮蛤蜊肉、枸杞蒸鸡。

饮料：菊槐绿茶饮、苦瓜茶饮、乌梅茶、黄精枸杞茶、鲜生地露、麦冬茶（麦冬、党参、北沙参、玉竹、花粉各9g，乌梅、知母、甘草各6g）、生津茶（青果5个，金石斛、甘菊、竹茹各6g，麦冬、桑叶各6g，鲜藕10片，黄梨2个，荸荠5个，鲜芦根2枝）。

汤类：双耳汤（白木耳、黑木耳）、猪胰汤、糯米桑皮汤、爆糯米花、菠菜银耳汤、鸽肉山药玉竹汤。

五、心脑血管疾病的三级预防及中医特色

三级预防（Tertiary Prevention）亦称临床预防。三级预防可以防止伤残并促进功能恢复，提高生存质量，延长寿命，降低病死率。主要是对症治疗和康复治疗。

有冠心病、脑卒中病史者，其中1/4～3/4的人可能在2～5年内复发。一旦复发，我们要做的就是一定要坚持吃药，还有要注意饮食、运动。

中医中药在这方面做了很多工作。用上“丹参+川芎+当归”中药之后大鼠脑梗死的体积，跟用上西药尼莫通后大鼠脑梗死的体积进行比较，缺血跟水肿会减轻，脑梗死的体积会缩小。活血化瘀对冠心病的介入治疗后，对冠脉再狭窄进行比较，加上了中药干预之后，再狭窄的程度减低。所以中医中药对心脑血管是有很好的作用。

应用中成药和中草药辨证治疗，有它们的优势。中药适用范围广，而且最主要是同病异治、异病同治，如相同的病不同的人根据不同的特点进行辨证治疗之后有很好的作用。同时，大多数是天然药物，医疗资源会相对便宜一些，安全性也相对高。

中国传统医学特色诊断就是治疗血瘀证，中医将血液的高凝状态、血栓形成、血管壁受损、脂斑块形成，有包块刺痛、舌质青紫等视为血瘀证。血瘀证有很多种，久病多瘀（慢瘀）、温热病重症必瘀（热瘀）、创伤外症多瘀（伤瘀）、急症多瘀（急瘀）、老年多瘀（老瘀）、寒凝致瘀（寒瘀）、紫舌无症状（潜瘀、前瘀）。现在大家都知道吃三七、丹参，治疗效果很好。要有气虚的话，稍微加一点补气药，可以根据自己气虚血瘀的比例自己调整，会有很好的作用。

活血化瘀类药物对心血管系统的作用：改善微循环，抗凝血和抗血栓形成作用，抗心肌缺血作用，抗心肌再灌注损伤作用，改善心功能，抗心律失常，抑制心肌肥厚，抗动脉粥样硬化，促进血管生成。

六、患心脑血管疾病病人的饮食调养及食疗方

1. 患心脑血管疾病病人的饮食注意事项

（1）荤素合理搭配。以新鲜蔬菜为主，膳食中的动物油、肥肉和一些富含胆固醇的食物如猪脑、猪肝、皮蛋、鱼子、蟹黄、鱿鱼、奶油等，含有大量的饱和脂肪酸，多量摄入会导致血胆固醇增加，促使冠心病的发生发展。而植物性油脂含有的是不饱和脂肪酸，有降低血胆固醇、预防冠心病的作用。有数据提示，通过严格控制饮食中动物脂肪的摄入总量，降低饱和脂肪比例，增加不饱和脂肪

的成分，可使血清胆固醇降低约10%，甘油三酯降低30%。

（2）少吃多餐，控制好进食量。人体的热量主要来源于蛋白质、脂肪及碳水化合物，其中蛋白质多存在于动物性食品，如瘦肉、鱼虾、禽类、蛋类、乳类等，在植物性食品如豆类及豆制品中含量也很高。脂肪多存在于食用油及肥肉中。碳水化合物多存在于谷类及根茎类蔬菜中。如放纵食欲，进食量超过了身体所需热量，就会转化为脂肪积存体内，使人发胖，血脂增高，致生动脉硬化。

"饮食自倍，肠胃乃伤"——经常饱食，会损伤胃肠功能，导致胃肠病的发生。还应看到，长期的饮食过量使得体内脂肪过剩，会使血脂增高，导致动脉粥样硬化。因此要根据体重的不同，控制进食量。超重者一定要减低热量。据推算50g富强面粉或大米可产生热量175kcal，如果每天食用0. 4kg，则可产生热量1400kcal，再加上适量的肉食、豆类制豆、蔬菜等副食，差不多够一天的热量。

膳食纤维被营养学界补充认为是第七类营养素，又被称为绿色清道夫，和传统的第六类营养素蛋白质、脂肪、碳水化合物、维生素、矿物质与水并列。膳食纤维进到体内之后，可以帮助降低胆固醇，降低餐后血糖和胰岛素水平，降低结肠癌的发病风险。大量科学研究已证实，膳食纤维摄入量不足，饮食结构不平衡，是肥胖症、糖尿病、动脉硬化、冠心病以及恶性肿瘤发病率大幅度增加的原因。

2. 患心脑血管疾病病人的饮食疗法

2.1 防治冠心病，有茶疗十方

（1）山楂益母草茶：山楂10g、益母草6g。将它们烘干、研成粗末，与茶叶5g混合均匀，用开水冲泡，代茶饮用，每日一剂。有降脂化痰、活血通脉的功效。

（2）香蕉茶：香蕉60g、茶叶6g、蜂蜜少许。先用一杯开水冲泡茶叶，再将香蕉去皮弄碎，加蜂蜜调到茶水中，代茶饮用，每日一剂。有降压润燥、活血降脂的作用。

（3）菊花山楂茶：菊花15g、山楂15g、茶叶6g。将它们放到一个杯子里，用开水冲泡，代茶饮用，每日一剂。有降脂降压、清热平肝的功效。

（4）菊楂决明茶：菊花10g、山楂15g、炒决明子30g。将它们用开水冲泡，代茶饮用，每日一剂。有平肝降压、清热活血的功效。

（5）银杏叶茶：银杏叶6g。将银杏叶晾干，揉碎，放在保温杯中，用开水

冲泡，盖上盖子，闷半个小时，代茶饮用，每日一剂。有化湿止泻、养心敛肺的功效。

（6）柿叶山楂茶：柿叶12g、山楂15g、茶叶3g。将它们用开水冲泡15min后，代茶饮用，每日一剂。有活血化瘀、降脂降压的功效。

（7）丹参山楂茶：丹参10g、山楂20g、麦冬6g、茶叶3g。将它们放在杯子里，用开水冲泡，盖上盖子，焖30min以后，代茶饮用，每日一剂。有活血化瘀、养心安神的作用。

（8）山楂荷叶茶：山楂15g、荷叶10g、茶叶3g。将它们放到杯子里，加入开水，盖上盖闷15min后代茶饮用，每日一剂。有降压降脂、活血化瘀的功效。

（9）玉竹茶：玉竹30g。将它放到杯子里，用开水冲泡，代茶饮用，每日一剂。有养阴润燥、生津止渴的功效，还有预防治疗糖尿病的作用。

（10）枸杞菊楂茶：枸杞10g、野菊花6g、山楂30g、茶叶3g。将它们放到杯子里，用开水冲泡15min后代茶饮用，每日一剂。有清肝明目、降脂活血的功效。

2.2 患脑中风病人的预防食疗（茶饮类）

（1）夏枯草决明子茶：夏枯草10g、炒决明子30g、绿茶5g。三物一同放入大号杯中，加开水冲泡，加盖焖15min后当茶频频饮用，一般可冲泡3～5次。具有清肝明目、润肠通便、降血压的作用。尤其适合患有高血压并且症状为经常面色发红、头脑涨痛、目赤口苦、急躁易怒、尿黄便秘、舌质红苔黄的人饮用。

（2）山楂菖蒲饮：山楂30g、石菖蒲15g。先将两药洗净后同放入杯内，冲入滚开水，加盖焖10min后当茶饮用。具有降脂、降压、扩血管的作用，尤其适合肥胖兼有高血压、高血脂并且症状为平时常觉头晕头重的人饮用。

（3）香蕉花茶：香蕉花5g。用开水冲泡代茶饮。常用可以预防中风及脑血管意外发生。

（4）芹菜汁：芹菜适量。将芹菜洗净捣烂取汁。每日服3次，每次3汤匙，7天为一疗程。有清理内热、降压安眠的功效。可以预防治疗中风、高血压，对血管硬化也有较好疗效。

（5）三七粉：三七（田七）粉3g。用温开水冲服。具有抗氧化和扩张血管、改善微循环的作用。它能清除血液中的氧自由基，扩张血管，增强心肌活力，增加各脏器的血液供应，使得供氧充足，从而起到预防脑中风、冠心病的作用。尤其适合于患有高血压、高血脂、脑心血管病的病人长期服用。

要重申一点，所有的饮食疗法、茶饮疗法、中医药简便验方治疗，并不是完全能治病，都只是一些辅助方案。严重的疾病还是要到医院治疗，需在主治医生的指导下选择运用。自行治疗可能导致与自身体质证型不符，或者不能因时因变化而产生副作用。

中医药学根植在几千年中医文化的基础上，我们要弘扬中医，合理地运用中医，合理膳食，全面防止心脑血管疾病的发生。如果我们的“三高”控制好，心脑血管疾病就会晚发生，严重的致死、致残性的心脑血管疾病也会晚发生。

中国传统文化简论

中国传统伦理及其在建设文明和谐社会中的价值[①]

杨曾文[②]

2012年11月党的十八大报告在继承社会主义核心价值体系的基础上，明确提出今后要大力倡导富强、民主、文明、和谐；倡导自由、平等、公正、法治；倡导爱国、敬业、诚信、友善，积极培育和践行社会主义核心价值观。2017年10月习近平总书记在党在十九大报告中强调指出：

> 新时代中国特色社会主义思想，明确坚持和发展中国特色社会主义，总任务是实现社会主义现代化和中华民族伟大复兴，在全面建成小康社会的基础上，分两步走在本世纪中叶建成富强民主文明和谐美丽的社会主义现代化强国。

在当代中国社会主义建设“五位一体”的总体布局中的经济建设、政治建设、文化建设、社会建设和生态文明建设，皆与践行发扬社会主义价值体系和社会主义核心价值观有着紧密的联系。

社会文化发展是遵循历史进步永不停顿的过程。在当代实现社会主义现代化的进程中，深入挖掘、继承和发扬中华民族的传统文化和伦理思想仍是不可忽视的重要环节。中国悠久而光辉灿烂的传统文化和伦理思想，曾为铸造中华民族的共同心理、统一意志和价值观念、行为规范等，为维护民族自尊和国家统一发挥重大作用，在今天仍具有不可取代的崇高价值。实际上，当代社会主义价值体系和言简意赅的核心价值观，正是在适应当代历史性实践，创造性地继承和发扬

---

① 本文为2018年8月25日作者在中国人民大学孔子研究院、山东青岛即墨和合书院主办的“和合与人类命运共同体对话”论坛上的讲稿。

② 杨曾文，中国社会科学院学部委员、世界宗教研究所教授、博士生导师。

中华民族传统文化、伦理思想的基础上提炼出来的。

一、中华民族的传统文化

中国具有悠久灿烂的历史和丰富多彩的民族传统文化。那么，什么是中国的传统文化呢？应当说主要由三大块或三大系统组成：一是儒家，二是道家和后来形成的道教，三是佛教，即所谓儒、释、道三教。此外，还有形形色色的民族传统文化形态，例如古代的阴阳五行思想、墨家思想、名家思想、法家思想、兵家思想等，还有各地各民族的民间风俗、宗教习俗等。这是当代中华民族文化的根和取之不尽、用之不竭的本源。

儒、释、道三教在中国形成的时间尽管不一样，然而它们在中国社会的传播发展中是互相比较和借鉴，彼此影响和吸收的，虽各具独自的思想体系和特色，但也拥有大致相通的内容。儒家在后来的发展中尽管也形成了部分宗教因素，然而从总体来说它始终保持与宗教迥异的学派或学说的性质。道家虽被东汉时期形成的道教纳入教义体系之中，然而它本来也不属于宗教。至于道教，它与儒家不同，属于宗教。公元前后从印度传到中国之后逐渐实现民族化的佛教，也属于宗教。

儒家由春秋时期的孔子（前551—前479）创立，到战国时期的孟子（约前372—前289）时有较大发展，在汉武帝时被定为正统思想。魏晋时期吸收老庄思想的玄学、宋明以后的理学等，皆属儒家在不同时期的发展形态。儒家的基本经典有五经——《诗经》《尚书》《礼记》《周易》《春秋》，还有宋代以后从《礼记》中节录出的《大学》《中庸》，及分别记载孔子、孟子言行的《论语》《孟子》等。

儒家以“祖述尧舜，宪章文武”自任，标榜继承发扬远古尧、舜和周文王、周武王的传统，崇尚仁义、礼乐、忠恕、孝悌和“中庸”之道，在政治上提倡仁政和德政，重视文教和道德修养。

道家尊奉春秋时期的老子（约前571—前471）、战国时期的庄子（约前369—前286）的学说。战国末年吸收名家、法家思想形成的黄老思想也属于道家。道家的最主要经典有《老子》《庄子》。道家主张“道”为天地万物本原，提倡清静无为、少私寡欲、返璞归真，在政治上主张无为而治。

东汉后期张道陵（34—156）创立道教，奉老子为教主，以《老子》为主要经典，因入道须缴五斗米，称五斗米教。东汉末年张角创立奉《太平清领书》为经典的太平道。此后，经东晋撰《抱朴子》的葛洪（284—364）、南北朝时的冠谦之（365—448）、陆修静（406—477）的清理和充实，道教有很大发展，形成南北天师道。唐宋时道教盛行，经典趋于完备，编为《道藏》。此后道教各派会通，形成以符箓（以绘画书写符箓来驱鬼治病为主的各道派的统称）为主的正一派。金朝由王重阳（1112—1170）吸收儒佛思想建立的全真道，经元代邱处机（1148—1227）及其弟子的推广和元统治者的支持曾盛极一时。明清以后，正一、全真为道教两大派别。

在修行要求方面，正一道士不必出家，全真道士须出家。道教的基本教义是奉“道”为天地万物之本、“造化之根”，尊奉将“道”人格化的三清尊神：元始天尊、灵宝天尊和道德天尊，其中道德天尊即老子。修炼方法有服饵、导引、胎息及内丹、外丹、符箓等。经典总汇有《正统道藏》《续道藏》等。

佛教创立于公元前六五世纪的古印度，创始人是迦毗罗卫国的王子释迦牟尼（前565—前485）。佛教经历了原始佛教、部派佛教和大乘佛教的阶段。“乘”，义为运载物。大乘佛教兴起以后，将以往原始佛教和小乘佛教统贬为小乘，“小乘”义为只能运载少数人达到解脱彼岸的佛法，而自己则能引导众多人达到解脱，故称大乘。大小乘佛法的共同特色是皆以“修心”为本，然而各有自己系统的教义。

小乘佛教的基本经典是《阿含经》及大量论释教义的论（阿毗达摩）书。认为人生充满痛苦，只有信奉佛法，按照佛法修行，抑制乃至断除“贪、嗔、痴”根本烦恼的束缚，才有可能摆脱生死轮回，达到精神解脱。

大乘在继承小乘佛教的基础上，在哲学本体论和修行解脱论上又有新的发展。主要有两个方面：认为世界万物在本质上皆虚幻不实，所谓“诸法性空”，然而又皆有虚假的外象，称之为假有，提出空与有、生与灭、常与断等，是相即不二的，此即“中道”；又提出众生皆有与佛一样的本性，称之为“佛性”，称通过如法修行，人人皆可成佛。大乘经典有《般若经》《法华经》《华严经》《维摩经》《大涅槃经》《无量寿经》及《中论》等。佛教的丛书是《大藏经》，古今有多种版本，现在有据金藏校勘的《中华大藏经》。

在公元前后佛教传入中国，经过汉魏两晋时期的初传、普及，到南北朝时期的广泛传播和深入研究，开始形成以大乘佛教为主体的中国佛教。隋唐时期带有鲜明民族特色的佛教宗派的形成，标志着佛教民族化历程的基本结束，此后进入中国佛教的持续发展的时期。现在中国佛教主要有流传在汉族居住地区并且教徒最多的汉语系佛教，还有藏族、蒙古族等民族信奉的藏语系佛教及云南傣族等兄弟民族信奉的巴利语系佛教。

在中国古代封建社会，从社会文化形态整体上说，佛教、道教与当时占据正统地位的儒家以不同的方式皆为维护国家的统一与稳定，推动社会政治、文化进步和道德建设，开展中外文化交流等做出了积极的贡献。进入近现代以后，传统文化中的富有创造进取精神和积极的成分相继被吸收到新思想、新文化之中，在中国人民争取民族独立和民族解放的革命运动中发挥了积极作用。

二、当代中国道德文化重要根源——民族传统文化中的伦理思想和道德规范

道德是人类社会的重要意识形态之一，是在人类的社会生活中逐渐形成和发展起来的，并且随着社会历史的发展而不断发生新的演变，是关于善与恶、美与丑、高尚与卑微、公正与偏私、诚实与虚伪等价值观念、情操以及调节人与人之间、个人与社会之间关系的行为规范的总和。道德的整体既包括社会价值观念和道德理念、道德意志、道德情操、道德准则，当然也包括道德规范、道德行为等。

在人类发展史上各国产生了各种各样的伦理道德学说，其中也包括影响广泛、种类众多的宗教道德学说。在历史上，各种道德学说之间是互相借鉴、彼此影响和相互吸收的。正是这一过程，促进了人类道德文化的丰富和发展。

在中国的传统文化中包括的丰富的伦理道德思想，是中华民族宝贵的精神财富，是创新发展当代社会主义道德文化的重要根源。构成中国传统文化的儒家、道家和佛教、道教中的伦理观念、道德准则和行为规范，虽然在表现形式上有很大差别，然而在实质内容上，特别在对待国家（古代常以君主代表）、父母、家庭、社会、人与人的关系等方面，有不少相同或相通的地方。下面试做概要说明。

在儒家和道家的思想体系中，在作为宗教的佛教、道教的教义和戒律当中，皆蕴含以处理人与人、人与社会、人与自然关系为主旨的伦理观念、准则和道德规范。

儒家有仁、义、礼、智、信及孝、悌、忠、恕、勇等道德观念和道德规

范。所谓仁是儒家道德的总纲目，有“爱人”“汎爱众”“忠恕”“己所不欲，勿施于人”“克己复礼”等含义，其实一切承认、接受和愿意实践“礼”（孔子原指周礼，后来泛指封建社会的基本原则和制度）的观念、行为准则等，皆可归之于仁的范畴。仁是儒家道德体系中占据最高地位的概念。唐代韩愈《原道》说：“博爱之谓仁，行而宜之之谓义，由是而之焉之谓道，足乎己无待于外之谓德。仁与义为定名，道与德为虚位。”意为仁与义有特定内容，而道与德可以蕴含不同意义。实际上，在儒家那里，忠君、孝亲、敬兄（悌）、宽恕等，皆可视为仁的具体表现。

道家的清静、恬淡无为、素朴、寡欲等，皆具有伦理观念或行为规范的意义。

至于道教，除继承道家的伦理思想外，还有自己的戒律，例如五戒、十戒等。五戒是：不得杀生、不得荤酒、不得口是心非、不得偷盗、不得邪淫。道教的这五戒，很明显是受到佛教的五戒影响而制定的。十戒是：不得不忠不孝不仁不信；不得阴贼潜谋，害物利己；不得杀生；戒邪淫；不得败人成功，离人骨肉；不得毁贤扬己；不得饮酒食肉；不得贪求无厌；不得交游非贤；不得轻忽言笑。不难发现，其中不少内容取自儒家的伦理。

中国佛教是以大乘为主体，同时会通大小乘为一体的融合型佛教，其中既有继承来自小乘佛教的伦理，也有大乘佛教的伦理。那么，什么是佛教的伦理道德？中国的佛教伦理道德包括哪些重要内容呢？

佛教的伦理道德是在佛教的基本理论、理念的指导下处理教内外人与人、人与社会、人与自然关系的观念准则和行为规范。从本来的含义上说，大小乘的伦理观念、准则并非完全一样，然而大乘佛教是在继承小乘佛教基础上建立的，对小乘伦理并不排斥，而是将它们置于大乘佛教体系之中，对有的甚至还赋予新的意义。

例如小乘的五戒，包括不杀生、不偷盗、不邪淫、不妄语、不饮酒，虽属禁戒，然而也具有伦理的意义。小乘对五戒着重从禁止、不做的意义上讲述，而大乘还从正面加以表述，从而对五戒有所发展，不仅主张不杀生，而且还要具备慈心；不偷盗，还要做到少欲知足；不邪淫，还要不追求淫欲，尊重女性；不妄语，还要做到至诚恳直；不饮酒，还要保持理智清醒。可见，不仅要求做到五戒，而且还从积极意义上提出了加强道德意识的要求。

同样，大乘佛教对小乘佛教原有的十善：不杀生、不偷盗、不邪淫、不妄语、不两舌、不恶口、不绮语、不贪、不嗔、不痴，也做出新的解释。例如要求在不杀生的同时，还要树立仁慈之心；不仅不应偷盗，还要怀有施舍助人的意向；不瞋恚的同时要培养爱护众生之心。可见，大乘更重视心理上的道德修养，最后把修持十善与求无上觉悟——成佛联系起来。此外，大乘佛教还有“四摄”，即：布施、爱语、利行、同事，并且积极提倡自利、利他、“普度众生”和大慈大悲（解救苦难并给人安乐）的菩萨之道。

中国传统文化中的这些伦理观念和道德规则、行为准则，在现在提倡的培育和践行社会主义核心价值观，推进公民道德建设中能否发挥积极作用呢？实际上，我们每天都没有离开这些伦理道德理念，只不过是在按照当代社会实践和生活来加以理解和实践罢了。

三、适应当代形势，创新诠释传统伦理思想

如前所述，中国传统文化中蕴藏着丰富的伦理观念和诸如仁、义、孝、悌、忠、信等，以及佛教的五戒、十善、四摄、慈悲，道教的自然无为、清静、素朴等具有行为规范意义的伦理原则和规范，在很大范围和程度上都可以与当代社会价值观念、公德和道德规范相通。

在当今时代，我们应当对这些伦理观念和道德规则做出适宜的创新诠释，使其在培养社会主义核心价值观，促进现代化建设、公民道德建设和构建社会主义和谐社会，进而在实现亚洲乃至世界的和平与和谐，建立人类命运共同体当中发挥积极作用。

现仅选择传统文化中部分伦理观念和道德规则、规范试行解释和说明。

（一）仁与慈悲

儒家提出的仁具有爱人、博爱等多种意义。孔子曾说：“克己复礼为仁。一日克己复礼，天下归仁焉。为仁由己，而由人乎哉？”（《论语·颜渊》）孔子这里所说的礼是指周礼，恢复周礼是他的政治理想。他提出，如果社会从上到下都克制自己而恢复周礼，那么天下人就达到了仁的道德境界；为仁完全靠自觉，而不能指望由人指使或代替。如果将礼当作一般意义上的礼、礼仪制度，当作体现人类先进文明和美好理想的社会秩序的礼仪，那么可以说一切符合这种社会制度和礼仪的情操、规范和行为，都是仁的体现。在这里，仁是一切道德的总

称、统合名目。因此，孔子也将“不佞”“先难而后获”“博施于民，而能济众”“己欲立而立人，己欲达而达人”“己所不欲，勿施于人”“君使臣以礼，臣事君以忠”“孝”等，皆作为体现仁的道德行为或道德规范。

《礼记·礼运》所载孔子描绘的“大道之行也，天下为公，选贤与能，讲信修睦。故人不独亲其亲，不独子其子，使老有所终，壮有所用，幼有所长，矜、寡、孤、独、废、疾者皆有所养”的理想社会；《孟子·梁惠王上》所描绘的“老吾老以及人之老，幼吾幼以及人之幼”的社会情景，皆可看作是古代圣贤所憧憬的实施“仁政”的富裕、和谐的社会。

在今天，我们如果将礼解释为理想的社会制度和公共秩序、尊崇社会公德的礼仪规则，那么，人们如能养成良好的道德品质，能自觉地约束言行而维护社会整体利益、社会秩序，遵守社会公德，讲究礼仪，就可以说是履行仁的表现。

至于将仁解释为爱人、关心人、关爱人，在今天更有重要意义。再进一步，将仁解释为人道主义，对处理现实生活中的人际关系，处理国际事务中民族与民族、国家与国家的关系，以及在救死扶伤的场合中处理国际救灾援助事务，都是更有积极意义的。

儒家的仁与佛教的慈悲具有相通的意义，然而佛教的慈悲也包括实施于人类之外的一切动物、生命体的范围。这在当今开展环保，保护动物，维护生态平衡当中具有特殊的意义。

（二）忠与诚

儒家讲的忠，原是指忠诚，忠于己职，含有无私、尽心竭力的意思。《论语·学而》有：“吾日三省吾身，为人谋而不忠乎？”《论语·八佾》也有“臣事君以忠”的话。在后世的不少场合，忠经常是指忠于君主皇帝。古代君主代表国家，往往将忠君与爱国、维护祖国“大一统”结合在一起。在今天，中国实行社会主义的民主制度，法律规定最高权力属于人民。因此，今天一般将忠解释为忠于祖国，忠于人民，忠于维护祖国完整统一的事业等。这一概念在蕴含内容上有重大改变。

诚也是儒家的一个重要概念，义为实在，不自欺，在《中庸》中将诚提升到“天道”的至高地位，认为只有做到至诚才能通晓和把握人之性、物之性，从而“赞天地之化育，则可以与天地参矣”。这意味着已达到圣人境界。

我们现在常将忠与诚并用，称为忠诚，例如忠诚于文化事业，忠诚于教育事业，忠诚于国际人道主义事业等。

（三）孝与悌

孝敬父母是中华民族的重要美德。过去讲“忠君孝亲”，认为在家孝顺父母，在朝忠于君主，是两大根本道德义务。孔子后学作《孝经》一书，提倡孝道和基于血缘关系的宗法思想。说孝是“德之本，教之所由生也”，“始于事亲，中于事君，终于立身”。显然，这种具有封建社会特色的解释已经不完全适用于今天所处的时代。悌是亲敬兄长，兄弟和睦。尽管如此，我们仍然应当提倡孝悌之道，提倡孝敬、孝养父母，提倡亲敬兄长，兄弟和睦，以建立和谐的家庭关系和氛围。这也是在构建社会主义和谐社会中不可忽略的一个重要问题。

（四）忠恕之道

儒家的忠恕之道是“己所不欲，勿施于人”。意为自己不愿意的事情，不要推到别人身上。孔子曾说：“我不欲人之加诸我也，吾亦欲无加诸人。”（《论语·公冶长》）教人学会改换角度，要从对方的立场来考虑问题，宽于对人，严于律己，行宽恕之道。在今天处理家庭、单位和周围人际的关系中，应当特别提倡这种精神，提倡谅解、宽容和忠恕之道。这也是在建立和谐社会中应当特别提倡的道德观念。在处理国际事务中，我们提倡“与邻为善，以邻为伴”，提倡彼此宽容、友好协商等，也可以看作是履行忠恕之道的表现。

（五）信

儒家将信看作是重要的道德规范，是“五常”之一。所谓信是指信用，说话要算数，诺言要兑现，答应了的就要担当，就应做到。孔子将“朋友有信”当作是自己希望看到实现的理想之一。他提倡实践“恭、宽、信、敏、惠”，说“信则人任焉”（《论语·阳货》），意为人若守信用则容易得到别人信任、任用。不仅人与人之间应讲信用，国家对人民也应讲信用。弟子子贡问孔子为政的道理，他讲必须做到“足食、足兵，民信之矣”。如果在这三者之中加以比较和取舍的话，即使可以没有兵、没有食，也不可没有信，“自古皆有死，民无信不立”（《论语·颜渊》）。

《老子》说“信言不美，美言不信”，意为可信的言辞未必是华美的，言辞华美的未必可信。《老子》又说“信不足焉，有不信焉”，自己不讲信用，必然招致别人对你的不信任。佛教的戒条中有“不妄语”“不绮语”，反对说谎话，说华而不实的漂亮话。

现在不仅在国内提倡信有重要意义，即使在国际交往中也提倡诚信，提倡守信用，遵守诺言，也是有现实意义的。

（六）佛教的五戒、十善等与社会公德

什么是社会公德？公德是人们在社会公共生活中必须遵循的道德规范和道德准则。公德是为了防止危害公共生活的不良行为发生，保证社会生活的正常运行而确立的共同的道德准则和行为规范。

通过家庭、学校、机关、企业事业单位和社会各种组织团体宣传、提倡社会公德，形成人人维护和自觉遵守社会公德的风气，将形成社会安定、人民安乐的盛世局面。

在这方面，佛教寺院、僧俗信众拥有很大的发挥作用的空间，有许多事情可做。佛教的五戒、十善等，除个别条目具有遵守社会法制的意义外，一般具有社会公德的意义。既然古人们可以将这些条目与仁、义、礼、智、信等道德规范会通，做出为一般世人容易理解的解释，那么，今天我们对这些条目做现代诠释时，应当说可以发挥的内容是更多的。例如在解释不杀生时，可以同时提倡不滥杀动物，保护动物，致力维护自然生态平衡；讲不邪淫，可以加进不嫖娼、不卖淫的内容；讲不饮酒，可以同时提倡戒烟，并且加入不服用毒品，养成良好生活习惯的内容；讲不贪，可以与提倡清正廉明、奉公守法、爱护公共财物和勤俭节约结合起来；讲不痴时，可以鼓励学习新科技知识，提倡积极向上和进取的精神等。

（七）道家和道教的自然无为与清静、素朴寡欲

道家和道教在考虑和论证道德，乃至谈到治国方策时，总是以道为取法的对象和根本原则。道这个唯一的宇宙本原或本体，既然是自然无为的，是清静寡欲的，那么人也应当崇尚自然无为，应当清静寡欲，乃至返璞归真。《老子》所谓道“无为而无不为”，是认为道正是在自然无为中形成天地万物，运转日月四时造就形形色色的事物和现象的。君主应当取法道的无为法则来治理国家，不要违犯自然规律，任意地为所欲为。道家在对道的论述中所包括的崇尚自然、遵循自然规律的思想是十分可贵的。

从道德理念上说，道家和道教提倡的清静寡欲、恬淡无为、素朴和“为而不恃，功成而不处”的谦让、宽厚的道德观念，在今天仍有其实践价值。如果做到无私、寡欲，以自然无为的心态看待自己和周围人们生活中的得与失、利与害、升与降、贫与富，就会坦然处世，心胸豁达，容易将全部心思放到工作中。

佛教也主张“少欲知足”，并且在教义中将“贪、嗔、痴”看作是招致人生一切烦恼的总根源，主张不断克服乃至断除“贪、嗔、痴”和各种烦恼，以达到精神解脱。我们也可以从中汲取有益的成分，用以克服头脑中的贪欲和各种私心杂念，做到心理上平静，精神自由。

如果将无私、无贪或寡欲、无嗔、清静无为的精神运用到处理国际事务中，便可推进建立国与国之间互相尊重主权和领土完整、互不侵犯、互不干涉内政、平等互利、和平共处的良好的国际秩序，促进人类命运共同体思想的传播和实践。

四、建成富强、民主、文明、和谐、美丽的社会主义现代化强国，必须坚持以核心价值观为指导的道德建设

进入21世纪以来，中共中央为推进社会主义道德建设，构建以人为本的社会主义和谐社会先后做出很多英明决策和指示。在党的十八大报告倡导的社会主义核心价值观包括三个层面：富强、民主、文明、和谐是国家层面的价值目标；自由、平等、公正、法治是社会层面的价值取向；爱国、敬业、诚信、友善是公民个人层面的价值准则。2017年10月习近平总书记在十九大报告中强调：要培育和践行社会主义核心价值观；要以培养担当民族复兴大任的时代新人为着眼点，强化教育引导、实践养成、制度保障，发挥社会主义核心价值观对国民教育、精神文明创建、精神文化产品创作生产传播的引领作用，把社会主义核心价值观融入社会发展各方面，转化为人们的情感认同和行为习惯。在习近平新时代中国特色社会主义思想体系中，提出鼓舞人心的两个一百年的奋斗目标，并指出：

> 第一个阶段，从二〇二〇年到二〇三五年，在全面建成小康社会的基础上，再奋斗十五年，基本实现社会主义现代化；第二个阶段，从二〇三五年到本世纪中叶，在基本实现现代化的基础上，再奋斗十五年，把我国建成富强民主文明和谐美丽的社会主义现代化强国。

从以上可以理解，在推进国家社会主义建设“五位一体”的总体布局中，皆离不开贯彻社会主义核心价值观的国家层面、社会层面和公民个人层面的道德建设的要求。

历史证明，人类文明总是在继承中发展，在发展中继承。同样，在进入中国特色社会主义新时代的今天，我们更要认真地挖掘和继承中华民族传统文化，善于将社会主义核心价值观要求和精神与传统文化和伦理思想相融通，以推动源远流长的中华传统文化和伦理思想实现创造性转化、创新性发展，以提高广大人民群众的精神文明素养、道德境界，推进实现两个一百年的奋斗目标，把我国早日建成富强、民主、文明、和谐、美丽的社会主义现代化强国，以实现中华民族复兴的中国梦。

《儒道佛三教关系简明通史》（节录）[①]

第九章　简明的总结

牟钟鉴[②]

一、三教关系历史发展的特点与趋向

总的特点和趋向是：曲折漫长，渐行渐近；又渐扩渐广，普及社会。

中华文明的源头在尧舜三代的“克明俊德”“协和万邦”和“皇天无亲，惟德是辅”，中间经过老子道法自然与孔子仁恕通和之间的互补，为三教关系的发展奠定了原则和方向。从两汉到隋唐，儒学主导，道学（道家和道教）壮大，佛教进入。儒道由互黜而互通，儒道与佛教由生疏、争论到理解、互鉴，形成儒为主、道佛为辅的不等边文化三角间架，左右了中华思想的主流走向。宋明时期，三教理论融合形成三个高峰：儒家道学、道教内丹学、佛教由禅宗发展出各种禅学；同时，攘斥佛老与三教一家的声音并存。明清时期，三教合流扩散下移，从精英文化扩演为民俗文化，影响到其他宗教。民国以来，西学大潮涌进，三教俱被边缘化和贬抑，但仍保持对民俗生活的广泛影响；三教精英用三教通和的精神和胸怀，在坚守民族文化主体性的同时，吸纳西学的精粹，剔除西学的糟粕，推动三教的创新和复兴，展示了自身的顽强生命力和现代价值。由于异质文化各自的特性和相遇初期的陌生，必然产生偏见和摩擦，造成彼此接近的曲折漫长；由于中华文化多元包容的基因和深厚传统，造成异质文化之间的和平交流、互学与接近，使中华文化在兼收并蓄中不断丰富发展。

---

① 本文由牟钟鉴先生提供，出自2018年5月人民出版社出版的牟钟鉴先生著《儒道佛三教关系简明通史·第九章》。

② 牟钟鉴，什刹海书院导师，中央民族大学哲学与宗教学学院教授。

二、三教关系通和的主要原因

第一，中华民族多元一体格局是文化多元通和的社群基础。中华民族是复合型民族。在民族迁徙、交融中，由许多单元民族构成更大的复合型民族共同体即中华民族。作为其中主体民族的汉族是融合型民族，吸纳了大量少数民族而形成，它与各少数民族之间，你中有我、我中有你，不可分离。中华民族的文化也必然是多元通和，既具有丰富多彩的多元性，又彼此血肉相连，是绵延不绝的文明共同体。

第二，长期的农业文明和家族社会造就了中华民族温和、包容的性格。农业文明和家族社会，其特性是：重农兼牧，扶商惠工、和合乡里，尊天法祖，讲信修睦，敬业乐群，向往和平。因此其文化便具有好静、求稳、爱物、贵和、尚文的精神，也重视与周边地区的经济、文化交往互补。中国很早就开通了丝绸之路，它既是经济贸易之路，也是宗教、文化之路，华夷一家成为传统，学习和运用异域物质与精神文明成果已是习惯成自然。

第三，作为中华思想主导和底色的儒学具有包纳多样真理的气度。孔子儒学集三代之大成，而开五常八德之礼义，它的仁恕通和刚毅之道铸成中华文明的核心价值。它以仁爱为最高追求，泛爱众，以天地万物为一体，不分民族和地域，对所有生命一视同仁。其忠道是“己欲立而立人，己欲达而达人”，其恕道是“己所不欲勿施于人”，恕道的精髓是推己及人、将心比心，体谅人、尊重人，提倡平等互尊的爱。孔子讲“和而不同”，《易传》讲“天下一致而百虑，同归而殊途”，讲“会通”“感通”，《中庸》讲“万物并育而不相害，道并行而不相悖”，不垄断真理，从而具有了超越自我、包纳他者的气度。同时也提倡“刚健中正”、弘毅正气，自己有尊严，他者有尊严，互相有尊严。这就为中华文化的开放、包容和尊重学习一切人类文明成果，奠定了基本原则。它本身是人学不是神学，又能敬鬼神和神道设教，把道德教化、扬善抑恶放在首位，因此对各种守法劝善的宗教采取尊重合作的态度。汉以后，儒学成为治国理政和化民成俗的主导思想，为国内各民族多元文化的并存共荣，为各种外来文化的和平进入，创造了宽松的环境，也为政权制定多元文化与宗教并存、因俗而治的政策，提供了理论依据。在三教的共处与相互走近方面，孔子儒学发挥了根本性基础性的作用。

第四，道家和道教本于老子，包容精神是其根本宗旨。《道德经》有“知常容，容乃公，公乃全，全乃天，天乃道，道乃久”的大公无私的宽广胸怀，没有排他性和门户之见，又强调“一曰慈，二曰俭，三曰不敢为天下先”；《庄子》则谓“道通为一”“万物与我为一”。因而道学无主宰意识，讲不争之德，最易于与其他学说平等地沟通和融合，因而有先秦儒道互补，有秦汉黄老之学，有魏晋融儒入道的新道家玄学和援佛入道的唐代重玄学。“道隐无名”，道家通常是润物细无声，不见其形而有其实，儒学与佛教的发展，都离不开它的滋养。

第五，佛教来自印度，有其地域文化的特殊，但包含着普世价值。它讲慈悲喜舍、平等普度、中道圆融、行善去恶、自利利他，故能跨国流传，成为世界性宗教。它传入中国后，以其般若智慧吸引了中国的精英，以其因果报应吸引了中国广大民众。它的慈悲与孔子的仁爱、老子的慈俭相仿佛；它的平等、中道与儒家的恕道、中和，道家的以天下观天下、知和曰常相通；它的“众善奉行，诸恶莫做”与儒家的“博施济众”、道家的“上善若水”一致。还有，佛教讲真俗二谛、圆融无碍、权设方便、契理契机，在解释佛法本义的方法、途径上有很大灵活性，强调多元融通，联系当地、当时、当事的实际，创造性地发挥佛理。因此，它能及时调整初来中国时所宣扬出家，不讲忠孝，忽略日用之偏，而与五常八德相适应，还能以自身特有的方式，促进儒家的道德教化，故能扎根中土。

第六，中国精英有学习儒、道典籍的传统，民间大众有多神和圣贤崇拜的传统。在中国精英和民众容易本着和合的态度去看待新生的和外来的宗教或哲学，包括佛教、伊斯兰教、基督教、西方哲学等，把它们当作百花精神家园中新增的花朵，喜好多彩，不觉怪异，这已成为一种文化基因。生存在这种社会土壤上，受到这种氛围的感染，外来宗教，特别是它在中国的信仰者，容易在坚守自身信仰的同时，把自己看作多元中的平等一员，把其他学说和宗教作为常态下的邻居，常来常往，与之逐步建立友好关系。中国许多僧人早年学儒学道，尔后入佛，故三教知识兼备，有益于吸收儒道来推动佛教中国化。

三、三教冲突论与三教融合论

第一，三教冲突论源自孟子辟杨墨，视之为异端。唐代儒者韩愈在《原道》《谏迎佛骨表》中发展为辟佛老，以为“释老之害，过于杨墨”，所以要“抵排异端，攘斥佛老”。道教史上持冲突论的代表作是魏晋南北朝时期道士顾欢的《夷夏论》和南齐道士托名张融作的《三破论》。前者强调佛教乃“西戎之法”，不适合“中夏之性”；后者则谓佛教“入国破国”“入家破家”“入身破身”。儒家持冲突论者，是佛、道兼斥；道教持冲突论者，是联儒反佛。三教冲突论在三教关系史上是支流，它所提出的问题和对他者指责，在客观上刺激了对方要做强做好自己并有针对性地对批评做出回答，解决社会的疑虑，有益于三教自身的发展。

第二，三教融合论。计其大者有五种。一是三教本末内外论。如慧远：“求圣人之意，则内外之道可合而明矣。”葛洪：“道者，儒之本也；儒者，道之末也。”二是三教均善均圣论。如慧琳《白黑论》：“六度与五教并行，信顺与慈悲齐立。”沈约《均圣论》：“内圣外圣，义均理一。”三是三教殊途同归论。如宗炳《明佛论》：“是以孔老如来，虽三训殊路，而习善共辙也。”道安《二教论》：“三教虽殊，劝善义一，涂迹诚异，理会则同。”四是三教同源一家论。如王重阳《金关玉锁》：“三教者不离真道也，喻曰：似一根树生三枝也。”其诗：“三教搜来做一家。”邱处机《磻溪集》：“儒释道源三教祖，由来千圣古今同。”五是三教分工合作论。如契嵩《辅教编》：“儒者，圣人之治世者也；佛者，圣人之治出世者也。”“孝也极焉，以儒守之，以佛广之；以儒人之，以佛神之。”孤山智圆《闲居编》：“儒者，饰身之教，故谓之外典也；释者，修心之教，故谓之内典也。”德清《憨山大师梦游全集》：“为学有三要，所谓不知《春秋》，不能涉世；不精老庄，不能忘世；不参禅，不能出世。”三教融合论是三教关系史上的主流，它使人们更清醒地认知三教共处互学的必要性，理性地看待三教关系，推动三教接近、互鉴，与时代同行，以满足社会的多方面需要。

四、三教同异与互补

（一）三教之同

三教之所以能走近，在于有相似的价值追求，所以能够求同存异。一是在人生观上，都反对追权逐利，而追求人生境界的提升，向往高尚的精神生活。二是在社会观上，都主张济世利人、社会和谐、民众安乐，反对欺诈、压迫、犯罪、战争。三是在解脱论上，都倾向于人性本善、本净、本明，其恶来于本性受污染、被遮蔽、暂丢失。只要努力修习，发明本性，便可从低俗中解脱出来，而曰：人皆可以为尧舜，人皆可以成佛，人皆可以成仙，救赎依靠自力，凡人与神圣之间没有不可逾越的鸿沟。

（二）三教之异

三教之所以近而不混，合流而未同一，不排斥仍有门户，在于各有特色和功用，可以互补，却不能彼此取代，因此需要分工合作。一是在人生观上，儒家强调道德人格的树立；道家主张顺性真朴，道教倡导重生贵养；佛教追求禅悟解脱。二是在社会观上，儒家有小康大同之说，追求人际和谐有序，礼乐昌明。道家有小国寡民之说，追求人与自然的和谐；道教有洞天福地之说，追求神仙境界。佛教有极乐净土之说，追求人间佛国。三是在人我观上，儒家讲仁义忠孝，道家道教讲谦和不争，佛教讲慈悲喜舍。四是在政治观上，儒家讲修己安人，为政以德；道家道教讲无为而治，清静自正；佛教讲超度众生。

（三）三教各自的优势与互补

前文提到三教分工合作论，事实上确实三者各有侧重，以满足社会不同的需求，这是长期社会实践的经验所形成的普遍认知。一是在人生需求上，儒家教导人们如何按照礼义文明的要求做一个仁智勇兼备的人，为社会昌盛、大众福利做贡献，因此制度建设、社会治理、道德教化都离不开它，所以它成为主导思想；但它只讲今生今世，对于生死鬼神和现实之外存而不论，不能化解人们对生死的焦虑，无法满足人们对永生的向往。道家和道教勾画了一幅避开尘世的桃源逍遥之图景，成为一些避世隐居者的生活追求；它所提供的用性命双修来达到健康长寿乃至长生的途径，有益于祛病健身，这恰恰弥补儒佛之弱项；其斋醮科仪的仪式能满足普通民众消灾求福的心理需求，这是儒家道德教化所不能代替的。佛教的优势很多：它的劫量说开启了中国人“六合之外存而不论”的狭窄眼界；它的性空缘起和四谛说揭示了现象世界的暂时性和人生的苦难，唤起人们寻找对治药方的愿望；它的佛性说、般若说和涅槃说启示人们看破红尘、解脱烦恼，形成新的生活态度和生活方式；它的慈悲同体、普度众生、舍己救物的情怀，其感召力超出儒道，成为社会公益事业的重要推动力量；它的三世因果报应和天堂地狱说，从理论逻辑上比较圆满地解释了现实中“杀生者无恶报，为福者无善应”的善福不对应现象，用来生遭恶报警告作恶者，用下世得福报鼓励为善者，逐渐成为中国人主导的看待吉凶命运的态度，对民间移风易俗起了积极作用。从信仰心理学上说，佛教的“一念善即天堂，一念恶即地狱”，有极大警示催醒作用，一个人是向上还是堕落，就在一念之间，能救我们的只有自己。在中国佛教学者看来，佛教不是儒、道两家的对立面，而是它们的补充和扩展，如宗炳《明佛论》所说“彼佛经也，包五典之德，深加远大之实；含老庄之虚，而重增皆空之尽”，佛教能“陶潜五典，劝佐礼教”。

（四）三教各自向对方学了什么

儒学主要向道家道教学了大道之学，建立哲学的体用论；学了道家的超然意识，而有宋明儒学。儒学向佛教主要学了禅学、华严、唯识，而有宋明新儒家和现代新儒家。佛教主要向儒家学了入世的精神，从而形成在入世中出世的人间佛教，并以儒家五常八德为自己的宗教道德信条，然后用善恶报应加以推广；佛教主要向道家学了玄理和养生，并运用在佛典翻译和禅定上，从鸠摩罗什到玄奘，佛典汉译用语最多的是道家的词汇，如道玄、有无、体用、动静、真假、言意、空有等，并运用老庄和玄学的抽象思维接引佛法进入中华，其禅定的静虑、调息亦受道家道教影响。道家道教主要向儒家学了仁义之道，而有黄老之学和魏晋新道家即玄学；主要向佛教学了破执论和双遣法，而有唐代重玄学；其性命双修中的性功是对儒学和佛学的吸收，故能达到“极高明”；其功行两全中的行德乃是兼儒家博施济众与佛家利乐众生而成其“道中庸”。三教互相学习吸纳，越到后期越有力度，故有些三教学说之间的界线十分模糊，坚守的只是最底线。

（五）三教分工合作论述评

（1）儒学治国，道学治身，佛学治心。此说有合理性，但不完整。治国非儒家莫属，佛道皆不与之相争，但儒家亦重心性。道学之性命双修，以命功养身为特色，但其性功亦重炼心。佛学之参禅，在于明心见性，谓其治心之学大致妥当，可也有间接治国之效。

（2）儒学正心，道学静心，佛学净心。就心性之学而言，此说精妙。儒学主诚意正心，明德修身，避免偏狭溺情，然后才能齐家治国平天下。道学主清静炼心，克服躁动，致虚守静，清静为天下正。佛学主脱染归净，破除三毒（贪嗔痴），而诸苦所因在贪欲，欲消苦尽，犹如莲花出污水而不染。

（3）儒曰存心养性，道曰修心炼性，佛曰明心见性。此说见《性命圭旨》，谓三教皆重心性之学而途径有异。儒曰存心养性，以性本善为出发点，故主存其初心，养其善性。道曰修心炼性，以性本自然为出发点，而欲返璞归真，必去贪除伪，修炼心性。佛曰明心见性，以佛性本有、自性清净为出发点，凡夫为妄念所迷，着境烦恼，故要观心见性，觉悟成佛。

（4）儒学乐生，道学养生，佛学无生。此说为冯友兰所概括而出，能展示三教生命哲学之差异，但需要解释。儒学乐生，确为事实，孔孟乐学乐教乐友乐道，以道德人生为乐。道学养生，身心俱养；道家以啬养生，道教则性命双修，追求深根固柢、长生久视。佛学无生，是指人身四大和合，毕竟无体，故要破除我执；但真如常在，如能发菩提心、只为众生得离苦，则可升入常乐我净的涅槃境界，而得超生，故其无生是破小我而立大我。

（5）儒家入世，道家避世，佛家出世。儒家的入世精神既是它的初心，又是它的一贯之道，始终以天下为己任，天下兴亡匹夫有责，先天下之忧而忧，后天下之乐而乐，有强烈的社会责任心和历史使命感，故被佛家称为世教。道家的避世主要体现在隐逸派身上，不参与政事，做社会的旁观者，乐于在社会边缘地带生活，过自得其乐的田园生活。也有隐于市、隐于朝的道家人士，结庐在人境而无车马喧，心远地自偏耳。老子讲道隐无名、与世无争，但也讲无为而无不为、救人救物。庄子向往无何有之乡的逍遥，但也批判“窃钩者诛，窃国者为诸侯”的现实。后来黄老之学、玄学和道教增加了入世色彩。佛教本来是出世的，离开社会，出家为僧。进入中国以后，受儒家入世的影响，佛教开始讲在入世中出世，运水搬柴无非妙道，坚守“无念为宗、无相为体、无住为本”的心灵上的出世，而在行为上是参世的。晚近居士佛教更是走向社会，与世相连；人间佛教以出世的精神做入世的事业，将出世与入世打成一片。总之，要看到三教内部的多样性和三教关系的动态性。

五、三教关系发展史给我们提供的经验、教训和当代价值

第一，历史经验证明，中华文明共同体内部多元文化之间、中华文化与外部进入的异质文化之间，都是可以通和互补的，只要主流社会承认多元真理并行而不相悖，彼此尊重，从相互了解到相互学习，都可以走到一起，“五色交辉，相得益彰；八音合奏，终和且平”（冯友兰：《西南联大纪念碑文》），中华固有文化与外来佛教的融会是异质文化交流互学最成功的范例。

第二，有差异就会有矛盾，有矛盾就难免发生冲突，多样性文化之间、本土文化与外来文化之间，从陌生到接触，从碰撞到对话，从误读到正解、从互黜

到互鉴，有一个漫长的过程。冲突并不可怕，只要它是温和的冲突，即不动干戈，诉诸口头争论、批评甚至激烈指责，都会促进彼此的了解由表面到深层、由片面到全面。魏晋南北朝时期三教间的若干次大辩论，事实上为隋唐三教鼎立与合作提供了思想营养和理论准备。而“三武一宗灭佛”则在短期内破坏了三教会通的正常进行，成为教训，幸而未成为传统。因此，不抹杀差异，不进行对抗，开展讨论和争鸣，是化解文化冲突为文化和谐的文明方式。

第三，中国文化与印度佛教文化的会通，既受益于中华和而不同大环境的宽松，也依赖于中印佛教界取经送经的频繁交往和一大批中国学僧（也包括西域学僧）长时间坚持不懈的译经、解经、撰论的工作，使中国学人一代又一代相续读经、消化、吸纳、创新，前后达数百年之久，并没有捷径可走。中国伊斯兰教与宋明理学的会通也延续了二三百年。民国以来，三教关系扩大为三教在衰微之后的复兴及与西方异质文化之间的会通，直到今天仍在曲折进行中。没有西方文化的刺激和输液，中华文化难以更新和复兴；反之，中华文化若根基不深厚、力量不足，也难以有效吸收西方文化的营养并使之具有中国特色。佛教的成功中国化，使中国人有信心有智慧运用正在焕发新生命的三教，尤其是依靠当代新儒家文化，去选择、消化西方文化，使之中国化。但西方文化在世界上是强势文化，它与中华文化之间的异质性比之中印文化有更明显的差距，因此需要更大的努力和更长的时间去会通，在这个过程中，三教文化也会因西学新质的进入而出现新的面貌。

第四，中国不是一个典型的民族国家，而是地域广袤、民族众多的一个不大不小的世界，一个颇具规模的文化共同体。三教关系及其扩展而成的文化多元通和模式，能够在全球化和现代化的今天，为打造人类命运共同体提供中国的智慧和经验，有益化解冲突，制止战争，推动国际社会建立互相尊重、合作共赢的新型国家关系和多彩、平等、和谐、交流、对话、同情、互鉴的文明关系，为人类文明的现代转型做出自己应有的贡献。当代享誉海内外的人类学、民族学、社会学大师同时又是中华文明的思想巨匠费孝通先生提出文化自觉十六字真言：各美其美，美人之美，美美与共，天下大同。此十六字乃是中华仁和精神与传统的最新结晶，其中就包含着儒道佛三教关系的历史智慧，它为多民族与多元文化和谐相处提供了普世价值准则，为推动世界文明对话做出了卓越贡献；它顺应时代，合乎人心，已经传遍大江南北，飞向五洲四海，受到人们广泛衷心的欢迎，这是中国人值得自豪的。最后，我要指出，费孝通先生的十六字真言，也是对本书撰述的儒道佛三教关系史最为精辟的总结。

宗教之于心理生活诉诸
——什刹海书院的朝阳

沙莲香[1]

[引子]

事情的缘由

事情的缘由，是去参加什刹海书院道学季的听讲，时间是2018年9月23日上午9时。书院的吴春安先生早有微信通报，我当即回复参加全日听讲。而在事实上，这个学术活动是在9月22日上午和下午，我也是记得的。但是，我把23日当成了22日，约8点，从世贸天阶赶去参会。近9时到达什刹海书院，却见书院红色的大门是闭着的，这个时候方知我把时间弄错了。于是，便进了广化寺。

在广化寺寺院，陆续有信众进香膜拜，有年长者、有年轻人，中有一对似新婚之人，男才女貌。寺院的一个台面上摆满了佛宝，有送来的、有取走的，都是随缘。我随缘走进大雄宝殿进香礼佛，又在广化寺的钟楼和鼓楼中间踱步，走在中轴线上。

此刻，成了我对中轴线的感念：2004年，同当时在读的学生一起调查北京中轴线上的建筑和四合院，寻求2008北京奥运会的人文迹象。我们得到了保护四合院的名人志士诸多帮助，他们是黄宗汉博士、王汝丰教授、刘志雄先生、吴建庸教授、周永欣局长、王军先生、华新民女史等。王来顺先生和夫人胡庆平女史为“北京宗教”全景图做了重要补充。2005年6月，在中国人民大学新落成的展

① 沙莲香，什刹海书院导师，中国人民大学社会心理学所教授、博士生导师。

览大厅举办了“我们心目中永恒的北京”人文地理图片展；最后形成了《奥林匹克与北京奥运：2008期待与责任》一书出版[①]，邀请了保护四合院的朋友撰稿，有：叶金中、郑希成、刘阳、杨信、张金起、杨沛、刘志雄、吴建庸；庞青博士为书的出版承担了多种费用。书的扉页印有我的学生、已故的马久成博士为人文地理图片展特制的皮雕，名字叫《老北京四重城》。这件珍贵的皮雕作品使全书烁烁闪亮，却也因为才子陨落而成了“绝唱”。

什刹海书院设在鼓楼西大街的广化寺。广化寺，一座著名的大型佛教寺院，是北京市佛教协会所在地。我步入广化寺的时候，第一眼关注到的是寺院置于中轴线，为四合院布局。

北京中轴线是世界上唯一长达8千米的城市轴线，南起永定门，北至钟鼓楼。梁思成先生曾说：“北京独有的壮美秩序就由这条中轴的建立而产生。”

这座四合院式样的寺院，分出中院、东院和西院三大院落。

中院是全寺建筑的主体，依次分布着山门殿、天王殿、大雄宝殿、藏经阁等主要殿堂。中院两侧对称排列着钟楼、鼓楼、伽蓝殿、祖师殿、首座寮与维那寮，寺庙建筑，雕梁画栋又寂然起敬。中院的外墙上布有不断更换着的书画，我曾去那里观看过。东院由戒坛、斋堂、学戒堂、引礼寮等堂寮组成。什刹海书院设在东院，书院不时举行文化、科学演讲，举办书法绘画展览，周日有古琴教学，琴声缭绕。西院有大悲坛、祖堂、法堂、方丈院、退居案。三个院落之间，有回廊环绕着，形似大小四合院重重叠叠而又错落有致，大中有小，院中有院，安宁温馨。寺内，古柏苍翠，曲径通幽；僧房此呼彼应，僧人相见，拱手礼仪；古朴中渗透着书香雅气，让人分享那份安详、庄严与神圣。

在中轴线与寺院的布局安置上，我注意到，广化寺院内的钟楼、鼓楼是位于中院的两侧对称排列着，而中轴线终端的钟楼、鼓楼是一前一后的钟与鼓，可见，对城市钟鼓楼的安排，在这两处是有讲究的。广化寺院的钟楼与鼓楼，置有佛龛禅像，不断有信众进香，香火旺盛，信众告诉我，寺院也是每日朝钟暮鼓。

什刹海书院是已故汤一介先生所创建的研究机构，汇聚海内外知识人于一堂，以文化研究与文化传承为愿望，促进中国传统文化的全面复兴。现在，有汤一介先生的遗孀乐黛云先生和书院常务院长怡学法师带领全院，屡屡举办活动，

① 沙莲香、马久成主编：《奥林匹克与北京奥运：2008期待与责任》，北京：新华出版社，2007年。

广交友深爱人。在参加书院的活动中，深感文化传承的责任之重，深爱着这个书院和这个寺院。

那天，我与两只黑白间色的小花猫前后相遇，它们缠着我的腿脚不肯走，这时发现很近的地方有两只大碗，一碗猫粮、一碗水。它们找我，让我很高兴，我也很喜欢它们。其中大一点的随着我来到大雄宝殿庭院，最后在一个长椅子上依偎我，坐着、躺着，洋洋洒洒，我在看手机并拍照，它用手、用脚和我玩，直到我离开寺院。

这里，在寺院、在书院，宗教与科学以及宗教与艺术，亲密无间，神明高扬又充满人间气息，是神性的又是人性的，是科学的又是艺术的，高扬着宗教之圣之美。

一、宗教作为“存在者”

宗教是一种存在。在现象论的视角下，宗教是“存在者”，蕴含着某种“意义”。

“存在者”这个概念，我从萨特《存在与虚无》[①]书中借用；萨特认为现象的存在有三个特点：存在存在；存在是自存在；存在是其所是。如果将这三个特点转换为另一种表述，则是：存在者是存在着的；存在者不是依据他物而存在，它是它自身；存在者是它自己成为自己的那个样子。“存在者”这个概念在日文里叫“某物”（“ぁるもの”）[②]即“那个物”，意味着：在日本人的精神世界有个必须遵从的“ぁるもの”，一种不为人设的“ぁるもの”，自身含有力量的“ぁるもの”。

本文注重“存在者”即“是其所是”这样的概念规定，要表示宗教作为“存在者”是自己对自己的规定，是它自己成为自己的那个样子，是自我规定，无需外力施加其上，即宗教的存在根据在其自身，其自身蕴含着规定因，它是不可取代的。宗教是“存在者”也意味着宗教不再是科学的组成部分，是科学不可取代的领域。宗教社会学鼻祖涂尔干（E. Durkheim，1859—1917）在他的《宗教生活的基本形式》一书中说，宗教是一种存在，科学无法取代宗教；宗教作为一

① ［法］萨特著，陈宣良等译：《存在与虚无》，北京：三联书店，1987年，第27页、792页。

② ［日］和哲辻郎：《日本精神史研究》（日文版），东京：岩波书店，1940年，第250页。

种概念，只要它是其所应是，便一成不变。[①]

那么，宗教作为“存在者”，它的自我“规定因”是什么呢？可不可以将其概括为“意义”呢？就是说，宗教作为“存在者”是其自身含有某种“意义”，或者说，宗教作为“存在者”有其“意义”规定。这一来，便遇到“意义”这个概念，而“意义”是怎样的概念？

“意义”近似于人们通常称谓的事物的“质”（事物在质与量上的规定）而又远比“质”要深刻。事物的“质”表示事物的内在性，“质”规定着事物是这个而不是那个；而具有某种质的事物必也含有某种意义的，这是说，物的存在带有“它是什么”和“它的存在意义”这两个方面的含义即双重含义；对物的认知包含着对这个双重含义的认知。在宗教的存在及其意义这个议题下，对宗教的认知包含宗教是什么及其存在意义的认知；当我们将宗教具体化为佛教的场合，对佛教的认知则是对佛教含义及其存在意义的认知。

宗教含有的“意义”表现在它的诸种特质上。在诸种特质中，本文注重的，是它含有的仁慈；在现实状态下，宗教含有的仁慈特质即是悲悯情怀和行善之举，以及艺术上的审美。于是，又可不可以说，宗教存在的性格特点是它对真善美的恪守。这就是说，用“意义”表达宗教作为“存在者”的“规定因”，是要揭示宗教既有质的规定，宗教又有对慈悲审美的追求，它是内在的又是外现的，是美好的又是敬畏的，慈心悲心，普度众生。广化寺大雄宝殿的正中供奉释迦牟尼佛，东西北方供奉五佛即五尊佛，又作五智如来，正是各有其能、自有其美，展现着佛的形象美和慈悲之美。

也是在现实状态下，在将佛的形象美和慈悲之美转换为艺术品展出的状况下，任何一场佛像艺术品展览都是观众对佛教的敬畏与仰慕，一种崇高的心理生活、一种社会学习。9月，在首都博物馆举办了佛像艺术品展览，此外还有大辽五京展，两个展览差不多在同一个时候举办，促使观众对佛像艺术品的理解与欣赏，感受佛像造像艺术透射的审美意识和文化精神，感受艺术对圣对美的追求。我前后三次观看这两个展览，首次是刚刚开展就去了，在门外排队许久，进去之后，夹在人流中走马观花，第二次是陪来京的弟弟前往，看得比较仔细，第三次是去补拍佛像的细微之处，细细地感受。北京故宫博物院斋宫，于10月23日举办

① ［法］爱弥尔·涂尔干著，渠东译：《宗教生活的基本形式》，上海：上海人民出版社，1999年，第565—568页。

了“佛陀之光——故宫博物院与止观美术馆佛教造像展”，展出百多件佛教造像展品，显示了佛教艺术的源远流长和艺术风貌，我怀揣崇敬之心走进这座熟悉的斋宫，冥冥中暗恋着精美绝伦的佛教造像，走动在展厅，就像川流在群像之海。这里是流动不息的人潮，感戴佛陀，祈愿美好。

二、宗教心理需求

信众的祈祷行为所要表达的是信众的心理需求和需求满足，或者说，心理需求和需求满足是信众祈祷行为的内在依据；而祈祷行为是以个体行为为基点的群体行为，这个群体行为形成之后又为个体行为提供着相互依托、相互勉励的心理力量。可见，祈祷这种群体行为，同社会学意义的群体行为有相似之处又有所区别，从祈祷是一种群体形式看，祈祷行为是以每个祈祷者为基点的群体行为，然而，每个祈祷者有不同的心境，喜怒哀乐不一，都在祈祷的瞬间感知自己祈求的那个“存在者”。对“存在者”的感知效应便是在祈祷状态下产生的“暖心”，感受到的“温柔与暖意”[①]，这种“温暖”心态是一种心理“融合”，而这种“融合”是瞬间体验。这种情况在佛教艺术品展览中，即是观众相互之间的“谦让”，也即是在观赏中，观众之间没有“干扰”，而有的是“谦让”，以及这种“谦让”背后的“理解”，这里姑且将这种心理现象表述为观赏心理。观赏心理是心理共鸣所产生的群体心理现象，成为观众所遵循的人际默契。在参观首都博物馆佛像艺术品展览的场合，有个场面让我格外注意、格外崇敬，那天有一位老翁在佛像前端端正正躹躬，引起周围人起敬，表明佛像与观众之间、观众与观众之间存在一种心理关联性，而这种带有敬畏感的心理共鸣是潜于心理底层的诉诸，属于宗教心理满足。宗教心理同集合状态下的群体心理不同，更同广场的群体狂热不同。

人类的心理需求在马斯洛的需求理论中，以层级化的形式，将不同的需求置于不同级别的层级上，这就是：生理需求、安全需求、社交需求、尊重需求和自我实现需求，是五个层级的不同心理需求；这个理论虽有不足但却反映出人本

① 精神生活中的“‘暖心’，感受到的‘温柔与暖意’”这个概括，引自和哲辻郎著《日本精神史研究》（日文版），东京：岩波书店，1940年，第244—247页。

主义对人的存在价值的尊重，克服并补充了其前关于社会本能研究的不足[①]。

人类对宗教的心理需求也是一种社会心理需求；在宗教特有的意义上，宗教心理需求又可以说是具有超越性的心理需求。这种宗教心理需求表现在展厅这个活泼的空间里，便是一个个观众所持有的心态和观众相互影响、相互促进形成的群体心态，不论是一个个观众的心理表现还是整体上的群体心理表现，都是温和的、沉浸的、审视的，是观赏、是品味，甚至于是陶醉，有着对佛祖的敬仰和崇爱，都可以用宗教需求满足来解读。

三、佛教与艺术

佛教与艺术，大概没有分离过。佛像艺术史包括造像、绘画、建筑、书法与音乐；艺术与宗教互为美。在我国历史上将宗教与艺术连接为一体的是僧人和士人。

《中国佛教艺术史》，完好地揭示了佛教艺术的特点，读起来感到欣喜若狂。唐代吴道子画的佛、菩萨、罗汉、天王及高僧，为人称道，他被视为“画圣”，对后人影响至深。苏轼曾谓“画至于吴道子”，称赞吴的绘画技艺“盖古今一人而已”[②]。八大山人和石涛，几乎同时代人，两人皆为和尚，绘画巨匠，被现代画匠张大千尊崇，自称仿效八大山人和石涛为其绘画之始。石涛的画风别具性格，他的“一画论”是其绘画思想的核心，“一画之法，乃自我立”，并将这个思想置放在“不立一法”与“不舍一法”之间驻落。他给自己的艺术创作提出的要求是“天然”这个至高无上的境域，在这个境域实现“不立一法”“不舍一法”的艺术思想，实现“物我交融”的精神状态。[③]可见，石涛的一画论所要求的绘画状态在于摆脱现实规则的束缚，打破个人体察与天地之道的约制，他要实现的“物我交融”状态则是他形而上的追逐。

《护生画集》[④]一书，为弘一法师所著，由画家丰子恺绘制而成。弘一法师，原名李叔同，出家后法名演音号弘一，被佛门称为“重兴南山律宗的第十一

① 沙莲香主编：21世纪社会学系列教材《社会心理学》第四版，北京：中国人民大学出版社，2014年，第168—171页。

② 赖永海、王月清主编：《中国佛教艺术史》，南京：南京大学出版社，2017年，第229页。

③ 《石涛画集》上卷，北京：荣宝斋出版社，2003年。

④ 丰子恺绘，弘一法师、许士中书：《护生画集》，上海：上海人民出版社，2005年。

代祖师”。清初明来，高僧善书画自成一体者恐无出其右。而他的艺术风格始于原来的纯粹审美自觉地走向了宗教精神统摄下的审美追求。[①]夏丏尊在1940年“序言一”中说，弘一和尚50岁时，子恺绘护生画50幅，和尚亲为题词流通，即所谓护生画集者是也。今年和尚六十之年，斯世正杀机炽盛，弱肉强食，阎浮提大半沦入劫火。子恺于颠沛流离之中，依前例续绘护生画60幅为寿，和尚仍为书写题词，使流通人间，名曰继续护生画集。丰子恺在1949年“序言二”中说，弘一法师50岁时（1929年）与我同住上海居士林，合作护生画初集，共50幅。我作画，法师写诗。法师60岁时（1939年）住福建泉州，我避寇居广西宜山。我作护生画续集，共60幅，由宜山寄到泉州去请法师书写。《护生画集》共六集，充满着慈悲为怀的宗教精神，对于坊间屠杀动物的不忍之举，提倡戒杀与护生，诉以生命至上的要求即行善、悲悯和宽恕。开章第一集第一章第一条的画面是两夫持棍，赶着猪群（暗示送屠宰场），题目叫众生，诗文为“是亦众生，与我同体”，表达了宗教精神统摄下的悲悯情怀和对生命的诉诸。

宗教与艺术共同构成悲悯为怀的慈心善行。宗教的存在具审美甚至是唯美的特点，艺术作品是宗教精神落地的重要依托。

---

① 丰子恺绘，弘一法师 、许士中书：《护生画集》，上海：上海人民出版社，2005年，第253—254页。

中华传统文化教育初探：历史、现在与未来

祝安顺[①]

中华传统文化教育，是指以中华优秀传统文化为主要内容的教育教学实践活动。广义而言，家庭、社区、学校、机关单位都可以开展。狭义而言，特指将中华民族历史上流传下来的体现着民族情感认同、价值追求和道德规范的基本典籍纳入各级各类学校的一项综合性教学活动。也称“中华经典教育”“国学教育”“读经教育”。

文明是普世的，文化是特殊的。在全球日益变成“地球村”的今天，为何要完善中华优秀传统文化教育，便成为极具中国特色的问题。

该问题是当下才有的吗，有无历史踪迹？如果有，它是如何变化的，它在当下有什么样的特征？政策动态将如何影响今后的学校教育教学？为什么有“读经问题是学校读经问题”这样的判断？在学校开展传统文化教育教学有何特殊意义？当下有哪些学校做得比较持久且富有特色？如何在当下的大中小学开展具体的系统教学？未来又有哪些问题需要我们倍加关注？这些问题既有历史价值，又有现实需求；既与文化信念相关涉，又与教育教学实践紧密关联。

一、百年“读经”

台湾学者龚鹏程先生在《读经有什么用·后记》中说：“古代中国人自幼受教，无不读经，读经从来就不是个问题。可是晚清的局势，使人体会到再读这些老古董，恐怕即要亡国灭种了，欲求富强，唯有废经。……读洋经，学西方，才是进步的，开明的；继续读中国经典则是保守落伍。”读经，在民族独立和国

---

① 祝安顺，什刹海书院特聘教授，清华大学中国思想文化研究所毕业，史学硕士。现为中华书局编审，中华书局经典教育推广中心主任。

家富强成为近代中国集体优先解决的大事面前，已变作一个符号象征，不用讨论便可直接定性——落后、保守。

抛开时代覆盖在读经问题上的符号象征，读经问题到底是什么样的问题？台湾黄力生先生在1953年出版的《读经问题》中指出："读经问题是学校读经问题。因此它是一个教育问题。但同时它又是一个思想问题。对于青年，关系重大。而青年为国家未来之主人。所以对于国家，也关系重大。那么读经问题就是一个问题了。"读经问题为什么就一定是学校读经问题呢？在西亚、欧美，读经问题则主要是教会读经问题。

学校，尤其是中小学校，从什么时候起开始不读经呢？1912年1月29日，蔡元培先生就任中华民国临时政府教育总长时曾下令，小学堂一律废止读经。这是读经史上的标志性事件。蔡先生指出："普通教育废止读经，大学校废经科，而以经科分入文科之哲学、史学、文学三门，是破除自大旧习之一端……旧学自应保全。惟经学不另立一科，如《诗经》应归入文科，《尚书》《左传》应归入史科。"如何在新式学堂中安排儒家经典的学习呢？蔡元培先生在1935年的《教育杂志》读经问题专号中说："为大学国文系的学生讲一点《诗经》，为历史系的学生讲一点《书经》与《春秋》，为哲学系的学生讲一点《论语》《孟子》《易传》与《礼记》，是可以赞成的。为中学生选几篇经传的文章，编入文言文读本，也是可以赞成的。若要小学生也读一点经，我觉得不妥当，认为无益而有损。"近代以来，中小学教材基本按照蔡先生的思路来编排。

由此可见，读经之争议的关键是中小学生要不要读经。杨寿昌先生在1935年的《教育杂志》读经问题专号中说："读经一事，至大学部则为专门之研究，无论何人皆不能反对，不成问题，其有问题者则在中小学部。"2010年，台湾师大王家俭先生在其学生的硕士论文《民初读经问题研究·序》中说："读经问题，从表面上看来，虽是中小学生是否应该读经问题，实际上所涉及的层面相当地广泛，其中涵盖自清末以来中西文化论战的问题，传统派与现代派之争，乃至新旧思想冲突的问题，因之而有赞同派、反对派及折中派……读经一事，原本是一个见仁见智的问题，教育界与学术界的论辩已够热闹，想不到竟又与政治扯上关系，因之增加其复杂性。"

如此复杂的问题，在救亡图存成为第一要务的近代中国史上变得不再那么重要，但并不意味着不存在，这在教育、社会思潮上仍然存在明显的五个阶段。

（一）1894—1911年，中华传统文化教育从独尊到边缘之变化

甲午之败、戊戌变法、义和团运动、八国联军入侵京城以后，晚清政府迫于形势的变化，在1905年废科举，立学部，颁学制，兴学堂。在三千年未有之大变局前，中国延续了千年的科举考试从制度到内容，从教学目标到考试形式，都发生了彻底变化。但在当时，政府还是希望保留儒家经典的主导地位，其中最著名的人物是张之洞、张百熙、吴汝纶等人。如张之洞便提出，中小学宜注重读经，以存圣教。经书为中国圣教之所在，中国之经书，即西方之宗教。具体做法是，1905年，张之洞于武昌创设“存古学堂”，设经学、史学、辞章与博览四门课程，1907年去博览。各省督抚予以支持，1911年学部予以认可。规定存古学堂以养成初级师范学堂、中学堂及与此同等学堂之经学、国文、中国历史教员为宗旨，作为升入经学科大学的预备人员，每省只得设一所。但是，除了因晚清政局的急剧衰弱而无力落实他们的主张之外，西学东渐的势头也愈加猛烈，使得整个社会对如何处置儒家经典在教育中的传承路径提出了反对“读经”、转化经典、替换经典、颠覆经典等不同的主张。

反对“读经”者的代表言论：①小学堂读经，既不符合古教育法，也不符合现代教育原理，中国身处列强竞争的危局，要合乎教育原理，利于推行新式教育（顾实《论小学堂读经之缪》，《教育杂志》第一年第一期）。②新学不振的原因主要是科目太紧、时间太多、重视读经、轻视国文、年限太长、程度不合等（陆费逵《小学堂章程改正私议》，《教育杂志》第一年第八期）。③经书不适合做教材，因其内容较深奥，要有一定的人生经验才能了解。但经书可变通，从而将经书的内容分解到修身格言和国文课中。认为存古学堂不可设，保存国粹不足以补救大局、安全身家。

转化经典者的代表言论：1911年，以张謇为会长的中央教育会在北京开会，认为经学意旨源微，非学龄儿童所可学，采取经训为修身之格言，小学内不设读经一科，但未被清廷采纳。当时《教育杂志》主编、中华书局创办人陆费逵先生则提出了细致的转变路径：①精义格言，入修身课本；②治平要道由法科大学及专门法政学堂编入讲义；③文章古雅可诵的，选入国文读本；④古事制度，纳入历史书。初小可采用第一种，高小以上可采用第三种方法。陆费逵的主张成为民国元年制定新教育的方针之一。

替换经典者的代表人物主要有王国维和康有为。王国维先生提出，要用西

方的哲学（主要是德国的古典哲学）取代中国的经典。戊戌变法失败后的康有为则提出设立孔教会，并立孔教为国教的倡议。

颠覆经典者的代表是由新式学堂培养或留学回来的一批近代知识分子，他们完全走到读经讨论的另一面——彻底与传统经典决裂。这是当初设立新学堂的创设者们无法预料的。

中国近代史乃至整个历史都有一种特别的吊诡之处，本来事情发展的路径有很多条，但走着走着却只剩下一条路，那就是彻底推翻过去，而后逐渐纠正，最后又是一场彻底的颠覆。

（二）1912—1928年，中小学读经课废置之反复

中华民国临时政府成立，蔡元培就任教育部临时总长，下令小学堂一律废止读经。袁世凯复辟，下令全国中小学堂恢复读经。袁世凯下台，再次废止读经。北洋政府时期，湖南军阀何健上台以后，要求湖南中小学堂恢复读经；广东军阀陈炯明上台，广东中小学堂恢复读经。总之，该时间段内要不要读经完全受政治人物所控制和主导。

（三）1929—1937年，其中以1935年《教育杂志》之读经大讨论为事情发展的最高潮

何炳松是世界史的博士，同时也是商务印书馆《教育杂志》主编，他给全国的知名人士、大中小学校长、家长发信调查要不要读经。在收到180篇回信后，结集出版了《读经教育专刊》。专刊调查的结果是，坚决反对读经、赞同读经和认为要有条件地读经的人大体各占1/3。

（四）20世纪60—90年代中期：大陆与海外从对中华传统文化不同的处置到最终之合流

1966—1976年，中国大陆发生十年“文革”，破四旧，批林批孔，中华传统文化基本被破坏殆尽。亚洲“四小龙”——中国香港、中国台湾、韩国和新加坡，经济高速发展，引起了外界注意。其中，最为引人注目的是中国台湾地区。1968年，台湾地区开展了中国文化复兴运动，提出了很多设想，开展了丰富的活动。在教育上，将解读儒家经典“四书”的《中国文化基本教材》列为台湾地区高中必修课，进入台湾地区联考的必考内容。大陆与台湾地区及海外在对待中华优秀传统文化方面，可谓冰火两重天。自改革开放以来，传统文化热才在大陆不断升温，1994年成立国际儒学联合会，这是海内外儒学研究者共同推动的结果。

（五）自1995年开始出现以语文教学的反思、民间读经、中华经典诵读和中华优秀传统文化教育为主要形式的“读经现象”

自20世纪90年代中期持续到21世纪的海峡两岸的读经现象，引人注目。关于“读经现象”，胡晓明教授在《读经：启蒙还是蒙昧·序》中解读为：“一场有语文工作者、媒体工作者、文化批评家、教师、出版商、教育基金会以及学生和家长们多方参与，有思潮、有纲领，也有争论和批评，自下而上，有一定规模和影响的活动。”

这个现象的诱因很复杂，改革开放以后，经济快速发展，社会转型加速，人际关系失调，伦理道德失范，在教学上最明显的现象就是对当时语文教学进行的反思，语文教学成果不理想，以至于一线教师提出“误尽天下苍生是语文”的极端口号，由此引发人们对白话文教学的反思，以及对民国老课本的追思。

该现象缘起于1995年第八届全国政协会议，赵朴初、冰心等九位老人联名提交《建立幼年古典学校的紧急呼吁》的议案。他们说，要是他们这一批老学者走了，中国将没有人们读懂古书。所以他们要建立一个学校，招收一批小孩专职读古典。当时，没有老师、没有教材、没有课时，这个愿望没有实现。

这时，从台湾来了一位叫王财贵的先生，他用“小朋友，跟我念”的六字箴言解决了这个问题，只要有信心就可以教孩子读经。大道至简，先读起来再说。为此，王先生在海内外做了上千场的公益讲座，成了“读经教育”的“发动机”。

仅有突破不行，必须要有来自体制内的推动。2007年，教育部、国家语委、中央文明办联合主办了“中华诵·经典诵读行动”，又开展了中华诵经典诵读大赛、规范汉字书写大赛、诗词创作大赛、中华经典诵读夏令营、传统文化节日晚会等活动，极大地推动中华优秀传统文化的传播与教学。

自“十八大”报告提出“完善中华优秀传统文化教育”之后，从教材编写、教学内容、教学环节、考试等诸多方面对传统文化教育进行了界定，中华优秀传统文化教育进入一个新时期。

综上所述，近百年来，中华优秀传统文化教育与中国的近代化、民族的独立和国家的富强，隐隐相随，始终不是最主流、最急迫的问题，但是脉络清晰，始终不曾中断。正如中国青少年研究中心副研究员洪明先生在《读经论争的百年回眸》中所说："读经问题是民国初年废除读经之后围绕恢复读经和反对读经而产生的一系列论争，是我国教育现代化过程中抛给世人的一个世纪难题。"

二、实践现状和政策动态

从20世纪90年代中期开始的读经现象，持续至今，不断加强，未见衰弱迹象，但从社会热点现象来看，呈现出三个明显的时代特征，即"读经热""读经乱""读经难"。

（一）"读经热"：从下往上热，海内外共热，大众普遍认可，文化学者积极参与，读经典成了共识

1999年4月3日，在上海，人民日报教科文部与中国青少年发展基金会召开"中华古诗文经典诵读工程"座谈会，与会者有南怀瑾、季羡林、金庸、杨振宁、王元化、汤一介、余秋雨诸先生，集当时各界顶级专家于一堂。很多中小企业在员工培训中引入《弟子规》《孝经》，开展感恩教育、孝道教育等；幼儿园中流行诵读《三字经》《百家姓》《千字文》《弟子规》……海内外成立了许多私塾，如德国的汉堡致谦学堂，大陆的在谦学堂、得谦学堂等。让青少年接触、诵读一部分中华基本典籍篇目，已成为社会的共识。

（二）"读经乱"：形式多样，分歧巨大，途径迥异，成效难测

单就形式而言，大学有国学院和国学总裁班，其中以北大哲学系的乾元国学班设立最早，也最具影响力。私塾、学堂、书院在大中城市悄然开展，虽有个别关闭，但大多数处于自行运转的状态。伏羲班教学实验呈星火燎原之势。源自台湾地区的慈济读书会在福建和广东地区悄然登陆。中华传统美德论坛举办的"讲孝行"活动，参与人数众多。

关于如何开展中华传统文化教育，分歧却也极明显。徐友渔先生在《"国学热"的浅层与深层问题》中肯定适度开展传统文化学习是必要的，他说："我们对于自己的传统文化学术欠债太多。就此而言，建立国学院，编写、出版教材、读本，提倡少儿读经，都是必要而有益的举措，这方面活动再多一些，声势再浩大一些，都是正常的、应当的。"同时，也对当下的儒学发展充满了忧虑。

在选择途径上，有复古派的，以恢复古代书院为目的；有学院派的，只是以进行知识的传播为主；有教化派的，集资赠阅劝善类图书，开展劝善类讲座；有江湖派的，径直将营销学、励志学、心理学与传统文化杂糅到一起，针对当下人的困惑，进行密集宣讲，出版影像制品，个别人被奉为“大师”。

不同的形式、主张、途径，造成的效果不同。不同的人看待经过大量读经训练后的孩子，其感受和结果也是不一样的，这种不同是由于评价体系与立场的不同所致。

（三）“读经难”：中华优秀传统文化教育与学校教育的有效融合成为发展的核心难题；学校教育对中华优秀传统文化仍存在距离感、畏惧感

中华优秀传统文化教育重在教化，立足于立德树人，不以知识传授和技能训练为重点。在当下的境遇中，只有在各级各类学校中开展是较为合适的路径。那么，中华优秀传统文化教育如何课程化，使之既符合课堂教学的要求，又能符合中国文化的教化功能，如何具有生命体验化便成为当下必须解决的核心难题。当前，小学开展传统文化教育相对普遍，校本课程开发较多，但课程的持续性成问题，师资、内容、目标、方法、初小衔接等问题，尚未得到有效解决。

从教育自身问题来看，无论教师还是学生，对于中华优秀传统文化，普遍存在较强的距离感、强烈的畏惧感，认识模糊、无所适从、缺乏自信。

“五四思维”影响犹存。对于“五四运动”开启“新文化运动”的认识，说者不一，但从欧美传过来的认知心理学，却占据了中国思想文化和教育界的主流地位。该学说认为，对于学习者来说，不了解、不感兴趣的，就不要教给他，否则就是违反孩子的认知过程，违反教育教学规律。这个心理学原则如果不可动摇，让青少年学习中华优秀传统文化则一定是错误的。这样的原理，必然造成教师和学生对经典的距离感。

畏惧心理犹存。由于我们的大多数教师都没有受过传统文化的训练，对于中华传统文化的认识源自几篇古文的知识训练和一些结论性的观点传授，对于经典本身缺乏整体和细致的了解。比如读《诗经》古注的时候，翻开第一页的《关雎》，古注中说这首诗揭示的是后妃之德，我们便会迷惑，这首爱情诗怎么跟后妃之德有关系了？周予同先生认为，经学已经死亡，经学史研究才刚刚开始。胡适则提出要整理国故。经过这样的转化，经、史、子、集都可以放到博物馆里供后人观瞻，只需少数人员研究，让讲解员向偶尔来此的观众讲解一下便可。由此可见，中小学教师对此产生的畏难情绪是有缘由可寻的。

课程定位不清。中华优秀传统文化教育无论是作为一门单独课程，还是被融入其他学科当中，它与语文、品德、历史、艺术、体育之间是什么样的关系，并列还是隶属？物理反应还是化学反应，甚至是否映射反应？它有没有语文等其他学科取代不了的独特的教学内容、教学功能和评估方式，这便是定位的问题，但目前学界对此尚无定论。

经典个性化解读太强。有四种途径去了解一部经典：①通过字、词、句、段、篇的阅读，读懂经典的思想，这是以“字”解经。②一部或多部经典读熟了，就会对某家学派的理论有系统的认识，这是以“经”解经。③结合历史案例、现实案例，对经典的一些原则有了更深刻的理解，这是以“史”解经。④面对经典的语句，与生活中某种经历高度契合，迅速领悟其中奥妙，这是以生命感悟经典。在当下传统文化传播过程中，由于普遍缺乏前面三个阶段的严谨训练，许多老师、家长、学者，都是以第四个理解经典的方式在传播经典，名之曰“一千个读者就有一千个哈姆雷特”。但此种感悟性的经典解读，时期不能太长，内容不宜过泛。否则，我们都在传播自己心中那一点理解和感受，对民族文化就不能达成共识。没有共识，我们便会偏离弘扬中华民族优秀传统文化的初衷。

缺乏文化自信和文化自觉。这是近代百年历史带给中华民族的一种文化虚无主义，甚至将近代以来的灾难都归结于传统文化的落后与制约。

近年来，党中央和教育主管部门对中华优秀传统文化教育的重视不断加强，工作思路越来越清晰。在党的十七届六中全会公告中指出：“发挥国民教育在文化传承创新中的基础性作用，增加优秀传统文化课程内容，加强优秀传统文化教学研究基地建设。”在十八届三中全会决定中，又指出：“深化教育领域综合改革……坚持立德树人，加强社会主义核心价值体系教育，完善中华优秀传统文化教育……”北京市教委随后公布了《2014—2016年北京中考中招框架方案》（征求意见稿），提出：“语文学科要突出语文作为母语学科的基础性重要地位，注重语文试题同其他课程、同生活实践的联系；注重对中华民族优秀文化传统的考查。2016年起，语文卷总分值由120分增加至150分。”

2014年3月26日，教育部颁发《完善中华优秀传统文化教育指导纲要》（简称《指导纲要》），更是具有里程碑的意义。《指导纲要》对什么是中华优秀传统文化给出了解答：“中华优秀传统文化是中华民族语言习惯、文化传统、思想观念、情感认同的集中体现，凝聚着中华民族普遍认同和广泛接受的道德规范、思想品格和价值取向，具有极为丰富的思想内涵。”

为了保证该项教育的落实，提出了两个要求：一是将传统文化融入课程教材体系，在课程建设和课程标准修订中强化中华优秀传统文化内容，修订相关教材和组织编写中华优秀传统文化普及读物。二是提升传统文化的师资队伍水平，打造一支中华优秀传统文化教育骨干队伍，加强面向全体教师的中华优秀传统文化教育培训。

另外，公布了相关保障措施：一是完善中华优秀传统文化教育的评价和督导机制。研究制定中华优秀传统文化教育的评价标准，将中华优秀传统文化教育作为教育现代化监测评价指标体系的重要内容。增加中华优秀传统文化内容在中考、高考升学考试中的比重。将中华优秀传统文化教育纳入课程实施和教材使用的督导范围，定期开展评估和督导工作。二是加强中华优秀传统文化教育教学研究。

《指导纲要》也清晰地指出当下中华优秀传统文化教育存在的不少问题：教育内容的系统性、整体性还明显不足；重知识讲授、轻精神内涵阐释的现象还比较普遍，课程和教材体系有待完善；等等。

教育部社科司的负责人在回答记者提问时说，中华优秀传统文化教育是“三全”教育：第一个是全课程，所有课程里面都要融入传统文化内容。第二个是全环节，所有教学环节当中都要引入传统文化内容。第三个是全覆盖，所有受教育人群都要开展传统文化教育。

三、路径选择

中华传统文化，既是一个历史的概念，又是一个当下的概念。历史上形成的以物质或精神为载体的成果，在当下不间断或间断之后重新被认识、被传播、被践行，就是中华优秀传统文化的动态呈现。在当下如何认识中华优秀传统文化，践行传统文化优秀思想时，又需要从静态的角度来确认，哪些是整个民族甚至整个人类都需要不断坚守的普遍而基本的文化内容，这些内容需要后代不断认识、传播、践行。

历史是可以鉴往知来的，尤其是世界史的画面完全展开之后，不同历史阶段需要解决的基本问题就会比较清晰地展现在我们面前，历史阶段越长，问题意识就越明确。

16世纪以后，欧美历史提供给我们一个比较清晰的参照系。首先是文艺复兴，把人从中世纪的黑暗中解放出来，将人与神的位置进行了互换。加之后来的宗教革命和启蒙运动，更彻底地把人从牧师的束缚中解放出来，从自然的蒙昧中解放出来。宗教革命的关键就是因信称义，即我心中有上帝，上帝就在我心中，不要靠牧师去代为证明。接着是工业革命和政治革命，把人从体力劳动和专制中解放出来。这样历经三百多年的发展，欧美社会才形成了宗教、政治和经济三者相互独立又相互支撑的局面。

反观中国近代的发展，它首先是被西方的坚船利炮打开国门而被强迫进入近代化进程，并且还是按欧美社会所设计的那个轨道进入近代化，我们必然会出现一些发展问题。中国这个社会的各个环节尚未磨合出一套适应近代化发展的结构组织，却要承担起近代化社会的组织功能。正如上文所言，晚清政府历经甲午一战，再遭八国联军侵略，整个社会从上到下都觉得中国真的不行了。1905年慈禧太后支持洋务派废科举，颁学制，兴学堂，中国近代教育由此启航。看似小小的制度变革，对中华文化的传承却是至关重要的。对一千多年来一直以读圣贤书、做君子的儒生来说，学而优不能仕了。最核心的问题是一整套儒家思想体系得不到权力的支撑，知识、权力、真理之间脱离了联系。

这种变化，如果仅仅是个体的，尚可承受，但若从制度上彻底改变，便会造成一个巨大的断裂，不因改朝换代而消亡的中华文化，却因为没有一个科举制度的支撑走到了尽头。其结果便是社会教化功能没有人去落实，而实现教化功能一直是以儒家文化为主流的中华传统文化的魅力所在——在儒者看来，可以亡国，但不可以亡天下，亡天下的标志就是文化不再。

那么，科举制度维护下的中华传统文化教育，一旦从新兴的学堂教育中被挤压、边缘化、驱逐之后，有无其他组织能够替代学校承担起社会教化的功能吗？我们还面临以下问题。

（一）家庭、社区、企业是开展中华优秀传统文化教育的理想场所吗

家庭是社会的细胞，除了承担经济功能之外，还是所有人接受教育的起点。中国古代家庭都有祭神、祭祖的仪式，很多家庭中都有“天地国亲师”的牌位（此为近代以来，民族国家概念流行，将“天地君亲师”改过来的）。但随着近代化进程的发展，旧有的家族解体，传统家庭式微，摆脱家庭的束缚一度是中国人开明的标志。直到当下，我们很多家庭里的客厅最核心的地方摆的是什么？

是电视机！电视机把家里人的精神聚集起来，但我们的精神偶像却远离了。

家庭被放大后是社区，如何在陌生人遍布的社区里重建文化，在治安和环境问题不能解决之前，这还只是一个设想。

把人从家庭里吸引过去而又能产生巨大影响的，就是企事业机构和政府机关了，政府机关必须按照党政路线和方针来进行，企业却因国企和民企社会地位、规模、政策的差距巨大，导致企业文化和企业精神无法成形。

综上所述，从社会组织机构来说，家庭和社区有待发展，企事业机构和政府机关则各以其功能需求为主，都无法自觉独立承担起文化教化的功能。

（二）私塾、学堂、书院能不能与现代的学校区别开来，承担起社会教化的功能呢

据不完全统计，截至2013年年底，珠三角地区约有260所私塾、学堂、书院，最大的一所大约有240人，一般的私塾在20个人到50个人之间。但是，这些办学机构，首先是没有得到社会的全面认可，其次是没有得到政府许可，再次是其自身的发展存在缺陷。12岁以前的孩子，大量读经，基本熟读甚至会背诵30万字的经典。但过了12岁便会产生困难，该读的都读了，就要有人对其做出深入的讲解。目前能系统、深入和全面地讲解我们的中华经典的师资却奇缺，此其一；很多的熟读大量经典的孩子，自视甚高，反而有一种傲慢心不自觉间养成，以至于无法被当下的社会认可和接受，也与读经教育的初衷相违背，此其二。

（三）孔教会、孔庙、儒学儒教化可以破解难题吗

除了上述两类之外，试图借鉴欧美教会来实现中华传统文化创造性的转化，一直是我们部分学者努力的目标。

张之洞说，中国之经典，即西方之宗教。所以他一方面努力吸收西学，兴办洋务，一方面又全力保存儒家经典的不易地位，把保教与保国、保种相提并论。康有为在戊戌变法失败之后，逃亡海外，在中华民国政府成立之后回到国内，不再过多投身于政治，而集中精力倡导成立孔教会，立孔教为国教。不仅在国内，在海外华侨和华人地区也大力提倡。随着袁世凯复辟帝制的失败，国内对康有为的提法也不再感兴趣。孔教会在现在的马来西亚马六甲海峡附近还有，但是在大陆和港澳台基本销声匿迹！甚至连尚存的孔庙（有些叫文庙）和祭孔也不能传播儒家文化了，现在的孔庙归文物局管理，也就认定这些建筑已经是历史的遗存，只许好好维护和保存，只许参观，不许使用。

中国没有西方那样的教会，但儒学是否就不能实现宗教化的功能呢？目前国内有一批学者不仅试图从学术上论证儒学具有内在的宗教化倾向，而且试图从实践上论证儒学的宗教功能。从深圳隐居到贵阳阳明精舍的蒋庆先生、中国人民大学的康晓光先生、首都师范大学的陈明先生认为，我们的儒学就是儒教，我们的学生就是儒生。可惜，这样的声音并没有得到大众的了解和认可，还处在极其小众的范围中。

（四）各级各类学校是开展中华优秀传统文化教育教学的理想场所吗

这样看来，当下中国比较适宜开展中华优秀传统文化教育的阵地就是各级各类学校了。虽然目前各类学校受西方教育教学的影响远远大于受传统的私塾、学堂和书院教育的影响，但在中国人的骨子里，学校绝对不是一个纯粹传授知识和训练技能的场所，它一定是教书育人的地方，是要教学生为人处事、读书明理的地方，这才是中国人尊师重教的原因所在。

四、实践意义

当我们面对可供开展中华传统文化教育选择的路径越来越少，各级各类学校开展中华优秀传统文化教育的意识越来越清晰的现状之后，我们还是要认真思考一下，为什么要在学校学习中华优秀传统文化？首先从功能的角度来看，目前多数教师和家长广为流传的有三点认识：

其一，一个自小接受中华优秀传统文化教育的孩子，可以有效提高母语水平，会阅读、会写作，考试得高分；其二，提高记忆力，记得快，记得准，记得牢；其三，培养孩子良好的品行，知道自己约束自己，处理好与他人、集体和社会的关系。

这样的认识，对很多家长极有吸引力。很明显，这具有宣传效果，却没有揭示中华优秀传统文化教育的独特功能和整体功能。

（一）开展中华优秀传统文化教育是凝聚民族共识，体现文化身份认同的必要前提

21世纪的文化交流和冲突将是全球化背景之下的常态，一种文化所代表的

文明形态既不能强制另一种文明完全接受，更不能完全丢弃自我而接受另一种文明的改造，相互的交流、吸收、融合和提升才是不同文明之间交流和发展的健康形态。作为历经三千年没有消亡的中华文明，其华夏后裔已经遍布世界各地。除了体貌、语言、国籍之外，全球华人与其他民族比较起来，具有怎样的共同特征？这些特征是否又不依赖体制、经济和政治而存在呢？

这个问题是很多试图了解中华文明的人都想知晓的一个问题。凡是华人，大体具有以下四个特征：第一是尚勤劳，第二是尚俭，第三是尚毅，第四是爱家。但是，这些特征一定不是作为自然人所先天具有的，不会有人生下来就喜欢劳作，愿意节俭，敢于坚持，对家不离不弃，也不是后天的政党、个别的伟人和组织，短期内就可以鼓动起来的，它恰恰是随着中华文明的发生、发展和成熟，逐步使整个族群具有这样一种文化倾向。但在当前的消费主义的影响下，在功利主义成为主导的社会面前，中华民族的上述文化特征也正悄悄发生着变化，贪图安逸、奢侈浪费、投机盛行等现象，也越来越普遍。正是在这样的时刻，我们才要全面、系统开展中华优秀传统文化教育，重新达成民族共识，在全球文明丛林中重新确立我们的民族文化身份特征。

（二）开展中华优秀传统文化教育是实现多元文化共存的关键步骤，既是教师和家长的教育义务也是权利

知、行是人类认知和实践的两个重要方面，从动态来说，人的认知会指导人的行为，人的行为又反过来促进认知的深入。从静态来说，当我们把知、行作为横坐标、纵坐标时，就会出现四类人群，行而不知、既知又行、知而不行、不知不行。

行而不知、知行合一，这样的人都是值得学习的榜样。知而不行的人，表面一套、背地里一套，一般是得不到大家认可的，严重时会受到法律的制裁，最重要的是如何面对不知不行的人。

不知不行的人绝大多数存在于青少年人群中，从法律角度讲，他们不是完全的自然人，还需要父母等长辈监护。从经济角度讲，他们没有独立的职业和经济来源，还需要家庭和社会的养育。从教育角度讲，他们尚无法分清真假、善恶和是非，需要教育者给予引导，将人类的优秀文明成果传授给他们，免除其探索和尝试的时间成本。其中，将中华传统文化中的优秀部分传授给他们，是保证其能迅速地、成功地走向社会的有效保证。从这个角度来说，作为教师和家长，我

们既有义务也有权利让我们的青少年接触、了解、熟悉、认可和践行我们的中华美德和思维方式。

（三）开展中华优秀传统文化教育是中国人实现人生和社会理想的最佳路径选择

作为中国人，我们的人生理想和社会理想无法摆脱中华传统文化的影响。很多人自觉不自觉地遵循着“格物、致知、诚意、正心、修身、齐家、治国、平天下”的人生追求，自觉不自觉地期盼在小康社会之后尽快进入大同社会。中华民族是个有文化修养、爱好和平的民族，从骨子里就追求美己之美、美人之美、美美与共、天下大同的理想社会，中国共产党人带领中华民族选择共产主义社会为理想的社会形态，不能说与这种全民族的社会理想毫无关系。

理想是高远美好的，实现理想的路径一定是坎坷的、曲折的、艰辛的。如何确保通过正确的路径实现理想的目标呢？中华文化没有给出明确的路径图和方法论，但是把所有的关注点放在了人的身上，提出了“自天子以至于庶人，一是皆以修身为本”的修身论。

在儒者看来，无论是为官的还是一般民众，无论是穷人还是富人，无论是智者还是愚昧之人，都要把自身修持好，然后才可以由近及远，推己及人，仁爱天下。就像把一块石头扔到池塘里面，池塘里的波纹就会一圈一圈地荡开。如果是一块一斤重的小石头，可能只会荡开五圈。但如果是一块一吨重的石头，可能整个池塘都受到影响。无论是一斤重还是一吨重的石头，在体积上可能有大小之别，但在密度上是一样的。不能因为这块石头轻就不认可它是块石头。这就是中华传统文化的主流儒家思想塑造下的中国人修身的路径选择。只有当我们从这个角度出发，我们才能理解人人皆为尧舜的含义。我们只有从自己做起，恪守人道，才能成为圣贤。如果要让我们的青少年体认这一点，确认这一点，就必须开展中华优秀传统文化教育。

五、经典案例分析（2008—2016）

（1）从地区层面的案例来看，台湾地区在中国优秀传统文化的教学上未中断，是有序开展的，值得借鉴。大陆地区性的教育教学探索成就不小，同样值得总结、完善、交流、分享。

台湾地区的传统文化教育，开展的时间长，中间未曾中断。在小学阶段主要自经典取材，将内容改写为白话文，偏于故事性，但视角由圣贤人物转为庶民大众。国中（相当于大陆的初中）阶段仍然直接自经典取材，以短章为主，较偏于故事性。但从小学到初中都没有独立教材和课时。高中阶段直接自经典取材、已扩及长章，国文课选更多的“子”书内容，《中华文化基本教材》选自“四书”，有独立的教学目标和独立的课时，纳入考试内容。

广州天河区，有骨干教师推动，开展时间早，学校参与多，教育行政部门重视，教学科研成果值得关注。20世纪90年代中期，华南师范大学退休老教师郑千一，积极推动中华优秀传统文化教育进校园、进课堂，鼓动和培养了一批中青年教师，为天河区中华经典教育的开展奠定了良好的基础。2012年2月，广州天河区教育局启动“中华文化经典教育工程”项目，通过实施这一教育工程，促使学生培养高尚品质，汲取圣贤智慧，提高人文素养，铸造健康人格，建立主导价值，提高汉语水平，形成区域性特色课程，凝练教育品牌。带动家庭和社区的中华文化经典教育，形成推进中华文化经典教育的长效机制及示范成果，丰富“智慧天河”的内涵。主要以诵读《千字文》《三字经》《弟子规》《声律启蒙》《大学》《论语》《中庸》《老子》《庄子》《孟子》《诗经》《礼记》等中华文化经典为主要载体。以课程实施为主，每周一课时，每学期安排16节。在学科渗透方面，以语文学科为主，其次可以在历史、思想品德、综合实践等其他相关的学科内整合开展。在活动渗透方面，通过班会课、早读、课前、广播、少先队和团支部活动等途径渗透。

该工程实施三年后，天河区的小学因地制宜，走不同的传统文化教育特色发展之路，有以象棋为主的，有以经典诵读为主的，有以吟诵教学为主的，几所内容类似的学校可以自由地组成联盟校；有些开展传统文化教育较早的小学，经过近十年的积累和探索，编出了较有水准的校本教材，如五山小学的《少儿国学读本》。地处城郊接合部的银河小学，其学生主要是进城务工子弟，也积极开展吟诵教学尝试，甚至出现了不会吟诵的教师教出一个会吟诵的班级，学校的校风、学生的面貌发生了很大的改变。

天河区的初中学校，在教学中敢于结合教学实际需求，开展中华优秀传统文化教育教学的尝试，比如七十五中一位老师，刚开始教新疆班的时候，不知道从何处入手，语言沟通不是很畅通，生活习俗也有不同，后来带领全班学习《弟子规》，慢慢地消除这些不利因素，班级管理、学习效果都有了明显改善。

天河区的高中学校，除了处在该区的华南师大附中开展较早、教学效果明显之外，其他的高中学校也积极参与，尤其是处在广州CBD的天河中学，动作较大，课程建设较有力度。天河中学内设有珠江书院，除了开展定期的讲座之外，还开设一系列的传统文化课程，开发出了较有特色的校本教材。

天河区教育局为了保障工程的顺利开展，进行了中华文化经典教育工程全员培训，要求天河区教育系统里的校长及教育行政人员、各学科教师都要接受中华文化经典教育师资培训。三年来，以“四书”精读为核心课程，对2000名教师和校长开展了专项培训。

（2）从学校的案例层面来说，从小学到大学都有学校开展了教学实践，取得宝贵的经验。

小学阶段以浙江富阳永兴学校的陈琴素读名师工作室为主要代表；初高中做得较为深入，以北京四中的国学教育比较有代表性；高中以贵州省贵阳市清镇一中的养正教育为代表；民营教育在这一块也非常突出，比如湖北仙桃市仙缘学校的孝雅教育、北大附属实验学校的大文化教育。

浙江富阳永兴学校的素读教学，代表人物是陈琴。经典素读教学法，就是选择本民族以及人类历史上所公认的经典读本为教材，尽量剔除源自教师本人之“望文生义”的诠释，只做适当的字面对译，目的在把经典文本以反复诵读的方式烂熟于心，通过反复诵读获得积淀经典的童子功，以求厚积薄发之效。经典素读的核心价值是在积淀，不在近期的考核。经典素读的基本操作方法：大经典，同并进。放声读，能成诵。重记忆，轻讲解。诵新篇，常温故。总的指导思想：先厚积，先输入；后薄发，后输出。六年学习整体规划目标是，背诵十万字，读破百部书，能写千万言。

北京四中的国学教育，从初中到高中都有开展。该校在校长的支持下，形成了一个有效的团队，如有朱翔非、于鸿雁、李雄、许庆江等老师。其中核心人员是朱翔非，他是北京师范大学博士后，曾在《百家讲坛》主讲孝道，做过7年的一线传统文化专职教师。北京四中的传统文化教育特色是什么？一个是比较深，一个是比较全。该校有三个传统文化教育实体，一是国学堂，学校专门设立了一个教室，从课桌到空间的设置，非常有传统文化元素，全校的传统文化课都到这个教室上。二是面向学生的国学社，除早上六点开展晨读等常规的社团活动之外，该社团的一个特殊要求是：凡入社的学生终生不得退社。每届新生入社的很少，就十多个学生，但是十年下来就是一百多个。他们毕业后，要尽可能回来做义工，分享学习心得，有经济能力的要捐助经费给社团，这样保证了社团的持续性。三是国学工作室，是老师们一起读书的组织。同时，该校总结了传统文化教育的四个阶段，第一个是经典诵读，第二个是读史教育，第三个是身心修养，第四个是礼仪教育。他们正按照这四个阶段开展教学实验，探索教学模式。

华南师大附中是开展国学教育时间较早、教学实验扎实的一所高中，核心人物是黄胜老师。主要做法是，周末给全体学生开经典选修课，要求每位语文老师都要选一部经典来备课，面向高一、高二、高三的学生，基本是三个小时的大课堂。还有复旦附中，核心人物是黄玉峰老师，他将传统文化课有效地融入语文教学中，即主要是将相关的传统文化内容与课程内容进行有效对接，既照顾到语文学习的知识点和基本技能，又将传统文化课的精神发挥出来，以爱心激发学生的求知欲，在学习中学会做人。

贵州省贵阳市清镇一中的国学教育颇具实践特色，也办出了自身的效果。该校离贵阳市中心只有12千米，在1998年以前生源很少。刘平校长临危受命，在深入挖掘学校历史的基础上，结合学校面临的经费短缺、师资不足、学生士气不高的现实情况，以“养天地正气，法古今完人”为办学理念，借鉴“诵读经典一百”的经验，组织全体学生集体站立齐声诵读基本经典，培育学生的仁爱之心，教会学生养小动物，将这些小动物散养在校园的角落里。每晚坚持一小时噤声活动，要求高中三年要读80本图书。开放阅览室，学生自行借阅和管理，提供场地让师生进行切磋交流。文武兼修，武术课进校园，艺术活动常态化开展。

（3）从教学方式方法层面来分析，目前全国形成了测评教学法、经典素读教学法、国学体验教学法、古诗文吟诵教学法、经典义理教学法等教学流派。

测评教学法。简单易行，主要是以鼓励为主，为学生提供大字读本，保护视力。简繁参照，让学生识繁用简。逐级测评，提供基本篇目，随时测试，并颁发证书。做得比较好的是中国孔子基金会传统文化教育分会推出的测评校本教材及测评活动。

经典素读教学法。为学生的终生发展着想，把孩子在小学六年里的语文学习分为三个阶段，量化六年里每个学年的学习内容。总目标是，在不影响现行教材的使用和不增加学生课余负担的前提下，一二年级识字量到达2000字以上，每天阅读500字左右，两年的阅读量在20万字以上；三四年级再识字1500个以上，每天阅读3000字左右，两年阅读量在100万字以上，读书笔记7万字以上；五六年级每天阅读6000字左右，两年阅读量在200万字以上，读书笔记为10万字左右。

经过实际量化，每个孩子每天坚持背诵100字左右的文段，一学年除去节假日，每个孩子按在校日为180天计算，六年就可背诵10万多字的文章。

国学体验教学法。主要是通过每周一节语文课来实现，精读精讲，让学生成为课堂的主角。体验式教学，力求领会一个做人做事的道理。当堂课当堂毕，与素读内容配合。该项教学在广东顺德美的学校的校本课程教学中比较明显。比如一节课，只学六个字“食不言，寝不语”。老师带着学生把这六个字读齐声读、慢读、快读、交叉读、男女对读、和读，然后抽出一个字，把这个字从甲骨文到金文、篆书、隶书到楷书的演变展示给学生，让学生认识这个字是如何演变的。接着将全班分作四组：一个小组讨论后写一段话，一个小组画一幅画，一个小组演一个话剧，一个小组辩论。最后留12分钟让四个小组代表读文字、展示画面、演出话剧、汇报辩论结果。内容简单，与生活气息关涉紧密，学生自己去学习，就能够学透，通过写作、画画、演习、辩论，将正确的答案说出来。

经典义理教学法。以主题教育的形式将中华义理之学纳入教育，精选国学经典文献近千义理名句，汇聚五百则古今中外故事及寓言，杂以当今社会案例分析，辅以课前故事预习、课后反省心得、课外集体活动，以“仁、义、礼、智、信、忠、孝、廉、毅、和”十大义理为主题，供中小学及各级各类学校开展国学教育使用，集背诵、理解、思考、讨论、体悟、修身、践行、运用为一体。

（4）从教材的层面来说，《中华文化基础教材》是有代表性的一套成系统、有实践，与《指导纲要》高度契合的实验教材。

《中华文化基础教材》系列全25册，涵盖小学、初中、高中、中职、大学，教学内容与《指导纲要》高度契合。其教研服务体系初步形成，针对教学实践的可操作性强：教学辅助资料丰富，可解决教学中的基本要点和难点。师资培训和论坛交流活动，助力校长教育观念转变和教师素养提高。中华优秀传统文化教学研究基地校蓬勃发展，各基地校积极开展教学实验，为其他学校提供了宝贵的经验。在中华优秀传统文化教学实验区积极开展的实践中，还可以通过整体的教学实验活动，解决各类学校的教学衔接问题。

六、如何开展

中华优秀传统文化一直是教育教学的重要组成部分，但由于各种各样的原因，有关中华优秀传统文化的教育还不够清晰，不够系统。如何完善中华优秀传统文化教育？这需要热情的投入、实践的摸索、经验的总结。

1. 教学目标的确立

由于传统文化教育没有明确的量化指标可以借鉴，目前对中华优秀传统文化教育的教学目标尚缺乏有效的指标体系，但教育部颁发的《指导纲要》指出了加强中华优秀传统文化教育的重点："加强对青少年学生的中华优秀传统文化教育，要以弘扬爱国主义精神为核心，以家国情怀教育、社会关爱教育和人格修养教育为重点，着力完善青少年学生的道德品质，培育理想人格，提升政治素养。"

要明晰从小学低年段到大学五个阶段的教育教学重点和内容："分学段推进传统文化的教育：①小学低年级，以培育学生对中华优秀传统文化的亲切感为重点，开展启蒙教育，培养学生热爱中华优秀传统文化的感情。②小学高年级，以提高学生对中华优秀传统文化的感受力为重点，开展认知教育，了解中华优秀传统文化的丰富多彩。③初中阶段，以增强学生对中华优秀传统文化的理解力为重点，提高对中华优秀传统文化的认同度，引导学生认识我国统一多民族国家的文化传统和基本国情。④高中阶段，以增强学生对中华优秀传统文化的理性认识为重点，引导学生感悟中华优秀传统文化的精神内涵，增强学生对中华优秀传统文化的自信心。⑤大学阶段，以提高学生对中华优秀传统文化的自主学习和探究能力为重点，培养学生的文化创新意识，增强学生传承弘扬中华优秀传统文化的责任感和使命感。"

2. 师资培训

制约传统文化教育开展的主要因素是师资力量不足，原因是多方面的，目前最重要的是如何提高中小学教师的传统文化素养，统一认识。

从近几年的师资培训实践来看，大家普遍认可一个入门培训，即以"四书"精读为主，既有专家、学者的精讲，又有一线教师的教学分享的五天培训。这是可行的，也是有效的。组织教师开展经典的读书会也是个不错的途径，但是要在读书的组织程序上进行精心设置，借鉴古代的会讲制度，每个老师都要参与进来，通过辩论、答疑，相互提升，同时要求将读书与教学生活紧密结合起来，否则落实不到实处，便很难留住人，还会半途而废。

如果要进一步提高小学校长和教师的传统文化素养，培训课程应该包括中华传统文化教育的现状研究，包括中华传统文化入门：学习文字、音韵、训诂等知识；蒙学之美：《弟子规》《三字经》《千字文》解读；中华孝道：中国人生活的绝对伦理；朗诵与发声、格律与吟诵，写字训练、书法欣赏与训练；国史纲目：读懂中国史；古诗词欣赏与创作导论，礼仪教育成就君子人格，中华传统文化课程教学理论与实践（小学）等。中学校长和教师的培训课程与小学的相差不大，即用道家与养生、禅宗与养心，《道德经》《庄子》《坛经》解读替换小学的蒙学之美。通过上述大约25个半天的集中培训，让中小学校长和教师对中华传统文化有系统的了解。

3. 课程体系

如何开展中华优秀传统文化教育课程，是实践中必然会提出的问题。在张志公先生系统总结古代语文教育的教学阶段之基础上，我们可以分7个阶段来开设课程：识字课、常识课（社会生活常识、历史常识、文化常识）、经典诵读（朗诵和吟诵）、写字和书法课、经典阅读课、经典解读课、古诗文欣赏与创作。现在经典诵读、写字和书法课已经得到了教育部的重视，诵读活动开展较多，写字和书法课已经进入课堂，但其他的课程还需要完善。除此以外，应配套一门修身课作为必要的补充，比如《弟子规》情景教学。

4. 教材体系

针对上述课程体系，我们应该配齐相关的教材，即①识字教材和教学用具；②常识教材和读本；③朗诵与吟诵教材和读本；④写字与书法教材和读本；⑤经典阅读教材和读本；⑥经典解读教材和读本；⑦写作教材和读本。修身课本和读本辅助学习。

5. 教学经验探索

一是继承传统教育的优良传统，比如从蒙学入手，识字入门，常识跟上，熟读乃至背诵诗词经典。二是借鉴台湾地区的一些好的教学经验。三是不断总结和完善一线教师的教学实践经验。四是解决好综合学科与语文、德育、历史、艺术学科的关系，在目前传统文化无法学科化的前提下，采取按照主题迁移的嵌入教学，对于学校管理、教学安排、家长沟通等多方面，都会弱化矛盾，减少摩擦，有利教学活动的开展。五是解决中小学衔接的问题，不能小学有相关教学，上了初中，就没有后续了。六是教研服务要及时跟上。

总而言之，如果一个学校或者班级试图开展中华优秀传统文化教育，最好先统一认识，培养骨干，以“四书”精讲为突破口来培训老师。动员家长，先行试点，不必一哄而上，应逐步铺开，多做一些保障性工作，比如建设国学堂，成立国学社，鼓励国学工作室定期开展活动。

在教学内容方面，学前国学教学最好以识字课、艺术课形式为主；小学开展与生活息息相关的国学体验教学，配合中华基本典籍内容的熟读；初中可以开展义理课，辅助以基本典籍的熟读和修身课；高中阶段则加强对中华文化基本典籍的深入理解，辅助修身课。

在教学活动开展的过程中，应避免偏向宗教的独断论，也要避免偏向“双基”。提高母语知识和技能，坚持德性，加强人如何成为人——类似西方的人格教育。

七、未来探索

要完善中华优秀传统文化教育教学，我们面临以下难点：

1. 如何正确认识传统与现代的关系

中国的近代化历史就是一部在文化上不断激进的历史，传统与现代的对峙比比皆是，从打倒孔家店到“批林批孔”，从吃人的礼教到黄色文明必将被蓝色文明取代，得出了结论——当下的国难根源在于传统文化。于是，传统必须打倒，民族才可以重生，国家才可以富强，道德才可以重建，科学艺术才可以繁荣。此观点在教育上更是明显。

习近平在中共中央政治局就培育和弘扬社会主义核心价值观、弘扬中华传统美德进行第十三次集体学习的讲话有力地纠正了这样的认识。他指出：“培育和弘扬社会主义核心价值观必须立足中华优秀传统文化。牢固的核心价值观，都有其固有的根本。抛弃传统、丢掉根本，就等于割断了自己的精神命脉。博大精深的中华优秀传统文化是我们在世界文化激荡中站稳脚跟的根基。”继而指出：“要讲清楚中华优秀传统文化的历史渊源、发展脉络、基本走向，讲清楚中华文化的独特创造、价值理念、鲜明特色，增强文化自信和价值观自信。”但是，这样的认识要落实为每位从事教育工作者的自觉认识，要走的路还很长。

2. 知行如何合一

社会主义核心价值观建设与中华优秀传统文化教育是一脉相承的关系，要开展中华优秀传统文化教育，开始就要考虑如何评估其教育效果的问题。

对于这个难题，习近平总书记也给出了非常具体的指示："要切实把社会主义核心价值观贯穿于社会生活方方面面。要通过教育引导、舆论宣传、文化熏陶、实践养成、制度保障等，使社会主义核心价值观内化为人们的精神追求，外化为人们的自觉行动。……要从娃娃抓起、从学校抓起，做到进教材、进课堂、进头脑。一种价值观要真正发挥作用，必须融入社会生活，让人们在实践中感知它、领悟它。要注意把我们所提倡的与人们日常生活紧密联系起来，在落细、落小、落实上下功夫。要按照社会主义核心价值观的基本要求，健全各行各业规章制度，完善市民公约、乡规民约、学生守则等行为准则，使社会主义核心价值观成为人们日常工作生活的基本遵循。要建立和规范一些礼仪制度，组织开展形式多样的纪念庆典活动，传播主流价值，增强人们的认同感和归属感。""要发挥政策导向作用，使经济、政治、文化、社会等方方面面政策都有利于社会主义核心价值观的培育。要用法律来推动核心价值观建设。各种社会管理要承担起倡导社会主义核心价值观的责任，注重在日常管理中体现价值导向，使符合核心价值观的行为得到鼓励、违背核心价值观的行为受到制约。"

3. 自身的困境

民国学者石永楙在其《论语正・初刊论语正序》提到到古典文献在教育教学中具有不可避免的五大难题：①"文辞艰涩，诵忆则难。"古今语言文字变迁差异巨大，今人难以掌握和理解古人的话语。②"训诂分歧，折中则难。"历代解读古典文献，句读不同，意思迥异；读音不同，意义迥异；字形不同，意义迥异，导致对一部经典，很难给出一个基本认可的认识。③"纯驳不一，考信则难。"由于经典文本差异大，从汉以后，经今古文之争一直不断，在诸多方面存在严重的分歧。④"博而寡要，费时则难。"内容驳杂，直接有用的不明显。⑤"时易世变，适今则难。"原则可以继承，过程却需细化。

面对上述三个难点，近百年以来，尤其是当下中小学教育教学中，已在化解难点上做了一些探索和总结。

1. 中华优秀传统文化教育的课程化过程任务艰巨

课堂教学源于西方，它彻底扭转了传统教育中散漫的、不追求教学成效的教学模式，大大推进了中华民族的教育近代化。然而当这种高效率的课堂教学遇到中华传统文化教育教学的内容时，就变得无从下手，浩如烟海的经、史、子、集，不仅繁多，且极其驳杂。琴棋书画、武术、太极、中医等物质文化，也极其丰富，派别众多。如果原封不动地学习这些内容，不仅难学，而且成效不明显。但面对课堂教学的要求，如何有效地梳理传统文化的基础内容，并使其符合课堂教学的需求，就成了摆在当前教育者面前的头等大事。

中华传统文化教育在一定限度内是一个有生命的整体，如何按照课时设计在课堂中成功教学，又必须回答以下问题：

（1）教与学的主体是谁？这其中又有很多问题要解决。是零碎地了解还是系统地学习？由语文教师、德育教师、历史教师担当，还是需要有专门的国学教师？学习的主体是谁？幼儿、青少年是否需要系统、全面学习？所有人都认为应该诵读、学习、研究中华经典著作，没有人反对，都是极力称赞的，但问题是如果经典教育到大学才零碎地、个人兴趣似地开始学习，能否达到传统文化教育的效果？近代一百多年的教学实践已经否认了这一点。

（2）教学的内容是什么？哪些内容是中华民族的合格分子应知应会的，哪些技能是需要传承和掌握的？有所抉择的古诗文辞的学习不能满足传统文化教育的需求，那么多少文字、哪些经典著作内容是我们学习的合理的、基本的范围？这些是必须要解决的基本问题。

（3）这些教学内容在课堂上如何有效开展？由于课堂教学强调效率，所以教学组织就非常重要。同时，由于当前的课堂不是针对精英的少数人的教育，而是强调大多数人的学习效果，所以传统文化教学方法也不能完全按照古代的私塾和书院的学习方法，需要我们重新设计、重新实践、重新总结。

（4）教师的教学效果由谁给出恰当的评估，学生的学习成果如何检测，如何达标？这些问题同样困扰着很多的校长、教师和家长，因为经过一百多年的教育教学变革，大家已经习惯于知识水平测试，但是如果把这个测试移植到传统文化教育中，可能会遇到很大的问题。首先，与语文教学中的古文学习有雷同，失去传统文化教育的独特性和必要性。其次，偏离了传统文化教育的目标，传统文化教育就是要育人、成人，是让学习者提升精神境界，提高自身素养。

2. 能否从学生的角度扭转传统的授课方式将是中华优秀传统文化教育发展的变革

沿着上述思路，我们必须提出如下设想：一个受过系统传统文化教育的学生，与一个没有受过系统传统文化教育的学生，在哪些方面体现出不同？目前教育者和家长基本认可的就是接受系统传统文化教育，会提高学生的记忆力，会提高学生的语文学习能力和母语素养，会提高学生的道德修养，但是这些只是接受传统文化教育之后带来的附带成果，而不是传统文化教育的必然成效。

在这个问题上，我们也需要借鉴西方的教育成果，那就是体验化的教学方式，即将教学的答案藏在学生的学习过程之中。在学生体验结束之后，快速形成对答案的有效共识，此种教学有趣而有用，对结论的认识深刻，甚至终生难忘。那么，在传统文化教育中如何有效开展体验化的教学，这是又一个摆在我们教育者面前的时代大课题。

杭州拱宸桥小学校长、全国语文名师王菘舟老师开过一节名为“亲情测试”的课。这节课的物质投入很少，只需要学生带几张纸和一支笔。教师在上课的开始，要求学生将自己身边的亲人名字有序列在纸上，然后逐个删去亲人的名字，想象这个亲人已经离开人间之后，让学生写一段与这个亲人有关的文字。每一次上课开始之后，绝大多数的学生都会恸哭，写的文字越来越多，越来越完整，越来越深刻，而且对亲人的那种珍惜和孝敬之感油然而生。全国很多地方都开过这节课，也在“央视”播出。这样的课是一节非常有效的传统文化教育体验课。但是如何形成有效的、系统的、可操作性的传统文化教育教学体系，还需要广大的教育者和家长去探索、去总结、去实践。

我们的中华传统文化教育可以让一些家长告别一个长期的错误认识——国学教育就是死记硬背，就是泯灭孩子的个性，削弱学生的独立思考和判断能力。教育是一个“润物细无声”的熏陶过程，与我们的传统教化思想贴近，是一种“文而化之”的工作。

当然，很多学科都有体验化的需求，但是由于古代教育或者当代的一些“读经”教育机构提倡长时间的积累之后的悟性教学，而相对缺乏这种在课堂上设置有效的体验过程。从这个角度来讲，当代的中华传统文化教育实践便需要正视、探索、总结、加强体验式教学的设计和实施。

3. 中华传统文化教育要尽快弥补教学中社会生活常识、历史常识和文化常识的欠缺

一种文化是否有生命力，除了其深厚的内涵之外，如果不能化为大众的常识，那么这种文化的生命力就很难承续。在古代语文教育中，按照张志公先生在《传统语文教育初探》的研究成果，从宋代以来就形成一个有效的四阶段学习过程：识字教育、常识教育、读经教育、写作教育。其中，两万多字的《幼学琼林》是承担常识教育的一本有效教材，它是古代青少年教育的一本“简明百科全书”，从一个人出生到老死，从历史到生活，从人文到自然，都有简明而清晰的勾勒，使得古人的学习效果可以达到“秀才不出门，能知天下事”。

近代特别是中华人民共和国成立以来，我们更多的是用《十万个为什么》等科学常识普及读物，取代了类似《幼学琼林》等书本，其结果便让我们的学生学历越来越高，但基本的文化常识却非常缺乏，具体现象就是缺乏礼教，缺乏基本的历史常识，缺乏待人接物的基本知识，所以到大学我们才来开展通识教育来弥补这种不足，但为时已晚。

目前，我们的《中华上下五千年》起到了普及历史常识的功能；近十年来在幼儿园、小学和部分企业内部积极学习的《弟子规》，起到了普及社会生活常识的功能，但是历史常识、文化常识、社会常识内容是如此非常丰富，如何甄别、有效总结并开展常识化教育，便显得艰难而必要。

4. 中华优秀传统文化教育还面临着对孝道的重新解读和重新建构问题

《孝经》和我们民族文化比较独特的孝道，能否被重新解读以便有效普及和推广，也是检验我们能否开展中华传统文化教育的一个试验石。在我们的中小学经典诵读活动中，诵读《孝经》或者说明确了解诵读《孝经》的必要性的学校并不多见，不仅因为这部著作本身按照天子、诸侯、卿、大夫到庶人的等级制论孝，无法让现代人接受，还因为孝道在“五四”以来受到的猛烈抨击，但是中华孝道不能因为这些而失去其历史智慧和教育意义。“孝者，德之本也，教之所由生也”，这句话对孝道教育的必要性做了最好的说明。

孝道如何解读、如何重建是当下的重要问题。重建孝道在现代有两大原则。一是孝道是绝对伦理，但不需要绝对服从。二是对应行孝道的人，社会对其评价可以“不加分”，但可以“减分”，要让不孝的人承担其行为带来的后果。

5. 中华优秀传统文化教育需要确立其明确的教学目标和评价体系

到底中华优秀传统文化教育要达到什么样的教学目标，立德树人是一个高度概括的观点，更进一步的解读就是让我们的青少年从小就接触、了解、熟悉、理解、认可并逐渐运用中华民族独有的思维方式和确立中华民族的价值取向。

在认知上，中华民族强调整体观，确与西方的逻辑观有内在的不同，中医和西医应该是这种思维差异最集中的体现。在社会认识方面，中国人用阴阳观之下的对等思维来考察人与群体、人与人之间的关系，而欧美社会则用矛盾对立视角之下的平等思维考量社会规则和法律建设。在对人性的基本观点上，中华民族主流的思想是认可性善论，而欧美社会则是宗教指导下的有罪论。

要在中华民族固有的忠孝仁义等价值取向上，开拓出更加适应当下的社会主义核心价值观：富强、民主、文明、和谐、自由、平等、公正、法治、爱国、敬业、诚信、友善。

在评价体系上，评价如何细化，能否量化，有何程序？背诵能否作为一个有效的指标？默写经文是一个可行的途径吗？行善表就能起到监督作用吗？考试有可行性吗？这个评价体系如何确定，直接关系到中华优秀传统文化教育教学在各级各类学校开展的成败，仍然需要长时期探索。

梁启超、章太炎、萧一山、冯友兰四家曾论之得失

——兼论曾国藩之“道统”观[①]

张耀南　钱　爽[②]

曾国藩（1811—1872），初名子城，字伯涵，号涤生，谥文正。湖南省长沙府湘乡县（今湘乡市）人。清军事家、理学家、政治家、书法家、文学家，晚清散文“湘乡派”创立者。晚清重臣，湘军创立者、统帅。对清朝政治、军事、文化、经济等方面均产生深远的影响。

他倡导建造中国第一艘轮船，建立第一所兵工学堂，印刷翻译第一批欧西书籍，安排第一批学生赴美留学，被视为中国近代化建设开拓者，与胡林翼并称“曾胡”，与李鸿章、左宗棠、张之洞并称“晚清中兴四大名臣”。曾国藩官至两江总督、直隶总督、武英殿大学士，授封一等毅勇侯，谥号“文正”，后世称“曾文正”。

曾国藩对心学有宽容姿态。对程朱理学与陆王心学之学术争辩，认为应取其同，避其异，兼收并蓄，扬长避短，推进儒学发展。又以气学在生成论方面的资源弥补理学之不足，认为“张子之《正蒙》，醇厚正大，邈焉寡俦”。循气学理路，认天地万物均因禀气而生，气为天地万物“同体”之基础。

他主张“为学之术有四”。曾氏治学，取“华门增科，返本开新”之架构，先底定根本，后接纳西学。曾氏先底定华门学问之三途：曰义理，曰词

① 本文为北京市社会科学基金重点项目“中西哲学比较研究史论”（项目号15ZXA005）、国家社会科学基金一般项目“中华比较哲学史论”（项目号16BZX035）、全国文化名家暨“四个一批”人才项目“化西文献编纂及研究”（中宣办发〔2015〕49号）的阶段性研究成果。

② 张耀南，什刹海书院特聘教授，北京航空航天大学人文与社会科学高等研究院教授、博士生导师、哲学博士。钱爽，比利时根特大学艺术与哲学学院东方语言文化系博士研究生暨荷兰莱顿大学人文学院哲学系博士候选人。

章，曰考据。

义理之门，既有文王、周公、孔子、孟子之圣，又有左丘明、庄周、司马迁、班固之才，诸葛亮、陆贽、范仲淹、司马光以德行而兼政事，周敦颐、二程、张载、朱熹则在圣门德行之科。

词章之门，圣门为言语之科，如韩愈、柳宗元、欧阳修、曾巩、李白、杜甫、苏轼、黄庭坚诸贤。

考据之门，圣门为文学之科，如许慎、郑玄、杜佑、马端临、顾炎武、秦蕙田、姚鼐、王氏父子诸贤，顾、秦近于杜、马，姚、王近于许、郑。

《劝学篇示直隶士子》又以义理之门含“今世目为宋学者”，以词章之门含“从古艺文及今世制义诗赋”，以考据之门含“今世目为汉学者”。

然后于华学三门之外，增设经济之门：“经济者，在孔门为政事之科，前代典礼、政书及当世掌故皆是也。”增设经济之门，目的在接纳西学。

此一架构，正是“返本开新”之架构：“返本”即谓“前世所袭误者，可以自我更之”；“开新”即谓“前世所未及者，可以自我创之”。此为华门治学从来不二之正轨。

既取“华门增科，返本开新”之架构，则对于“古人”，自怀敬畏之心，而不会“全盘否定”之。“是夜与纪泽论为学之道，不可轻率评讥古人。惟堂上乃可判堂下之曲直，惟仲尼乃可等百世之王，惟学问远过古人乃可评讥古人而等差其高下。今之讲理学者，动好评贬汉唐诸儒而等差之；讲汉学者，又好评贬宋儒而等差之。皆狂妄不知自量之习。譬如文理不通之童生，而令衡阅乡试、会试之卷，所定甲乙，岂有当哉！善学者于古人之书，一一虚心涵泳，而不狂妄加评隲，斯可矣。”

今之学界，“学问远过古人”者，百不得一；而“评讥古人而等差其高下”者，却十之八九。“狂妄不知自量之习”盛矣，“狂妄加评隲”之作伙矣。此皆因治学之架构，只要“增科”，不要“华门”；只要“开新”，不要“返本”。

既取“华门增科，返本开新”之架构，则对于“自己”，必怀“求缺”之心，而不会“全盘肯定”之。“吾人为学，最要虚心。尝见朋友中有美材者，往往恃才傲物，动谓人不如己。见乡墨则骂乡墨不通，见会墨则骂会墨不通，既骂房官，又骂主考，未入学者则骂学院。平心而论，己之所为诗文，实亦无胜人之处；不特无胜人之处，而且有不堪对人之处。只为不肯反求诸己，便都见得人家不是，既骂考官，又骂同考而先得者。傲气既长，终不进功，所以潦倒一生，而无寸进也。”

自视过高，几成当今学界之通病，曾氏“反求诸己”之训诫，可谓振聋发聩矣。“治学”有道，“治中西关系之学”更有道。曾氏之架构，可谓最纯正、最合法之架构：不有“华学”之背景，无以定“西学”之位；不以“华学”为背景，无以收“西学”之效。当今“治学”，宜以“应病与药”为立场：能治病者则服之，不能治病者则弃之。学问乃药方，尽弃“中药”而就“西药”，必标治而本不治。

曾氏“治学”之道，有益于当今学界者，多矣。故曰：治学亟需曾国藩。

一、梁启超论曾国藩

曾国藩去世后第24年，梁启超撰《西学书目表序例》（光绪二十二年，1896年），论曾氏云：“海禁既开，外侮日亟，曾文正开府江南，创制造局，首以译西书为第一义。数年之间，成者百种。”①

又云：“已译诸书，中国官局所译者，兵政类为最多，盖昔人之论，以为中国一切皆胜西人，所以不如者兵而已。西人教会所译者，医学类为最多，由教士多业医也。制造局首重工艺，而工艺必本格致，故格致诸书虽非大备，而崖略可见。惟西政各籍，译者寥寥。官制学制农政诸门，竟无完帙。”②

此处是将曾氏制造局所译西书，放到清末“西学东渐”之全局上来定位，以明其“三居其一”之影响。

曾氏去世后第30年，梁启超撰《新民说》（光绪二十八年，1920年），在《论私德》一节，再次论及曾氏，云：“曾文正者，近日排满家所最唾骂者也，而吾则愈更事愈崇拜其人。吾以为使曾文正生今日而犹壮年，则中国必由其手而获救矣。彼惟以天性之极纯厚也，故虽行破坏可也；惟以修行之极严谨也，故虽用权变可也。故其言曰：扎硬寨，打死仗；曰：多条理，少大言；曰：不为圣贤，便为禽兽，莫问收获，但问耕耘。彼其事业之成，有所以自养者在也；彼其能率厉群贤以共图事业之成，有所以孚于人且善导人者在也。吾党不欲澄清天下

① 梁启超：《西学书目表序例》，《饮冰室合集：文集之一》，北京：中华书局，1989年，第122页。

② 同前，第124页。

则已，苟有此志，则吾谓曾文正集，不可不日三复也。夫以英美日本之豪杰之证之则如彼，以吾祖国之豪杰证之则如此，认救国之责任者，其可以得师矣。”[①]

此处是将曾氏之德才放到清末“救国”之大背景上来定位，以明曾氏“救国之师”之地位。

曾氏去世后第44年，梁启超撰《曾文正公嘉言钞序》（民国五年，1916年），予曾氏极高之评价：

曾文正者，岂惟近代，盖有史以来不一二睹之大人也已；岂惟我国，抑全世界不二二睹之大人也已。然而文正固非有超群绝伦之天才，在并时诸贤杰中称最钝拙，其所遭值事会，亦终身在拂逆之中。然乃立德立功立言三并不朽，所成就震古烁今，而莫与京者，其一生得力在立志，自拔于流俗，而困而知，而勉而行，历百千艰阻而不挫屈，不求近效，铢积寸累，受之以虚，将之以勤，植之以刚，贞之以恒，帅之以诚，勇猛精进，坚苦卓绝，如斯而已，如斯而已！孟子曰：人皆可以为尧舜，尧舜信否尽人皆可学焉而至，吾不敢言。

若曾文正之尽人皆可学焉而至，吾所敢言也。何也？文正所受于天者，良无以异于人也。且人亦孰不欲向上，然生当学绝道丧、人欲横流之会，窳败之习俗，以雷霆万钧之力相罩相压，非甚强毅者，固不足以抗圉之。……且既思以己之所信易天下，则行且终其身以转战于此浊世，若何而后能磨炼其身心，以自立于不败，若何而后能遇事物泛应曲当，无所挠枉，天下最大之学问，殆无以过此。非有所程式而养之于素，其孰能致者？

曾文正之殁，去今不过数十年，国中之习尚事势，皆不甚相远，而文正以朴拙之姿，起家寒素，饱经患难，丁人心陷溺之极运，终其生于挫折讥妒之林，惟恃一己之心力，不吐不茹，不靡不回，卒乃变举世之风气而挽一时之浩劫。彼其所言，字字皆得之阅历而切于实际，故甚亲切有味，资吾侪当前之受用者，非唐宋以后儒先之言所能逮也。孟子曰：闻伯夷之风者，懦夫有立志。又曰：奋乎百世之上，百世之下闻者莫不兴起。况相去仅一世，遗泽未斩，模楷在望者耶!则兹编也，其真全国人之布帛菽粟而

① 梁启超：《新民说》，《饮冰室合集：专集之四》，北京：中华书局，1989年，第134页。

斯须不可去身者也。[①]

此处关键在“立德立功立言三并不朽”与“思以己之所信易天下”二句，是将曾氏一生得失放到“天下最大之学问”的大背景上来定位，告诉自卑之国人“尽人皆可学焉而至”之理。

曾氏去世后第48年，梁启超撰《清代学术概论》（民国九年，1920年），在第二十九节再论曾氏制造局译西书及选派留学生之功，云：

自明徐光启、李之藻等广译算学、天文、水利诸书，为欧籍入中国之始，前清学术，颇蒙其影响，而范围亦限于天算。“鸦片战役”以后，渐怵于外患，洪杨之役，借外力平内难，益震于西人之“船坚炮利”。于是上海有制造局之设，附以广方言馆，京师亦设同文馆，又有派学生留美之举。而目的专在养成通译之才，其学生之志量，亦莫或逾此。故数十年中，思想界无丝毫变化，惟制造局中尚译有二三十种，李善兰、华蘅芳、赵仲涵等任笔受，其人皆学有根柢，对于所译之书，责任心与兴味皆极浓重，故其成绩略可比明之徐李。[②]

此处是将曾氏之“西学东渐”界定为明末“西学东渐”之延续。

总起来看，梁启超之曾论偏重于“人生大义”，谓曾氏为后世之楷模。比较而论，章太炎之曾论则偏重于“民族大义”，谓曾氏有“覆满”之力然未能尽其责。

二、章太炎论曾国藩

章太炎撰《检论·杂志》云：“曾国藩者，誉之则为‘圣相’，谳之则为‘元凶’。要其天资，亟功名善变人也。始在翰林，艳举声律书法，以歆诸弟。稍游诸公名卿间，而慕声誉，沾沾以文辞蔽道真。金陵之举，功成于历试，亦有

① 梁启超：《曾文正公嘉言钞序》，《饮冰室合集：文集之三十四》，北京：中华书局，1989年，第1—2页。

② 梁启超：《清代学术概论》，《饮冰室合集：专集之三十四》，北京：中华书局，1989年，第71页。

群率张其羽翮，非深根宁极，举而措之为事业也。所志不过封彻侯，图紫光。既振旅，始为王而农行遗书，可谓知悔过矣！其功实方诸唐世王铎、郑畋之伦。世传曾国藩生时，其大父梦蛟龙绕柱，故终身癣疥如蛇蚹，其征也。凡有成勋长誉者，流俗必傅之神怪。唐人谓郑畋之生，妊于死母，其夸诬盖相似。死三十年，其家人犹曰‘吾祖民贼’。悲乎！虽孝子慈孙，百世不能改也。”①

因其立足于以“汉族罪人”（非“民族罪人”，因满族亦为“中华民族”之一分子）评曾氏，故所得结论与梁启超刚好相反。梁以曾为胸怀大志之“豪杰”，而章则以之为追求功名利禄之“鼠辈”，以“吾祖民贼”责之。

章太炎又撰《检论·对二宋》，驳宋教仁许曾国藩、左宗棠“无忝于英雄”之论：“曾、左之伦，起儒衣韦带间，驱乡里服耒之民，以破疆敌。宗棠又能率南旅，西封天山，置其叛迹，则上度皇甫规嵩，下不失为王铎、郑畋。命以英雄，诚不虚。夫风教有变移，而古今无常序。当曾、左时，文化盛在中江以下，湖南处势稍僻，左学艺未兴，魏源、汤鹏、邹汉勋者，睍而一睹，其学术终未就成也。曾国藩虽多识，其部属良将罗泽南辈，财窥朱元晦之小学耳。……是以曾、左用之，为能有功。今湖南文学日盛，乃与江左代兴矣。……夫文学盛，则人自以为高材，莫肯率服；仕宦达，则夸奢中其心，而势利移其志。假令曾、左生于今日，成功大名，终不可就。非其材之拙也，时地异矣。”②

总之，只以曾氏为特定时间、特定地点之“英雄”，为“湖南文学未盛”时之偶然产物，在他时他地，“成功大名，终不可就”。

章太炎又撰《检论·近思》，益责曾国藩以“汉族大义”，云：“湘军之夷洪氏，名言非正也。洪氏以夏人挞建夷，不修德政，而暴戮是闻，又横张神教，以轶干之。曾国藩、左宗棠之起，其始不过卫保乡邑，非敢赞清也。当是时，骆秉章、向荣始知名义。……湘人虽蔑易秉章，又甚恶向荣为人，卒不能干正义。故其檄书不称讨叛，独以异教悖礼数之。洪氏已毙，不乘方伯四岳之威，以除孱虏，而流大汉之岂弟，是以没世不免恶名。……如曾、左、张、刘者，上不敢为伯王，而下犹不欲为馈赠送割赂之主，此之易行，而犹几不可睹，则中夏之迹，殆乎熄矣。”③

“大汉”“中夏”云云，均是以“汉族大义”责曾国藩，认为在这一点

① 《章太炎全集》（三），上海：上海人民出版社，1984年，第583页。

② 同前，第600页。

③ 同前，第625—628页。

上，曾等是“没世不免恶名”，因为他们有“除孱虏”之能力，然却不敢为。

章太炎更撰《书曾刻船山遗书后》，以为曾国藩本就有“乘胜仆清”之志，只是因为情势有变，未及速成。其言曰“王而农著书，壹意以攘胡为本。曾国藩为清爪牙，踣洪氏以致中兴，遽刻其遗书，何也？……刻王氏遗书者，固以自道其志，非所谓悔过者也。余谓国藩初起抗洪氏时，独以拒祆教、保桑梓为言，或云檄文宜称大举义旗以申天讨者，国藩不肯用。然则种族之辨，夫固心知之矣。洪氏纲纪不具，又怵于异教之说，士大夫虽欲为之谋，不可得。国藩之屈而之彼，势也。及金陵已下，戎下则有惰归之气，而左、李诸子新起，其精锐乃逾于旧，虽欲乘胜仆清，物有相制者矣。独有提挈湘淮，以成百足之势，清之可覆与否，非所睹也。”文章对王闿运“其性不爱国至是，谓其志覆满洲可乎”一问题的回答是：“夫其力足以制洪氏，智足以弊清宗，以之应远西，其暗劣乃如是，此非独国藩一人然也。……故曰世有一得而一失者，以是谓其不欲覆清，则未可也。”①

此处谓曾氏有“覆满洲”之志，与前面所论稍有出入。可知章氏论曾之观点，前后有变化。

三、萧一山论曾国藩

史家萧一山所撰《曾国藩传》，对章太炎“志覆满洲”之说，持完全否定的态度。萧云：“章先生即知道他‘不敢赞清’，而以‘异教慾礼’数洪、杨，足征国藩是为文化而战争，为宗教而战争，自不能以民族大义责之！”②

又谓：“事后论人，自已不免忘掉时代环境了！他们在实际上确把清朝的政权转移于汉人，无形中又增加了会党的势力，替民族革命隐隐做下驱除艰难的工作，就在这一点来讲，也算功可补过吧！况且他们的眼光，已着重在全世界上，帝国主义者以方张之势，压迫欺凌我们，汉满的畛域，究竟是可有可无的。为整个中华民族谋出路，计划出一种复兴的方案，守旧维新，安内攘外，虽然没有达到救国救世的目的，毕竟是个不世出的哲人，值得我们称赞的啊！”③

在曾氏视野中，真正的“异族”不是满人，而是洋人，真正要应对的不是

① 《章太炎全集》（五），上海：上海人民出版社，1984年，第123—124页。

② 萧一山：《曾国藩传》，海口：海南出版社，2001年，第21页。

③ 同前，第22页。

满人之统治，而是洋人之欺凌，故以“汉族大义”责曾氏，乃是降低了曾氏的眼光。萧一山之驳斥章太炎，就是指章降低了曾氏的眼光，曾氏当时已是立足于“全世界”，而不是“汉满的畛域”。

四、冯友兰论曾国藩

冯友兰撰《中国哲学史新编》第六册，在“曾国藩”一章亦专节驳章太炎之论。谓：“若说曾国藩在主观上本来就有取清廷而代之或排满的思想，那就是臆测了，没有什么迹象可以作为根据。从曾国藩的家庭出身及所受的教育看，他不可能有这样的思想。”[①]

对于曾氏为何不“乘胜仆清”之问题，冯友兰亦有明确之答案：“他根本没有推翻清朝的思想。打下南京以后，他的想法是要在东南半壁推行洋务，然后以此为基础推行到全国。”[②]冯以为曾氏与清廷在对付太平天国的问题上，是“同床异梦，同归殊途”，目的相同，出发点不同，“清廷的出发点是维持自己的统治，曾国藩的出发点是保卫传统文化”[③]。

冯又以为曾氏刻行《船山遗书》重在其政治意义，“其政治意义是要以此书丰富中国古典哲学的宝库，加强中国传统文化的阵地，从而加强他自己保卫中国传统文化的阵地”[④]。冯又以为曾氏虽非“志覆满洲”者，然“客观上”却为“覆满清”准备了人力与物力，“曾国藩虽然没有推翻清朝的思想，但是在客观上他确实使汉人的势力在清廷的政治上占了优势”，可名曰“汉人优势派”，曾氏是这一派“第一代领袖”[⑤]。

总之冯友兰设专节驳章太炎，乃是以为章不该“壹意”以“汉族大义”见责于曾氏。“章炳麟的这篇文章以满汉之争为中心问题，他对这个问题是敏感的。同盟会本以排满为其宗旨之一，但清朝交出政权以后，它就把‘排满’改为‘联满’，主张汉、满、蒙、回、藏五族共和”，冯以为“时至今日，在中华民族的大团结之中，满汉之争也成了历史了”。[⑥]

---

① 冯友兰：《中国哲学史新编》第六册，北京：人民出版社，2007年，第371页。

② 同前，第371页。

③ 同前，第371页。

④ 同前，第371页。

⑤ 同前，第371页。

⑥ 同前，第371页。

五、四家曾论之得失

萧一山与冯友兰之驳章太炎，出于一个共同的目标，就是以“文化大义”之坐标取代章太炎“汉族大义”之坐标，并进而把曾国藩抬升到一个新的高度去定位。

这个新的高度就是“文化”，“文化”之于“政治”，是更高层次的坐标。萧一山视曾氏“为文化而战争，为宗教而战争”之说，就是立于这个坐标而成立的。他以曾氏为“不世出的哲人”，也是立于这个坐标而成立的。

他又引郭斌和《曾文正公与中国文化》（初载民国二十一年十一月七日，天津《大公报·文学副刊》）一文之言语为自己张目，曰：“我国过去被教育目的，不在养成狭隘之专门人才，而在养成有高尚品格多方发展之完人。求之西方，以英国牛津、剑桥两大学之教育理想，与此为最近似。曾文正公即为我国旧教育理想与制度下所产生最良之果之一。故能才德俱全，文武兼备。有宗教家之信仰，而无其迷妄；有道德家之笃实，而无其迂腐；有艺术家之文采，而无其浮华；有哲学家之深思，而无其凿空；有科学家之条理，而无其支离；有政治家之手腕，而无其权诈；有军事家之韬略，而无其残忍。西洋历史上之人物中，造诣偏至者固甚多，然求一平均发展，道德、文章、事功三者之成就与文正相比者，实不数数觏。而文正之在中国，则虽极伟大，也不过为中国正统人物中之一人。呜呼！斯真中国教育之特色，中国文化之特色也。”①

萧一山认为，郭氏此一评论“较之梁先生的评论深刻多了”②，就是指“文化大义”之坐标高于“人生大义”之坐标而言。故梁启超虽也曾以“立德、立志、立言三并不朽”评曾国藩，“但梁先生还不晓得曾文正之所以伟大，因为他是中国文化的产物”③。萧氏以为梁先生还没有使用“文化大义”之坐标。

萧一山以“文化大义”评曾氏，认为“曾国藩的事业之成就，完全由学问而来，无关乎命运”④。谓：“他生平的事业，完全是从学问修养而来的。”⑤又以“文化大义”评曾氏之“救国方案”，谓：“他的救国方案，是分作两个方

① 萧一山：《曾国藩传》，海口：海南出版社，2001年，第24—25页。

② 同前，第25页。

③ 同前，第24页。

④ 同前，第27页。

⑤ 同前，第197页。

面进行：一方面要守旧，那就是说，恢复民族固有的美德，以‘公’‘诚’的精神教育来改造旧社会；另一方面要革新，那就是说，接受西洋文化的一部分，以‘炮’‘船’的科学机械来建设新事业。革新守旧同时进行，这是经世学的必然道理，也是曾国藩对我国近代史的大贡献。”①故曾氏的“救国方案”，实际就是一个“返本开新”“继往开来”的方案，也就是一个“文艺复兴”的方案，此种方案在人类文明发展史上，曾屡试不爽。

萧一山又以“文化大义”之坐标，解释曾国藩为什么“救了满清”。当时“中国文化”面临的威胁，不来自满清，而来自西洋，“他怕满清的灭亡，要引起长期的内乱。……在闭关自守无外人干涉的时代，内乱虽给人民无穷的痛苦，尚不至于亡国。到了十九世纪，有帝国主义者环绕着，长期内乱就能引起亡国之祸。曾国藩所以要维持满清，最大的理由在此”②。维系一息“文脉”之不坠，被萧一山评为目光远大：“何况舍弃了自己民族的立场，根本上又是不可能的事呢！我们佩服曾文正公，就因为他有这种远大的眼光，就因为，我们要救国家、救民族，还离不开这种原则。”③

以“文化大义”为坐标评判曾国藩者，还有哲学史学冯友兰。他在《中国哲学史新编》第六册“曾国藩”（专列《所谓“同治中兴”和“同治维新”的中心人物——曾国藩》一章，国人撰写中国哲学史，很少为曾氏设专章，可知冯很看重曾氏）中，明确论定“文化”乃曾氏之目标：“曾国藩所保卫的中国传统文化，主要是宋明道学。他是一个道学家，但不是一个空头道学家。他的哲学思想的发展有两个阶段，其主要标志是由信奉程朱发展到信奉王夫之。这个发展是在和他的对立面作斗争中实现的。”④

既以“文化大义”评曾氏，则曾氏与洪、杨之争，当然就被判为“文化之争”。对此冯友兰说：“照这些话看起来，曾国藩和太平天国的斗争，是中西两种文化、两种宗教的斗争，即有西方宗教斗争中所谓‘圣战’的意义。这是曾国藩和太平天国斗争的历史意义。曾国藩认识到，在这个斗争中所要保护的是中国的传统文化，特别是其中的纲常名教。……纲常名教对于神权政治来说还是进步的，因为它是建立在人权之上的。……曾国藩的成功阻止了中国的后退，他在这

① 萧一山：《曾国藩传》，海口：海南出版社，2001年，第179—180页。
② 同前，第178—179页。
③ 同前，第180页。
④ 冯友兰：《中国哲学史新编》第六册，北京：人民出版社，2007年，第355—356页。

一方面抵抗了帝国主义的文化侵略，这是他的一个大贡献。”①

又说：“就是太平天国要毁灭中国传统，推行基督教的‘教义’；曾国藩要维护中国传统文化，维护他自己的‘教义’。……他认为太平天国是用武力推行其‘教义’，他也只得用武力去对付，这就叫‘不得已而用之’。”②

既以“文化大义”评曾氏，则曾氏夜以继日刻行《船山遗书》，当然就被判为“文化之举”。对此冯友兰说：“1852年起，曾国藩在政治上和军事上成为洪秀全和太平天国的对立面。在这场斗争中，曾国藩自觉地以道学的教义与对方的基督教教义相对抗。……这时候更发现王夫之的《正蒙注》以及全部《船山遗书》正是他所要寻找的武器。正因为《船山遗书》中的教义是他所需要的武器，我们才能理解，为什么他在和太平军作战的最紧张、最激烈的时刻，竟然刊刻《船山遗书》。”③

此“教义”的核心内容，就是所谓“气学”：“曾国藩之所以接受并信奉从张载到王夫之的气学，这是由于，在与太平天国的斗争中，在教义方面，只有气学的‘气’不可能被曲解为类似上帝的东西，而理学的‘理’和心学的‘心’都有可能被解释为类似上帝的东西，所以只有气学可以与洪秀全的‘上帝’划清界限。曾国藩未必自觉认识到这一点，但这一点确实能划清两种对立的教义的界线。”④

此处“文化”的内容已不再限于“纲常名教”，而是已上升到“气学”的高度。

以“文化大义”为坐标评判曾国藩，也许要优于以“汉族大义”为坐标评判曾氏，也优于以“人生大义”评判曾氏。然“文化”是可以分层的，“制度层”之文化，不同于“器物层”之文化；“观念层”之文化，又不同于“制度层”之文化。吾人谓曾氏“为文化而战争”，是为“器物层”之文化而战争，为“制度层”之文化而战争，还是为“观念层”之文化而战争？故于“文化大义”之坐标，吾人必得做出具体之规定，方能对于曾国藩给出恰当之判定。

萧一山的界定是止于“恢复民族固有的美德”，当然是属于“制度层”。冯友兰的界定已涉及“气学”，似已上升到“观念层”；但他此层只是一笔带

① 冯友兰：《中国哲学史新编》第六册，北京：人民出版社，2007年，第354—355页。

② 同前，第364页。

③ 同前，第356页。

④ 同前，第359页。

过，并未深究。讲得更多的，更着意的，是“纲常名教”。除前段所引有关“纲常名教”的话外，他又说：“他的基本思想是保卫中国封建社会中的纲常名教，这在他的《讨粤匪檄》中已经清楚地表现出来了，这是讨太平天国的檄文，也是他的政治宣言。”①

《中国哲学史新编》第六册“曾国藩”一章的结论是：“总起来说，曾国藩镇压了太平天国，阻止了中国的中世纪化，这是他的功；他的以政带工延迟了中国近代化，这是他的过。他的思想是一贯的，那就是保卫中国传统文化，其主要内容是纲常名教，即所谓‘礼’。但因形势变了，所应付处理的问题不同，所以功过各异。”②

总之，萧一山、冯友兰诸家使用“文化大义”之坐标，基本均以“制度层”之文化为限，而未上升到“观念层”之文化。使用“文化大义”之坐标评曾国藩，是其得；未将“文化”之内涵推展到“观念”之层面，是其失。著者则以为，吾人当特别注意“观念”一层，因为曾氏所捍卫者，主要是“中国式思维”，是以“机体论宇宙观”对抗洪、杨所宣讲之“机械论宇宙观”。冯先生提到的“气学”，就是中国人“机体论宇宙观”的一部分；曾氏捍卫“气学”，就是在捍卫“机体论宇宙观”。这是中国人所强调的“宇宙背景”，也是中国人所强调的“大人视野”。

故“文化大义”之坐标的顶点，是“观念大义”之坐标。吾人评判曾国藩，就当从这个顶点俯视而观。观之结果，就是认定曾氏之所为是以机体论对抗机械论，以现象论对抗本体论，以理性主义对抗宗教信仰，以连体论对抗个体论，以循环论对抗进化论，以关系主义对抗本质主义，以中式科学对抗西式科学，等等。所谓“近代化”，是以后者化前者；所谓“反近代化”，是以前者化后者。

以此观之，曾国藩是个“反近代化者”，而非“近代化者”。曾国藩“延迟了中国近代化”，核心就是延迟了中国“观念层”文化的“近代化”。这就是他的功绩与贡献。

评判历史人物，坐标总可以是多重的。梁启超等设立“人生大义”之坐标，让我们看到作为“个人”的曾国藩之一面；章太炎等设立“民族（汉族）大

---

① 冯友兰：《中国哲学史新编》第六册，北京：人民出版社，2007年，第369页。

② 同前，第369页。

义”之坐标，让我们看到作为“族人”的曾国藩之一面；萧一山、冯友兰等设立“文化大义”之坐标，让我们看到作为“文人”的曾国藩之一面；著者设立“观念主义”之坐标，又让我们看到作为“哲人”的曾国藩之一面。所谓“仁者见之谓之仁，智者见之谓之智”，完全是因为坐标的不同，结论其实是可以互补的。一个“千面的”曾国藩，才有可能是一个“真实的”曾国藩；反之，一面或几面，总是离“真实”太远。

总之，在中国近代学术史上，曾国藩也许是阻止儒学在“观念”层面“被近代化”的最为关键人物。

六、“道统”之说与曾氏之另构

儒家“道统”之说，始于《论语·尧曰》：“尧曰，咨，尔舜，天之历数在尔躬，允执其中，四海困穷，天禄永终。舜亦以命禹。”此为尧传舜，舜传禹之统。

孟子接续之。《孟子·公孙丑下》定五百年为期：“五百年必有王者兴，其间必有名世者。”《孟子·尽心下》并谓：“由尧舜至于汤，五百有余岁”“由汤至于文王，五百有余岁”“由文王至孔子，五百有余岁”。此为尧舜传汤，汤传文王，文王传孔子，孔子传孟子之统。

西汉扬雄再接续之。《法言·五百》云：“或闻五百岁而圣人出，有诸？曰：尧舜禹，君臣也，而并；文武周公，父子也，而处；汤孔子数百岁而生。”此为否定孟子“五百年”之期，并非否定孟子所定之统绪。

唐韩愈撰《原道》，以“儒统”而辟“佛统”与“老统”，谓：“夫所谓先王之教者何也？博爱之谓仁，行而宜之之谓义，由是而之焉之谓道，足乎已无待于外之谓德。……曰：斯道何道也？曰：斯吾所谓道也，非向所谓老与佛之道也。尧以是传之舜，舜以是传之禹，禹以是传之汤，汤以是传之文武周公，文武周公传之孔子，孔子传之孟轲。轲之死，不得其传焉。荀与扬也，择焉而不精，语焉而不详。”[1]这是在尧、舜、禹、汤、文、武、周公、孔、孟之后，勉强加上一个荀与扬。之后就是韩愈本人。

南宋朱熹则另行排定统绪：不以韩愈上承孟子，而以周敦颐、程颢、程颐

① 《韩愈集》，《传世藏书：别集》第2册，海口：海南国际新闻出版中心，1996年，第176页。

上承孟子，朱熹本人则上承周、程。

可知韩愈所排“道统”与宋熹所排“道统”，上半截相同，均是尧传舜，舜传禹，禹传汤，汤传文武周公，文武周公传孔子，孔子传孟轲。差别只在下半截：韩愈以为是孟轲传韩愈；朱熹则以为是孟轲传周、程，周、程传朱熹。韩愈之“道统”偏于以“德”排序，朱熹之“道统”则偏于以“理”排序。

曾国藩之“道统”则着力于“宇宙背景”与“大人视野”，试图超越“德”与“理”，而另行构筑中华文明之“道统”。这个“道统”不仅是儒家的，更是涵盖儒、释、道各家的。

《圣哲画像记》云：“姚姬传氏言学问之途有三：曰义理，曰词章，曰考据。戴东原氏亦以为言。如文、周、孔、孟之圣，左、庄、马、班之才，诚不可以一方体论矣。至若葛、陆、范、马，在圣门则以德行而兼政事也；周、程、张、朱，在圣门则德行之科也，皆义理也；韩、柳、欧、曾、李、杜、苏、黄，在圣门则言语之科也，所谓词章者也。许、郑、杜、马、顾、秦、姚、王，在圣门则文学之科也，顾、秦于杜、马为近，姚、王于许、郑为近，皆考据也。此三十二子者，师其一人，读其一书，终身用之，有不能尽。若又有陋于此，而求益于外，譬若掘井九仞而不及泉，则以一井为隘，而必广据数十百井，身老力疲，而卒无见泉之一日。其庸有当乎？”①

又云：“文周孔孟，班马左庄，葛陆范马，周程张朱，韩柳欧曾，李杜苏黄，许郑杜马，顾秦姚王，三十二人，俎豆馨香，临之在上，质之在旁。”②

“义理”有义理之统绪，如文、周、孔、孟、周、程、张、朱；“词章”有词章之统绪，如韩、柳、欧、曾、李、杜、苏、黄；“考据”有考据之统绪，如许、郑、杜、马、顾、秦、姚、王。曾国藩以为“道统”是“不可以一方体论”的，最好是分科而言“道统”。这就可纠韩愈“道统”之偏与朱熹“道统”之偏。

《王船山遗书序》云：“昔仲尼好语求仁，而雅言执礼，孟氏亦仁礼并称。盖圣王所以平物之情，而息天下之争，内之莫大于仁，外之莫急于礼。自孔孟在时，老庄已鄙弃礼教，杨墨之指不同，而同于贼仁。厥后众流歧出，载籍焚烧，微言中绝，人纪紊焉。汉儒掇拾遗经，小戴氏乃作记，以存礼于什一。又

---

① 《曾国藩全集：诗文》，长沙：岳麓书社，1986年，第205—251页。

② 同前，第252页。

千余年，宋儒远承坠绪，横梁张氏乃作《正蒙》，以讨论为仁之方。船山先生注《正蒙》数万言，注《礼记》数十万言，幽以究民物之同原，显以纲维万事，弭世乱于未形。其于古昔明体达用，盈科后进之旨，往往近之。”[1]仁为体而礼为用，就此体用之统绪而言，是孔子传孟子，孟子传汉儒（如小戴氏），汉儒传宋儒（如张横渠），横渠传王船山，王船山传曾国藩。

冯友兰撰《中国哲学史新编》，曾说明曾氏力挺船山学之理由，谓：“曾国藩所保卫的中国传统文化，主要是宋明道学。他是一个道学家，但不是一个空头道学家。他的哲学思想的发展有两个阶段，其主要标志是由信奉程朱发展到信奉王夫之。……王夫之的《正蒙注》以及全部《船山遗书》正是他所要寻找的武器。”[2]曾氏力挺王夫之，是因为王夫之代表了曾氏心中高于“政统”的那个“道统”；曾氏尤重《读道鉴论》及《张子正蒙注》，只因为此二书代表了曾氏心中高于“政统”的那个“道统”。“道统”是经，是常，“政统”是权，是暂，“政统”可变而“道统”不可变。有了对于“道统”的信心，曾国藩就有了战胜一切的力量。

从张横渠到王船山，从王船山到曾国藩的这个“道统”，核心内容就是：“荒山敝榻，终岁孳孳，以求所谓育物之仁，经邦之礼，穷探极论，千变而不离其宗，旷百世不见知，而无所于悔。”[3]“育物之仁”“穷探极论”云云，以今语言之，就是要把一切所为放到“宇宙背景”上去考量，此即所谓“大人视野”。捍卫此“宇宙背景”者，即是“道统”之一环，摒弃此“宇宙背景”者，即不在“道统”之列。张横渠守此最力，故曾氏宗之；王船山守此亦最力，故曾氏亦宗之。

此“宇宙背景”化为“文章之道”，就是所谓“光明俊伟”：“文章之道，以气象光明俊伟为最难而可贵。如久雨初晴，登高山而望旷野；如楼俯大江，独坐明窗净几下而可以远眺；如英雄侠士伟裼裘而来，绝无龌龊猥鄙之态。此三者，皆光明俊伟之象。文中有此气象者，大抵得于天授，不尽关乎学术。自孟子、韩子而外，惟贾生及陆敬舆、苏子瞻得此气象最多。阳明之文，亦有光明俊伟之象，虽辞旨不甚渊雅，而其轩爽洞达如与晓事人语，表里粲然，中

① 《曾国藩全集：诗文》，长沙：岳麓书社，1986年，第277—278页。

② 冯友兰：《中国哲学史新编》第六册，北京：人民出版社，2007年，第76页。

③ 《曾国藩全集：诗文》，长沙：岳麓书社，1986年，第278页。

边俱澈，固自不可几及也。”[①]“文章之道”也有一个“道统”，就是由孟子而韩子，由韩子而贾生，由贾生而陆敬舆，由陆敬舆而苏子瞻，由苏子瞻而王阳明，由王阳明而曾国藩。这个“道统”的核心，也是所谓“宇宙背景”与“大人视野”。

“道统”虽可分科而言，然各科“道统”均得指向一个共同的目标，一个共同的“极”，就是所谓的“宇宙背景”。学问之路有千万条，均得依“宇宙背景”而得定位。这“宇宙背景”就是各科“道统”所共有的“极”。捍卫此“极”，就是捍卫了中华文明之总体框架；放弃此“极”，就是放弃了中华文明之总体框架。洪秀全欲放弃之，故曾国藩誓死捍卫；满人入主中原欲放弃之，故王船山誓死捍卫。

朱东安撰《曾国藩的洋务思想与中国传统文化》一文，曾予曾氏以极高评价，目曾为儒学第三期之代表：“如果说儒家文化可以分为早、中、晚三个发展时期，并有与之相应的三个代表人物的话，那么早期为孔子，中期为朱熹，而末期就是曾国藩了。”[②]此又构成一个新的“道统”，曾氏三居其一。

然朱文对曾氏所捍卫的那个“道统”之性质的判定，却是有问题的。它以为这个“道统”已经走到绝路，故应以洪秀全之方向为方向：“曾国藩所代表的传统文化体系，与它所维护的封建制度一样，已经走到了穷途末路，已经不能完全适应时代的需要。新的思想文化体系虽然尚未形成，更无以取代其在意识形态领域中的统治地位，而其思想萌芽却已破土而出，并向旧的思想文化体系发起猛烈冲击，展开武器的批判。而洪秀全就是这一新的萌芽的代表。他虽然失败了，但却代表了历史的未来和发展方向。”[③]洪秀全已失败一个半世纪，中华民族也正走在“复兴”之路上，却为何看不见是朝着洪秀全的方向走呢？到哪里去找一个证据，证明洪秀全“代表了历史的未来和发展方向”？他代表的是“西方”历史的未来吗？他代表的是“西方”的发展方向吗？然他却生存在“中国”。

朱文又以“糟粕”评曾国藩所捍卫的那个“道统”：“有人说，曾国藩镇压太平天国是为了维护中国的传统文化。那么，他要维护的首先就不是精华，而是它的糟粕。……必须首先对它进行批判，打破其思维体系，否则，就不可能将

① 《曾国藩全集：读书录》，长沙：岳麓书社，1989年，第367页。

② 朱东安：《曾国藩的洋务思想与中国传统文化》，《船山学刊》，1996年第2期，第191—205页。

③ 同前。

那层层围裹、盘根错节的糟粕剔除出去，也不可能将那你中有我、我中有你的精华提取出来。因此，五四新文化运动功不可没，当时提出打倒孔家店的口号是完全必要的，……不打破旧的思想文化体系，新的思想文化体系也就建立不起来。”①

就如北京旧城一样，直到今天人们还是认为“不拆毁旧城，新城就建立不起来”！怎么会有这样的思维呢？从什么时代开始此种思维统治了中国人的头脑呢？既然我们知道北京旧城是“中华文明最高的结晶与最后的精华”，我们为什么不可以在这旧城的旁边去另建被视为“精华”的西式新城？既然我们知道我们先人亿万斯年以来所创造的文化是一个“体系”，是一个完整的“思想文化体系”，我们为什么不可以把它放到一边，另行去构筑被视为“代表了历史的未来和发展方向”的西式“思想文化体系”？

“体系”是不可以打破的，打破了就是一堆“乱码”；就如瓷器是不可以打破的，打破了就是一堆瓷片，什么意义也没有。在胡同里拓汽车道，在四合院里盖摩天大楼，就是“不打破旧的思想文化体系，新的思想文化体系也就建立不起来”这种思维模式的产物！

曾国藩所捍卫的那个“道统”，不过就是一个“宇宙情景”与“大人视野”而已。这个“道统”即使不是“精华”，也并非时人所谓的“糟粕”。西方三百年“工业文明”，不讲“宇宙背景”，不讲“大人视野”，只讲“自我中心”，只讲“国家中心”，只讲“人类中心”，目前走得如何？我们从那里还能看得到“未来”与“方向”吗？还能找得到我们心灵的归依吗？我们为什么又不能够说，张横渠、王船山、曾国藩等人所捍卫的那个“道统”，那个“宇宙背景”与“大人视野”，或许正代表了人类的“未来”与“方向”！

① 朱东安：《曾国藩的洋务思想与中国传统文化》，《船山学刊》，1996年第2期，第191—205页。

南菁书院转型的得与失

李 双 程方平[①]

一、南菁书院转型发展简略史

南菁书院坐落于长江之滨的工业港口、交通枢纽城市江阴市区，是今江苏省南菁高级中学的前身。光绪八年（1882）九月，时为江苏学政的黄体芳为挽江苏衰替学风，重现昔日暨阳书院辉煌，“议创是院，专课经学、古学，以救时艺之偏”。[②]书院既成，取朱子《子游祠堂记》中“南方之学，得其菁华”之意，定名为“南菁书院”。

由于江阴为当时江苏学政驻节之地，加之黄体芳在经术、文学等方面的声望，南菁书院成了江苏省的最高学府之一，对全省教育具有示范作用和意义。19世纪末成立的京师大学堂，是当时中国的最高学府，而充任京师大学堂教习的，就有不少是从南菁书院走出去的。民国年间的北京大学，执掌教鞭的南菁学者也有不少，如田其田、孟森、夏仁虎等。他们在学术界都颇有声望，尤其是孟森的明清史研究，至今也很少有人能望其项背。此外，胡适先生对南菁书院也情有独钟，1923年他在南京东南大学的一次“书院制史略”的演讲中，就以南菁书院为例说道：“譬如南菁书院，它所出版的书籍，等于外国博士所做的论文。”[③]演讲将近结束时，又一次谈及南菁：“譬如南菁书院，其山长黄以周先生，常以八字告诫学生，即‘实事求是，莫作调人’，因为研究学问，遇困难处若以调人自

① 李双，南京审计大学，助教。程方平，中国人民大学，教授，博士生导师。

② 民国《江阴县续志》卷六《书院》。

③ 欧阳哲生编：《胡适文集》，北京：北京大学出版社，2013年，第398、401页。

居，则必不肯虚心研究，而近乎自暴自弃了。”[①]从中可见南菁书院的历史地位和价值。

光绪二十四年（1898），清廷自上而下厉行新法。五月甲子（1898年7月10日）上谕将各大小书院改为兼习中、西学的学校。时任学政瞿鸿禨在江阴仅上任半年多，便立即响应变法，然而，瞿鸿禨的变革之举却无一点“实效”。因为没过多少天，即1898年9月21日，慈禧太后就在北京发动政变，将戊戌变法全部推翻。腥风血雨波及全国，南菁高等学堂自然也只能徒留学堂之名，而无学堂之实，一切都恢复书院之旧。1901年，经庚子国变，清政府与入侵的八国联军签订了丧权辱国的《辛丑条约》，为挽救摇摇欲坠的大清皇朝，清政府不得不重新考虑推行所谓的“新政”，慈禧太后重新颁布了两年多以前她本人废止的书院改制诏令，再发上谕开设各级学堂。江苏学政李殿林为表示紧跟朝廷的改革步伐，急忙于1902年1月17日上奏《南菁书院遵改学堂并拟章程》：臣查江苏书院在江宁、苏州两省城者，已有督、抚臣分别改办。惟江阴南菁书院……今又迭承明训，改定教规，自应照省设大学堂章程办理。臣惟山东章程，学生分斋督课，其次第则先办备斋、正斋，后办专斋，此自为风气未开，宜循序渐进起见。江苏为人文渊薮，年来讲求中西实学颇不乏人。即南菁诸生平日所肄习者，如经史、政治、舆地、天算、格致各学，皆门径已通，可期深造。……[②]李殿林认为，对当时教育相对江苏较为落后的山东省来说，只能是先办备斋、正斋，后办专斋；然而，对于教育较发达的江苏来说，南菁高等学堂完全可以直接办专斋。同时他还拟定了改学堂试办的十条章程，章程后还附有学堂所设四类课程：经学、史学、政学、艺学，在课程设置上明显是一个进步，但学堂各方面大致上仍沿袭书院之旧。继李殿林来督江苏学政者为唐景崇，唐景崇来江阴时，南菁已由书院转型为学堂了。他在任期间，对学堂事宜不断加以完善。1906年，第一次预科毕业考试结束后，清廷下旨裁撤各直省学政，江苏新式教育行政制度建立，南京、苏州两地分别设立了两处省级教育行政机关——学务处，各设置提学使。与此同时，省提学使取代了先前的江苏学政，但提学使的地位远不如学政。南菁书院之所以能超越江苏其他书院而独占鳌头，在行政上全因学政的关系。如今江阴失去了原来传统教育的特殊行政地位，这一变化虽然没有改变南菁书院学堂的官办性质，

① 欧阳哲生编：《胡适文集》，北京：北京大学出版社，2013，第398、401页。

② 《御折汇存》光绪壬寅，卷二十二，第41—43页。转引自赵统著，杨培明编：《南菁书院志》，上海：上海书店出版社，2015年，第123页。

以后，在每一次改革中南菁书院也时常是全省教育改革引人注目所在，但江苏兴学的重心已偏向当时政治、经济、文化中心南京和苏州，因此，南菁书院的先天优势已荡然无存，其影响逐渐式微。之后，江苏提学使毛庆蕃听从江苏教育会会长张謇的提议，自光绪三十三年（1907）起将南菁改为高等文科学堂。宣统二年（1910）南菁高等文科学堂正式开办。因各府中学堂毕业生太少，经费匮乏等因素，南菁只得先从文科中学办起，此后，南菁又经历了15次变更，一直到今天的江苏省南菁高级中学，历经一百多年的沧桑，校名未变，校址未动，也可算得上是一个真正的中华老字号了。

南菁书院的转型是基于清末社会变局，传统书院改制的大背景下展开，具有传统书院改制的共性，同时也显露出自身的个性。其自由研究的教学氛围，德才兼备的山长、学政，无不为转型创造了有利的条件。然而，为何南菁书院没有像当时的山东高等学堂一样转型为现在的大学呢？这中间的原因值得我们去挖掘和探索，其中的经验和教训更值得今日的高校转型、改革去借鉴。

二、历史价值

1. 转型发展要顺应时代潮流

南菁书院自由的教学管理模式，以学生研习为主的教学方式，为书院转型提前做了准备。甲午中日战争爆发，中国战败，士大夫受到强烈的刺激，要求变法的呼声高涨，南菁书院的士子自不能置身事外，学风也为之大变，由传统的经史研究逐渐趋向于对时务的关注。龙湛霖身体力行，先在南菁书院推行“添课西学”。光绪二十三年（1897）奏保书院肄业生员一折中称：“江阴旧有南菁书院，归学政臣主政，为通省举贡生监肄业之所，其课程尚分经义、词章、算学三门。方今时事艰难，算学尤为急务。臣到任后，于算学之中，分别电、化、光、重、汽机等门，饬在院诸生，即向以经义词章名家者，亦必各兼一艺。”[①]龙湛霖认为，在以经义词章为本的同时，院生还需兼习西艺，因此还特筹款购办制造机器器具，并测量图绘诸器置诸院中。但由于南菁诸生“核其所长，究以经术为最”，所以“必兼一艺”之事在当时很难推行，但是龙湛霖能在日讲训诂词章的

① 赵统著，杨培明编：《南菁书院志》，上海：上海书店出版社，2015年，第108页。

书院内，输入西方的科学知识即所谓的“格致新法”，并还购入介绍西方科学的翻译著作，添置西方的实验器材，甚至派出课生去上海机器制造局学习，这些举措即便有装点门面之嫌，但也不全然如晚清官僚徐桐、刚毅辈那样顽固不化，是大可值得肯定的。可见，南菁书院在面对时局变动时能及时做以应对，顺应潮流。戊戌变法时期，清上谕各省书院改为中西兼习的新式学堂，江苏学政瞿鸿禨遵旨拟将南菁书院改办高等学堂，并决定试办农学。他的改革方案是以社会需要为中心，使学堂的教学和地方经济发展相结合。龙湛霖，瞿鸿禨、李殿林等学政，他们均能抓住时代命脉，积极响应变革。虽然转型之举很大程度上是“不得不”，但南菁书院的几位学政早有维新倾向和“西化”改革之举，不得不承认南菁有革新的敏锐性和及时性。

2. 转型发展要立足本心，因时制宜

黄体芳在创办南菁书院时就将书院定位于“专课古学、经学”的办学特色。书院在转型为高等学堂的过程中，始终坚持经学的核心地位，从几位学政改革的措施中我们可以看到，经学在课程中的重要性。面对西学强有力的冲击，书院依然坚守吾国之精粹，但也重视“欧化”。光绪三十三年（1907）决定南菁改办为高等文科学堂时，江苏教育学会致信原书院时期高才生陈庆年提道：“故欲保全南菁优美之性质，则莫如因势而利导之，改建文科高等之议，盖有所不得已也。少朴（案：周树模）学使去腊考验毕，周视学舍，拟量改其不中度者，并谋为完备之组织，暂停一学期，经之营之，用意良苦。文科高等大纲有二：曰修明中籍，以包国粹；曰贯通西文，以吸欧化。”[①]

由此可见江苏教育学会客观、理性的态度。从一定层面来说，南菁书院能够在经学衰落的局面下仍坚持本心，做好治学之本，无不是一种“为往圣继绝学”的民族历史情怀，同时也因时制宜，汲取西方之学。可见，对待传统教育和外来教育思潮首先应立足本我的教育精神，辩证分析，在传承本土教育文化基础上，吸收、借鉴外国优秀教育思想、制度，走一条既有传统特色又有时代精神的教育之路。南菁书院在转型过程中能紧紧围绕自身历史文化值得我们学习与借鉴。

① 陈登丰：《横山乡人年谱》，转引自赵统著，杨培明编：《南菁书院志》，上海：上海书店出版社，2015年，第140页。

3.转型发展要有德才兼备的领导核心

南菁书院既是教育机构，又是学术机构，正如柳诒徵所说："原书院之性质，其卑者类义塾，其高者乃视后之所谓文科大学或文学研究院，不可概目为腐朽也。"[①]南菁从书院到学堂时期培养了众多杰出人才，可以毫不夸张地说，近代江苏各界的风云人物大都与南菁有或多或少的关系。山长作为书院主要的教育者和管理者，很大程度上彰显了书院的精神和灵魂，他们对于书院平稳运行、革故鼎新、进步发展，具有决定性的影响。对于南菁来说，其主要教育者为山长，管理者则主要是学政。山长、学政对于南菁从书院转学堂的发展起到了关键性的作用。

南菁书院由江苏学政黄体芳于光绪八年（1882）创建，书院大政一直由历任学政牢牢控制在手，除操持延请院长、甄别课生等主要院务外，还掌管整个书院的经济。从黄体芳开始，至唐景崇为止，与书院有关的八位学政，依次为黄体芳、王先谦、杨颐、溥良、龙湛霖、瞿鸿禨、李殿林、唐景崇，他们大都是以侍郎衔提督江苏学政的，位高望重。黄体芳居官清廉、操守清厉、风节卓著；王先谦是传统文人，"食君之禄，忠君之事"的思想根深蒂固，一生勤于著述，硕果累累，他上任后把南菁书院带入了纯学术研究的道路。为了刊刻书籍，甚至打算自己捐出数年廉俸来完成此事。[②]可见，王先谦对南菁书院的发展和建设贡献之大。洋务运动掀起学习西方的高潮，书院转型的浪潮势在必行，杨颐主政后，规定南菁课生在经古试外必须加试时艺；龙湛霖上任后又增设西学，书院又经过瞿鸿禨的维新倾向下的治理，至李殿林时正式奏上书院转型的请示。由此看出，学政举手投足之间，便会对南菁书院和院生的命运产生直接的影响。

历任山长中对书院影响最大的是浙东大儒黄以周，黄以周把他的后半生都贡献给了南菁书院，书院课生亲炙其教诲的也最多，受其影响也最深。他对南菁诸生谆谆教诲，且时时耳提面命，使他们终身受益，这在其他书院是不多见的，尤其是院长遥领的书院。对中国书院制素有研究且不乏真知灼见的胡适，曾说过："书院的山长，院中人每月只公见一两次而已，他的工作至多不过是看看书院课艺而已。有时山长完全可以不到书院，只看看课艺。"[③]

---

① 赵所生、薛正兴编：《中国历代书院志》第1册，南京：江苏教育出版社，1995年，第1页。

② 王云五主编，王先谦撰：《新编中国名人年谱集成》第6辑《清王葵园先生先谦自定年谱》，台北：台湾商务印书馆，1978年，第438—486页。

③ 赵统著，杨培明编：《南菁书院志》，上海：上海书店出版社，2015年，第235页。

南菁书院的院长的学识、书院教学的认真和师生关系的融洽，在当时江苏各大书院中可谓是绝无仅有的。书院改学堂后，由于学堂斋数和学生所学科目的增多，所延请的分教习必然也会增多，总教习的工作当然比以前书院时期的院长更为繁杂沉重。南菁学堂的第一位总教习丁立钧也是南菁书院的最后一位院长，为南菁书院鞠躬尽瘁，死而后已。“辛丑，大同李公改办学堂，君办任其事，外而章程，内而学课，具不肯为苟同苟异。复博访当时通人硕儒，有一说善于己者，从之如流，故南菁学堂之规则经年而后定焉。”[①]南菁学堂的规则，是由丁立钧采纳众议，亲手制定的。他拖着病残之躯，殚精竭虑地操持着学堂内里里外外的具体事务，最后“心力交瘁，病益剧”，终于支持不住，“于壬寅七月，卒于东台旅舍”。

由此可见，南菁书院能够培育杰出人才，顺利转型，创造江苏近代教育奇迹，幸运之至便是聘请了诸位德才兼备的院长以及鞠躬尽瘁的学政。书院山长其职能类似于今天的大学校长，他们对大学理念的形成、明确，战略目标的制定具有关键性和决定性的作用。

三、历史反思

1. 观念、定位不清：阻碍转型发展的前提

近代中国社会变局观蕴含了十分丰富的西学因子，当时社会转型的一个主要特点是根据经济（器技）、制度、思想的变革理路由表及里、由浅入深地展开。[②]南菁书院转型正是基于维新变法的制度变革背景下展开，然而当时绝大多数人的转型观念依然停滞在物质层面，西学的观念并未真正深入人心。表面的东西或者制度形式往往较容易被人们所接受，但观念的植入和转变却不是件容易的事情。任何一项变革，其思想观念和制度方式是相辅相成、共同促进的关系，思想观念只有基于一定制度方式才可得以实现，一定的制度方式也只有在相应的思想观念指导下才可发挥其真正效益，才可保证改革不流于表面和形式。清末到民初的教育改革显著特点便是制度方式革新重于思想观念转变。在南菁书院转型

① 赵统著，杨培明编：《南菁书院志》，上海：上海书店出版社，2015年，第128页。

② 马和民：《从“仁”到“人”社会化危机及其出路》，北京：北京师范大学出版社，2006年，第100—102页。

的整个过程中，大部分课生中呈现较明显的文化保守主义倾向，这样的保守倾向不仅体现在转型主体“人”的“抵制行为”上，更表现在主事者对于转型的整体思路、目标确定、制度保障等都没有经过一番深思熟虑，转型后的课程设置、教学组织等诸多事宜均停留在表面。从当时文化教育界和书院课生的评价中均可看出。

瞿鸿禨在任时对书院稍实施的“维新倾向”举措当时在费念慈的眼中却是另一番景象，他写信给缪荃孙：“……在院中谈数日，见开课卷，略翻阅而知之。西学误人，剿说雷同，满纸皆是。中学逐日荒废，邪说之为害如此其烈，以视公主讲时，相去远矣。”[①]费认为，西学误人，中学荒废，书院前景堪忧。

改办学堂时，丁立钧“博访当时通人硕儒”，沈曾植就是很为丁立钧重视的一位通人硕儒。辛丑年（1901），丁与沈时有信函往来。沈给丁的一封复信中说道：“承询学堂意见云云，此事植在昔年为先觉，而在今日为背时。”所谓“背时”，是沈曾植一直认为“设学堂不必改书院，讲西学不必废时文，两利并存，和辑之术在调停”[②]。沈曾植在另一封信中提出建议：“自习于私室，讲解于课堂。诸生皆逾弱冠，不可复以教小儿之法教之，不易课读为自习，终无见成效之日也。南菁以经义自存。尤不可不遵明诏，置《三通》于不问，诸生或治学堂课，或治科举业矣。若普通学，弃中文而任习东、西，异日纠葛必多，不可不熟思审计也。总之，断断不可习西文，断断不可延洋教习。算学、化学、理财学、兵学、教育学、政治学，译本精深，尽有过于学堂西文之本。由此成学者，于通译即为见短，于治斡实甚见优。将来学堂储备人才，期以任内政，非皆以任翻译也，何所为而废本国文字，强学他国文字乎？一兴一亡，断可识矣，千万留意，千万留意。”[③]他认为，南菁之所以为南菁，就是它一直以经义相授受的经古书院，即便改为学堂，传统的学问也不能丢弃。至于普通学课本，现在的中文译本足够用了，不必要让学生直接学习西文、日文去读原本，否则以后会带来麻烦。

学生一派，从蒋维乔自定的《年谱》回忆录中也可看出：“是时学堂正在筹备，教习亦未聘定，余在堂中，仍按照昔年方法，读《史记》《方舆纪要》诸

① 缪荃孙等：《艺风堂友朋书札下》，上海：上海古籍出版社，1980年，第374—375页。

② 上海图书馆历史文献研究所编：《历史文献》（第十六辑），上海：上海古籍出版社，2012年，第146—147页。

③ 同前，第138页。

书。当时改书院为学堂，政府既无颁定之章程，各省办学者皆以意为之。如南菁学堂所定之课程，极为幼稚。主事者犹是‘中学为体，西学为用’之旧观念，以经史、政治、掌故、舆地等专门学问，院中肄业生早已具备，只需补习西国之普通学耳。堂中肄业诸生，皆是秀才或举人，年最少者，亦在二十以上，故多反对上堂听讲者。”[①]从蒋维乔的回忆中不仅看出主事者的“中学为体，西学为用”的旧观念，也可看出学生反对、排斥“上堂”这一新规定。比如后来成为著名清史大家的孟森，就是当时极力反对上堂的学生代表。

可以说，不仅是南菁书院，整个清末社会局况更是如此，面对中西文化的碰撞，是“中体西用”，还是“西学体用”，抑或是“中西兼用”？有学者曾说过：“中国要进行教育改革，就必须把西学的体与用作为一个整体一齐学过来，否则便不可能取得显著的成果。”[②]这似乎是文化教育界一直在摸寻的问题，对于中西文化如何把握这一核心问题的定位模糊，直接导致围绕其一系列的文化教育活动的失效。

2. 经费、师资跟不上：转型发展的重要物质保障

近代中国社会变局使教育一直处于水深火热之中，连年的战争使得国家财政大量投入其中，教育经费的短缺已成为不争的事实。南菁书院的转型同样面临这一问题。

南菁书院初期，由于其具有得天独厚的省域教育机构的地位优势，所以在经济方面相对其他书院算是富足的。当时的两江总督左宗棠奏拨盐课二万两，发商生息，即存入常州府属各县的典当，按时取出利息，以作日后入院肄业诸生的膏火，后来又加以南菁沙田的生息。书院时期每月考课后给学生发膏火，奖金在当时也是相当丰厚，一定程度上激励了课生积极上进的求学心态。转为学堂后，经费骤显不足。原书院课生回忆：“余抵澄后，询悉该堂各种情况，并知经费久未领未发，账房无一钱之存，且欠千余庄款，至厨房则尤可怜，不仅未领工资，并代欠煤米等项三百余两。近日诸债丛逼，大有停炊之势。”[③]账房无一钱可存，厨房不仅未领工资还欠款较多，可见与书院初期的经济状况相比，转型后

① 赵统著，杨培明编：《南菁书院志》，上海：上海书店出版社，2015年，第130页。

② 丁伟志等：《中体西用之间》，北京：中国社会科学出版社，1995年，第270页。

③ 殷葆诚：《追忆录》，记“丙午，四十六岁”事，转引自赵统著，杨培明编：《南菁书院志》，上海：上海书店出版社，2015年，第138页。

的书院可谓经济窘迫。在没有充足的经济保障下，课生们想要专心治学也相当困难，添置西学内容后，购买配套的硬件设施更是一笔不小的资金投入。另有关在筹备中的高等文科学堂的经费记载：学堂经费，就书院旧管款产支充，原有沙田租及存典生息钱二万千文，又停办高等预科二年，节减岁出，遂克供改办文科添筑校舍之用。（沙田围岸内外曰"挂脚田"，向不纳租，光绪三十一年，丈查清晰，一律缴租，其额照正田六折计算，计增出挂脚田五千余亩。又，接涨沙滩归本堂呈报，唐学使分咨督、抚、藩立案，扎饬川沙厅照办。）宣统元年，有人占买老猪沙涨地，提学使樊恭煦力主注销，发还原价，苏抚程德全有"南山可移，此案不可动"之批。惟鼎丰沙被人占去，因其报买在唐学使示禁之前。[①]南菁是一所官办性质书院，从创立之初书院建造费用则全由江苏省和他省各级官员私自捐出，没有动用过民间一丝一毫，然而改学堂后的发展中官方似无拨款支助，经费全由南菁自筹，尤其是在筹办高等文科学堂时期。辛亥革命起，南菁高等文科学堂也仅成雏形，途中便夭折了。这与裁撤省直学政，加之后来其提学使司迁往苏州等一系列政策有本质的关系。

经费的不足限制了合格教师的聘请与培养、必需的近代化教学设备与设施的配置，等等，直接影响了近代高等教育沿着正常轨道发展的可能性。据有关史料记载，《钦定学堂章程》颁布后，李殿林于光绪二十八年（1902）四月二十九日上奏《开办学堂分类考课片》，该奏片中提到"聘请在籍绅士之学通中西者为总教习，又分延天算、格致、测绘、东文、西文各艺学教习"[②]，但没有奏明所聘何人，实际上所聘总教习还是原来的南菁书院院长丁立钧。关于师资方面，通过当时学生蒋维乔的回忆我们可以看出，"学堂正在筹备，教习亦未聘定"。说明虽然当时书院已改学堂，但徒有其名，教师的引进、课程的设置并未真正落实，算学、理化、测量、东文四门为随意科，习否听便，英文、法文两门亦许学生自行选择，既无一定教授时间，亦无一定教授范围，其他各方面大抵仍承书院之旧。

3. 政府干预过多：转型发展缺乏自主性

书院转型是社会参与教育改革活动和教育近现代化发展进程的结果。教育

① 陈思修、缪荃孙编：《民国江阴县续志》，南京：江苏古籍出版社，1991年，第96页。

② 《谕折汇存》，光绪壬寅四月，第5页，转引自赵统著，杨培明编：《南菁书院志》，上海：上海书店出版社，2015年，第124页。

作为社会大环境下的子系统具有适应社会发展需要的义务，“每当社会需要有所变化时，学校制度及其课程等，都必须跟着而变革”。[①]然而，一国的教育尽管对一国的政治、经济、文化有着依附关系，但是教育本身也具有其内部发展规律，一旦忽略这一规律，便会打破其相辅相成、互相作用的关系，教育便不会对社会发展起正向作用，反而违其所愿，从而产生各式各样的问题。

由于南菁书院是江苏学政黄体芳所创建，书院大政一直由历任学政牢牢控制在手，尽管后来学政被裁撤、提学使司迁往苏州，但却一直未改变其官办性质，其转型发展体现了政府强烈的意志。维新变法时期，清廷自上而下实施新法，将各省、府、州、县现有书院，一律改为兼习中学、西学的学校。当时南菁书院是瞿鸿禨主政，他仅上任半年多便立即响应变法，其书院改学堂之措也因诸多原因无有实效，最后只徒有学堂之名而无学堂之实。与八国联军签订《辛丑条约》后，为了挽救摇摇欲坠的大清皇朝，清政府再发上谕开设各级学堂，李殿林为表示紧跟朝廷的改革步伐，急忙上奏《南菁书院遵改学堂并拟章程》，李殿林上此奏四个月后，因《钦定学堂章程》颁布，又紧随上奏《开办学堂分类考课片》。李殿林主政期间在学堂课程设置上较先前书院有较大改善，但其具体的管理人员和教师，又不得不依靠旧式书院中原有的人才。书院历任山长以及诸多课生对南菁转型持有较大的反对意见和无奈屈忍。

政府干预过多，书院缺少自主权，教育内部发展规律被忽视，这不是南菁书院面临的特有问题，而是整个清末传统书院改制的通病。从书院转型政策的制定、推出、执行，清政府的意志始终占主导地位。在当时的情况下，各级地方官员或者由于思想观念保守，或者由于能力水平限制，对书院转学堂没有切实地研究和了解；而中央政府下达改制诏令的执行又迫不及待，他们的政绩在某种程度上与书院改制政策的推行程度发生了联系，书院改制令不得不执行，因而敷衍塞责的情况不可避免。

4.急功近利思想尽显无遗：转型发展缺乏正确的教育思想指导

南菁书院转型出现的这一问题必须要放到清末书院改制的整体背景下反思，即书院转型政策的推行表现出较明显的急功近利和官僚化色彩。为培养“救时局”的人才，挽救岌岌可危的皇朝，清政府在没有对改革整体思路、目标设

① 瞿葆奎、钟启泉：《教育学文集》第23卷，北京：人民教育出版社，1991年，第623页。

定、制度保障等方面做以充分翔实的考虑下，便对书院采取“一刀切”的改革方式。清政府下达书院改制令后，并没有提供明晰的、可操作的意见，同时大多数地方官员对近代学堂教育又不甚了解，迫于政府诏令不得不执行，导致地方敷衍搪塞的情况层出不穷。其比较突出的就是，很多书院虽然在表面上已经被改为新式学堂，但在教育内容和教育形式上依然沿用书院时的旧制，南菁书院也大致如此。在新式学堂经费不足、师资匮乏的困境下，书院在官方力量的强势主导下成了教育近代化的试验品。

虽然政府通过书院改制迅速建立起近代教育体系，但却因急功近利而导致了不顾基础、躐等而上的局面。从其创立来看，它不是按照西方近代教育制度结构由低到高，由基础到中、高等教育的层级推行的，而是出于近代化，尤其是军事近代化的需要，首先从外国语学堂和专门学堂入手，即按照由高到低、由外语和专门学堂到普通学堂的顺序创设，从而直接导致当时教育体系的支离破碎。南菁高等学堂改为文科高等学堂，其中一个原因便是由于生源供应不上，没有那么多中学毕业生供其为生源。清末书院改制是统治者政治需要的意志体现，而非出于教育本身考虑，它忽视了教育内部发展规律，严重削弱了书院的办学自主权，“其罪恶之总根乃在挟教育为国家事业之名而将教育行政权扩大，使教育之本体日日萎缩于行政之下，而学问二字一方既见弃于国家，他方复见弃于社会”。[①]从而使得后世中国教育走向近现代时饱受诟病。

南菁书院的转型最终以失败告终，它没有转型为理想中的高等学堂，而是发展成当今的南菁高级中学，一定层面上则是另一种成功。南菁书院的转型至今虽已有近120年的历史，但其在转型过程反映出来的问题对当前高等教育改革，尤其是新建地方本科院校转型有重要的借鉴意义和价值。历史是一面明镜，我们从来都是从历史走来，又随历史走向未来，从未断裂也无法断裂。总结南菁书院转型发展的历史价值和历史教训，不只是为了通晓过去，更是希望古为今用，对当前高等教育的改革能够有所借鉴。

① 蒋方震：《今日之教育状态与人格》，转引自丁钢、刘琪编：《书院与中国文化》，上海：上海教育出版社，1992年，第178页。